高等院校精品课程系列教材

金融学 |第2版|
学习指导与习题集

赵晶 丁志国 编著

机械工业出版社
China Machine Press

图书在版编目（CIP）数据

金融学第2版学习指导与习题集 / 赵晶，丁志国编著 . 一北京：机械工业出版社，2020.4
（高等院校精品课程系列教材）

ISBN 978-7-111-65257-1

I. 金⋯ II. ①赵⋯ ②丁⋯ III. 金融学 – 高等学校 – 教学参考资料 IV. F830

中国版本图书馆 CIP 数据核字（2020）第 053514 号

  本书是与《金融学》（第2版）相配套的学习指导与习题集，包括单项选择题、判断题、名词解释、简答题、计算题、论述题六大题型，基本涵盖了所有知识要点，并对习题进行了详细解析，能够有效帮助学生快速学习和掌握金融学这一课程。

  本书适合用作经济类、管理类等专业本科生以及 MBA 的金融学课程的辅助教材。

出版发行：机械工业出版社（北京市西城区百万庄大街22号　邮政编码：100037）
责任编辑：邵淑君　　　　　　　　　　　　责任校对：殷　虹
印　　刷：三河市宏图印务有限公司
版　　次：2020年5月第1版第1次印刷
开　　本：186mm×240mm　1/16
印　　张：17.5
书　　号：ISBN 978-7-111-65257-1
定　　价：40.00元

客服电话：(010) 88361066　88379833　68326294　　投稿热线：(010) 88379007
华章网站：www.hzbook.com　　　　　　　　　　　　读者信箱：hzjg@hzbook.com

版权所有·侵权必究
封底无防伪标均为盗版
本书法律顾问：北京大成律师事务所　韩光 / 邹晓东

目录
CONTENTS

第一部分 导论
第1章 金融与金融学 …………………… 2
第2章 金融学范式 …………………… 17

第二部分 金融机构
第3章 金融体系 …………………… 42
第4章 中央银行 …………………… 52
第5章 商业银行 …………………… 68
第6章 投资银行 …………………… 79

第三部分 金融市场
第7章 金融市场概述 …………………… 94
第8章 货币市场 …………………… 105
第9章 债券市场 …………………… 118

第10章 股票市场 …………………… 130
第11章 衍生工具市场 …………………… 144
第12章 投资基金市场 …………………… 156

第四部分 资产定价与资本结构
第13章 收益与风险 …………………… 170
第14章 投资组合选择 …………………… 181
第15章 资产定价 …………………… 197
第16章 期权定价 …………………… 214
第17章 资本结构 …………………… 230

第五部分 国际金融
第18章 国际收支 …………………… 248
第19章 汇率机制 …………………… 262

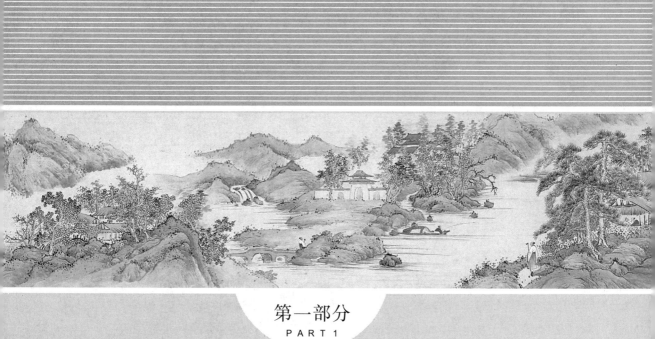

第一部分
PART 1

导　论

第 1 章
CHAPTER 1

金融与金融学

习　　题

一、单项选择题

1. 世界上第一只公开交易的股票出现在（　　）
   A. 英国　　　　　B. 荷兰　　　　　C. 美国　　　　　D. 法国
2. 关于金融的描述不正确的是（　　）
   A. 能够带来收益的货币被称为资本
   B. 最初的资本流动是通过金融中介完成的
   C. 资本供给者的投资收益是他们暂时放弃资本使用权所获得的补偿
   D. 专门在金融市场上提供直接融资服务的掮客，演化成了现代投资银行
3. 影响金融决策行为的中心因素是（　　）
   A. 收益和风险　　B. 收益和不确定性　　C. 跨期和不确定性　　D. 跨期和收益
4. 对流动性较差的资产，借助商业银行或投资银行进行集中重组，以这些资产作为抵押发行证券，提高金融资产的流动性。这体现了金融发展的哪种趋势特征（　　）
   A. 金融资产证券化　　B. 金融监管自由化　　C. 金融科学数量化　　D. 金融工具工程化
5. 下面哪项描述不属于公司制企业的特征（　　）
   A. 公司作为一个法律主体，可以提起诉讼或者受到指控
   B. 股东按照股份比例享有公司的任何分配份额
   C. 董事会是公司的最高权力机构
   D. 股东可以在不影响企业正常运营的条件下，转让代表所有权的股份
6. 企业进行金融决策的正确顺序是（　　）
   A. 资本预算—资本结构决策—战略规划—营运资本管理

B. 战略规划—资本预算—资本结构决策—营运资本管理
C. 战略规划—资本预算—营运资本管理—资本结构决策
D. 资本预算—战略规划—资本结构决策—营运资本管理

7. 1986 年，英国首相撒切尔发动的"金融大爆炸"（Big Bang）改革，体现了金融领域发展的（　　）趋势特征
   A. 金融市场全球化　　B. 金融监管自由化　　　C. 金融科学数量化　　　D. 金融工具工程化

8. 下面哪项不属于合伙制企业的特征（　　）
   A. 当企业盈利时，需要缴纳企业所得税
   B. 有限合伙人（LP）依据出资额对企业债务承担有限责任
   C. 一般而言，普通合伙人主要负责企业的日常运营和管理
   D. 合伙制企业分为普通合伙企业和有限合伙企业

9. 下面关于货币层次的判断不正确的是（　　）
   A. 若 M1 增速较快，则投资市场和中间市场活跃
   B. M2 不仅反映现实的购买力，还反映潜在的购买力
   C. M2 过高而 M1 过低，表明投资过热而需求市场不旺，存在发生危机的风险
   D. M1 过高而 M2 过低，表明市场需求强劲但投资不足，存在通货膨胀风险

10. 下面哪种说法不正确（　　）
    A. 股票投资并不是一个零和博弈过程
    B. 投资过程中资产价格的形成具有非完全交易的特征
    C. 投资者通常采用当前的股票市值来核算自己的财富
    D. 针对股票价格未来趋势的一致性判断，保证了股票交易能够完成

11. 下面在获得诺贝经济学奖的金融学领域的学者中研究行为金融学的是（　　）
    A. 理查德·塞勒　　B. 罗伯特·默顿　　　C. 尤金·法玛　　　D. 哈里·马科维茨

12. 下面哪种说法不正确（　　）
    A. 商业银行最重要的特征就是能够以派生存款的形式创造和收缩货币
    B. 部分准备金制度是银行信用创造能力的基础
    C. 货币乘数是法定准备金率的倒数
    D. 某商业银行收到其他商业银行的支票存款属于原始存款

二、判断题

1. 金融决策的一个显著特征是成本和收益是跨期分摊的。（　　）
2. 金融就是货币资金持有者和需求者之间直接进行资金融通的活动。（　　）
3. 信用的主要形式包括实物借贷和货币资金借贷。（　　）
4. 直接融资中，只有资金供需双方的直接联系，不存在金融机构的参与。（　　）
5. 在间接融资活动中，金融中介需要同时扮演债权人和债务人的角色。（　　）
6. 普通合伙制企业的所有合伙人都对企业债务承担无限责任。（　　）
7. 公众公司就是上市公司。（　　）
8. 一个有效的金融市场能够解决所有者与管理者之间潜在的利益冲突。（　　）

9. 与普通合伙人相比，有限合伙人享有对企业日常决策的优先权。（　　）
10. 在以直接金融范式为主导的经济环境下，商业银行更容易得到发展。（　　）
11. 公司制企业在盈利时，存在双重征税的问题。（　　）
12. 研究企业金融决策的金融学分支被称为公司金融。（　　）

三、简答题

1. 什么是金融？为什么资金在供求双方之间的流动并不是一件简单的事情？
2. 金融中介在提供了资本流动便利的同时也带来了资本漏出，为什么？
3. 信用与金融的区别？
4. 斯蒂芬·罗斯强调的金融学四大课题是什么？
5. 内生因素和外生因素分别具有什么特征？
6. 金融决策区别于其他决策的最主要特征是什么？
7. 近年来，金融领域出现了哪些明显的趋势化特征？
8. 居民的主要金融决策包括哪些？企业的主要金融决策又包括哪些？
9. 世界上什么类型的资产占比最高？什么类型的资产带来的收益最多？
10. 当居民以消费者和投资者身份进行购买活动时，所追求的目标有什么不同？为什么会出现击鼓传花式的投资骗局？
11. 企业有哪些组织形式？它们在税收方面分别具有哪些特点？
12. 什么是现代企业制度最为重要的特征？为什么？
13. 什么是货币层次？如何利用货币供应量指标观察和判断国民经济的运行特征？
14. 什么是货币乘数？说明商业银行信用创造的前提和原理。
15. 什么是财富乘数？说明投资过程财富创造的前提和原理。

四、论述题

1. 企业所有权与管理权分离的优点和缺点分别是什么，金融市场的作用究竟是什么？
2. 在股票市场中，最典型的现象就是牛市来了，市场非常红火，大家都赚到了钱；一旦市场出现下跌，投资者非常悲观，大家都赔钱了。可是，牛市中的钱是从哪里来的，熊市中的钱又到哪里去了呢？

习题参考答案及解析

一、单项选择题

题号	1	2	3	4	5	6	7	8	9	10	11	12
答案	B	B	C	A	C	B	B	B	A	A	D	D

1. **解析**：1602 年，荷兰人开始在阿姆斯特尔河大桥上买卖东印度公司的股票，这是世界上第一只

公开交易的股票，而阿姆斯特尔河大桥则成了世界上最早的股票交易所。

2. **解析**：最初的资本流动，主要是盈余单位与短缺单位之间的直接流动，因此，最初的资本流动是通过金融中介完成的这种说法并不正确。

3. **解析**：金融决策区别于其他资源配置决策的两项特征：第一，金融决策的成本和收益是跨期分摊的；第二，无论是决策者还是其他人，通常都无法预先准确地知道金融决策的成本和收益。因此，跨期和不确定性是影响金融决策行为的中心因素。

4. **解析**：金融资产证券化是指将流动性较差的资产，如金融机构的一些长期固定利率放款或企业应收账款等，借助商业银行或投资银行进行集中重组，以这些资产作为抵押来发行证券，提高金融资产的流动性。

5. **解析**：股东大会是公司的最高权力机构，股东大会选举董事会，董事会进一步选择经营企业的管理者，在股东大会上，通常每股股票拥有一张选票，但是有时存在拥有不同投票权的不同类别的股票。股东大会是公司的最高权力机构，而非董事会。

6. **解析**：任何企业必须做出的第一项决策是它希望进入何种行业，这被称为战略规划。一旦企业的管理者决定进入何种行业，为了获取厂房、机器设备、研究实验室、商品陈列厅、仓库以及其他诸如此类长期存在的资产，同时为了培训运营所有这些资产的人员，企业的管理者就必须准备一项规划，这就是资本预算过程。当企业已经决定希望实施的项目，就必须清楚怎样为项目融资，进行资本结构决策。为了保证能够为运营过程中出现的现金流赤字提供融资，同时使运营现金流的盈余得到有效投资，从而获得良好的收益，管理者必须关注向客户的收款以及到期需要支付的账单，这就是营运资本管理。因此，企业进行金融决策的正确顺序是战略规划—资本预算—资本结构决策—营运资本管理。

7. **解析**：1986年，英国首相撒切尔发动的"金融大爆炸"（Big Bang）改革，旨在大幅度减少监管，引发了全球范围内的金融自由化改革浪潮。金融监管自由化是指自20世纪70年代中期以来，在西方发达国家出现的一种逐渐放松甚至取消对金融活动进行严格管制的趋势。

8. **解析**：合伙企业是指由合伙人签订合伙协议，共同出资、共同经营、共同享有收益、共同承担风险，并对企业债务承担无限连带责任的营利性组织。合伙企业分为普通合伙企业和有限合伙企业。普通合伙人对合伙企业债务承担无限连带责任，有限合伙人以其认缴的出资额为限对合伙企业债务承担有限责任，一般而言，普通合伙人主要负责企业的日常运营和管理。因为合伙企业不具有独立的法人资格，所以在实现盈利时并不需要缴纳企业所得税，投资人只需要在分红过程中缴纳个人所得税即可。《中华人民共和国企业所得税法》第一条规定：在中华人民共和国境内，企业和其他取得收入的组织（以下统称企业）为企业所得税的纳税人，依照本法的规定缴纳企业所得税。个人独资企业、合伙企业不适用本法。

9. **解析**：M1反映经济社会的现实购买力；M2不仅反映现实的购买力，还反映潜在的购买力。若M1增速较快，则消费市场和终端市场活跃；若M2增速较快，则投资市场和中间市场活跃；M2过高而M1过低，表明投资过热而市场需求不旺，存在发生危机的风险；M1过高而M2过低，表明市场需求强劲但投资不足，存在通货膨胀风险。因此，选项A关于M1的描述不正确。

10. **解析**：投资过程中交易完成和价格形成是基于投资者的价格分歧实现的，只有当买卖双方对某一个价格存在分歧时，才会完成交易并形成价格。投资者A之所以愿意用20元的价格买入股票，是因为他认为20元的价格低，将来他能够以更高的价格卖出股票；而投资者B不卖股票的原因，是因为他也认为20元的价格低了。因此，在双方具有一致性判断的情况下，交易无法完成。
11. **解析**：理查德·塞勒是行为金融学家，他研究人的有限理性行为对金融市场的影响，将投资者心理上的现实假设纳入经济决策分析中，通过分析有限理性、社会偏好和缺乏自我控制等特征的经济后果，进一步探究了这些人格特质如何系统地影响个人决策以及市场成果。
12. **解析**：原始存款是指商业银行吸收的能够增加其准备金的存款，包括银行吸收的现金存款和中央银行对商业银行贷款所形成的存款。对单个商业银行来说，存款的增加并不仅仅是因为现金的流入，也可能是接收其他商业银行的支票存款所致。单个商业银行接收其他商业银行的支票存款，仅代表整个商业银行体系的存款结构发生了变化，并不会使整个商业银行体系的存款准备金总额有任何增加，因此不属于原始存款增加。

二、判断题

题号	1	2	3	4	5	6	7	8	9	10	11	12
答案	√	×	√	×	√	√	×	√	×	×	√	√

1. **解析**：金融决策区别于其他资源配置决策的两项特征：第一，金融决策的成本和收益是跨期分摊的；第二，无论是决策者还是其他人，通常都无法预先准确地知道金融决策的成本和收益。
2. **解析**：金融就是货币资金的持有者与需求者之间直接或间接地进行资金融通的活动。题中只提到了直接进行融资，表述不完全，故错误。
3. **解析**：信用是指一切借贷活动，既包括货币资金的融通，也包括实物资产的借贷活动。
4. **解析**：直接融资中也有金融机构的参与，如通过股票融资发行股票时就需要投资银行等的参与。
5. **解析**：在间接融资活动中，当金融中介以储蓄的形式接收资本时，金融中介扮演的是债务人的角色；当金融中介以贷款的形式借出资本时，金融中介扮演的是债权人的角色。故在间接融资活动中，金融中介需要同时扮演债权人和债务人的角色。
6. **解析**：合伙企业是指拥有两位或更多所有者的企业。这些所有者被称为合伙人，他们共同分担企业的权益。如果没有特别指定，所有合伙人就像在独资企业中那样承担无限责任。
7. **解析**：拥有广泛分散化所有权且股票可以在交易所或场外市场自由交易的公司被称为公众公司，包括上市公司和非上市公众公司。
8. **解析**：一个有效的金融市场能够解决所有者与管理者之间潜在的利益冲突，因为收购机制会发挥作用。
9. **解析**：有限合伙人通常不做出合伙制企业的日常决策，而普通合伙人进行合伙制企业的日常决策。
10. **解析**：以直接融资范式为主导的金融体系，具有相对较为发达的金融市场，比如美国和英国。而在以间接融资范式为主导的金融体系中，商业银行占据主导地位，比如德国、日本和中国。因此，在以直接金融范式为主导的经济环境下，金融市场更容易得到发展。
11. **解析**：公司制企业以独立法人的身份存在，即公司与它的所有者（股东）是截然不同的法律主体，公司可以拥有财产、借入资金和签订合同，也可以提起诉讼或者受到指控。公司制企业作为独立法人主体，在实现盈利时必须首先缴纳企业所得税，然后股东在分红过程中还要缴纳个人所得税，即存在双重征税的问题。
12. 解析：研究企业金融决策的金融学分支被称为公司金融。

三、简答题

1. 答：金融就是资金的融通，亦称为融资。由于收入增加、延迟消费或者预防性准备等原因，社会体系中总是存在一些人，他们手中拥有暂时没有明确使用意愿的盈余货币，这些拥有盈余货币的人可以被称为盈余单位。市场中存在拥有盈余货币的盈余单位，与之相对应，也会有一些存在消费意愿但是手中没有所需货币的短缺单位。因收入减少、提前消费和意外发生，一些人存在消费意愿但是手中没有所需的货币，则称为短缺单位。盈余单位和短缺单位的同时存在，使社会体系中的货币出现了一种流动倾向。事实上，金融就是货币资金的持有者与需求者之间，直接或间接地进行资金融通的活动。融资和投资是金融活动的两个方面，对于资本的需求者而言，金融是一种融资活动，目的是获得所需要的资本，利息则是他们使用资金的代价；而对于资本的供给者而言，金融是一种投资活动，目的是获得资本的增值部分，即他们暂时放弃资本的使用权所获得的补偿。

  人们与生俱来的流动性偏好，会使人们即使在货币没有明确使用用途的情况下仍然愿意持有货币，也就是说，人们更愿意持有货币而不是借出货币，除非有利可图，而且，当盈余单位将货币借出后，还将不得不面临一种不确定性，即无法收回的风险。因此，资金在供求双方之间的流动并不是一件简单的事情。

2. 答：金融就是资金的融通。市场中存在拥有盈余货币的盈余单位，与之相对应，也会有一些存在消费意愿但是手中没有所需货币的短缺单位。盈余单位和短缺单位的同时存在，使社会体系中的货币出现了一种流动倾向。但是由于人们与生俱来的流动性偏好，会使人们即使在货币没有明确使用用途的情况下仍然愿意持有货币，也就是说，人们更愿意持有货币而不是借出货币，除非有利可图，而且，当盈余单位将货币借出后，还将不得不面临一种不确定性，即无法收回的风险。于是聪明人开始以在归还本金的同时支付利息作为利诱，使货币在盈余单位和短缺单位之间开始流通，这就形成了最早的融资活动。

  最开始的资本流动，主要是盈余单位和短缺单位之间的直接流动，但是这种流动方式的缺点很快就暴露了出来，即资本之间总是在时机和数量的匹配方面遇到问题。于是，出现了一种专门帮助资本流动，并从中盈利的职业——捐客。捐客可以在任何时间从盈余单位手中接收任何数量的资本，同时可以在任何时间向短缺单位提供任何数量的资本。显然，"天下没有免费的午餐"，捐客解决了资本流通的时机和数量问题，同时从中获得了利息差价的收入，但他们在降低了资本流动摩擦的同时，又增加了新的摩擦——资本漏出。

  总的来说，由于资本之间总是在时机和数量的匹配方面存在问题且具有成本，金融中介（捐客）的出现使盈余单位与短缺单位之间可以进行资本交易，促进资金流动，但金融中介（捐客）的活动也需要成本和利润，并非全部资金都能用于盈余单位和短缺单位之间，所以在资金流动的过程中可能出现资本漏出。

3. 答：金融是信用货币出现以后形成的一个经济范畴，它与信用是两个不同的概念：①金融不包括实物借贷，专指货币资金的融通，人们除了通过借贷货币融通资金之外，还可以通过发行股票的方式来融通资金；②信用则是指一切借贷活动，既包括货币资金的融通，也包括实物资产的借贷活动。

4. 答：斯蒂芬·罗斯对金融的定义为：金融学以其不同的中心点和方法论而成为经济学的一个分支，其中心点是资本市场的运营、资本资产的供给和定价，方法论是使用相近的替代物给金融契约和工具定价。罗斯的观点注重的是金融的微观内涵及资本市场的特质。罗斯将金融的四大核心课题概括为："有效市场""收益与风险""期权定价"和"公司金融"。"有效市场"理论的代表人物为尤金·法玛，他认为，即使在较短的时间内，股价的变动也无法预测，因为新信息的影响能够及时而准确地反映在股票价格上，此时的市场是有效的。"收益与风险"课题的代表理论是投资组合理论和资本资产定价模型。投资组合理论是关于投资选择过程中对风险与收益进行权衡取舍的科学逻辑，资本资产定价模型进一步引入市场投资组合的概念，证明了风险资产的预期收益率与系统性风险之间存在线性关系。"期权定价"课题主要研究的是针对期权和其他衍生证券进行定价的数学方程，主要的理论为期权定价公式（B－S公式）。"公司金融"研究的是以公司作为主体的金融决策问题。

5. 答：金融理论将人们的偏好看成是给定的，理论体系不能解释的基本构成要素被称为外生因素；与之相对应，理论体系能够解释的基本构成要素被称为内生因素。在金融学中，假定人们的偏好是外生因素，而企业运营的目标是内生因素。虽然偏好可能随时间的推移而变化，但金融理论并不设法解释为什么变化以及怎样变化的问题。

6. 答：金融学是一项针对人们怎样跨期配置稀缺资源的研究。金融决策区别于其他资源配置决策的两项特征：第一，金融决策的成本和收益是跨期分摊的；第二，无论是决策者还是其他人，都无法预先准确地知道金融决策的成本和收益。例如，在决定是否自己开办餐馆时，必须在将要付出的可能成本与未来的可能收益之间进行权衡，这种并不确定的收益是预期未来可能获得的现金流。

7. 答：自20世纪80年代以来，金融市场经历了迅猛发展，产生了令人瞩目的变化，货币市场、债券市场和股票市场日交易量均达到数万亿美元。放松金融管制导致的自由化和全球化产生了更大规模的资产流动，并且在世界范围内引发了许多问题，如1997年的"东南亚金融风暴"和2008年的"全球金融海啸"。金融数据的大量存在与市场规模不断增长带来的复杂性和综合性，促使金融机构不断寻找和利用数据建模等更有效的工具手段，对市场行为进行判断。为了规避金融监管和迎合投资者的需求，基于数量化估值模型和风险评估模型的复杂金融工具不断被创造出来。同时，金融机构和投资者也在寻求可以对收益与风险进行数量化分析的系统性方法，帮助他们进行金融决策。因此，金融领域出现了一些明显的趋势化特征。

（1）金融资产证券化。金融资产证券化是指将流动性较差的资产，如金融机构的一些长期固定利率放款或企业应收账款等，借助商业银行或投资银行进行集中重组，以这些资产作为抵押来发行证券，提高金融资产的流动性。

（2）金融市场全球化。金融市场全球化已经成为当今世界一种突出的重要趋势。金融市场全球化是指国际金融市场正在形成一个密切联系的整体市场，在全球任何一个主要市场中都可以进行相同品种的金融交易，并且由于时差的原因可以实现24小时不间断的金融交易。

（3）金融监管自由化。金融监管自由化是指自20世纪70年代中期以来，在西方发达国家出现的一种逐渐放松甚至取消对金融活动进行严格管制的趋势。其主要表现为：减少或取消国与国之间对金融机构活动范围的限制；对外汇管制的放松或解除；放宽对金融机构业务活动范围的限制，允许金融机构的业务活动适当交叉；放宽或取消对银行利率的管制。

(4) 金融科学数量化。任何一门学科的现代化和精确化进程，都必然以数学作为重要的描述工具和语言。显然，现代金融学从经济学中独立出来的重要标志之一，就体现在金融科学数量化上。金融科学数量化是指金融理论研究模式趋向于数学化（推理演绎数学化）、应用研究定量化（建立相应的数学模型）和运用计算机技术求解模型数值问题的广泛化，从而促成了金融数学的诞生和发展。

(5) 金融工具工程化。金融工具工程化是指将工程学的思维引入金融领域，综合采用数学建模、数值计算、网络图解以及仿真研究等设计、开发和实施新型的金融产品与工具，进而创造性地解决资产定价等方面的问题。从本质上讲，金融创新是设计一种新型证券或新型程序，这种新型证券或程序必须能够帮助发起人或者投资者实现某些以前做不到的事情，从而达到增加财富和价值的目的。现在，金融工程方法已经成为资产定价及新产品设计过程中必不可少的工具和手段。

8. **答**：居民所面临的金融决策，主要集中在资产配置的过程中，体现为在资产配置过程中必须面临的取舍问题。随着居民参与经济活动的程度不断加深，金融决策成了居民参与经济活动过程中最常遇到的问题。居民通常至少会遇到四大类金融决策问题。

(1) 消费与储蓄决策：如何配置手中现有的财富的问题，即多少用于消费，多少用于储蓄。消费能够带来当期的效用（满足感），但是放弃暂时的消费并将资金储蓄起来，所获得的利息可以使他们在未来拥有更多的财富，进而获得更高的效用。如何在当期消费与未来消费之间进行取舍，成为几乎每一位居民不得不面对的金融决策问题。

(2) 投资决策：如何安排节省下来的资金，以使这些资金在未来能够产生更多的财富，成为居民面临的另外一个十分重要的金融决策问题。随着金融的不断发展，金融创新工具不断涌现，形式多样的金融产品使投资者的投资决策变得越来越困难。

(3) 融资决策：居民为了实施自己的消费和投资计划，必须面对在什么时间、以什么方式获得和使用别人的资金，才能够使自己付出的代价最少的问题。

(4) 风险管理决策：金融活动最大的特点之一就是不确定性，即风险。当把资金借给别人时，便存在无法如期收回本金和利息的可能性；当投资股票或基金时，未来的现金流也完全是不确定的，既可能获得收益，也可能遭受损失。为了寻求降低资产配置过程中的不确定性，居民必须在收益与风险之间进行权衡。

企业也被称为厂商，是具有生产产品和提供服务功能的经济实体。企业有不同的类型和规模。为了生产产品和提供服务，所有的企业，无论大小，都需要资本。厂房、机器设备以及再生产过程中使用的其他中间投入品被称为物质资本，而股票、债券以及用来为获取物质资本提供融资的贷款被称为金融资本。

(1) 战略规划。任何企业必须做出的第一项决策是它希望进入哪一个行业，这被称为战略规划。因为战略规划涉及对不同时期的成本和收益进行评估，所以它在很大程度上是一项金融决策过程。企业经常拥有由其主要产品生产线界定的核心业务，而且这种核心业务可以延伸到相关行业。例如，生产计算机硬件的企业也可以选择生产软件，同样可能选择为计算机提供服务。企业的战略目标可能随时间的推移而发生变化，这种变化有时候是极其剧烈的。

(2) 资本预算。一旦企业的管理者已经决定进入哪个行业，为了获取厂房、机器设备、研究实验室、商品陈列厅、仓库以及其他诸如此类长期存在的资产，同时为了培训运营所有这些资产的人员，企业的管理者就必须做出一项规划，这就是资本预算过程。资本预算过程中的基本分析单位是投资项目。资本预算过程包括鉴定新投资项目的构思，对其进行评估，决定哪些可以实施，然后贯彻执行。

（3）资本结构决策。当企业已经决定希望实施的项目，就必须清楚怎样为其融资。与资本预算决策不同，资本结构决策的分析单位不是个别的投资项目，而是整个企业。进行资本结构决策的出发点是为该企业确定可行的融资计划。企业一旦得到一项可行的融资计划，就可以设法解决最优融资组合的问题。企业可以发行一系列广泛的金融工具和索取权进行融资。在这些金融工具和索取权中，有些是可以在有组织的市场中进行交易的标准化证券，例如普通股、优先股、债券和可转换证券等，另外一些是无法在市场上交易的索取权，例如银行贷款、租赁合约等。公司的资本结构决定了谁将如何得到公司未来的现金流，同时，部分决定了谁将有机会控制该公司。

（4）营运资本管理。企业要维持正常的运转，就必须拥有适量的营运资本，保证现金的流入与流出尽可能在时间上相匹配，因此，营运资本管理对企业的成功是极其重要的。如果公司管理层不参与企业的日常金融事务，最好的长期计划也存在失败的可能性。为了保证能够为运营过程中出现的现金流赤字提供融资，同时使运营现金流的盈余得到有效投资，从而获得良好的收益，管理者必须关注向客户的收款以及到期需要支付的账单，即关注营运资本管理。

企业在所有金融决策领域——投资、融资和营运资本管理中做出的选择，都依赖于它的生产技术以及特定的规制、税收和企业运营的竞争环境。

9. **答：** 居民的资产配置形式主要集中在金融资产（股票、债券等）和实物资产（房地产、黄金、珠宝等）两大类。虽然金融资产越来越深刻地影响着人们的生活，甚至金融活动已经开始主导整个经济的运行，但金融资产的实际数量和规模并没有想象中的大。据统计，全世界所有股票和债券的总价值略小于房地产的总价值。如果把贵金属和珠宝加入房地产价值中，那么全世界实物资产的总价值远远超过金融资产的价值，实物资产占比最高，而且，全世界来自金融资产和实物资产所有权的收入仅占总收入的20%，其中人力资本收入占总收入的80%，即人力资本带来的收益最多。人力资本是指劳动者基于教育和培训、实践经验、迁移及保健等方面的投资而获得的知识和技能的积累，也称非物力资本。由于知识和技能可以在未来为其带来工资等收益，因而形成了一种特殊的资本形式。

10. **答：** 当居民以消费者和投资者身份进行购买活动时，所追求的目标完全不同，因此对标的买卖的判别依据也完全不同。当他们以消费者身份进行购买时，目的是拥有或使用标的，追求的是拥有或使用标的给其带来的满足感（效用）。以追求效用为目的所购买的标的，被称为商品或者服务，是否购买的判别依据就是性价比，即商品或者服务能够带来的效用与价格之间的权衡。当他们以投资者身份进行购买时，目的与拥有或使用毫无关系，仅仅是为了利用买卖价差实现财富增加的目的，追求的是投资收益。此时购买的标的被称为投资品，是否购买的判别依据是买卖价差，标的本身并不重要。

伴随着经济的高速发展，人们手中积累了越来越多的可投资财富，内心的投资冲动也愈发强烈，加之财富管理的途径和机会相对匮乏，投资需求的广泛存在和投资机会的匮乏，促进了击鼓传花式投资骗局的产生。击鼓传花式投资骗局背后的逻辑本质上是利用了人们追求收益的冲动和过度贪婪的欲望，采用击鼓传花的方式引诱投资者入局。击鼓传花式投资骗局的标的形式可能存在差异，过去是"郁金香"和"南海股票"，后来是收益奇高的收益凭证，这些标的本身没有任何值得非议之处，但是它们被疯狂炒作的过程，则是彻头彻尾的击鼓传花式投资骗局。

11. **答**：企业存在三大类基本组织形式：独资企业、合伙企业和公司。

　　独资企业指个人出资经营、归个人所有和控制、由个人承担经营风险并享有全部经营收益的企业。独资企业的资产和负债是出资人的私人资产和负债，出资人对企业的债务承担无限责任。

　　合伙企业是指由合伙人签订合伙协议，共同出资、共同经营、共同享有收益、共同承担风险，并对企业债务承担无限连带责任的营利性组织。合伙企业分为普通合伙企业和有限合伙企业。普通合伙人对合伙企业债务承担无限连带责任，有限合伙人以其认缴的出资额为限对合伙企业债务承担有限责任，一般而言，普通合伙人主要负责企业的日常运营和管理。

　　公司是投资者（股东）出资建立、自主经营、自负盈亏并且具有独立法人资格的经济组织，包括有限责任公司和股份有限公司。

　　独资企业和合伙企业不具有独立的法人资格，所以在实现盈利时并不需要缴纳企业所得税，投资人只需要在分红过程中缴纳个人所得税即可。而公司制企业以独立法人身份存在，即公司与它的所有者（股东）是截然不同的法律主体，公司可以拥有财产、借入资金和签订合同，也可以提起诉讼或者受到指控。因此，公司制企业作为独立法人主体，在实现盈利时必须首先缴纳企业所得税，然后股东在分红过程中还要缴纳个人所得税，存在双重征税的问题。

12. **答**：因为公司制企业可以在不影响企业正常运营的条件下，通过股份转让使所有者发生相对频繁的变化，所以公司制企业尤其适合所有者与管理者分离的企业制度设计。在全世界范围内，很多公司的股份正在转售，同时极少存在因股份转移而对企业的管理和运营产生影响的现象。因此，所有权与管理权分离已经成为现代企业制度最重要特征之一。这样的制度安排，保证了大型企业与现代化大生产模式的出现和发展，也改变了世界经济运行的轨迹。

　　第一，职业经理人运营企业的才能可能更胜一筹。相对于企业所有者，职业经理人通常拥有更好的技术知识、更丰富的从业经验或者更适宜的人格魅力去运营企业。在所有者同时也是管理者的架构中，所有者必须拥有管理者的天赋以及实施管理所必需的资源，而在所有者与管理者分离的架构中，则不需要这些。所有权与管理权分离的制度设计能够保证企业所有者和管理者都有机会发挥他们各自的能力与优势，而不是要求企业家必须拥有运营企业的能力。同时，这种所有权与经营权分离的模式，可以使大型企业有机会拓展业务范围，进入企业家并不熟悉但有较好的盈利机会的行业。

　　第二，为了达到企业运营的有效规模，企业可能不得不聚拢众多投资者的金融资源。聘请职业经理人管理公司的运营方式，能够使资源的聚集更加容易。当一家汽车制造企业需要聚拢大量的资金来进行经营活动时，单个投资者是不可能完成的，但并不是全部所有者都能够和愿意积极地参与企业的运营管理。这些投资者可能更愿意聘请职业经理人或者由某一个股东代为管理公司，他们放弃了作为所有者对公司的管理权，只是分享投资收益。

　　第三，在不确定的经济环境中，投资者希望利用众多的企业股权来分散风险。为了最优地进行分散化，投资者需要持有一个证券种类较多，但每一种证券的数量未必一定很多的资产组合。没有所有权与管理权的分离，这种有效分散化组合很难实现。如果投资者必须管理其所投资的企业，那么就不存在任何可以在众多企业之间分散风险的机会。公司制企业的组织形式尤其适合帮助投资者实施分散化投资，进而分散风险、提供便利，因为公司制企业允许投资者持有每家企业的股票份额相对较小。

第四，所有权与管理权的分离结构，考虑到了信息搜集成本的节省。管理者可以搜集关于企业的生产技术、投入成本和产品需求的最精确的信息，而企业的所有者只需要相对较少地了解这些信息即可。

第五，企业所有权与管理权分离的组织结构设计，存在持续经营效应。假设所有者希望出售全部或部分股份，如果所有者同时必须是管理者，那么为了更有效地管理这家企业，新的所有者就不得不从前任所有者那里了解它，而如果所有者并不必须是管理者，那么在企业出售后，管理者还可以继续为新的所有者工作。当一家企业向公众发行股份的时候，即使原来既是所有者又是管理者的人所持有的企业股份被稀释了，他们也经常会继续管理这家企业。

13. **答：** 根据金融资产的流动性来划分不同层次的货币供应量，按照流动性划分的货币规模统计口径包括通货 M0、狭义货币供应量 M1 和广义货币供应量 M2。另外，中国人民银行还统计 M3 数据，但是并不对外公布。

    通货：M0 = 流通的现金

    狭义货币供应量：M1 = M0 + 银行活期存款

    广义货币供应量：M2 = M1 + 定期存款 + 储蓄存款 + 证券公司客户保证金

    更广义的统计口径：M3 = M2 + 金融债券 + 商业票据 + 大额可转让定期存单等

    其中，M2 – M1 是准货币，M3 是根据金融工具的不断创新而设置的。M1 反映经济社会的现实购买力；M2 不仅反映现实的购买力，还反映潜在的购买力。若 M1 增速较快，则消费市场和终端市场活跃；若 M2 增速较快，则投资市场和中间市场活跃；M2 过高而 M1 过低，表明投资过热而市场需求不旺，存在发生危机的风险；M1 过高而 M2 过低，表明市场需求强劲但投资不足，存在通货膨胀风险。

    各国具体的货币层次划分是不断变化的，没有一个关于货币量的定义能符合所有时期的特点或被所有人认同。迄今为止，关于货币供应量层次的划分并无定论。但根据资产的流动性来划分货币供应量的层次，已被大多数国家政府和学术界所接受，并且，狭义货币供应量 M1 和广义货币供应量 M2 的基本内容已经被普遍接受。

14. **答：** 货币乘数是银行存款创造机制所决定的最大存款扩张倍数，也称货币扩张乘数。货币乘数是法定准备金率的倒数，其含义是每一单位原始存款的变动所能引起的存款总规模的变动。由此可见，整个商业银行创造存款货币的数量会受到法定存款准备金率的限制，其倍数与存款准备金率呈倒数关系。

    现代银行采用部分准备金制度和非现金结算制度构成商业银行创造信用的基础条件。

    1) 部分准备金制度又称法定存款准备金制度，是国家以法律形式规定存款机构的存款必须按一定比例，以现金或在中央银行存款的形式留存准备金的制度。也就是说，对于商业银行吸收进来的存款，银行必须按一定比例提留准备金，其余部分才可以用于发放贷款。若是在 100% 的全额准备制度下，则从根本上排除了商业银行利用所吸收的存款发放贷款的可能性，商业银行也就没有创造存款的可能。部分准备金制度的建立，是银行信用创造能力的基础。对一定数量的存款来说，准备金比例越大，银行可用于贷款的资金就越少；准备金比例越小，银行可用于贷款的资金就越多。

2）非现金结算制度使人们能通过支票或者其他非现金的方式进行货币支付，又或者商业银行的经济往来通过转账结算，而无须使用现金。如果不存在非现金结算，银行不能用转账的方式发放贷款，一切贷款都必须付现，那就无法创造派生存款，银行也就没有创造信用的可能。非现金结算制度也是商业银行创造信用的前提条件。

在金融体系中，商业银行信用创造的核心原理就是能够以派生存款的形式创造和收缩货币，从而强烈地影响货币供应量。商业银行通过其经营存款的机制，创造出新存款，进而创造了货币。商业银行在收到储蓄存款后，通过日常业务活动进一步创造出是原始存款的数倍的派生存款，扩大社会的信用规模。当货币当局增加基础货币时，由于商业银行具有信用创造功能，所以会导致市场中实际的货币规模增加是基础货币增加的数倍。与之相对应，在基础货币减少的时候，商业银行的信用创造功能导致市场中的实际货币规模出现数倍于原始货币的减少。

15. **答**：财富乘数是投资过程中由于非完全交易所导致的财富变化与真实货币变化之间的比率关系。财富乘数是交易过程中换手率的倒数。

    投资者的财富核算方式和非完全交易制度是投资过程中虚拟财富创造的前提条件。

    1）投资者通常采用股票市值来核算自己的财富。
    2）投资过程中资产价格的形成具有非完全交易的特征，即一个新的资产价格的形成，并不依赖于所有资产100%的全部交易。也就是说，不管多小的一笔交易，都会在市场中形成一个新的资产价格，人们依据这个新的资产价格来确定自己的财富。

    股票投资并不是一个零和博弈过程，即股票市场交易并不是有人赚钱就必须有人亏钱的游戏，赢家所赚到的钱也不是刚好等于输家所亏的钱。投资过程中交易完成和价格形成是基于投资者的价格分歧实现的，只有当买卖双方对某一个价格存在分歧时，才会完成交易并形成价格。在双方具有一致性判断的情况下，交易无法完成。投资市场通过非完全交易过程，凭空创造或者消灭虚拟财富，进而使社会体系的总需求猛烈增加，从而对经济社会产生影响。

四、论述题

1. **答**：企业的所有者之所以将公司交由其他人进行管理，是因为这样做的好处十分明显。

    第一，职业经理人运营企业的才能可能更胜一筹。相对于企业所有者，职业经理人通常拥有更好的技术知识、更丰富的从业经验或者更适宜的人格魅力去运营企业。在所有者同时也是管理者的架构中，所有者必须拥有管理者的天赋以及实施管理所必需的资源，在所有者与管理者分离的架构中，则不需要这些。所有权与管理权分离的制度设计能够保证企业所有者和管理者都有机会发挥他们各自的能力与优势，而不是要求企业家必须拥有所有运营企业的能力。同时，这种所有权与经营权分离的模式，使大型企业有机会拓展业务范围，进入企业家并不熟悉但拥有较好的盈利机会的行业。

    第二，为了达到企业运营的有效规模，企业可能不得不聚拢众多投资者的金融资源。聘请职业经理人管理公司的运营方式，能够使资源的聚集更加容易。当一家汽车制造企业需要聚拢大量的资金来进行经营活动时，单个投资者是不可能完成的，但并不是全部所有者都能够和愿意积极地参与企业运营的管理。这些投资者可能更愿意聘请职业经理人或者由某一个股东代为管理公司，他们放弃了作为所有者对公司的管理权，只是分享投资收益。

第三，在不确定的经济环境中，投资者希望利用众多的企业股权来分散风险。为了最优地进行分散化，投资者需要持有一个证券种类较多，但每一种证券的数量未必一定很多的资产组合。没有所有权与管理权的分离，这种有效分散化组合很难实现。如果投资者必须管理其所投资的企业，那么就不存在任何可以在众多企业之间分散风险的机会。公司制企业的组织形式尤其适合帮助投资者实施分散化投资，进而分散风险、提供便利，因为公司制企业允许投资者持有每家企业的股票份额相对较小。

第四，所有权与管理权的分离型结构，考虑到了信息搜集成本的节省。管理者可以搜集关于企业的生产技术、投入成本和产品需求的最精确的信息，而企业的所有者只需要相对较少地了解这些信息即可。

第五，企业所有权与管理权分离的组织结构设计，存在持续经营效应。假设所有者希望出售全部或部分技术，如果所有者同时必须是管理者，那么为了更有效地管理这家企业，新的所有者就不得不从前任所有者那里了解它，而如果所有者并不必须是管理者，那么在企业出售后，管理者还可以继续为新的所有者工作。当一家企业向公众发行股份的时候，即使原来既是所有者又是管理者的人所持有的企业股份被稀释了，他们也经常会继续管理这家企业。

因为公司制企业可以在不影响企业正常运营的条件下，通过股份转让使所有者发生相对频繁的变化，所以公司制企业尤其适合所有者与管理者分离的企业制度设计。在全世界范围内，很多公司的股份转售，极少存在因股份转移而对企业管理和运营产生影响的现象。当然，所有权与管理权分离能够带来好处，同时，也容易引起所有者与管理者之间的潜在利益冲突。因为公司的所有者仅拥有关于管理者是否有效地为其利益服务的不完全信息，所以管理者可能会忽视自己应该对股东承担的责任。在极端情形下，管理者甚至可能违背股东的利益行事。

金融学的核心问题是研究资本和资产的配置效率，而这种配置主要通过金融市场来进行。一个有效的金融市场能够解决所有者与管理者之间潜在的利益冲突，因此企业的所有者并不是企业的管理者变得非常常见，企业的所有权能够在众多投资者之间进行分散，而且，随着时间的推移，所有权构成的变化比管理层构成的变化更加常见。

金融市场在将储蓄资金转移到投资领域的过程中起着至关重要的作用。一方面，高效的金融市场使得工商企业能够对未来进行投资，通过资金的融通及时把握和利用每一个可能的获利机会。因此，金融市场使企业投资规模的外在边界得到极大扩展，实体经济的发展也将获得更广阔的空间。另一方面，从盈余者的角度来看，通过金融资产获得的收益，意味着明天更高的消费。高效的金融市场会鼓励节俭，允许居民通过延迟当期消费未来获取更多的财富。就经济整体而言，高效的金融市场意味着更大的产出和更高的消费（即全社会有更高的生活水准）。如果没有发达、完善的金融市场，现代意义上的经济增长和生活水准的提高将难以实现。

除了可以实现资源有效配置的基本功能外，金融市场还能够将众多分散的小额资金汇聚成为能够供社会再生产使用的大资金集合，从而具有资金聚敛功能。金融市场使投资者能够通过分散化的资产组合降低投资风险，从而具有分散风险功能。金融市场能够为政府的宏观经济政策提供传导途径，从而具有经济调节功能。金融市场能够为国民经济的景气与否及时提供准确的信息，从而具有信息反映功能。

2. **答：** 投资市场则能够通过非完全交易过程，凭空创造或者消灭虚拟财富，进而使社会体系的总需求猛烈增加，从而对经济社会产生影响。显然，股票市场交易并不是有人赚钱就必须有人亏钱的游戏，赢家所赚到的钱也不是刚好等于输家所亏的钱，即股票投资并不是一个零和博弈过程。换句话说，股票市场的牛市真的可以凭空创造财富，而熊市真的可以凭空消灭财富。在股票市场中，最典型的现象就是牛市来了，市场非常红火，大家都赚到了钱；一旦市场出现下跌，投资者非常悲观，大家又都赔钱了。下面以股票市场为例，分析投资过程中的虚拟财富是如何被凭空创造和被凭空消灭的。

投资者的财富核算方式和非完全交易制度是投资过程中虚拟财富创造的前提条件。

首先，市场中的投资者通常采用股票市值来核算自己的财富。假设，有一天投资者小王带着100万现金来到股票市场，并以每股10元的价格买入了10万股股票。这时小王已经没有任何现金了，但他还是会认为自己拥有100万元的财富，这里的100万元财富就是小王所持有的股票的市值（100万元＝10万股×10元/股）。随后，小王手中的股票价格上涨到了20元，这时他就会认为自己已经拥有了200万元的财富，当然这里的财富还是以股票市值来表示的（200万元＝10万股×20元/股）。

其次，投资过程中资产价格的形成具有非完全交易的特征，即一个新的资产价格的形成，并不依赖于所有资产100%全部的交易。也就是说，不管多小的一笔交易，都会在市场中形成一个新的资产价格，人们又依据这个新的资产价格来确定自己的财富。例如，中国石化一共发行了955亿股A股，每一次中国石化股票的价格变化，并不需要将955亿股都进行交易。任何一笔交易，哪怕只是两个投资者之间买卖了1股中国石化的A股，也会形成一个新的价格，而中国石化所有的A股投资者则按照这个新的价格来核算自己的财富。

股票市场的财富创造过程和财富消灭过程如下。

第一步，考虑上市公司X在股票市场上首次发行10股股票，每股10元，总市值100元。假设这10股股票被两个投资者所持有，其中投资者A持有1股（10%），市值10元；投资者B持有9股（90%），市值90元，两个投资者共同拥有的总财富是100元。

第二步，投资者C来到市场，希望以20元的价格买入股票。于是，他先找到了投资者B，投资者B拒绝了投资者C的20元出价。于是，投资者C去找投资者A，投资者A同意了投资者C给出的价格，将1股股票卖给了投资者C，因此市场中形成了一个新的交易价格——20元。

显然，在投资过程中交易完成和价格形成是基于投资者的价格分歧实现的，只有当买卖双方对某一个价格存在分歧时，才会完成交易并形成价格。投资者C之所以愿意用20元的价格买入股票，是因为他认为20元的价格低，将来他能够以更高的价格卖出股票；投资者B不卖股票的原因，是因为他也认为20元的价格低了。因此，在双方具有一致性判断的情况下，交易无法完成。与之对应，因为投资者A和投资者C在20元这个价格上存在分歧，投资者C之所以希望买入，是因为他认为20元的价格便宜；而投资者A之所以同意卖出，是因为他认为20元的价格已经很高了，未来他不可能遇到更高的价格。因此，分歧使投资者A和投资者C之间的交易完成，20元的价格出现。这就是股票交易的"博傻"过程，投资者A和投资者C都认为对方是傻瓜，存在对股票价格的错误估值，但是既然存在完全对立的两种判断，那么将来的结论一定可以证明其中有一个投资者是傻瓜。

第三步，投资者D来到市场，以40元的价格从投资者C手中买入了1股股票。这时，关于投资者C和投资者A之间的博傻游戏已经有了结果，投资者A被证明是傻瓜。

第四步，随后市场开始出现恐慌情绪，投资者D受到恐慌情绪的影响，决定卖出手中的股票。这时市场中有一个投资者E愿意以32元的价格买下投资者D手中的1股股票。

这些股票交易过程导致了真实的货币变化和投资者财富的变化。

第一步，因为上市公司 X 首次发行股票，所以是一次完全交易过程，即市场中进行了 100% 的换手。投资者 A 和投资者 B 一共花了 100 元现金，获得了 100 元的总财富，财富的获得与货币数量相等。

第二步，投资者 A 与投资者 C 进行的是非完全交易，即只有 1 股股票成交，也就是换手率为 10%。此时市场中新增加的真实货币只有 10 元（由投资者 A 的 10 元变成了投资者 C 的 20 元），但是投资者 B 和投资者 C 两个人用市值表示的总财富由原来的 100 元变成 200 元，增加了 100 元。

第三步，投资者 D 与投资者 C 之间的交易，也只有 10% 的股票成交（1 股）。增加的货币数量是 20 元（由投资者 C 的 20 元变成了投资者 D 的 40 元），但是用市值表示的总财富增加了 200 元（由之前的 200 元变成了 400 元）。

第四步，投资者 D 实际只损失了 8 元，即他把以 40 元买入的 1 股股票，以 32 元的价格卖出了。但是，市场中以市值表示的总财富损失表现为 80 元（由 400 元变成了 320 元）。投资过程中的虚拟财富创造过程如表 1-1 所示。

表 1-1　投资过程中的虚拟财富创造过程

	股票价格	投资者的财富结构	投资者的总财富	货币数量	货币的变化	财富的变化
第一步（IPO）	10 元	A：1×10=10（元） B：9×10=90（元）	100 元	100 元		
第二步	20 元	C：1×20=20（元） B：9×20=180（元）	200 元	110 元	10 元	100 元
第三步	40 元	D：1×40=40（元） B：9×40=360（元）	400 元	130 元	20 元	200 元
第四步	32 元	E：1×32=32（元） B：9×32=288（元）	320 元	122 元	-8 元	-80 元

由上面的例子我们可以知道：第一，股票市场的交易过程是非零和博弈，财富能够被虚拟创造出来，同样也可以被凭空消灭；第二，市场上涨的条件是资金增加，而下跌的条件是资金减少；第三，财富乘数刚好等于交易过程中换手率的倒数。

事实上，真实的市场交易过程，通常就是一个非完全交易过程。因此，财富能够在交易过程中被虚拟创造出来，也同样可以被凭空消灭。于是，能够看到股票市场火的时候，大家都赚钱了，其实以市值表示的财富增加只不过是在非完全交易过程中被虚拟创造出来的；而当市场经历熊市，大家都赔钱了，财富减少也只不过是在非完全交易的过程中被虚拟消灭掉了。

第 2 章
CHAPTER 2

金融学范式

习 题

一、单项选择题

1. 单利和复利的区别在于（ ）
   A. 单利的计息期总是 1 年，而复利则有可能为季度、月或日
   B. 用单利计算的货币收入没有现值和终值之分，而复利有现值和终值之分
   C. 单利属于名义利率，而复利为实际利率
   D. 单利仅在原有的本金上计算利息，而复利是对本金及其产生的利息一并计算利息

2. 复利条件下，如果年贴现利率是 8%，2 年后面值为 10 000 元的债券，那该债券今天的现值是（ ）
   A. 10 664 元　　　　B. 8 573 元　　　　C. 9 200 元　　　　D. 11 600 元

3. 金融学家认为，企业的运营目标是（ ）
   A. 利润最大化　　B. 资产安全最大化　　C. 股东财富最大化　　D. 风险最小化

4. 下列哪位金融学家提出了有效市场假说（ ）
   A. 哈里·马科维茨　　　　　　　　　B. 威廉·夏普
   C. 尤金·法玛　　　　　　　　　　　D. 丹尼尔·卡尼曼

5. 如果市场中的证券价格充分反映了历史价格信息，则市场达到了（ ）
   A. 弱式有效　　　B. 半强式有效　　　C. 强式有效　　　D. 以上都不是

6. 下列关于套利的说法，正确的是（ ）
   A. 套利者关注的是绝对价格水平
   B. 套利是利用相同商品在不同市场之间存在的价差，获取低风险收益的交易方式
   C. 套利交易利用单一期货合约价格的上下波动赚取利润

D. 套利者在交易过程中只能扮演空头的角色
7. 根据行为金融学理论，投资者会基于初始信息来调整自己的判断，属于（　　）
   A. 禀赋效应　　　　B. 锚定效应　　　　C. 框架效应　　　　D. 羊群效应
8. 债券或者股票是否具有投资价值，需要计算它的（　　）
   A. 现金流　　　　　B. 贴现率　　　　　C. 净现值　　　　　D. 风险
9. 下列说法中正确的是（　　）
   A. 企业管理者"恰当"的决策依据，是实现企业利润最大化
   B. 股东财富最大化原则，能够帮助企业管理者做出与所有者一致的金融决策
   C. 企业管理者"恰当"的决策依据，应该与企业所有者的风险态度及个人财富规模有关
   D. 管理者应该与企业所有者共同审查诸如项目选择和资金获得成本等重要决策
10. 与利润最大化目标相比，股东财富最大化目标的优点有（　　）
    A. 考虑了风险因素，可以避免企业追求短期行为
    B. 更多地强调了各利益相关者的利益
    C. 股价能完全准确地反映企业财务管理状况
    D. 股东财富最大化原则并不会引起任何歧义
11. 在某种经济制度下代表实际购买力的实际利率往往是不变的，这个结论被称为（　　）
    A. 通货膨胀　　　　B. 有效市场　　　　C. 名义利率　　　　D. 费雪效应
12. 下列说法中不正确的是（　　）
    A. 高度分散的股权，导致单个所有者无法承担信息知情成本及信息传递成本
    B. 如果收购者恰好是企业的竞争对手，那么判别企业决策的成本就非常低
    C. 收购机制确实能够为保证股东利益提供了一项强有力的约束
    D. 收购机制并不能够有效地矫正企业管理者不称职带来的问题
13. "掏空效应"是指（　　）
    A. 管理者倾向于过度投资，营造企业欣欣向荣的假象，以提高自己的薪酬
    B. 大股东有能力也有动机通过各种方式将公司资源转移到自己手中
    C. 企业管理者通过在职消费，变相为自己加薪
    D. 债权人希望将资金投入到低风险项目，而股东更倾向于投资高风险项目
14. 当个人一旦拥有了某项物品，他对该物品价值的评价要比未拥有之前大大增加，这是（　　）
    A. 锚定效应　　　　B. 禀赋效应　　　　C. 证实偏差　　　　D. 框架效应

二、判断题

1. 债券的未来现金流是确定的，而股息存在不确定性。（　　）
2. 资本市场中并不存在专门针对管理层实行恶意收购的机构。（　　）
3. 一项投资项目的净现值为正数，则该投资项目是可以接受的。（　　）
4. 企业运营的目标是利润最大化。（　　）
5. 对管理者尽职给予适当激励而产生的成本，属于委托代理成本中的监督成本。（　　）
6. 在弱式有效市场中，所有投资者都能够对公开披露的信息进行及时和准确的判断。（　　）
7. 监督成本和担保成本是制定和实施委托代理契约的实际成本。（　　）

8. 委托代理成本中的剩余损失是企业管理者没有尽职而导致企业出现了亏损。（   ）
9. 无套利分析方法是以相对定价为核心，通过"数量－价格"均衡关系确定资产价格。（   ）
10. 市场的效率越高，套利机会越少。（   ）
11. 套利活动导致单一价格的机制，仅仅存在于空间上，并不适用于时间概念。（   ）
12. 无套利分析方法的资产定价，既取决于标的自身的价值，也取决于替代品的相对价格。（   ）
13. 只有在信息收集存在成本的条件下，价格体系才有可能包含全部信息。（   ）
14. 投资者在面临复杂且模糊的问题时，寻找捷径而导致的判断偏差被称为启发式偏差。（   ）
15. 因为存在沉没成本而继续投入，这种现象被称为锚定效应。（   ）

三、简答题

1. 为什么货币具有时间价值？货币时间价值一般用什么来刻画？
2. 什么是费雪效应？
3. 什么是净现值？解释净现值准则的经济学原理，并说明净现值准则的优缺点。
4. 管理者应当遵循什么样的原则运营企业？为什么？
5. 为什么管理者的决策动机能够与股东利益保持一致？
6. 什么是信息不对称？存在哪三类委托代理问题？具体表现为哪几种委托代理成本？
7. 什么是套利？套利交易具有哪些特点？
8. 具体说明什么是有效市场假说，存在哪几种形式的市场有效，为什么市场能够有效。
9. 如何理解噪声交易学派的说法："价格体系既包含了信息，同时也包含了噪声"？
10. 行为金融学与传统金融学的主要分歧表现哪些方面？
11. 什么是启发式偏差？举例说明三种典型的认知偏差。
12. 什么是前景理论？再举例说明两种行为金融学的经典分析理论。

四、论述题

1. 基于金融学逻辑解释什么是企业运营的"恰当"目标，为什么追求盈利并不一定是"恰当"的企业运营目标？在信息不对称的背景下什么样的市场机制能够保证这个"恰当"目标得以实现，这种保证机制如何避免管理者的"不道德"或者"无能"可能给企业带来的伤害。
2. 经济学按照"数量－价格"机制，确定均衡价格，而金融学则基于"无套利分析"机制，确定资产定价。具体解释"数量－价格"机制和"无套利分析"机制，分析套利的原理、特征和结果，并解释"投资者随时可以在供给方和需求方之间切换"的逻辑。
3. 有效市场假说是现代金融学最重要的理论前提之一。论述什么是有效市场假说？有效市场的前提假设、层次划分及其对投资者策略选择有什么影响？
4. 什么是有限理性？行为金融学与传统金融学的分歧具体表现在哪些方面？请举例说明三种认知偏差。
5. 前景理论的核心思想是什么？举例说明前景理论在资本市场的具体表现。
6. 什么是沉没成本误区？举例说明沉没成本误区的具体市场表现。

习题参考答案及解析

一、单项选择题

题号	1	2	3	4	5	6	7	8	9	10	11	12	13	14
答案	D	B	C	C	A	B	B	C	B	D	D	D	B	B

1. **解析**：单利是计算利息的一种方法。按照这种方法，只有本金在贷款期限内获得利息，不管时间多长，所生利息均不加入本金重复计算利息。单利利息的计算公式为：$I = PV \times T \times r$；单利终值的计算公式为：$FV = PV(1 + Tr)$。其中，PV 为本金，又称期初金额或现值；r 为利率，通常指每年利息与本金之比；I 为利息；FV 为本金与利息之和，又称本利和或终值；T 为时间，通常以年为单位。复利是指每经过一个计息期，都要将所生利息加入本金，以计算下一期的利息。复利计算的特点是：把上期期末的本利和作为下一期的本金，在计算时每一期本金的数额是不同的。复利终值的计算公式为：$FV = PV(1 + r)^T$。因此，单利和复利的区别在于：单利仅在原有的本金上计算利息，而复利是对本金及其产生的利息一并计算。所以 D 选项正确。

2. **解析**：$PV = FV \times \left(\dfrac{1}{1+r}\right)^N = 10\,000 \times \left(\dfrac{1}{1+8\%}\right)^2 = 10\,000 \times \dfrac{1}{1.166\,4} = 8\,573.388\,2$（元），即今天存入 8 573 元（四舍五入后的结果），在利率为 8% 的情况下，两年后就是 10 000 元。

3. **解析**：区分于利润最大化。从理论上来说，股东财富的表现形式是在未来获得更多的净现金流量，对上市公司而言，股东财富可以表现为股票价值，股票价值一方面取决于企业未来获取现金流量的能力，另一方面取决于现金流入的时间和风险。因此，与利润最大化目标相比，股东财富最大化目标主要体现在以下几点：股东财富最大化目标考虑了现金流量的时间价值，因为现金流量获得时间的早晚和风险的高低，会对股票价格产生重要影响；股东财富最大化在一定程度上能够克服企业在追求利润方面的短期行为，因为股票的价格在很大程度上取决于企业未来获取现金流量的能力；股东财富最大化反映了资本与收益之间的关系。因为股票价格是对每股股份的一个标价，反映的是单位投入资本的市场价格；股东最大化目标是判断企业财务决策是否正确的标准，因为股票的市场价格是对企业投资、筹资和资产管理决策效率的反映。

   因此，财务管理的首要目标是股东财富最大化，而不是企业利润最大化。

4. **解析**：金融学家尤金·法玛提出了有效市场假说，因此获得了 2013 年诺贝尔经济学奖。

5. **解析**：法玛提出了著名的有效市场假说。根据市场价格能够反映的信息的不同，可以将市场分为强式有效市场、半强式有效市场和弱式有效市场三种。弱式有效市场假设认为，当前的股票价格已经充分反映了全部历史价格信息和交易信息，如历史交易价格、成交量等，因此试图通过分析历史价格数据来预测未来股价的走势，期望从过去的价格数据中获益是徒劳的；半强式有效市场假设认为，当前的股票价格已经充分反映了与公司前景有关的全部公开信息；强式有效市场假设认为，当前的股票价格反映了全部信息的影响，全部信息不仅包括历史价格信息、全部公开信息，还包括私人信息以及未公开的内幕信息等。

6. **解析**：套利是利用不同市场之间的不合理价差来谋取低风险利润的一种交易方式。在套利交易中，套利者同时扮演多头和空头的角色。

7. 解析：锚定效应是指人们在做出判断时，容易受到第一印象或第一信息（初始锚）的支配，并以初始锚作为参照点进行调整，但由于调整不充分而使最后的判断偏向初始锚的一种判断偏差现象，也称沉锚效应。

8. 解析：净现值准则不仅能够在投资项目评估中得到应用，在证券投资过程中也有明确的判别意义。例如，一只债券或者股票是否具有投资价值，只要计算它的净现值就可以了。其中，期初投入的现金流就是证券的价格，选择合适的贴现率将未来所有的现金流收入贴现到期初，并计算两者之间的差值，即净现值，最后根据净现值准则就可以判断出该证券是否具有投资价值。

9. 解析：股东财富最大化原则能够帮助公司管理者做出正确的金融决策，这种决策能够保证与单个所有者自己做出的决策一致，并且，股东财富最大化原则不依赖所有者的风险态度及其个人财富规模，于是管理者可以在没有任何关于企业所有者特定信息的条件下做出决策。因此，股东财富最大化原则就是管理者在运营企业的过程中应该遵从的"恰当"原则。

10. 解析：与利润最大化原则相比，当企业的未来现金流不确定时，股东财富最大化原则并不会引起任何歧义。

11. 解析：按照费雪的观点，在某种经济制度下实际利率往往是不变的，因为它代表的是实际购买力。于是，当通货膨胀率发生变化时，为了求得公式的平衡，名义利率，也就是公布在银行利率表上的利率，会随之而变化。名义利率的上升幅度和通货膨胀率完全相等，这个结论就称为费雪效应或者费雪假设。

12. 解析：企业管理混乱的根源是不称职还是对不同目标的追求并不重要，收购机制对矫正任何一种错误都十分有效。因此 D 选项说法错误。

13. 解析：在股份集中在少数大股东手中的情况下，小股东的利益往往容易受到大股东的侵害，大股东有能力也有动机通过各种方式将公司资源转移到自己手中，这种现象被定义为"隧道效应"，也称为"掏空效应"。

14. 解析：禀赋效应是指当一个人一旦拥有了某项物品，那么他对该物品价值的评价要比未拥有之前大大增加。

二、判断题

题号	1	2	3	4	5	6	7	8	9	10	11	12	13	14	15
答案	√	×	√	×	√	×	√	×	×	√	×	×	×	√	×

1. 解析：债券的未来现金流是确定的，而股息存在不确定性。因为债券是固定收益证券，债务人需要按期还本，到期归还本金；而股票是风险证券，只有当企业获得了盈利时，才有可能向股东（股票持有者）支付股息。

2. 解析：如果企业管理明显混乱的现象普遍存在，那么投入资源寻找管理混乱的企业，可能比发现新的投资项目更加有吸引力。在现实市场中，确实存在专门针对管理层实行恶意收购的机构，因此收购威胁是真实存在的。

3. 解析：若一个投资项目的净现值大于零，可能说明该项目的营业现金流量为正数、资本成本低、投资额少、经营期的利润水平较高。该项目是可以被接受的。

4. **解析**：因为企业的管理者通过董事会受雇于股东，所以管理者的基本行事原则应该是按照股东利益最大化进行决策。因此，企业运营的目标是股东利益最大化，而不是利润最大化。
5. **解析**：对管理者尽职给予适当激励而产生的成本，属于委托代理成本中的监督成本。委托代理成本通常包括三部分：第一部分是股东对管理者的监督成本，即股东为了防止出现管理者出于自身利益的考虑进行过度投资或者在职消费等损害其利益的行为，他们或者耗费成本对管理者实施严密的监督，或者花费成本对管理者尽职给予激励，因此而产生的成本，例如监事会成本和业绩激励等；第二部分是管理者的担保成本，又称守约成本，管理者承诺不会损害股东的利益，由此造成的费用，即经理人实施自我约束以保证为委托人利益尽职勤勉的成本，例如审计费用和业务流程控制费用等；第三部分是剩余损失，即管理者的经营决策没能达到股东财富最大化所造成的机会成本，例如管理人基于自身利益考虑，而不是按照股东财富最大化原则进行项目选择，此时的企业价值与企业最大化价值之间的差就是剩余损失。显然，监督成本和担保成本是制定和实施委托代理契约的实际成本，而剩余损失是契约最优效用与其不完全被遵守和执行的实际效用之差，即契约执行的机会成本。
6. **解析**：在弱式有效市场中，投资者能够全面地了解所有的历史价格信息，但不可能所有人都对公开信息有全面了解。只有在半强式有效市场中，所有的投资者才可能了解所有的公开信息，进而保证所有的公开信息已经被价格体系全部包含。
7. **解析**：监督成本和担保成本是制定和实施委托代理契约的实际成本，而剩余损失是契约最优效用与其不完全被遵守和执行时的实际效用之差，即契约执行的机会成本。因此，监督成本和担保成本是制定和实施委托代理契约的实际成本。
8. **解析**：委托代理成本中的剩余成本是指管理者的经营决策没能达到股东财富最大化所造成的机会成本。这里的损失主要考虑的是机会成本，并不是企业是否出现实际亏损的问题。例如，管理人基于自身利益考虑，而不是按照股东财富最大化原则进行项目选择，此时企业的市场价值与企业最大化价值之间的差额就是剩余损失。
9. **解析**：在金融学的分析框架下，经济学的"数量－价格"机制并不存在，无法根据均衡数量导出最优价格。因此，无套利分析方法就成为金融学逻辑中确定资产价格最重要的选择。无套利分析方法不再考虑价格变化背后的数量因素，而是根据资产之间的相对价格关系确定资产的定价。
10. **解析**：绝好的套利机会很少频繁出现。套利机会的多少，与市场的有效程度密切相关。市场的效率越低，套利机会越多；市场的效率越高，套利机会越少。
11. **解析**：套利交易的结果就是不同地域或者不同市场中相同商品的价格将保持一致，即在空间上相同的商品将会拥有单一价格。套利交易保证市场中扭曲的价格回到合理的水平，并增加了市场的流动性。显然，套利活动导致单一价格的机制同样可以推演到时间概念上，也因此为金融资产跨期定价提供了理论依据。
12. **解析**：金融产品之间具有高度可替代性，投资者随时可以在供给方和需求方之间切换，他们需要关心的只是各种金融产品之间的相对价格水平。无套利分析方法就是以"相对定价"为核心，寻求各种近似替代品的价格之间的合理关系，通过无套利条件确定均衡的资产价格。因此，无套利分析方法的资产定价只取决于替代品的相对价格，与标的自身的价值无关。
13. **解析**：价格体系要想包含全部信息是不可能的。因为如果价格体系已经包含了全部信息，人们就失去了收集信息的动力。如果信息收集是有成本的，那么价格体系就一定会包含噪声，这样投资者才能够基于其所收集的信息获取收益。如果价格体系不包含噪声，而信息收集又有成本，那么一个有效的市场将被打破。因为信息收集者基于其拥有的信息无法获取超常收益，他们将会放弃信息收集，而在没有人收集信息的市场中有效同样不存在。当投资者企图基于信息收集获取超常收益时，价格才可能较好地反映信息。如果市场价格揭示了太多的信息，就会消除人们进行信息收集的动因。只有价格体系中包含足够多的噪声，才能够刺激投资者进行信息收集，价格体系才能够得以维持。

14. **解析**：Tversky 和 Kahneman（1974）认为，投资者在面临复杂且模糊的问题时，因为缺少行之有效的判断方法，经常会走一些思维捷径（比如依赖过去的经验），这种因寻找捷径而导致的判断偏差就是启发式偏差，只是不同投资者的偏差具有不同的概率和幅度。

15. **解析**：在实际决策评价过程中，前期投入的沉没成本往往是促使人们继续投入的重要影响因素，人们往往会为了弥补或挽回那些根本无法挽回的沉没成本而继续投入，这种现象被称为沉没成本误区。

三、简答题

1. **答**：（1）货币时间价值是指作为资金的货币在使用过程中，随着时间的推移而发生的增值，也称资金的时间价值。

    （2）货币之所以存在时间价值，来自三方面的原因。

    第一，货币时间价值是资源稀缺性的具体表现。经济和社会发展要消耗社会资源，现有的社会资源构成了现实的社会财富，利用这些现有的社会资源能够创造出物质和文化产品，这些又构成了未来的社会财富。由于社会资源具有稀缺性，并且现实资源能够在未来带来更多的社会产品，所以现有资源的效用要高于相同数量未来资源的效用。在信用经济条件下，货币是商品价值的体现，现在的货币用于支配现在的商品，未来的货币用于支配未来的商品，所以现在货币的价值自然高于未来货币的价值。市场利率水平是对平均经济增长和社会资源稀缺性的反映，也是衡量货币时间价值的重要标准。

    第二，货币时间价值是信用货币制度下流通中的货币的固有特征。在信用货币制度下，流通中的货币由中央银行的基础货币和商业银行体系的派生存款共同构成。由于信用货币具有增加的趋势，所以货币在不断贬值，通货膨胀成为一种普遍现象，因此现有货币总是在价值上高于相同数量的未来货币。市场利率水平是可贷资金状况和通货膨胀水平的反映，同时也反映了货币价值随时间的推移而不断降低的程度。

    第三，货币时间价值是人们认知心理的反映。由于人们在认识上存在局限性，总是对现实事物的感知能力较强，对未来事物的认识较模糊，结果人们存在一种普遍的心理，就是比较重视现在而忽视未来。例如，人们常说："百鸟在林，不如一鸟在手。"现在的货币能够支配现在的商品，满足人们的现实需要，而未来货币只能支配未来的商品，满足人们未来的需要，又因为未来的货币存在不确定性，所以现在单位货币价值要高于未来单位货币的价值。为了使人们放弃现在的货币价值，必须付出一定的代价，利息便是这一代价的具体形式。

    （3）一般使用利率来衡量货币的时间价值，利率分为名义利率和实际利率。名义利率是指市场利率，即公布在银行利率公告栏里面的没有考虑通货膨胀的利率水平；而实际利率是扣除了通货膨胀因素，能够反映货币实际购买力的利率。具体公式如下

$$名义利率 = 实际利率 + 通货膨胀率$$
$$实际利率 = 名义利率 - 通货膨胀率$$

2. **答**：利率刻画的是单位货币的时间价值。通货膨胀刻画的是因货币数量不断增加而导致商品价格的不断上涨。费雪针对通货膨胀和利率之间的关系给出了费雪公式

$$名义利率 = 实际利率 + 通货膨胀率$$
$$实际利率 = 名义利率 - 通货膨胀率$$

其中，名义利率是指市场利率，即公布在银行利率公告栏里面的没有考虑通货膨胀的利率水平；而实际利率是扣除了通货膨胀因素，能够反映货币实际购买力的利率。

例如，小王将 10 000 元存入中国建设银行，期限为 1 年，银行公布的 1 年期存款利率是 3%，而同期通货膨胀率是 4.6%，1 年后小王能够从银行获得的本金和利息总额为 10 300 元。具体分析，通货膨胀率是 4.6%，表示现在需要 10 460 元才能够买到 1 年前 10 000 元能够购买的商品，而银行只给了小王本金和利息 10 300 元。也就是说，小王将钱存在银行，不但没有获得财富的真实增加，实际财富反而减少了 160 元。其中银行公布的 3% 的利率就是名义利率，而 -1.6%（=3% -4.6%）表示的是实际利率。

费雪认为，在某种经济制度下实际利率往往是不变的，因为它代表的是实际购买力。于是，当通货膨胀率发生变化时，为了求得公式的平衡，名义利率，也就是公布在银行利率表上的利率，会随之而变化。名义利率的上升幅度和通货膨胀率完全相等，这个结论被称为费雪效应或者费雪假设。

3. **答**：(1) 净现值是一项投资所产生的未来现金流的折现值与项目投资成本之间的差值。决策者可以根据净现值的大小来评价投资项目：净现值为正值，表示投资项目可以接受；净现值是负值，投资项目不可接受；净现值越大，投资项目越好。

由净现值的定义可知，计算净现值是将投资项目未来所有的现金流收入贴现到期初，再减去期初的投资成本，即

$$NPV = \sum_{t=1}^{T} \frac{F_t}{(1+r)^t} - F_0$$

式中，NPV 为净现值；F_t 为项目在第 t 期收回的现金流；r 为贴现率；T 为产生现金流的期数；F_0 为项目期初投入的现金流，如果期初投入的现金流是多期投入的，可以将每一期的投入贴现到期初，并计算总投资的初值。

(2) 净现值准则的经济学原理。假设预计的现金流入在期末肯定可以实现，并把原始投资看成是按预定贴现率借入的，当净现值为正时偿还本息后该项目仍有剩余的收益，当净现值为零时偿还本息后将一无所获，当净现值为负时该项目收益不足以偿还本息。

(3) 净现值准则的优点和缺点。

1) 优点。

第一，净现值使用现金流量，使判别逻辑十分清晰，并且数据容易获得。

第二，净现值包含项目的全部现金流量，而其他资本预算方法往往会忽略某特定时期之后的现金流量。

第三，净现值对现金流量进行了合理的折现，有些方法在处理现金流量时往

往忽略货币时间价值。

2) 缺点。

第一，确定贴现率比较困难，而且通常具有主观选择的色彩。

第二，不能反映投资的效率。例如，项目 A 原始投资规模为 10 亿元，净现值为 1 亿元；项目 B 原始投资规模为 5 亿元，净现值为 6 000 万元。单纯根据净现值准则判断，显然项目 A 净现值优于项目 B，但是就投资效率而言，项目 B 优于项目 A。

4. 答：(1) 管理者的基本行事原则，应该是按照股东利益最大化进行决策。管理者应该遵循的"恰当"原则必须能够引导管理者做出与每位所有者自己做决策时相同的选择。从现实的角度出发，"恰当"原则不应当要求管理者知道每一个股东的风险偏好，因为获得这些数据几乎是不可能的。公司的股份每天都在转手，公司的所有者每天都在变动。因此，"恰当"原则应当与所有者是谁无关。

(2) 企业管理者应当遵循的"恰当"原则就是最大化当前股东的财富。例如，假设你是一家公司的管理者，试图在两项相互替代的投资项目之间做出抉择，其中项目 A 极具风险，而项目 B 极其安全。选择风险项目 A 比选择安全项目 B 更能增加公司股票的市场价值，即股价会上涨。如果公司管理者选择安全项目 B，即使那些偏好安全项目 B 的股东，其利益也没有增加。而如果选择风险项目 A，就能够增加所有股东的利益。因为在有效率的资本市场中，那些偏好安全项目 B 的股东，可以在股价上涨后出售公司股份，获得额外收益。事实上，任何单个股东都希望管理者选择风险项目 A，以最大化他们的财富。此时，公司管理者就应该通过选择风险项目 A，来保证包括厌恶风险的股东在内的所有股东的利益最大化。这样，股东所拥有的财富将增加（股票价格上涨后的市场价值），从而实现利益最大化。因此，管理者在选择过程中唯一需要关心的问题，就是股票的市场价值，因为股票的市场价值将决定股东的财富。

(3) 股东财富最大化原则能够帮助公司管理者做出正确的金融决策，这种决策能够保证与单个所有者自己做出的决策一致。并且，股东财富最大化原则不依赖于所有者的风险态度及其个人财富规模，于是管理者可以在没有任何关于企业所有者特定信息的条件下做出决策。因此，股东财富最大化原则就是管理者在运营企业的过程中应该遵从的"恰当"原则。管理者可以简单地遵从这个原则，而不是在每次决策时都对全部所有者进行"民意测验"。

5. 答：企业的所有权与管理权分离。股东在准确了解公司运营状况的前提下，可以通过投票罢免的方式解雇不负责任的管理者。但是，因为分散型股权结构的主要好处之一就在于，所有者可以保持对企业运作并不知情的状态，所以希望这些所有者准确了解公司的管理现状并不现实。尤其是在公司的所有权被广泛分散的情况下，任何单个所有者持有的份额可能非常小，以致他们既无法承担知情成本，也无法承担将这些信息传递给其他所有者的传递成本。因此，仅仅依靠投票权来约束公司的管理者收效甚微。

竞争性股票市场的存在，为保证管理者的决策动机与股东利益保持一致提供了一项重要机制——收购约束。如果企业管理者进行了不恰当的选择，会导致公司股票价值明显低于该企业资源所能够实现的最大市场价值，此时收购者将会出现。如果收购者成功购买了这家价值被低估的企业足够数量的股票，从而获得了公司的控制权，那么他可以雇用能够做出正确选择的管理者来代替现有的管理者。新的管理者会改变原来的选择，使公司股票的市场价值上涨，从而收购者能够以新的市场价格出售公司股票获得收益。因此，事实上，收购者不需要增加任何有形资源来获得这种收益，其所要承担的支出仅包括识别一家企业管理混乱的成本，以及获取这家企业股票的成本。虽然要判断一家企业是否管理混乱并不容易，但如果收购者恰好是这家企业的供应商、客户或者竞争对手，那么这种判断的成本可能就会非常低。因为它们可能已经基于其他目的搜集到了其所需要的大部分信息。因此，即使没有为判断企业管理是否混乱的明显动机和资源投入，收购机制依然可以发挥作用。

如果企业管理明显混乱的现象普遍存在，那么投入资源寻找管理混乱的企业，可能比发现新的投资项目更加有吸引力。在现实市场中，确实存在专门针对管理层实行恶意收购的机构，因此收购威胁是真实存在的。被收购所带来的管理层更换威胁，会迫使那些原本企图按照自我利益行事的现任管理者，愿意按照股东财富最大化原则进行决策。市场收购机制确实能够在保证股东利益方面对管理层的行为实施一项强有力的约束，也就是说，企业管理者即使出于自我保护的目的，也会按照使企业股票市场价值最大化的原则进行选择。因此，市场机制能够保证企业管理者的决策动机会与股东利益保持一致。

6. 答：(1) 市场机制能够有效发挥作用的前提条件是，市场中不同利益主体之间具有完全信息，即不同利益主体之间拥有的信息相同。然而，在现实市场中，不同利益主体之间却存在显著的信息不对称问题。信息不对称是指在经济活动中，一些成员拥有其他成员无法拥有的信息，即不同的经济成员针对相关信息的了解程度存在差异。掌握信息比较充分的人往往处于有利的地位，而信息贫乏的人员经常处于比较不利的地位。

(2) 在现代企业所有权与管理权分离的制度框架下，所有者委托职业经理人代理行使部分决策权，并付给其相应的报酬，委托代理关系由此形成。在委托代理关系体系中，双方既有合作共赢的愿望，又存在利益冲突，这就出现了委托代理问题。典型的委托代理问题包括三种：一是股东与管理者之间的利益冲突，由于管理者努力工作带来的收益绝大部分都归股东所有，管理者能得到的只是属于自己的薪酬，因此管理者倾向于过度投资，营造企业欣欣向荣的假象，以提高自己的薪酬，或者通过在职消费变相为自己加薪，这些都是与股东利益相悖的；二是股东与债权人之间的利益冲突，由于无论企业业绩如何，债权人能得到的都只是利息收入，剩余利润全部归股东所有，因此债权人更希望把资金投入到低风险项目中，以免面临血本无归的窘境，股东则更倾向于投资高收益项目，因为低收益项目的盈利在扣除债务成本后，股东几乎无利可图，而且项目即使失败了，有限责任也决定了损失将主要由债权人来承担，而一旦高收益项目成功了，就可以为股东带来巨额收益；三是在股份集中在少数大股东手中的情况下，小股东的利益往往容易受到大股东的侵害，大股东有能力也有动机通过各种方式将公司资源转入自己手中，这种现象被定义为"隧道效应"，也称为"掏空效应"。

(3) 企业管理者、企业所有者和债务所有者都是理性的，他们的行为都以维护自身利益为出发点，在信息不对称条件下，他们之间的利益目标未必能够始终保持一致，因此会产生相应的成本，即委托代理成本。委托代理成本通常包括三部分：第一部分是股东对管理者的监督成本，即股东为了防止出现管理者出于自身利益的考虑而进行过度投资或者在职消费等损害其利益的行为，或者耗费成本对管理者实施严密的监督，或者花费成本对管理者尽职给予激励，因此而产生的成本，例如监事会成本和业绩激励等；第二部分是管理者的担保成本，又称守约成本，管理者承诺不会损害股东的利益，由此造成的费用，即经理人实施自我约束以保证为委托人利益尽职勤勉的成本，例如审计费用和业务流程控制费用等；第三部分是剩余损失，即管理者的经营决策没能达到股东财富最大化所造成的机会成本，例如管理人基于自身利益考虑，而不是按照股东财富最大化原则进行项目选择，此时的企业价值与企业最大化价值之间的差就是剩余损失。

7. 答：（1）套利是指同时买进和卖出两张近似的合约来获得收益的交易策略。交易者买进"便宜"的合约，同时卖出那些"高价"合约，利用合约价格间的差价获利。在进行套利交易时，交易者注意的是合约之间的相对价格关系，而不是绝对价格水平。

（2）套利交易具有以下特征。

第一，套利交易本身并不存在消费的动机，而是简单以盈利为目的的买卖活动。

第二，大豆的供给和需求完全取决于两地的相对价格，供给和需求总是在无穷大与零之间转化。因此，经济学"数量-价格"机制中两条倾斜的供给曲线和需求曲线并不存在，均衡价格决定机制也就无从谈起了。

第三，套利交易的结果就是不同地域或者不同市场中相同商品的价格将保持一致，即在空间上相同的商品将会拥有单一价格。套利交易保证市场中扭曲的价格回到合理的水平，并增加了市场的流动性。显然，套利活动导致单一价格的机制同样可以推演到时间概念上，也因此为金融资产跨期定价提供了理论依据。

第四，套利交易的风险相对较小，与之相对应，套利交易的盈利能力也较弱。因为当限定风险的时候，也就限定了收益。

第五，绝好的套利机会很少频繁出现。套利机会的多少与市场的有效程度密切相关，市场效率越低，套利机会越多，市场效率越高，套利机会越少。

8. 答：（1）有效市场假说的核心内容是证券价格总是可以充分反映信息，证券的价格等于其"内在价值"，即预期未来现金流的现值。这里的"充分反映"可以理解为两层含义：一是信息反映是即时的；二是信息反映是准确的。从本质上讲，证券市场效率讨论的就是证券价格对信息的反应速度和程度，如果信息能够即时、准确地反映在证券价格中，那么市场就是有效的。市场效率越高，价格对信息的反应速度越快，也越准确。在一个有效市场中，任何可以改变公司未来价值的信息都将被即时、准确地反映在证券价格中，而影响公司未来价值的新信息是随机产生的，因此证券价格应该服从随机游走。

（2）法玛根据证券价格对信息的反映程度，将市场有效划分为以下三种形式。

第一，弱式有效。如果市场中的证券价格充分反映了历史价格信息，则市场达到了弱式有效。这里讨论的历史价格信息包括历史交易价格、成交量和短期收益等。由于历史价格信息是最容易获得的信息，因此弱式有效是证券市场能够表现出的最低形式的效率。

第二，半强式有效。如果市场中的证券价格不仅充分反映了历史价格信息，而且反映了所有的公开信息，则市场达到半强式有效。公开信息包括公司公布的财务报表、股利信息、融资信息和其他影响其未来价值的信息。与弱式有效相比，半强式有效要求更加复杂的信息收集和处理能力，投资者不仅需要掌握经济学和统计学的知识，还要对各行业和公司的特征有深入的了解，掌握这些知识与技术需要才华、能力和时间。

第三，强式有效。如果市场中的证券价格反映了所有的信息，包括历史价格信息和公开信息，甚至内幕信息，那么市场就达到了强式有效。与其他两种形式的市场有效相比，强式有效市场还有很长的路要走，人们很难相信市场已经达到了如此高的效率，以至于某些获得真实、有价值的内幕信息的投资者都不能够利用这些信息来获取超常收益。

（3）有效市场假说认为：首先，投资者是理性的，可以基于其所获得的信息做出最优投资决策，对信息可以做出无偏估计；其次，投资者是同质的，对未来的预测是客观、公正的，面对不同资产的风险态度是一致的，表现为风险厌恶，即在投资过程中针对既定的收益总是选择风险最小的投资组合，在相同风险条件下总是选择收益最大的组合。因此，市场将达到有效，证券价格反映了所有的信息，此时资产价格为理性价格，即公司的价值。资产价格只对新信息做出反应，而新信息是随机产生的，因此资产价格服从随机游走。

由完全理性投资者组成的市场，有效是市场出现均衡的必然结果。即使存在非理性投资行为，由于他们之间交易大量存在且投资策略相互独立，证券价格还是会保持在基本价值附近。即使非理性交易策略并不相互独立，竞争选择和套利行为会使市场保持有效。套利者在买入被低估的证券的同时卖出被高估的同质证券，从而阻止了证券价格大幅或长期偏离其基本价值，同时由于非理性投资者在交易过程中总是亏损，他们的财产一天天减少，最终他们会从市场中消失，市场的有效性会一直持续下去。

9. 答：市场中通常存在两类投资者：拥有信息投资者和无信息投资者。拥有信息投资者知道价格的真实概率分布，他们基于其所拥有的信息选择在市场中的交易策略。当他们知道证券价格被低估时，会增加买入行为，导致证券价格升高，反之亦然。无信息投资者没有进行信息收集和处理，但是他们相信当前的价格已经包含了拥有信息投资者所了解的信息，因此会基于当前的价格所反映的信息对未来价格做出估计。价格体系要想包含全部信息是不可能的。因为如果价格体系已经包含了全部信息，人们就失去了信息收集的动力。如果信息收集是有成本的，那么价格体系就一定会包含噪声，这样投资者才能够基于其所收集的信息获取收益。如果价格体系不包含噪声，而信息收集又有成本，那么一个有效市场将被打破，因为信息收集者基于其拥有的信息无法获取超常收益，他们将会放弃信息收集，而在没有人收集信息的市场中有效同样不存在。当投资者企图基于信息收集获取超常收益时，价格才可能较好地反映信息。如果市场价格揭示了太多的信息，就会消除人们进行信息收集的动因。只有价格体系中包含足够多的噪声，才能够刺激投资者进行信息收集，价格体系才能够得以维持。

噪声交易使金融市场成为可能，也使其不完善。如果没有基于噪声的交易，投资者将持有单个资产，很少进行交易。例如，交易者基于信息看涨某一资产未来的价格，决定买入，而市场中的其他投资者也拥有同样的信息，这样显然不会有人成为交易对手，交易根本无法实现。事实上，投资交易的完成，依赖于投资者对未来价格的预测存在分歧，即买方认为未来价格会上涨，而卖方认为未来价格会下跌。因此，市场中要想达成交易，必须有基于信息的交易者，同时也要有基于噪声的交易者。

在存在噪声交易的市场中，基于噪声的交易者也认为自己是基于信息进行交易的，他们的损失刚好等于基于信息的交易者的收益。噪声交易者总是高买低卖,所以噪声交易者作为一个整体是亏损的,而套利者作为他们的交易对手在财务上保持盈利,噪声交易越多,套利者就有越多的获利机会,市场的流动性也会越好。基于噪声的交易将噪声融入价格之中,使证券价格既反映了信息,同时也反映了噪声。随着噪声交易的增多,基于信息的交易者的收益增加,因为此时证券价格中包含了更多的噪声成分,基于信息获取收益的机会将会增加。事实上,投资者并不清楚自己是基于信息还是基于噪声进行交易的(他们都认为自己是基于信息交易的),基于噪声的交易者使价格远离价值,基于信息的交易者将价格拉回价值,于是价格总是围绕价值波动。因此,在一个具有流动性的市场中,价格并不总是等于价值,价格体系既包含信息,同时也包含噪声,市场并不会达到有效。

10. 答:(1)行为金融学是结合经济学和心理学理论,尤其是将行为科学理论融入金融学来研究人们决策行为的科学。行为金融学重点关注人类心理存在的共性规律和特征,并借助这些心理规律和特征来分析和解释金融市场现象。行为金融学强调了市场参与者的心理因素在决策、行为以及市场定价中的重要作用和地位,拒绝了传统金融理论关于理性投资者的前提假设,认为市场中的投资者是有限理性的。

(2)行为金融学与传统金融学在投资者假设方面存在重大分歧,行为金融学的研究几乎全部建立在有限理性的基础之上,相关理论的建立大多基于实验室研究方法。而以理性人假设为前提的传统金融学一直拒绝实验室研究方法的引入,传统金融学的多数研究都是通过严谨的数理推导得出的。行为金融学与传统金融学的分歧主要体现在有效市场假说的前提假设方面,具体如下。

第一,投资者并不能严格满足理性人假设,因此以理性人假设为基础的有效市场假说的正确性值得推敲。人们的风险态度并不服从理性人假设,投资者的效用函数具有非对称性,即投资者的亏损函数的斜率比盈利函数的斜率大。也就是说,一单位损失给投资者带来的负效用的绝对值,大于一单位盈利带来的正效用的绝对值。同时,人们行事常常会违反效用最大化原则,一个典型的事实就是人们经常会利用短期历史数据来预测不确定的未来,并试图寻找这些过去发生的事情的代表性意义有多大。因此,投资者并不是理性的,他们的投资决策往往不是根据信息而是噪声,更应该被称为噪声交易者。非理性投资者的典型例证就是,投资者更愿意捂住亏损的股票,而避免面对损失。

第二,无论个人投资者还是机构投资者,投资决策都表现出明显的趋同性,因而无法相互冲抵。心理学研究已经清楚地表明人们并不是偶然偏离理性,而是经常以同样的方式偏离,非理性投资者的行为并非随机且独立发生的。投资者相互模仿,交易行为存在社会性特征。

第三,由于套利活动充满风险且受到诸多限制,市场中的套利行为起到的纠偏作用非常有限,市场无法达到有效。套利机制的有效性,关键要看是否能够找到受噪声交易影响的证券的替代品。对于某些衍生证券而言,替代品容易找到。但大多数情况下,证券并不存在明显合适的替代品,所以即使证券存在定价偏差,套利者也无法进行无风险的对冲交易。即使可以找到完全替代品,套利者也将面临未来价格不确定性的风险,即价格偏差在消失前会继续存在的风险,这种风险被称为噪声交易风险。既然套利充满风险,弗里德曼的市场选择观点就存在着明显的问题。噪声交易者与套利者同样面临风险，他们的预期收益率将依赖于各自的风险承受能力和市场给予他们的风险补偿。因此，套利者未必永远强大，而噪声交易者也不一定必然灭亡。在现实世界的证券市场中，由于替代品难以发现和套利本身存在风险，导致套利机制的作用不可能充分发挥作用，这一现象被行为金融学定义为有限套利。有限套利可以解释为什么证券价格对信息变化的反映不会恰如其分，同时还可以解释价格会在无基本面信息的情况下发生变化。

(3) 总之，行为金融学与传统金融学的分歧表现为两者研究的前提假设不同，传统金融学的研究是基于理性人假设和有效市场假说，而行为金融学的研究假设为投资者有限理性和市场非有效。前提假设不同，导致两者在研究方法和解释市场现象的方式上存在巨大差异。在研究方法上，行为金融学偏向于利用实验室研究方法对投资者心理和行为进行解释，但并没有摒弃数理研究方法（比如行为资产定价模型和行为组合理论），而传统金融学的研究多数依赖于数理推导和实证检验证明，拒绝实验室研究方法。两派理论都是基于各自的前提假设和理论逻辑，对市场中存在的现象给出经济学解释。

11. 答：（1）人们的决策是一种思维活动过程。认知心理学研究表明，人们拥有的知识和经验会影响其决策的方式与结果。因此，人们在决策过程中常常会以某些方式偏离理性，进而形成诸多的认知偏差和心理偏差。投资者在面临复杂且模糊的问题时，因为缺少行之有效的判断方法，经常会走一些思维捷径（比如依赖过去的经验），这种因寻找捷径而导致的判断偏差就是启发式偏差，只是不同投资者的偏差具有不同的概率和幅度。典型的启发式偏差包括代表性偏差、可得性偏差和锚定效应。

（2）除了启发式偏差外，还存在另外一些典型的认知偏差，包括禀赋效应、框架效应和证实偏差等。

1）禀赋效应。禀赋效应是指当一个人一旦拥有了某项物品，那么他对该物品价值的评价要比未拥有之前大大增加。换句话说，人们不愿意割舍那些已经属于自己的东西。同样一个东西，如果我们已经拥有了，那么愿意卖出的价格更高，如果我们本来并没有，那我们愿意支付的买入价格会相对较低。禀赋效应是一种心理倾向，使得人们对物品的评价不仅来自物品自身的特性，也来自物品所有权，即因为拥有而更加看好。

例如，驾驶奔驰的人，在被问到应该买什么车时，总是会毫不犹豫地推荐奔驰，就是因为禀赋效应。还有，投资者一旦买入某一只股票，就会立刻对这家公司产生好感，涨了舍不得卖，跌了也舍不得卖，这种好感就来自于非理性的禀赋效应。

2）框架效应。框架效应是指针对同一个问题，两种逻辑意义相似但方式不同的表述，会导致完全不同的决策判断。或者说，当一个人描述同样一件事情的时候，不同的表达方式会给倾听者不一样的感觉，从而使倾听者做出截然不同的决策。

例如，如果医生告诉一名绝症患者"手术后一个月内的死亡率是10%"，患者会吓得要死；而如果医生告诉患者"手术后一个月内的存活率是90%"，患者会非常愿意配合。同样的事情因为不同的表达方式，会产生不同的反应效果，这就是框架效应。

3）证实偏差。证实偏差是指当人们已经确立了某一个观念或判断后，在收集和分析信息的过程中，会倾向于寻找支持这个观念的证据，即人们很容易接受支持自己既有观念的信息，而忽略否定的信息，甚至还会花费更多的时间和认知资源去贬低与他们的观念相左的观点，这种证实而非证伪的倾向就是证实偏差。证实偏差是人们愿意自圆其说的思维陷阱，人们只愿意相信那些他们相信的东西，而不愿意承认错误，因此总是倾向于证明自己是对的。这导致人们过分相信自己判断的准确性，结论一旦形成便不轻易改变，对新信息也不会给予足够的重视。也就是说，当人们面对一大堆证据的时候，总是会更容易注意、记住和相信对自己初始判断有利的证据，忽略对初始判断不利的证据。

例如，当市场上形成一种"股市将持续上涨"的信念时，投资者往往会对支持"股市上涨"的信息或证据特别敏感且容易接受，而对关于"股市下跌"的信息或证据视而不见，从而继续买进，进一步推动股市继续上涨。相反，当市场形成下跌恐慌时，人们就只能看到不利于市场的信息了，进而持续卖出，以致进一步推动股市下跌。

12. 答：（1）人们在面对获得与损失时的风险偏好并不一致，在面对损失时表现出"风险追求"，而在面对获得时却表现出"风险规避"，并且人们对损失带来的痛苦比对获得带来的喜悦更敏感，这就是前景理论，也称预期理论。

（2）下面分别以行为金融学的心理账户理论和沉没成本误区理论为例展开介绍。

1）心理账户理论。心理账户理论是指人们在心里无意识地把财富划归不同的账户进行管理，并且每一个心理账户互不相关，独立核算每个心理账户的损失和收益，并非进行全局考虑，因此个体的决策结果常常违背理性经济法则。

例如，你晚上打算去听一场音乐会，票价是 200 元，在马上要出发的时候，发现你把最近买的价值 200 元的电话卡弄丢了。那么，你是否还会去听这场音乐会？最后，你大概率仍旧会去听音乐会。可是如果情况变一下，假设昨天你花 200 元买了一张今天音乐会的门票。在马上要出发的时候，你突然发现把门票弄丢了。如果你想要听音乐会，就必须再花 200 元买张门票。那么，你是否还会去听这场音乐会？最后，你很可能不会再去听音乐会了。再有，如果年终发了 10 万元奖金，就很容易计划一次豪华旅行，而如果需要从日常工资中拿出 10 万元参加豪华旅行，这几乎无法想象。事实上，200 元的电话卡和门票，以及 10 万元的年终奖和工资，两者的效用应该是一样的，但由于被放在了不同的心理账户里面，因此得出的结论就完全不同了。

2）沉没成本误区理论。沉没成本误区理论是指人们在决定做一件事时，不单单是看这件事会给自己带来的好处以及由此引发的成本，还会考虑过去已经投入的成本，尽管这些成本已经无法收回。在决策评价过程中，人们过于把注意力集中在过去消耗的时间、金钱和精力等沉没成本上，而忽视未来的结果，即人们不但没有忽略沉没成本，甚至给予它们非常高的权重。从理性的角度讲，前期投入已经成为沉没成本，不应该对决策产生任何影响。但是，在实际决策评价过程中，前期投入的沉没成本往往是促使人们继续投入的重要影响因素，人们往往会为了弥补或挽回那些根本无法挽回的沉没成本而继续投入，这种现象就被称为沉没成本误区。

例如，花100元买了电影票发现电影无聊透顶，人们依然会坚持看完，绝不中途退场，因为已经投入了100元成本。一个项目前期已经投入了5亿元，即使前景不容乐观，但企业家通常还是会继续投钱，只因为成本已经投入了。股票买入后，企业状况变坏，股价下跌了，投资者还是会捂住不卖，也是因为过度关注买入价格这个沉没成本了。事实上，成本已经投入了，这是既成的事实，不可能改变，永远也无法收回，形成了沉没成本。例如，电影票买了、项目投资了还有股票已经买了等。人们在做决定时往往会陷入沉没成本误区，考虑过去既定的成本，而忽略了未来才是决定是否继续的关键。从理性的角度出发，是否继续看电影仅仅取决于电影是否有趣，项目是否应该继续投入仅仅取决于项目是否有前景，而股票是否应该卖出仅仅应该考虑未来股价是否会涨。但是电影票钱、已经投入的资金和股票买入价格这些沉没成本，却在人们的决策中扮演了十分重要的角色。

四、论述题

1. **答：**（1）企业运营的"恰当"目标是股东财富最大化。公司管理者通过接受更有风险的项目，来保证即使是厌恶风险的股东，其最终境况也会更好。此时，这些股东将拥有额外的收入，在他们认为合适的时候进行投资或者消费。因此，不难发现，任何单个所有者都希望管理者选择最大化其股份市场价值的投资项目。此时，与管理者决策唯一相关的问题就是项目风险，因为项目选择会影响这家企业股份的市场价值。

 股东财富最大化原则依赖于公司的生产技术、市场利率、市场的风险溢价和证券价格。这些因素决定了公司管理者能够做出的金融决策，并且这种金融决策将会与每位单个所有者自己做出的决策一致。与此同时，股东财富最大化原则不依赖于所有者的风险态度及其个人财富规模，于是企业管理者可以在没有任何关于所有者特定信息的条件下做出决策。因此，股东财富最大化原则是管理者在运营企业的过程中应该遵从的"恰当"原则。管理者可以简单地遵从这个原则，而不是在每次决策时都对全部所有者进行"民意测验"。

 （2）有时候，人们认为企业管理者的目标应该是利润最大化。在某些特定条件下，利润最大化与股东财富最大化会产生相同的决策结果。但是一般而言，利润最大化准则有两个模糊之处：①如果生产过程需要多个时期，那么哪一期的利润将被最大化呢？②如果未来的收入是不确定的，即当利润具有概率分布特征时，那么利润最大化又将被如何定义呢？在这两种情况下，利润最大化准则的应用将变得十分困难。

 公司利润最大化一是没有考虑利润产生的时间因素，容易引发经营者的短期行为，导致公司资源的不合理利用；二是没有考虑利润产生的风险因素，容易导致经营者"铤而走险"，使公司陷入经营困境或财务困境；三是没有考虑利润本身的"含金量"，容易导致经营者只顾追求会计利润而忽视现金流量，使公司因现金流量不足而陷入困境。

 然而，代表所有者财富的股票市场价值是一个十分容易确定的事实，例如，中国石化的未来现金流是不确定的,但是存在确定的当前股票价格。因此,与利润最大化原则相比,当企业的未来现金流不确定时,股东财富最大化原则并不会引起任何歧义。当然,管理层必须能够准确地估计其所做的决策对企业股票市场价值的影响。例如,管理层需要在不同的项目之间进行选择,就不得不判断哪个项目可能最大限度地增加企业股票的市场价值。这种判断并不容易,但判断标准是明晰的。管理层的目标是进行决策,从而最大化企业股票的市场价值。

事实上,股票市场的存在,使得管理者能够用相对容易获得的外部信息集合——股票价格,来替换另外一项几乎无法获得的内部信息集合——关于股东的财富、偏好以及其他投资机会的信息。因此,运转良好的股票市场,为企业所有权与管理权的有效分离提供了便利。从这个意义上讲,公司的管理者和市场中的股票分析师面临着相同的任务——判断企业股票的市场价值。唯一的区别是,管理者是那些确实进行决策,并对决策实施负有责任的人。

(3) 收购约束这一市场机制能够保证这个"恰当"目标得以实现。信息不对称理论是指在市场经济活动中,各类人员对有关信息的了解是有差异的;掌握信息比较充分的人员,往往处于比较有利的地位,而信息贫乏的人员,则处于比较不利的地位。现代企业制度最典型的特征之一就是企业的所有权与管理权分离,所有者很难监测管理者是否按照股东利益最大化行事。

显然,股东在准确了解公司运营状况的前提下,可以通过投票罢免的方式解雇不负责任的管理者。但是,因为分散型股权结构的主要好处之一就在于所有者可以保持对企业运作并不知情的状态,所以希望这些所有者准确了解公司的管理现状并不现实。尤其是在公司的所有权被广泛分散的情况下,任何单个所有者持有的份额可能非常小,以至于他们既无法承担知情成本,也无法承担将这些信息传递给其他所有者的传递成本。因此,仅仅依靠投票权来约束公司的管理者收效甚微。

竞争性股票市场的存在,为保证管理者的决策动机与股东利益保持一致提供了一项重要机制——收购约束。这一市场机制能够保证这个"恰当"目标得以实现。

(4) 市场的收购机制确实能够在保证股东利益,即避免管理者的"不道德"或者"无能"可能给企业带来伤害方面,提供了一项强有力的约束。

如果企业管理明显混乱的现象普遍存在,那么投入资源寻找管理混乱的企业,可能比研究新的投资项目更加有吸引力。在现实市场中,确实存在专门针对管理层实行恶意收购的机构,因此收购威胁是真实存在的,并且,随之而来的管理层更换威胁,会迫使那些原本企图按照自我利益行事的现任管理者,愿意按照股东财富最大化的原则进行决策。也就是说,企业管理者即使出于自我保护的目的,也会按照使企业股票市场价值最大化的原则进行选择。有一点需要说明的就是,企业管理混乱的根源是管理者不称职还是对不同目标的追求并不重要,收购机制对矫正任何一种错误都十分有效。因为如果企业管理者进行了不恰当的选择,会导致公司股票价值明显低于该企业资源所能实现的最大市场价值,此时收购者将会出现。如果收购者成功购买了这家价值被低估的企业足够数量的股票,从而获得了公司的控制权,那么他可以雇用能够做出正确选择的管理者来代替现有的管理者。新的管理者会改变原来的选择,使公司股票的市场价值上涨,从而收购者能够以新的市场价格出售公司股票获得收益。

2. **答**：(1) "数量-价格"机制属于经济学领域范畴，阐述的是根据均衡数量推导出最优价格参数的方法。均衡价格是指一种商品的需求量与供给量相等时的价格，当实现了市场供求均衡时，该商品的需求价格与供给价格相等，称为均衡价格，该商品的成交量（需求量与供给量）相等，称为均衡数量，即形成"数量-价格"机制。市场上需求量和供给量相等的状态，也被称为市场出清的状态。

"无套利分析"机制是金融学逻辑中确定资产价格参数的重要选择。无套利分析方法不再考虑价格变化背后的数量因素，而是根据资产之间的相对价格关系确定资产的定价。套利交易的存在，保证了在市场均衡条件下套利机会的消失，并因此可以对投资品进行定价，即无套利分析方法。无套利分析方法的一个最大的特点就是：价格的确定与标的本身的价值无关，只与替代品的相对价格相关。这种定价模式容易导致的一个严重后果就是，可能出现完全脱离自身价值的价格。因为只要存在机会，投资者就会基于套利目的进行买入和卖出，而忽略标的自身的价值。于是，投资活动有时就会演变成一场"博傻"游戏。

(2) 套利的原理。套利是指同时买进和卖出两张近似的合约来获得收益的交易策略。交易者买进"便宜"的合约，同时卖出那些"高价"合约，利用合约价格间的差价获利。在进行套利交易时，交易者注意的是合约之间的相对价格关系，而不是绝对价格水平。

(3) 套利的特征和结果。套利交易的几个重要特征如下。第一，套利交易本身并不存在消费的动机，而是简单的以盈利为目的的买卖活动，即将商品看成是投资品而不是消费品。第二，该商品的供给和需求完全取决于两地的相对价格，与数量无关。因此，经济学"数量-价格"机制中两条倾斜的供给曲线和需求曲线并不存在，均衡价格决定机制也就无从谈起了。第三，套利交易的结果就是不同地域或者不同市场中相同商品的价格将保持一致，即在空间上相同的商品将会拥有单一价格。套利交易保证市场中扭曲的价格回到合理的水平，并增加了市场的流动性。显然，套利活动导致单一价格的机制同样可以推演到时间概念上，也因此为金融资产跨期定价提供了理论依据。第四，套利交易的风险相对较小，与之相对应，套利交易的盈利能力也较弱。因为当限定了风险的时候，同时就限定了收益。第五，绝好的套利机会很少频繁出现。套利机会的多少与市场的有效程度密切相关。市场效率越低，套利机会越多；市场效率越高，套利机会越少。

套利的结果为不同地域或者不同市场中相同商品的价格将保持一致，即在空间上相同的商品将会拥有单一价格。套利交易的存在保证了在市场均衡条件下套利机会的消失。

(4) "投资者随时可以在供给方和需求方之间切换"的逻辑。金融学家认为，金融产品之间具有高度可替代性，投资者随时可以在供给方和需求方之间切换，他们需要关心的只是各种金融产品之间的相对价格水平。无套利分析方法就是以"相对定价"为核心，寻求各种近似替代品的价格之间的合理关系，通过无套利条件确定均衡的资产价格。例如，投资者预期购买的金融产品，若产品价值被低估，则投资者愿意购买该产品；若产品价值被高估，则投资者可以随时从之前的需求方转为供给方，并出售其拥有的产品。这种供求关系的切换，因金融产品之间的高度可替代性而随时发生。

3. 答:（1）有效市场假说的核心内容是证券价格总是可以充分反映信息，证券的价格等于其"内在价值"，即预期未来现金流的现值。这里的"充分反映"可以理解为两层含义：一是信息反映是即时的；二是信息反映是准确的。如果信息能够即时、准确地反映在证券价格中，那么市场就是有效的。市场效率越高，价格对信息的反应速度越快，也越准确。但是，并不是所有信息都会对证券价格产生影响，只有可以影响公司基本价值的信息才会对证券价格产生影响。

（2）有效市场的前提假设。有效市场假说认为：第一，投资者是理性的，可以基于其所获得的信息做出最优投资决策，对信息可以做出无偏估计；第二，投资者是同质的，对未来的预测是客观、公正的，面对不同资产的风险态度是一致的，表现为风险厌恶，即在投资过程中针对既定的收益总是选择风险最小的投资组合，在相同的风险条件下总是选择收益最大的组合。因此，市场将达到有效，证券价格反映了所有的信息，此时资产价格为理性价格，即公司的价值。

事实上，有效市场假说建立在三个逐渐放松的前提假设之上：第一，投资者是理性的，他们能够对证券做出合理的价值评估，且不同投资者的价值评估具有同质性特征，此时市场是有效的；第二，在一定程度上某些投资者并非理性的，但由于他们之间的交易是独立且随机进行的，非理性会相互抵消，证券价格并不会受到非理性的影响，市场仍然是有效的；第三，在某些情况下，非理性投资者会犯同样的错误，但是他们在市场中会遇到理性的套利者，后者会消除前者对证券价格的影响，市场最终还是有效的。

（3）根据证券价格对信息的反映程度，将市场有效划分为以下三种形式。

第一，弱式有效。如果市场中的证券价格充分反映了历史价格信息，则市场达到了弱式有效。这里讨论的历史价格信息包括历史交易价格、成交量和短期收益等。由于历史价格信息是最容易获得的信息，因此弱式有效是证券市场能够表现出的最低形式的效率。如果能够从证券的历史价格信息中发现可以获取超常收益的信息，那么市场中的每一个参与者均可以做到，因为获得证券历史价格信息成本较低且比较方便，对于任何一个懂得计算机基本操作和统计学知识的人来说都不是难事，其结果就是超常收益将在竞争中消失。由于所有的历史价格信息已经反映在价格中了，因此基于历史价格信息进行的对未来价格趋势的预测是无效的，也就是说，依照历史价格信息所进行的技术分析将无法使投资者获取超常收益。

第二，半强式有效。如果市场中的证券价格不仅充分反映了历史价格信息，而且反映了所有的公开信息，则市场达到半强式有效。公开信息包括公司公布的财务报表、股利信息、融资信息和其他影响其未来价值的信息。与弱式有效相比，半强式有效要求更加复杂的信息收集和处理能力，投资者不仅需要掌握经济学和统计学的知识，还要对各行业和公司的特征有深入的了解，掌握这些知识与技术需要才华、能力和时间。由于所有的公开信息已经反映在价格中了，因此基于公开信息对未来价格趋势的预测也是无效的，也就是说，基于公开信息所进行的基本分析将无法使投资者获取超常收益。

第三，强式有效。如果市场中的证券价格反映了所有的信息，包括历史价格信息和公开信息，甚至内幕信息，那么市场就达到了强式有效。与其他两种形式的市场有效相比，强式有效市场还有很长的路要走，人们很难相信市场已经达到了如此高的效率，以至于某些获得真实、有价值的内幕信息的投资者都不能够利用这些信息来获取超常收益。在强式有效市场中任何针对信息的收集和处理工作均是徒劳无功的，被动投资策略是唯一理智的选择。

（4）有效市场假说认为，由完全理性投资者组成的市场，有效是市场出现均衡的必然结果；即使存在非理性投资行为，由于他们之间的交易大量存在且投资策略相互独立，证券价格还是会保持在基本价值附近；即使非理性交易策略并不相互独立，竞争选择和套利行为也会使市场保持有效。套利者在买入被低估的证券的同时卖出被高估的同质证券，从而阻止了证券价格大幅或长期偏离其基本价值，同时由于非理性投资者在交易过程中总是亏损，他们的财产一天天减少，最终他们会从市场中消失，市场的有效性会一直持续下去。

4. 答：（1）有限理性是指在现实情况下，人们所能获得的信息、知识和能力是有限的，能够考虑的方案也是有限的，未必能够总是做出使其效用最大化的决策。

（2）行为金融学与传统金融学在投资者假设方面存在重大分歧，具体如下。

第一，投资者并不能严格满足理性人假设，因此以理性人假设为基础的有效市场假说的正确性值得推敲。人们的风险态度并不符合理性人假设，投资者的效用函数具有非对称性，即投资者的亏损函数的斜率比盈利函数的斜率大，也就是说，一单位损失给投资者带来的负效用的绝对值，大于一单位盈利带来的正效用的绝对值。同时，人们行事常常会违反效用最大化原则，一个典型的事实就是人们经常会利用短期历史数据来预测不确定的未来，并试图寻找这些过去发生的事情的代表性意义有多大。因此，投资者并不是理性的，他们的投资决策往往不是根据信息而是噪声，更应该被称为噪声交易者。非理性投资者的典型例证就是，投资者更愿意捂住亏损的股票，而避免面对损失。

第二，无论个人投资者还是机构投资者，投资决策都表现出明显的趋同性，因而无法相互冲抵。心理学研究已经清楚地表明人们并不是偶然偏离理性，而是经常以同样的方式偏离，非理性投资者的行为并非随机且独立发生的。投资者相互模仿，交易行为存在社会性特征。

第三，由于套利活动充满风险且受到诸多限制，市场中的套利行为起到的纠偏作用非常有限，市场无法达到有效。套利机制的有效性，关键要看是否能够找到受噪声交易影响的证券的替代品。对于某些衍生证券而言，替代品容易找到。但大多数情况下，证券并不存在明显合适的替代品，所以即使证券存在定价偏差，套利者也无法进行无风险的对冲交易。即使可以找到完全替代品，套利者也将面临未来价格不确定性的风险，即价格偏差在消失前会继续存在的风险，这种风险被称为噪声交易风险。既然套利充满风险，弗里德曼的市场选择观点就存在明显的问题。噪声交易者与套利者同样面临风险，他们的预期收益率将依赖于各自的风险承受能力和市场给予他们的风险补偿。因此，套利者未必永远强大，而噪声交易者也不一定必然灭亡。在现实世界的证券市场中，由于替代品难以发现和套利本身存在风险，导致套利机制的作用不可能充分发挥作用，这一现象被行为金融学定义为有限套利。有限套利可以解释为什么证券价格对信息变化的反映不会恰如其分，同时还可以解释价格会在无基本面信息的情况下发生变化。

总之,行为金融学与传统金融学的分歧表现为两者研究的前提假设不同,传统金融学的研究基于理性人假设和有效市场假说,而行为金融学的研究假设为投资者有限理性和市场非有效。前提假设不同,导致两者在研究方法和解释市场现象的方式上存在巨大差异。在研究方法上,行为金融学偏向于利用实验室研究方法对投资者心理和行为进行解释,但并没有摒弃数理研究方法(比如行为资产定价模型和行为组合理论),而传统金融学的研究多数依赖于数理推导和实证检验证明,拒绝实验室研究方法。两派理论都是基于各自的前提假设和理论逻辑,对市场中存在的现象给出经济学解释。

(3)三种认知偏差:禀赋效应、框架效应和证实偏差。

1)禀赋效应。禀赋效应是指当一个人一旦拥有了某项物品,那么他对该物品价值的评价要比未拥有之前大大增加。换句话说,人们不愿意割舍那些已经属于自己的东西。同样一个东西,如果我们已经拥有了,那么愿意卖出的价格更高,如果我们本来并没有,那我们愿意支付的买入价格会相对较低。禀赋效应是一种心理倾向,使得人们对物品的评价不仅来自物品自身的特性,也来自物品所有权,即因为拥有而更加看好。

例如,驾驶奔驰的人,当被问到应该买什么车时,总是会毫不犹豫地推荐奔驰,就是因为禀赋效应。还有,投资者一旦买入某一只股票,就会立刻这家公司产生好感,涨了舍不得卖,跌了也舍不得卖,这种好感就来自于非理性的禀赋效应。

2)框架效应。框架效应是指针对同一个问题,两种逻辑意义相似但不同方式的表述,会导致完全不同的决策判断。或者说,当一个人描述同样一件事情的时候,不同的表达方式会给倾听者不一样的感觉,从而使倾听者做出截然不同的决策。

例如,医生告诉一名绝症患者"手术后一个月内的死亡率是10%",患者吓得要死;如果医生告诉患者"手术后一个月内的存活率是90%",则患者非常愿意配合。同样的事情因为不同的表达方式,会产生不同的反应效果,这就是框架效应。

3)证实偏差。证实偏差是指当人们已经确立了某一个观念或判断后,在收集和分析信息的过程中,会倾向于寻找支持这个观念的证据,即人们很容易接受支持自己既有观念的信息,而忽略否定的信息,甚至还会花费更多的时间和认知资源去贬低与他们的观念相左的观点,这种证实而非证伪的倾向就是证实偏差。证实偏差是人们愿意自圆其说的思维陷阱,人们只愿意相信那些他们相信的东西,而不愿意承认错误,因此总是倾向于证明自己是对的。这导致人们过分相信自己判断的准确性,结论一旦形成便不轻易改变,对新信息也不会给予足够的重视。也就是说,当人们面对一大堆证据的时候,总是会更容易注意、记住和相信对自己的初始判断有利的证据,忽略对初始判断不利的证据。

例如,当市场上形成一种"股市将持续上涨"的信念时,投资者往往会对支持"股市上涨"的信息或证据特别敏感且容易接受,而对关于"股市下跌"的信息或证据则视而不见,从而继续买进,进一步推动股市继续上涨。相反,当市场形成下跌恐慌时，人们就只能看到不利于市场的信息了，进而持续卖出，以致进一步推动股市下跌。

5. 答：（1）前景理论也称预期理论，研究发现，人们在面对获得与损失时的风险偏好并不一致，在面对损失时表现出"风险追求"，而在面对获得时却表现出"风险规避"，并且人们对损失带来的痛苦比对获得带来的喜悦更敏感。前景理论有两大定律。第一，人们在面临获得时，往往小心翼翼，不愿冒风险；而在面对损失时，人人都变成了冒险家。第二，人们对损失和获得的敏感程度不同，损失的痛苦要远远大于获得的快乐。

（2）前景理论具体分析。

实验一：有两个选择，A是肯定赢1 000元，B是有50%的可能性赢得2 000元，50%的可能性什么也得不到。大部分人会选A，这说明人们是风险规避的，称为"确定效应"，即在确定的收益和"赌一把"之间，多数人会选择确定的收益。

实验二：有两种选择，A是肯定损失1 000元，B是有50%的可能性损失2 000元，50%的可能性没有任何损失。结果大部分人会选B，这说明人们是风险偏好的，称为"反射效应"，即在确定的损失和"赌一把"之间，多数人会选择"赌一把"。

另外，白捡100元所带来的快乐，难以抵消丢失100元所带来的痛苦，称为"损失规避"，即大多数人对损失和获得的敏感程度不对称，面对损失的痛苦感要大大超过面对获得的快乐感。

（3）前景理论已经成为行为金融学的理论基石，运用前景理论能够有效地解释金融市场的许多异象。例如，多数投资者的表现是"赔则拖，赢必走"，即投资者卖出获利的股票的意向，要远远大于卖出亏损股票的意向。

前景理论在资本市场的具体表现如下。

资本市场中典型的"确定效应"就是，当大多数人处于收益状态时，他们往往厌恶风险，喜欢见好就收，害怕失去已有的利润，存在强烈的获利了结倾向，喜欢将正在赚钱的股票卖出。例如，现在你面临两种选项：A是你一定能赚30 000元；B是你有80%的可能性赚40 000元，20%的可能性什么也得不到。你会选择哪一个？实验结果是，大部分人都选择A。传统经济学中的"理性人"这时会跳出来批判：选择A是错的，因为40 000×80% = 32 000（元），期望值要大于30 000元。这个实验结果是对"定律1"的印证：大多数人处于收益状态时，往往小心翼翼，厌恶风险，喜欢见好就收，害怕失去已有的利润。这就是所谓的"确定效应"，即处于收益状态时，大部分人都是风险厌恶者。"确定效应"表现在投资上就是投资者有强烈的获利了结倾向，喜欢将正在赚钱的股票卖出。投资时，多数人的表现是"赔则拖，赢必走"。在股市中，普遍存在一种"卖出效应"，也就是投资者卖出获利的股票的意向，要远远大于卖出亏损股票的意向。这与"对则持，错即改"的投资核心理念背道而驰。

资本市场中典型的"反射效应"就是，投资者买入股票亏损后，即使知道企业的情况已经非常糟了，但还是捂着股票不卖，愿意赌运气博资产重组。例如，现在你面临两种选项：A是你一定会赔30 000元；B是你有80%的可能性赔40 000元，20%的可能性不赔钱。你会选择哪一个？投票结果是，只有少数人愿意选择A，大部分人愿意选择 B。传统经济学中的"理性人"这时会跳出来说，两害相权取其轻，所以选 B 是错的，因为 -40 000×80% = -32 000（元），风险要大于 -30 000 元。现实是，当多数人处于亏损状态时，他们会极不甘心，宁愿承受更大的风险来赌一把。也就是说，当处于损失预期时，大多数人变得甘愿冒风险。这就是所谓的"反射效应"。"反射效应"是非理性的，表现在股市中就是投资者会继续持有赔钱的股票。统计数据证实，投资者持有亏损股票的时间远远长于持有获利的股票。投资者长期持有的股票多数是不愿意"割肉"而留下的"套牢"股票。

  资本市场中典型的"损失规避"就是，当股票市场由牛市转为熊市时投资者的过激反应。因为熊市中人们承受损失的痛苦，远大于牛市中获得收益的喜悦。假设有一个赌博游戏，掷一枚均匀的硬币，正面为赢，反面为输。如果赢了可以获得 50 000 元，输了损失 50 000 元。请问你是否愿意赌一把？从整体上来说，这个赌局输赢的可能性相同，也就是说这个游戏的结果期望值为零，是绝对公平的赌局。你会选择参与这个赌局吗？大量类似实验的结果表明，多数人不愿意玩这个游戏。为什么人们会做出这样的选择？这个现象同样可以用损失规避效应来解释，虽然出现正反面的概率是相同的，但是人们对"失"比对"得"更敏感。想到可能会损失 50 000 元，这种不舒服的程度超过了想到可能赢得 50 000 元的快乐。由于人们对损失要比对相同数量的收益敏感得多，因此，即使股票账户有涨有跌，人们也会更加频繁地为每日的损失而痛苦，最终将股票抛售。一般人因为这种"损失规避"，会放弃本可以获利的投资。

6. 答：（1）沉没成本误区理论的核心观点是人们在决定做一件事时，不单单是看这件事会给自己带来的好处以及由此引发的成本，还会考虑过去已经投入的成本，尽管这些成本已经无法收回。在决策评价过程中，人们过于把注意力集中在过去消耗的时间、金钱和精力等沉没成本上，而忽视未来的结果，即人们不但没有忽略沉没成本，甚至给予它们非常高的权重。人们在决定是否做一件事情的时候，不仅看这件事情对自己有没有好处，还要看过去是不是已经在这件事情上面有过投入，一旦对某件事情有了投入，就会继续在这件事情上追加投入。从理性的角度讲，前期投入已经成为沉没成本，不应该对决策产生任何影响。但是，在实际决策评价过程中，前期投入的沉没成本往往是促使人们继续投入的重要影响因素，人们往往会为了弥补或挽回那些根本无法挽回的沉没成本而继续投入，这种现象就被称为沉没成本误区。

（2）下面举例具体分析沉没成本误区理论。例如，一个项目前期已经投入了 5 亿元，即使前景不容乐观，但企业家通常还是会继续投钱，只因为成本已经投入了。

  再如，为了奖励员工一年的努力，单位发给员工每人一张音乐会门票，位置在前排中间，价值 800 元。你本身对听音乐会颇为喜爱，拿到门票十分高兴。可是在开音乐会的当天突然来了一场暴风雪，这场突如其来的风雪导致所有公共交通工具都暂停使用，但是音乐会照常举行。你如果要去，只能冒着寒风徒步走半个小时去音乐厅。请问你会不会去听这场音乐会？同样是一场你很感兴趣的音乐会，同样碰上了难得一遇的暴风雪导致交通瘫痪。如果这张门票不是单位发的，而是你自己排队花 800 元买的，你又会不会冒着风雪步行半小时去听音乐会呢？面对突如其来的暴风雪，很多人在第一种情况下都不愿出门，音乐会门票就浪费算了，想想自己的损失也"不大"。但是在第二种情况下，人们就会感觉非常不舍，宁愿冒着寒风和交通不便，也要坚持去听音乐会，因为门票毕竟是自己辛辛苦苦排队又花钱买来的。这种现象在行为决策理论中被称为沉没成本误区：人们在决定是否做一件事情的时候，不仅看这件事情对自己有没有好处，还要看过去是不是已经在这件事情上有过投入。

(3) 沉没成本误区理论的具体市场表现。当投资者买入股票后，企业状况变坏，股价下跌，投资者还是会捂住不卖，就是因为投资者过度关注买入价格这个沉没成本。事实上，成本已经投入了，这是既定的事实，不可能改变，永远也无法收回，形成了沉没成本。人们在做决定时往往会陷入沉没成本误区，考虑过去既定的成本，而忽略了未来才是决定是否继续的关键。从理性的角度出发，股票是否应该卖出仅仅应该考虑未来股价是否会上涨。但是实际上，股票买入价格这些沉没成本，在人们的决策中扮演了十分重要的角色。

第二部分
PART 2

金融机构

第 3 章
CHAPTER 3

金融体系

习 题

一、单项选择题

1. 下列银行中不属于政策性银行的是（ ）
   A. 国家开发银行　　B. 中国邮政储蓄银行　　C. 中国农业发展银行　　D. 中国进出口银行
2. 信用合作社属于（ ）
   A. 存款型金融机构　　B. 契约型金融机构　　C. 投资型金融机构　　D. 政策型金融机构
3. 我国混业经营的机构一般采用的组织模式是（ ）
   A. 金融控股模式　　　　　　　　　　　B. 全能银行模式
   C. 银行母公司－非银行子公司模式　　　D. 非银行母公司－银行子公司
4. 在二级市场中充当纯粹的中间人的是（ ）
   A. 投资银行　　B. 证券经纪人　　C. 交易商　　D. 证券交易所
5. 下列不属于间接融资机构类型的是（ ）
   A. 存款机构　　B. 投资银行　　C. 契约型储蓄机构　　D. 投资中介机构
6. 下列各项内容中不属于分业经营的是（ ）
   A. 金融业与非金融业的分离
   B. 金融业中银行、证券和保险三个子行业的分离
   C. 金融业中直接融资机构与间接融资机构的分离
   D. 金融各行业内部有关子业务的分离
7. 金融体系是有关资金的集中、流动、分配和再分配的系统，由资金盈余者、资金短缺者以及连接这两者的（ ）共同构成
   A. 金融工具和金融市场　　　　　　　　B. 金融结构和金融中介

C. 金融结构和金融市场　　　　　　　D. 金融中介和金融市场
8. 借款人一旦取得贷款会更有可能投资高风险的项目，此时银行面临着（　　）
   A. 逆向选择问题　　B. 柠檬问题　　C. 信用风险问题　　D. 道德风险问题

二、判断题

1. 中国金融监管机构的监管模式是混业监管。　　　　　　　　　　　　　　（　　）
2. 政策性银行的业务与商业银行存在激烈的竞争。　　　　　　　　　　　　（　　）
3. 逆向选择是在交易发生前，由于信息不对称导致坏的借款者更可能获得贷款的现象。（　　）
4. 共同基金是一种投资型间接金融机构。　　　　　　　　　　　　　　　　（　　）
5. 逆向选择问题中的"柠檬"原理，"柠檬"指的是优质商品。　　　　　　　（　　）
6. 世界上绝大多数国家（包括中国在内），均以直接融资方式为主。　　　　（　　）
7. 中国人民银行是负责商业银行日常运营活动管理的金融监管机构。　　　　（　　）
8. 道德风险是在交易发生后，由于信息不对称导致的借款者的利己行为。　　（　　）
9. 中国至今还实行"一行三会"的金融监管模式。　　　　　　　　　　　　（　　）

三、名词解释

1. 道德风险　　　　　　2. 逆向选择　　　　　　3. 信息不对称
4. 交易成本　　　　　　5. 金融体系　　　　　　6. 投资银行
7. 分业经营　　　　　　8. 混业经营　　　　　　9. 金融控股模式

四、简答题

1. 简述金融中介机构存在的必要性，并列举三种类型的间接融资金融机构。
2. 举例说明三类直接融资机构。
3. 什么是分业经营？什么是混业经营？我国目前是否具备实现混业经营的条件？并解释你的观点。
4. 比较直接融资市场和间接融资市场上金融中介的差异，并分析这两种金融中介在我国的发展状况和未来机会。

五、论述题

1. 什么是直接融资和间接融资？解释金融中介在间接融资模式中的角色和作用，并具体分析融资过程中"逆向选择"和"道德风险"产生的原因、导致的结果以及解决方法。
2. 中国金融监管体系由哪些机构构成？分析我国金融监管体系的现状以及面临的问题。

习题参考答案及解析

一、单项选择题

题目	1	2	3	4	5	6	7	8
答案	B	A	A	B	B	C	D	D

1. **解析**：政策性银行是由政府投资设立的，根据政府的决策和意向专门从事政策性金融业务的银行。1994 年，为了适应经济发展的需要以及政策性金融与商业性金融相分离的原则，相继成立了国家开发银行、中国进出口银行和中国农业发展银行三家政策性银行。中国邮政储蓄银行是一家商业银行。
2. **解析**：存款机构是从事接收个人和机构存款并发放贷款业务的金融中介机构，其经营行为在决定货币供应量方面发挥着至关重要的作用。信用社是围绕一个特定的社会集团组织起来的小型合作贷款机构，通常发行被称为股份的存款获取资金，并发放贷款。
3. **解析**：在我国实行混业经营的机构一般都采取金融控股公司的组织模式，这实际上是中国金融业现状演进自然选择的结果。金融控股公司可以拥有银行、投资银行、保险公司、互助基金等从事不同业务的下属公司，其业务不仅可以涵盖传统的银行、证券、保险和信托业务，还可以包括不动产中介和电子商务等新的业务范围。金融控股公司作为一种联系混业经营与分业经营的重要模式，在中国现阶段分业经营的制度框架下，表现出很大的优越性。金融控股公司模式不失为中国金融业由分业经营迈向混业经营的现实选择。
4. **解析**：证券经纪人和交易商是在二级市场上协助证券交易的金融机构。经纪人是纯粹的中间人，他们充当投资者买卖证券的代理人，由此获得佣金。
5. **解析**：间接融资是指借款者和贷款者之间并不直接进行资金融通，而是通过中介机构实现资金的转移。间接融资过程中主要存在三种类型的金融中介机构：存款机构（银行、信用社）、契约型储蓄机构和投资中介机构。投资银行属于直接融资机构。
6. **解析**：分业经营是指对金融机构的业务范围进行某种程度的分业管制。分业经营包括三个层次：第一个层次是指金融业与非金融业的分离；第二个层次是指金融业中银行、证券和保险三个子行业的分离；第三个层次是指银行、证券和保险各子行业内部有关业务的进一步分离。
7. **解析**：金融体系是有关资金的集中、流动、分配和再分配的系统，由资金盈余者、资金短缺者以及连接这两者的金融中介和金融市场共同构成。
8. **解析**：道德风险是指在交易发生后出现的信息不对称，借款者可能在获得贷款后从事贷款者不希望其从事的风险活动，以追求自身利益最大化，产生损人利己的机会主义行为，而这些活动很可能会导致贷款最终无法偿还。

二、判断题

题号	1	2	3	4	5	6	7	8	9
答案	×	×	√	√	×	×	×	√	×

1. **解析**：当前，中国金融机构的发展模式已经从分业经营向混业经营转变，中国金融监管模式也正在从分业监管向混业监管转变。2018 年 3 月，银监会与保监会合并为银保监会，但中国的金融监管模式目前仍处于分业监管状态。
2. **解析**：政策性银行是由政府投资设立的，根据政府的决策和意向专门从事政策性金融业务的银行。它们的活动不以盈利为目的，从事业务活动，贯彻不与商业性金融机构竞争、自主经营与保本微利的基本原则。
3. **解析**：银行面临的逆向选择是指在交易发生前由于信息不对称，那些最有可能造成不利的逆向结果的借款者，常常是那些寻找贷款最积极而且也是最可能得到贷款的人。逆向选择是交易之前的信息不对称所造成的"劣币驱逐良币"现象，即最终的结果就是好的借款者退出市场，留下的多是质量差的借款者。

4. **解析**：间接融资机构具体包括三类，第一类是存款机构（商业银行、储蓄贷款协会、互助储蓄银行和信用社等），第二类是契约型储蓄机构（人寿保险公司、财产保险公司和社会养老保险基金等），第三类是投资型金融机构（金融公司、共同基金和货币市场共同基金等）。

5. **解析**：逆向选择问题中的"柠檬"原理，强调由于信息不对称问题的存在，市场中最后剩下的主要是劣质商品，即"柠檬"。

6. **解析**：绝大多数情况下，金融中介机构能够提供更加便利的资本流通渠道，有效降低借款者和贷款者之间的搜寻成本。因此，利用金融中介机构进行的间接融资过程，构成了资金从贷款者手中转移到借款者手中的主要渠道。世界上绝大多数国家均以间接融资方式为主，其中主要包括中国、德国和日本等。

7. **解析**：银保监会是负责商业银行日常运营活动管理的金融监管机构，中国人民银行的主要任务是宏观政策制定和指导。

8. **解析**：道德风险是在交易发生后出现的信息不对称，借款者可能在获得贷款后从事以贷款者的观点来看所不希望从事的风险活动，以追求自身利益最大化，产生损人利己的机会主义行为，而这些活动很可能会导致贷款最终无法偿还。由于道德风险降低了偿还贷款的可能性，所以贷款者可能决定不发放任何一笔贷款。金融中介机构具备借款者监督方面的专业技能，可以降低道德风险造成的损失，从而获得丰厚的收益。

9. **解析**：2018年3月，银监会与保监会合并为银保监会，中国金融监管架构转变为"一委一行两会"，即形成了以中国人民银行为核心，以强化中国人民银行宏观审慎管理而建立的国务院金融稳定发展委员会，对金融业实施分业监管的中国银行保险监督管理委员会（银保监会）和中国证券监督管理委员会（证监会）为辅而组成的新的监管模式。

三、名词解释

1. 道德风险是在交易发生后出现的信息不对称，借款者可能在获得贷款后从事以贷款者的观点来看所不希望从事的风险活动，以追求自身利益最大化，产生损人利己的机会主义行为，而这些活动很可能会导致贷款最终无法偿还。由于道德风险降低了偿还贷款的可能性，所以贷款者可能决定不发放任何一笔贷款。金融中介机构具备借款者监督方面的专业技能，可以降低道德风险造成的损失，从而获得丰厚的收益。

2. 逆向选择是指在交易发生前由于信息不对称，那些最有可能造成不利的逆向结果的借款者，常常是那些寻找贷款最积极而且也是最可能得到贷款的人。逆向选择是交易之前的信息不对称所造成的"劣币驱逐良币"现象，即最终的结果就是好的借款者退出市场，留下的多是质量差的借款者。尽管金融市场中存在信誉良好的借款者，但由于逆向选择使信誉资金面临极大的损失风险，贷款的发放者可能决定不发放任何一笔贷款。成功的金融中介机构具有比个人更高的信用风险识别能力，能够有效区分信用良好和信用不良的借款者，从而可以降低逆向选择造成的损失，因此从投资活动中获得的收益水平高于小额储蓄者。

3. 信息不对称是指金融机构需要在市场上做出决策时，无法全面了解对方的全部信息，由于信息存在不对称，将影响金融机构做出正确的决策，进而导致运行效率降低的现象。举例来说，与贷款者相比，获得贷款资金的借款者对投资项目的潜在风险和收益更为了解。信息不对称的存在，导致了逆向选择和道德风险问题。

4. 交易成本是指从事金融交易所花费的时间成本和资金成本。例如确立金融合约所需支付的律师费，以及所耗费的时间和精力等。金融机构能够依托规模经济降低交易成本，并借此为客户提供流动性服务。例如，金融中介机构通过为客户提供支票账户和储蓄存款等服务，促进金融交易的顺利进行。金融市场中存在的交易成本，只是金融中介机构及间接融资在金融市场上发挥重要作用的部分原因，另外的原因则来自金融市场中的信息不对称。

5. 金融体系是一个经济体中资金流动的基本框架，是由保证资金流动的参与主体、金融工具、中介机构以及交易市场等要素构成的整体。通过各种金融要素，资金从盈余者手中流入短缺者手中。

　　金融体系的具体参与者可以是个人、家庭、企业和政府。参与者又可以分为两大类，一类是收入大于支出，拥有资金盈余的人，即贷款–储蓄者；另一类是收入小于支出，必须为支出筹资的资金借取人，即借款–支出者。资金沿着直接融资和间接融资两条路线从贷款–储蓄者向借款–支出者流动。

6. 投资银行是在一级市场上帮助企业首次发行证券的金融机构，虽然有银行之名，却不能吸收存款。投资银行会对公司应该发行债券，还是发行股票提出建议。如果建议公司发行债券，那么投资银行一般还会对债券的期限以及利率水平等给出专业建议。在针对拟发行的具体金融工具做出决定后，公司就会把这些金融工具委托给包销人，而包销人就是一些向公司保证能够按照预先商量好的价格将证券出售给公众的投资银行。如果发行规模小，一般只需要一家投资银行来包销（通常就是最初提供发行建议的投资银行）。如果发行量过大，就必须由几家投资银行组成一个"辛迪加"（证券包销团的别称）来联合包销。投资银行的活动及其在一级市场的经营业务，受到证券监管部门的严格监管。

7. 分业经营是指对金融机构的业务范围进行某种程度的分业管制。分业经营包括三个层次：第一个层次是指金融业与非金融业的分离；第二个层次是指金融业中银行、证券和保险三个子行业的分离；第三个层次是指银行、证券和保险各子行业内部有关业务的进一步分离。我们通常所说的分业经营是指第二个层次的银行、证券和保险业之间的分离，有时特指银行业务与证券业务之间的分离。

8. 混业经营是指商业银行及其他金融企业以科学的组织方式在货币和资本市场进行多业务、多品种、多方式的交叉经营和服务。混业经营广义上是指所有金融业务之间的经营关系，即银行、证券和保险等金融机构可以进入任何一个业务领域，甚至非金融领域，进行多元化经营。混业经营狭义上是指银行业和证券业之间的经营关系，即银行机构与证券机构可以进入对方领域进行业务交叉经营。

9. 金融控股模式是指有多元化经营需求的金融机构组建金融控股公司执行资本运作，通过并购或投资控股独立的子公司分别从事银行、证券和保险等业务。这一模式的特点表现在：首先，控股公司可以通过资本的调度和不同期限综合发展计划的制订，调整集团在各个金融行业中的利益分配，形成最大的竞争力；其次，子公司之间可以签订合作协议，实现客户网络、资信和营销能力等方面的优势互补，共同开发多样化的金融产品，进而降低经营成本，加快金融创新。金融控股公司实现了规模经济和范围经济效应，可以减少不同业务部门之间的利益冲突，扩展证券部门的安全网，在市场和分销网络上实现协同效应。通过频繁的并购，金融集团的规模更容易摆脱单个机构资金实力的局限，向超大型金融企业发展。鉴于金融控股公司的优势明显，国际上大多数国家均采用金融控股公司模式进行混业经营。

四、简答题

1. **答**：金融中介机构从贷款者手中借得资金，然后向借款者发放贷款，实现其中介职能，并从中获取收益。通过金融中介机构进行的间接融资过程，是将资金从贷款者手中转移到借款者手中的主要渠道。它之所以重要，是因为金融市场中存在着交易成本和信息不对称。金融中介机构能够发挥其专业优势和成本优势，大幅降低交易成本，利用规模经济提升经济体系的效率。另外，金融中介机构在甄别风险、防范由信息不对称造成的损失、监督借款者从而减少道德风险造成的损失等方面有丰富的经验。因此，金融中介机构在向借款者提供利息收益和大量服务的基础上，仍然能够获得经营利润。

(1) 具体来说，金融中介机构在金融市场中占有重要的地位，具体原因如下。

1）降低交易成本。交易成本是指从事金融交易所花费的时间成本和资金成本。例如确立金融合约所需支付的律师费，以及所耗费的时间和精力等。金融机构一方面集中盈余者的资金，另一方面又向短缺者提供资金，能够帮助交易双方尽快成交。同时，金融机构有着巨大的资金规模和较低的单位成本，还能够产生规模效益，节省交易费用。此外，金融机构通过降低交易成本还可以向资金余缺双方提供交易便利，从而有利于交易活动的顺利开展，提高金融交易效率。

2）克服信息不对称。由信息不对称所引起的逆向选择和道德风险阻碍了信贷功能的发挥，金融机构可以通过收集借款人信息对风险进行识别和判断。

逆向选择是指在交易发生前由于信息不对称，那些最有可能造成不利的逆向结果的借款者，常常是那些寻找贷款最积极而且也是最可能得到贷款的人。逆向选择是交易之前的信息不对称所造成的"劣币驱逐良币"现象，即最终的结果就是好的借款者退出市场，留下的多是质量差的借款者。

道德风险是在交易发生后出现的信息不对称。借款者可能在获得贷款后从事以贷款者的观点来看所不希望从事的风险活动，以追求自身利益最大化，产生损人利己的机会主义行为，而这些活动很可能导致贷款最终无法偿还。

逆向选择和道德风险问题阻碍了金融市场正常发挥功能，使直接融资活动受到了一定的限制，而金融中介机构可以很好地解决这一问题。值得信赖的金融中介机构从小额储蓄者手中获得存款，再通过贷款或者购买股票和债券等证券将资金贷放出去。可见，金融中介机构能够更有效地将储蓄者的资金贷放给借款者，从而在提升经济效率方面发挥着重要作用。成功的金融中介在甄别贷款风险、防范由逆向选择造成的损失方面经验和能力更加丰富，同时在监督借款者的运作从而减少道德风险造成的损失方面也更有专长。因此，与个人投资者相比，金融中介可以提供更加高效的资本融通机会，并且获得更加丰厚的运营收益。

(2) 间接融资金融机构是指在间接融资过程中所涉及的中介机构。间接融资过程中主要存在三种类型的金融中介机构：存款机构、契约型储蓄机构和投资型机构。

1）存款机构是从事接收个人和机构存款并发放贷款业务的金融中介机构，其经营行为在决定货币供应量方面发挥着至关重要的作用。存款机构主要包括商业银行、储蓄贷款协会、互助储蓄银行和信用社。

2）契约型储蓄机构是在契约的基础上按期取得资金的金融中介机构。特点是能够非常精确地预计未来年度必须向受益人支付的金额，因此资产流动性并不那么重要。它们主要把资金投入长期证券，如公司债券、股票以及抵押贷款等。契约型储蓄机构主要包括人寿保险公司、财产保险公司和社会养老保险基金。

3）投资型机构通常将资金用于发放贷款、帮助母公司或用于多样化的投资。投资型机构主要包括金融公司、共同基金和货币市场共同基金。

2. **答**：通过证券市场进行的直接融资过程，涉及的金融机构称为直接融资机构，主要包括投资银行、证券经纪人和交易商以及证券交易所等。

(1) 投资银行是在一级市场上帮助企业首次发行证券的金融机构，虽然有银行之名，却不能吸收存款。投资银行会对公司应该发行债券，还是发行股票提出建议。如果建议公司发行债券，那么投资银行一般还会对债券的期限以及利率水平等给出专业建议。在针对拟发行的具体金融工具做出决定后，公司就会把这些金融工具委托给包销人，而包销人就是一些向公司保证能够按照预先商量好的价格将证券出售给公众的投资银行。如果发行规模小，一般只需要一家投资银行来包销（通常就是最初提供发行建议的投资银行）。如果发行量过大，就必须由几家投资银行组成一个"辛迪加"（证券包销团的别称）来联合包销。投资银行的活动及其在一级市场的经营业务，受到证券监管部门的严格监管。

(2) 证券经纪人和交易商是在二级市场上协助证券交易的金融机构。经纪人是纯粹的中间人，他们充当投资者买卖证券的代理人，并由此获得佣金。证券交易商则随时按规定的价格买卖证券，进而将买卖双方联系起来。交易商通常也会持有证券的存货，并以稍高于买价的价格出售证券，从买卖价差中获得收入。因为证券价格的变动通常比较频繁和剧烈，因此证券交易商承担的风险比较大。许多证券经纪公司通常会在金融市场中同时扮演三种角色，既是证券经纪人也是证券交易商和投资银行家。

(3) 证券交易所事实上是拍卖市场（买方和卖方在一个中心场所彼此进行交易）和交易商市场（证券交易商按既定价格买卖证券）的混合物，是二级市场的一部分。交易所的场内交易通过一种专门的经纪（交易）商协助进行。证券交易所由证券监管部门来监管。

3. **答**：(1) 分业经营是指对金融机构的业务范围进行某种程度的分业管制。分业经营包括三个层次：第一个层次是指金融业与非金融业的分离；第二个层次是指金融业中的银行、证券和保险三个子行业的分离；第三个层次是指银行、证券和保险各子行业内部有关业务的进一步分离。我们通常所说的分业经营是指第二个层次的银行、证券和保险业之间的分离，有时特指银行业务与证券业务之间的分离。

(2) 混业经营是指商业银行及其他金融企业以科学的组织方式在货币和资本市场进行多业务、多品种、多方式的交叉经营和服务。混业经营广义上是指所有金融业务之间的经营关系，即银行、证券和保险等金融机构，可以进入任何一个业务领域，甚至非金融领域，进行多元化经营。混业经营狭义上是指银行业和证券业之间的经营关系，即银行机构与证券机构可以进入对方领域进行业务交叉经营。混业经营通过多样化、综合化的业务经营可以分散风险。

(3) 我国目前不具备实现混业经营的条件。

分业经营是指对金融机构的业务范围进行某种程度的分业管制；混业经营是指商

业银行及其他金融企业以科学的组织方式在货币和资本市场进行多业务、多品种、多方式的交叉经营和服务。从各国金融业发展的实践来看，混业经营已成为必然趋势，并且各国也设置了适合其发展特点的监管体制。

分业经营是为了在不同的金融市场中建立一道防火墙，在一个不完善的金融市场中，实行混业经营可能导致的最大风险是银行资金大量流入股市，导致工业企业所需资金不足，股市泡沫严重，最终泡沫破裂，银行亏损严重，挤兑破产。西方发达国家的金融业历经数百年的发展，制度较为完善，尤其是证券市场，包括上市公司良性运行，在有力的政府监管下，相应地减少了混业经营的风险，显示出混业经营的优势。相比之下，目前我国的金融业与西方发达国家的金融业存在一定的差距，这种差距既体现在金融制度和金融法律法规的不完善，尤其是银行和证券市场制度以及国有上市公司的体制不完善，又体现在监管水平上，这使得我国金融实行混业经营将面临巨大的风险，由此决定了我国现在不适合实行混业经营。

4. 答：（1）直接融资是指资金短缺单位直接在证券市场上向资金盈余单位发行股票、债券等凭证融通资金的一种融资形式。在此过程中，资金供求双方直接建立金融联系，因此被称为直接融资。它可以节约中介成本，获得长期、稳定的资金，同时在法人治理方面发挥作用。但是直接融资的门槛较高，并需要一定的专业知识。

间接融资是指资金盈余单位将资金存放或投资到银行等中介机构，再由这些机构以贷款或直接投资的形式将资金转移到资金短缺单位的一种融资形式。它可以动员零星存款，减少信息成本和合约成本，实现期限转化，同时通过资产多元化降低风险，但对中介机构更为依赖。

（2）由于融资方式不同，这两个领域内的金融机构有很多差异，主要表现在以下几点。

1）在资金运动中的地位不同。直接融资机构只是处于协助地位，而资金流通的双方是实际供求者。间接融资机构处于债务人和债权人的双重地位，将资金流通全过程分为两个阶段，并在每个阶段都处于主体地位。

2）承担的风险不同。直接融资机构不承担风险，全部风险由资金供求者承担。间接融资机构由于处于法律合同主体的地位，要承担所有的投资风险，但可以通过资产多元化分散风险。

3）职能不同。直接融资机构在投资运作中主要行使设计投融资方案、咨询和管理以及代理投资等职能，不作为主体进行投资。间接融资机构作为投资主体，直接行使投资职能。

4）资金运用利润分配不同。直接融资机构的投资收益是之前固定的，可以是一个固定数额，也可以是一个比例，收益的剩余部分归投资者所有。相反，间接融资机构占大部分投资利润，只需支付给资金供给者一笔固定数额的利润。

（3）在直接融资市场上，我国目前有较多的证券公司。在间接融资市场上，我国目前存在大量的银行，如四大国有商业银行和数量较多的股份制银行、农村信用合作社和城市信用合作社等。

长期以来，间接融资是我国企业主要的资金来源。间接融资为我国经济发展做出了突出贡献，同时也承担了经济体制改革的巨大成本。随着国有商业银行改革的进行，我国间接融资市场将得到进一步发展。近年来，我国的直接融资市场发展迅猛，为企业提供了大量资金支持，缓解了间接融资市场的压力。但由于发展时间较短，市场机制不完善，目前还存在许多问题。

五、论述题

1. 答：（1）直接融资是借款者在金融市场上直接向贷款者出售证券（也称金融工具），从贷款者那里获取资金。对于贷款者而言，这些证券是资产，记录了他们对未来收入或资产的索取权。而对于借款者而言，这些证券是一种负债。

间接融资是指借款者和贷款者之间并不直接进行资金融通，而是分别与中介机构发生一笔独立的交易，即资金盈余单位通过存款等形式，将其暂时闲置的资金先行提供给这些金融中介机构，然后再由这些中介机构以贷款等形式把资金提供给这些单位使用，从而实现资金融通的过程。

间接融资的中介机构是将资金从贷款者手中转移到借款者手中的主要渠道。它之所以重要，是因为金融市场中存在着交易成本和信息不对称。金融中介机构能够发挥其专业优势和成本优势，大幅降低交易成本，利用规模经济提升经济体系的效率。另外，金融中介机构在甄别风险、防范信息不对称造成的损失以及监督借款者从而减少道德风险造成的损失等方面有丰富的经验。

（2）信息不对称的存在导致了逆向选择和道德风险问题。信息不对称是指金融机构在市场上做出决策时，无法全面了解对方的全部信息，由于信息存在不对称性，将影响金融机构做出正确决策，进而导致运行效率降低的现象。

逆向选择是指市场的某一方如果能够利用多于另一方的信息使自己受益使另一方受损，就会倾向于与对方签订协议进行交易的现象。在间接融资中，交易发生前由于信息不对称，那些最有可能造成不利的逆向结果的借款者，常常是那些寻找贷款最积极而且也是最可能得到贷款的人。逆向选择是交易之前的信息不对称所造成的"劣币驱逐良币"现象，即最终的结果就是好的借款者退出市场，留下的多是质量差的借款者。

道德风险是指在信息不对称条件下，不确定或不完全合同使得负有责任的经济行为主体不承担其行动的全部后果，在最大化自身效用的同时，做出不利于他人的行动的现象。在间接融资中，由于在交易发生后出现的信息不对称，借款者可能在获得贷款后从事以贷款者的观点来看所不希望从事的风险活动，以追求自身利益最大化，产生损人利己的机会主义行为，而这些活动很可能会导致贷款最终无法偿还。

逆向选择和道德风险问题阻碍了金融市场正常发挥功能，因为最积极努力地获得贷款的人通常是可能造成不利结果的借款者，而且借款人在获得贷款后，通常会用于风险较大的活动，以达到借款人利益最大化的目标，这使借款人无法偿还本金的概率大大增加，从而损害贷款者的利益，使直接融资活动受到了一定的限制。

金融中介机构的存在可以在一定程度上解决信息不对称引起的逆向选择和道德风险问题。值得信赖的金融中介机构从小额储蓄者手中获得存款，再通过贷款或者购买股票、债券等证券将资金贷放出去。可见，金融中介机构能够更有效地将储蓄者的资金贷放给借款者，从而在提升经济效率方面发挥着重要作用。成功的金融中介在甄别贷款风险、防范由逆向选择造成的损失方面经验和能力更加丰富，同时在监督借款者的运作，从而减少道德风险造成的损失方面也更有专长。因此，与个人投资者相比，金融中介通常提供更加高效的资本融通机会，并且获得更加丰厚的运营收益。

2. 答：（1）中国金融机构的发展模式已经从分业经营向混业经营转变，中国金融监管模式也在从分业监管向混业监管转变。中国金融的监管体系主要由负责制定和执行货币政策以及进行微观审慎监管的中国人民银行（央行），强化中国人民银行宏观审慎管理和系统性风险防范职责的国务院金融稳定发展委员会（金稳委），以及对金融业实施分业监管的中国银行保险监督管理委员会（银保监会）和中国证券监督管理委员会（证监会）构成。

（2）随着金融的不断创新，金融机构之间跨行业合作更加密切，并且金融控股公司日益增多，中国金融机构的发展模式已经从分业经营向混业经营转变，分业监管模式弊病逐渐显现出来，原先"一行三会"的组织架构落后于现有混业经营发展的现实，系统性金融风险大大增加。2017年7月，全国金融工作会议宣布设立国家金融稳定发展委员会，履行"发展"与"稳定"职责，弥补分业监管漏洞，填补监管空白，逐步推进协调监管。2018年3月，银监会与保监会合并为银保监会，这意味着银行业和保险业开始探索混业监管模式，对监管体系缺陷的修改已经拉开序幕，成为中国对混业监管模式探索的重要标志。中国金融监管架构转变为"一委一行两会"，即以中国人民银行为核心，以为强化中国人民银行宏观审慎管理而建立的国务院金融稳定发展委员会，对金融业实施分业监管的中国银行保险监督管理委员会（银保监会）和中国证券监督管理委员会（证监会）为辅的新的监管模式。金融监管模式的转变，一方面，深化了金融监管体制改革；另一方面，解决了现行体制存在的监管职责不清晰、交叉监管和监管空白等问题。

（3）我国的金融监管体系仍然存在许多问题，主要表现在以下几点。

第一，监管体系仍存在协调障碍，容易导致重复监管。在银保监会和证监会合作关系越来越密切的过程中，各监管部门仍自成体系，相互之间缺乏沟通和信息共享。同时，也没有明确在危机状态下对有关风险的判断、识别通报以及协调处理的规定。分业监管制度会导致重复监管问题，增加监管部门和金融机构双方的监管成本。

第二，监管与发展可能存在目标冲突。在金融监管领域，我国的金融监管者往往也直接承担发展职能，在监管与发展的二元目标激励下，监管者自然会倾向于成绩更容易观测的发展目标，而忽视质量不易观测的监管目标。从长期来看，监管与发展是统一的，即金融体系稳定高效运行和发展，并有效地服务实体经济。但短期内，监管与发展可能出现政策倾向的不一致，存在目标冲突，就会导致监管者以发展为重、监管激励不足的问题。

第三，监管者可能出于个人利益考量而偏离公共利益目标，导致监管失灵。金融监管供求失衡，金融监管是公共物品，但监管者并不会毫无成本、毫不犹豫地按照公共利益提供公共物品。金融监管存在寻租现象，只要政府通过监管干预资源配置，私人部门就有租可寻，进而导致资源配置效率下降。

第四，金融创新缺乏有效的约束机制。当前，相当多的交叉性金融工具属于金融企业自发性的摸索，在操作过程中没有明确统一的风险标准，对风险的评价几乎完全取决于开办业务的金融企业自身，普遍存在新开办的业务操作与现有的政策规定不相符的现象。政策法规的不完善与执行的不严格，使交叉性金融工具在出现之初就绕开了政策与法规的约束，其行为的性质往往会发生变化，产生了一些违规现象，掩盖了问题的本质，使监管机构在监管中经常陷于被动局面。

第 4 章
CHAPTER 4

中央银行

习 题

一、单项选择题

1. 发生通货膨胀时，中央银行可以采用的货币政策是（　　）
   A. 提高法定存款准备金率 B. 降低再贴现率
   C. 在公开市场上买进有价证券 D. 放开信用额度
2. 我国香港地区的"中央银行制度"属于（　　）
   A. 单一式中央银行制度 B. 复合式中央银行制度
   C. 准中央银行制度 D. 跨国中央银行制度
3. 下列哪一项最能体现中央银行是"银行的银行"（　　）
   A. 发行货币 B. 最后贷款人 C. 代理国库 D. 制定货币政策
4. 下列哪一项不能体现中央银行是"政府的银行"（　　）
   A. 代理国库 B. 对金融业实施监管
   C. 管理国家储备资产 D. 向政府融通资金
5. 我国中央银行的资本组成属于以下哪种类型（　　）
   A. 全部股份为国家所有 B. 公私股份混合所有
   C. 全部股份为私人所有 D. 无资本金的中央银行
6. 下列哪一项不属于中央银行的资产业务（　　）
   A. 再贴现业务 B. 贷款业务 C. 债券发行业务 D. 证券买卖业务
7. 下列金融机构中不属于中央银行的是（　　）
   A. 日本银行 B. 中国香港金管局 C. 英格兰银行 D. 美国银行
8. 在我国，基准利率指的是（　　）

    A. 再贴现利率   B. 同业拆借利率   C. 市场利率   D. 居民储蓄存款利率

9. 下列不属于货币政策终极目标的是（　　）
    A. 经济增长   B. 充分就业   C. 利率稳定   D. 币值稳定

10. 下列不属于中央银行货币政策的是（　　）
    A. 道义劝说   B. 优惠利率   C. 降低税率   D. 直接干预

11. 以下哪个选项不属于中央银行货币政策的一般性货币政策手段（　　）
    A. 法定存款准备金   B. 再贴现   C. 优惠利率   D. 公开市场业务

12. 作为一种重要的货币市场工具，金融机构之间相互借贷中央银行账户上的存款准备金，被称为（　　），在美国称为联邦基金
    A. 同业拆借   B. 回购协议   C. 承兑汇票   D. 金边债券

二、判断题

1. 作为"银行的银行"，中央银行组织并管理全国的资金往来清算。（　　）
2. 中央银行是国家唯一的货币发行机构，表现为"政府的银行"。（　　）
3. 美国联邦储备体系不可以独立制定货币政策，属于独立性较弱的模式。（　　）
4. 中央银行是商业银行等金融机构的"最后贷款人"。（　　）
5. 币值稳定和国际收支平衡都是中央银行的货币政策目标。（　　）
6. 中央银行在公开市场上买入国债，会导致市场上的货币规模减小。（　　）
7. 规定购房者的最低贷款首付比率属于货币政策工具中的消费者信用控制。（　　）
8. 世界上所有的货币都是由中央银行发行的。（　　）
9. 调整再贴现率可以通过"告示板"调节市场上流通的货币规模。（　　）

三、名词解释

1. 中央银行   2. 法定存款准备金   3. 再贴现
4. 公开市场操作   5. 道义劝告   6. 窗口指导
7. 基础货币   8. 相机抉择   9. 单一规则
10. 价格型货币政策工具   11. 数量型货币政策工具

四、简答题

1. 各国的中央银行制度有哪些重要的类型？
2. 中央银行为什么要保持独立性？独立性如何体现出来？
3. 中央银行的资产业务主要包括哪些业务？
4. 一般性货币政策工具与选择性货币政策工具的基本区别是什么？
5. 货币政策的最终目标包括哪些？请举例说明。

五、论述题

1. 中央银行作为"发行的银行""银行的银行""政府的银行"以及"管理金融的银行"，主要表

现在哪些方面？
2. 中央银行的最终目标是什么？这些最终目标是完全一致的吗？不同目标相互之间存在哪些冲突与矛盾？
3. 中央银行货币政策的最终目标究竟是什么？请具体列举不少于 5 种中央银行可以选择的货币政策工具，并说明它们的作用原理。
4. 什么是中央银行的一般性货币政策工具？其各自的优缺点有哪些？

习题参考答案及解析

一、单项选择题

题号	1	2	3	4	5	6	7	8	9	10	11	12
答案	A	C	B	B	A	C	D	D	C	C	C	A

1. **解析**：通货膨胀时，中央银行应采取紧缩性货币政策。提高法定存款准备金率，增加商业银行的超额准备金，以此收缩或扩张信用；降低再贴现率，降低商业银行借入资金的成本，刺激商业银行的资金需求，从而增加货币供给；在公开市场上买进有价证券，减少商业银行等存款货币机构的准备金，进而增加货币供应量；放开信用额度会刺激贷款需求，为扩张性货币政策。
2. **解析**：我国香港地区的"中央银行制度"属于准中央银行制度。
3. **解析**：中央银行是"银行的银行"体现在中央银行充当法定存款准备金的唯一保管者以及商业银行等金融机构的"最后贷款人"；发行货币体现了中央银行"发行的银行"的职能；代理国库体现了中央银行"政府的银行"的职能；制定货币政策体现了中央银行"管理金融的银行"的职能。
4. **解析**：中央银行是"政府的银行"具体体现在以下方面：代理国库并向政府融通资金；管理和经营国家储备资产；是政府的金融顾问和国际金融组织的代表。中央银行对金融业实施监管属于"管理金融的银行"职能。
5. **解析**：自我国中央银行成立起，国家就拨付全部资本金，我国中央银行的全部股份为国家所有。
6. **解析**：中央银行的资产业务主要包括再贴现业务、贷款业务、证券买卖业务以及黄金外汇储备业务等。债券发行业务属于中央银行的负债业务。
7. **解析**：日本银行是日本的中央银行；中国香港金管局是香港的"中央银行"；英格兰银行是英国的中央银行，而美国银行是美国的一家商业银行。美国的中央银行是美联储。
8. **解析**：以同业拆借利率为基准利率的有英国的伦敦同业拆放利率、美国的美国联邦基准利率、日本的东京同业拆借利率、欧盟的欧元银行同业拆借利率等。以回购利率为基准利率的国家有德国、法国和西班牙。在中国，中国人民银行对国家专业银行和其他金融机构规定的存贷款利率为基准利率。
9. **解析**：货币政策的最终目标是中央银行通过货币政策操作最终要实现的宏观经济目标，具体包括币值稳定、经济增长、充分就业、国际收支平衡和金融稳定。其中并不包括利率稳定的问题，利率是中央银行实现最终目标的手段。
10. **解析**：降低税率属于财政政策，由财政部门具体实施，不属于货币政策的范畴。
11. **解析**：法定存款准备金、再贴现和公开市场业务是中央银行的一般性货币政策手段，俗称中央银行的"三大法宝"，而优惠利率属于选择性货币政策工具。
12. **解析**：金融机构之间相互借贷中央银行账户上的存款准备金，被称为同业拆借，在美国称为联邦基金。

二、判断题

题号	1	2	3	4	5	6	7	8	9
答案	√	×	×	√	√	×	√	×	√

1. **解析**：作为"银行的银行"，中央银行与商业银行和其他金融机构发生业务往来，与商业银行发生存贷款关系及资金往来清算关系，是全国存贷款准备金的保管者、金融票据交换中心和全国银行业的最后贷款人。
2. **解析**：中央银行是国家唯一的货币发行机构，具有集中与垄断货币发行的特权，表现为"发行的银行"。
3. **解析**：美国联邦储备体系享有较大的独立性，能够独立制定货币政策，被誉为中央银行独立性的典范，属于独立性较大的模式。
4. **解析**：中央银行是商业银行等金融机构的"最后贷款人"，即当商业银行和其他金融机构无法通过其他资金来源筹集资金时，中央银行为其融通资金。
5. **解析**：中央银行通过货币政策操作最终要达到的宏观经济目标，如币值稳定、经济增长、充分就业、国际收支平衡和金融稳定等。
6. **解析**：中央银行债券是公开市场操作的主要工具。中央银行发行债券时可以回笼基础货币，在公开市场上买入国债会导致市场上的货币规模增加。
7. **解析**：规定购房者的最低贷款首付比率属于货币政策工具中的消费者信用控制。
8. **解析**：中国香港特区的港币是由汇丰银行、渣打银行和中国银行三个商业银行发行的。
9. **解析**：调整再贴现率可以通过"告示板"调节市场上流通的货币规模。

三、名词解释

1. 中央银行既是为商业银行等普通金融机构和政府提供金融服务的特殊金融机构，又是制定和实施货币政策、监督管理金融业、规范与维护金融秩序以及调控金融和经济运行的宏观管理部门。中央银行自身的特有属性，是由其业务活动的特点和发挥的作用决定的。中央银行的特有属性具体体现在：第一，中央银行是一国金融体系的核心；第二，中央银行是经营金融业务的特殊金融机构；第三，中央银行是管理全国金融事业的国家机关。一般而言，中央银行具有四大职能：发行的银行、银行的银行、政府的银行和管理金融的银行。
2. 法定存款准备金是指中央银行对商业银行等存款货币机构规定的存款准备金，强制要求商业银行等存款货币机构按规定比率上缴存款准备金。中央银行通过调整法定存款准备金率，增加或减少商业银行的超额准备金,以收缩或扩张信用,实现货币政策所要达到的目标。法定存款准备金的政策效果具体表现在:首先,即使准备金率调整的幅度很小,也会引起货币供应量的巨大波动;其次,即使存款准备金率维持不变,也会在很大程度上限制商业银行体系创造派生存款的能力;最后,即使商业银行等存款机构由于种种原因持有超额准备金,法定存款准备金的调整也会产生效果。但法定存款准备金政策,同时也存在明显的局限性:第一,由于准备金率调整的效果较强,不宜作为中央银行日常调控货币供给的工具;第二,法定存款准备金政策对各类商业银行以及不同种类存款的影响并不一致,因而货币政策实现的效果不易把握。

3. 再贴现是指中央银行通过提高或降低再贴现率的办法,影响商业银行等存款货币机构从中央银行获得再贴现贷款和超额准备金,以达到增加或减少货币供应量,进而实现货币政策目标的一种政策措施。再贴现政策一般包括两方面的内容:一是再贴现率的调整;二是规定向中央银行申请再贴现的资格,即对再贴现业务做出的行政性规定。中央银行通过调整再贴现率,以及规定可向中央银行申请再贴现票据的资格来引导资金的流量和流向。再贴现政策工具的局限性表现为:首先,中央银行在政策效果方面是居于被动地位的;其次,再贴现率的高低有限度。在经济高速增长时期,无论再贴现率有多高,都难以遏制商业银行向中央银行再贴现或借款的冲动。在经济下滑时期,无论再贴现率多低,也不见得能够调动商业银行向中央银行再贴现或借款的积极性。由此可见,再贴现是中央银行被动性较大的政策工具,甚至市场的变化可能违背其政策意图。同时,相对于公开市场业务,再贴现政策的效果更难控制,再贴现率也不能经常反复变动,因此缺乏必要的灵活性。

4. 公开市场业务是指中央银行在金融市场买进或卖出有价证券,以改变商业银行等存款货币机构的准备金,进而影响货币供应量和利率,实现货币政策目标的一种政策措施。公开市场业务具有明显的优越性:第一,运用公开市场业务,中央银行能够直接影响商业银行的准备金,从而影响货币供应量;第二,中央银行能够随时根据金融市场的变化,进行经常性和连续性的操作;第三,中央银行可以主动出击,不像再贴现政策那样处于被动地位;第四,由于公开市场业务的规模和方向可以灵活安排,所以中央银行可以对货币供应量进行微调,而且不会像存款准备金率的变动那样产生震动性影响。然而,公开市场业务要有效地发挥其作用,必须具备一定的条件:第一,中央银行必须具有强大的、足以干预和控制整个金融市场的金融势力;第二,金融市场必须具有全国性特征,必须具有相当的独立性,证券种类必须齐全并具有相当的规模;第三,必须有其他政策工具的配合,例如如果没有存款准备制度,这一工具就无从发挥作用。

5. 道义劝告又称道义劝说,是中央银行利用其地位和权威,通过对商业银行和其他金融机构发出书面通告、指示或口头通知,甚至与金融机构直接负责人面谈等形式向商业银行通报经济形势,劝其遵守金融法规、自动采取相应措施并配合中央银行货币政策的实施。例如,在通货膨胀恶化时,中央银行劝导商业银行和其他金融机构自动约束贷款或提高利率;在房地产投机风气盛行时,劝导各金融机构缩小这类贷款的审批与放款。道义劝告的优点是灵活方便,无须花费行政费用。但道义劝告缺乏法律约束力,各个银行执行的效果如何就要看其是否与中央银行配合。

6. 窗口指导是中央银行根据产业行情、物价趋势和金融市场动向,规定商业银行每季度贷款的增减额,并要求其执行。如果商业银行不按规定的增减额对产业部门发放贷款,中央银行可削减向该银行贷款的额度,甚至采取停止提供信用等制裁措施。虽然窗口指导没有法律约束力,但其作用有时也很大。第二次世界大战结束以后，窗口指导曾一度是日本货币政策的主要工具。
7. 基础货币，也被称为高能货币或强力货币，通常指商业银行保有的存款准备金和流通于银行体系之外的通货的总和。前者包括商业银行持有的库存现金和除中央银行规定的法定存款准备金以外的超额存款准备金。由于货币供应量等于基础货币乘以货币乘数，因此在货币乘数一定或货币乘数变动可预测的情况下，控制基础货币也就控制了货币供应量。基础货币由准备金和流通中的现金组成，两者均是货币创造的基础。因而作为操作指标，综合考虑由两者共同形成的基础货币规模更为恰当。特别是在金融市场发育程度较低、现金流通比例较高的情况下，控制基础货币显然比单纯控制准备金更为重要。基础货币直接表现为中央银行的负债。
8. 相机抉择的货币政策又称权衡性货币政策，是指中央银行依据对经济形势的判断，为达成既定的货币政策目标而采取的权衡性措施。如何处理货币政策与经济周期的关系，最早的原则是"逆风向"调节：当经济过热时，采用紧缩性货币政策抑制经济；当经济萧条时，采取扩张性货币政策刺激经济。这种模式的货币政策被称为反周期货币政策，"相机抉择"即为这种模式。
9. 单一规则货币政策是指将货币供应量作为唯一的政策工具，并制定货币供应量增长的数量法则，使货币增长率同预期的经济增长率保持一致。单一规则是货币当局或中央银行按一个稳定的增长比率扩大货币供应，又称稳定货币增长率规则。货币主义学派不主张国家干预经济生活，他们认为，由于干预的时滞性等原因，反周期的干预会导致更剧烈的周期波动。根据货币需求理论，货币主义学派主张货币政策应该遵循固定的货币增长率的规则，即"单一规则"。
10. 价格型货币政策工具主要是通过改变资产的价格（利率或汇率等），影响微观主体的财务成本和收入预期，使微观主体根据宏观调控信号调整自己的行为，间接调控宏观经济。价格型货币政策工具是一种互动型的调控方式，通过影响市场参与者的经济活动成本来实现对经济变量的宏观调节，通过调整货币的价格来影响微观主体的市场预期，更便于调节。
11. 数量型货币政策工具通过使用存款准备金率、公开市场业务、再贷款和再贴现等工具控制货币供应量来直接调控宏观经济。数量型货币政策工具（如存款准备金率等）通过调控货币的"数量"来实现对产出的宏观调节，具有可操作性，但是难以做到"收放自如"，过度调控容易给经济造成消极影响。数量型货币政策工具与价格型货币政策工具都是中央银行为影响经济活动所采取的措施，以达到特定的政策目标，如抑制通货膨胀、实现充分就业、促进经济增长以及维持币值稳定等。

四、简答题

1. **答**：各国中央银行制度大致有单一式中央银行制度、复合式中央银行制度、准中央银行制度和跨国中央银行制度四种类型。
   （1）单一式中央银行制度是指国家建立单独的中央银行机构，使其全面行使中央银行职能的中央银行制度。这种类型又分为两种情况。
   　　1）一元式中央银行制度是指一国只设立一家统一的中央银行，行使中央银行的权利和履行中央银行的全部职责，中央银行机构自身上下是统一的，机构设置一般采取总分制，逐级垂直隶属。目前世界上绝大多数国家的中央银行都实行这种体制，如中国、英国、法国和日本等。
   　　2）二元式中央银行制度是指中央银行体系由中央和地方两级相对独立的中央银行机构共

同组成。中央级中央银行和地方级中央银行在货币政策方面是统一的,但在货币政策的具体实施、金融监管和中央银行有关业务的具体操作方面,地方级中央银行在其辖区内有一定的独立性,与中央级中央银行并不是总分行的关系,而是按法律规定分别行使其职能。目前,美国、德国实行这种中央银行制度,欧洲中央银行体系也属于此种类型。

(2) 复合式中央银行制度是指国家不单独设立专司中央银行职能的中央银行机构,而是由一家集中央银行与商业银行职能于一体的国家大银行兼行中央银行职能的中央银行制度。这种中央银行制度往往与中央银行初级发展阶段和国家实行计划经济体制相对应,如苏联、早期东欧以及 1983 年以前的中国。

(3) 准中央银行制度是指国家不设立通常意义上完整的中央银行,而设立类似于中央银行金融管理机构执行部分中央银行职能,并授权若干商业银行执行部分中央银行职能的中央银行制度。准中央银行制度通常与国家或地区较小而同时又有一家或几家银行在本国一直处于垄断地位相关。中国香港地区实行的就是准中央银行制度。

(4) 跨国中央银行制度指由若干国家联合组建一家中央银行,并由这家中央银行在其成员方范围内行使全部或部分中央银行职能的中央银行制度。这种中央银行制度一般与区域性多国经济相对一致,与货币联盟体制相对应。最典型的跨国中央银行制度就是欧洲中央银行。

2. **答**:中央银行的独立性是中央银行在法律授权范围内制定和执行货币政策的自主程度。中央银行的独立性集中反映在中央银行与政府的关系上。两者的宏观经济目标是一致的,但又存在分工与协作,在实现目标的措施选择上存在差异。当面对重大问题时,政府往往要求中央银行能够按照政府的安排行事,但中央银行认为只有保持中央银行政策的条理性才能解决特殊的金融问题,以实现国家的经济目标。中央银行的独立性问题集中体现在处理中央银行和政府的关系上,具体概括为两点:一是中央银行应对政府保持独立性;二是中央银行对政府的独立性总是相对的。

(1) 中央银行之所以应对政府保持独立性,是因为中央银行与政府所处的地位、行为目标不尽相同。虽然经济工作是政府贯彻始终的中心工作,但社会问题往往也是政府关注的重点。而中央银行的活动所围绕的中心始终是货币政策追求的货币币值稳定这一基本目标。这就使得中央银行的行为目标与政府的目标不可能时时相吻合,中央银行简单地遵从政府的目标,并不利于长期利益。

中央银行不同于一般的行政管理机构,无论是制定和执行货币政策来调控宏观经济的运行,还是确定对金融业实施监管的指导方针,都需要具备必要的专业理论素养和长期的专业经验积累。

(2) 中央银行对政府的独立性,无论如何都是相对的。从金融与经济整体及社会政治的关系来看,虽然金融在现代经济中起到的作用极大,但在经济社会大系统中,它始终是一个子系统。中央银行处于金融系统的核心地位,应当服从经济社会大系统的运转,服从国家的根本利益。正确的货币政策、稳定的货币币值、安全有序的金融运行,都是为了服务于经济与社会发展的最终目标和国家的根本利益。

中央银行是整个宏观调控体系中的一个组成部门,中央银行货币政策目标的实现,需要其他政策特别是财政政策的协调与配合,不可独立运行。

中央银行的活动都是在国家的授权下进行的,大多数国家的中央银行的主要负责人也由政府委任。此外，中央银行在履行自己的职责时，需要政府等其他部门的协作与配合，而中央银行与其他部门的关系则需要由政府来协调。

3. 答：中央银行的资产是指中央银行在一定时点所拥有的各种债权。中央银行的资产业务主要包括再贴现业务、贷款业务、证券买卖业务、黄金外汇储备业务等。

(1) 再贴现业务。中央银行的再贴现业务是指商业银行通过贴现业务将其所持有的尚未到期的商业票据，向中央银行申请转让，中央银行据此以贴现方式向商业银行融通资金的业务。这项业务之所以被称为"再贴现"，是为了区别于企业或公司向商业银行申请的"贴现"业务，以及商业银行与商业银行之间的"转贴现"业务。

(2) 贷款业务。中央银行的贷款业务是指中央银行向商业银行提供贷款的业务。在中央银行的资产负债表中，尤其是在原来实行计划经济的国家，贷款是最大的一个项目，它充分体现了中央银行作为"最后贷款人"的职能作用。中央银行的贷款是向社会提供基础货币的重要渠道。

(3) 证券买卖业务。在公开市场上买卖有价证券，是中央银行货币政策操作的三大基本工具之一。此项业务操作能够在调控货币供应量的同时，为中央银行调整自己的资产结构提供手段。中央银行买卖证券会直接投放或者回笼基础货币，调节金融体系的流动性，并保持货币市场利率稳定，同时优化收益率曲线，传达货币政策意图。尽管中央银行在买卖证券的过程中，可能会获得一些证券买卖的价差收益，但就中央银行自身的行为而言，目的只在于通过对货币量和利率的调节影响整个宏观经济，而不是为了获取盈利。

(4) 黄金外汇储备业务。国际经济交往使国与国之间产生债权和债务关系。国际债权和债务关系的清偿主要通过黄金和外汇所有权的转移来实现。因此，各国将黄金和外汇作为储备资产，由中央银行保管和经营，以便在国际收支发生逆差时用于清偿债务。黄金外汇储备业务一方面要确定合理的黄金外汇储备数量，既能满足国际支付，又不会造成资源的浪费；另一方面要保持合理的黄金外汇储备的构成，即从安全性、收益性和可兑现性三个方面考虑其构成比例。在黄金与外汇储备比例一定的条件下，各国外汇储备管理主要从外汇资产多元化入手，争取分散风险、增加收益，获得最大的灵活性。

4. 答：中央银行的资产负债业务是其实现既定经济目标所运用的主要政策工具。中央银行通过对货币供给规模和利率水平进行调节，进而影响宏观经济运行。货币政策工具按其影响的范围和实施方式通常可分为一般性货币政策工具、选择性货币政策工具以及其他货币政策工具。

(1) 中央银行的一般性货币政策工具具体包括法定存款准备金、再贴现和公开市场业务三大政策工具。

1) 法定存款准备金是指中央银行对商业银行等存款货币机构规定的存款准备金，强制要求商业银行等存款货币机构按规定比率上缴存款准备金。中央银行通过调整法定存款准备金率，增加或减少商业银行的超额准备金，以收缩或扩张信用，实现货币政策所要达到的目标。法定存款准备金通常被认为是货币政策中效果最强的工具之一。

2) 再贴现是指中央银行通过提高或降低再贴现率的办法，影响商业银行等存款货币机构从中央银行获得再贴现贷款和超额准备金，以达到增加或减少货币供应量，进而实现货币政策目标的一种政策措施。再贴现政策一般包括两方面的内容：一是再贴现率的调整；二是规定向中央银行申请再贴现的资格，即对再贴现业务做出的行政性规定。

3) 公开市场业务是指中央银行在金融市场买进或卖出有价证券，以改变商业银行等存款货币机构的准备金，进而影响货币供应量和利率，实现货币政策目标的一种政策措施。

（2）选择性货币政策工具包括消费者信用控制、证券市场的信用控制、不动产信用控制、优惠利率和预缴进口保证金制度等。

1）消费者信用控制。中央银行根据需求状况和货币流通状况，对消费者信贷量进行控制，以达到抑制过度消费需求或刺激消费量增长的目的。这种控制手段主要包括规定最低首期付现比率和最高偿还期限。

2）证券市场的信用控制。中央银行通过对购买证券的贷款规定法定保证金比率，以控制对证券市场的信贷量。规定法定保证金比率，实际上也就是间接地规定了最高放款额。中央银行通过调整这个比率，就能影响这类放款的规模。

3）不动产信用控制。为了阻止房地产投机行为，中央银行限制银行或金融机构对房地产的放款，其主要内容包括规定最低付现额和最高偿还期限两方面。

4）优惠利率。中央银行对国家重点发展的经济部门，如出口工业、重工业和农业等，制定较低的贴现率或放款利率，作为鼓励这些部门增加投资、扩大生产的措施。优惠利率多在发展中国家采用。

5）预缴进口保证金制度。为抑制进口过分增长，中央银行要求进口商预缴进口商品总值一定比率的外汇存于中央银行，以减少外汇流失。比率越高，进口换汇成本越高，其抑制作用就越大。反之，则越小。

（3）一般性货币政策工具与选择性货币政策工具的基本区别如下。传统的三大货币政策工具，都属于中央银行对货币总量的调节来影响整个宏观经济。在正常时期，传统的货币政策工具能够扩大货币供应量并降低利率，所以足以用来稳定经济。然而，当经济经历全面的金融危机时，传统的货币政策工具不再起到这种作用。这有两方面的原因：一方面，金融体系失灵了，以至于无法分配资本的生产性用途，因此投资支出和经济崩溃；另一方面，对经济的负面冲击会导致零下限问题，即中央银行无法进一步降低短期利率，因为它已经触底为零。由于这两个原因，中央银行需要选择性货币政策工具来刺激经济。除了这些一般性政策工具之外，还有其他有选择地对某些特殊领域的信用加以调节和影响的措施。

5. 答：货币政策的最终目标包括币值稳定、经济增长、充分就业、国际收支平衡和金融稳定。

（1）币值稳定。在货币政策的最终目标中，抑制通货膨胀、避免通货紧缩、保持价格稳定和币值稳定是货币政策的首要目标。通货膨胀特别是严重的通货膨胀，将导致社会分配不公、借贷风险增加、相对价格体系被破坏，甚至可能导致货币体系的彻底崩溃。但是抑制通货膨胀，并非通货膨胀率越低越好。价格总水平的绝对下降，即负通货膨胀率，将会带来通货紧缩。事实上，通货紧缩在某种程度上是经济危机的代名词，它会通过消费和投资链条降低总产出和就业率。货币政策所追求的经济增长目标，强调的是可持续的经济发展。度量通货膨胀的指标主要包括消费物价指数（CPI）、批发物价指数（WPI）和 GNP 平减指数。

（2）经济增长。作为国家干预经济的重要手段，货币政策在保持国民经济长期稳定增长方面承担着不可推卸的责任。衡量经济增长的指标主要有国民生产总值或国民收入，或二者的人均数。

（3）充分就业。充分就业是指任何愿意工作并有能力工作的人都可以找到一份有报酬的工作，这是政府宏观经济政策的重要目标。非充分就业表明存在社会资源特别是劳动力资源的浪费，失业者生活质量下降，并会导致社会不稳定。一般以失业率指标来衡量劳动力的充分就业程度。由于各国的社会情况不同，民族文化和传统习惯有差别，因此各国可容忍的失业程度不同。只能根据不同的社会经济条件和状况来判断社会就业状况的大致趋势。

(4) 国际收支平衡。国际收支平衡是指一国对其他国家的全部货币收入和货币支出大致相抵，略有顺差或略有逆差。保持国际收支平衡是保证国民经济持续稳定增长和经济安全甚至政治稳定的重要条件。货币政策在调节国际收支方面具有重要作用。在资本项目自由兑换的情况下，提高利率将吸引国际资本的流入，降低资本项目逆差或增加其盈余，反之亦然。汇率的变动对国际收支平衡也具有重要影响。本币贬值有利于促进出口、抑制进口，降低贸易逆差或增加盈余，但不利于资本项目的平衡。反之，本币升值将吸引资本流入，有利于资本项目平衡，但会抑制出口、鼓励进口，不利于经常项目平衡。因此，货币政策的目标之一就是要通过本外币政策的协调，实现国际收支平衡。

(5) 金融稳定。保持金融稳定是避免金融危机和经济危机的重要前提。特别是在当今世界经济一体化、金融一体化的浪潮冲击下，保持一个国家的金融稳定已成为各国中央银行的重要目标之一。

五、论述题

1. 答：一般而言，中央银行具有四大职能：发行的银行、银行的银行、政府的银行和管理金融的银行。

(1) 中央银行是"发行的银行"。"发行的银行"是指国家赋予中央银行集中与垄断货币发行的特权，中央银行是国家唯一的货币发行机构。中央银行集中与垄断货币发行权是中央银行最基本也是最重要的标志，是其发挥全部职能的基础。

　　作为发行的银行，中央银行要根据国民经济发展的客观需要，掌握货币发行规模，调节货币流通，即中央银行的货币发行量要以经济发展的客观要求为依据，保持良好的货币供应弹性，使中央银行的货币供应与流通体系的货币需求相吻合，为经济稳定和持续增长提供一个适宜的金融环境。中央银行还必须掌握货币发行准备，根据流通的实际需要，印刷、铸造或销毁钞票和硬币，进行库款调拨，调剂地区间的货币分布和面额比例，满足社会对钞票和硬币提取及支付的不同要求。

(2) 中央银行是"银行的银行"。"银行的银行"是指中央银行与商业银行和其他金融机构发生业务往来，与商业银行发生存贷款关系及资金往来清算，是全国存贷款准备金的保管者、金融票据交换中心和全国银行业的最后贷款人。

　　作为银行的银行，中央银行充当法定存款准备金的唯一保管者，即通过法律规定要求商业银行及有关金融机构必须按存款的一定比例向中央银行交存存款准备金，以保证商业银行和其他存款机构的支付与清偿能力，并借此调节信用规模和控制货币供应量。中央银行还充当商业银行等金融机构的"最后贷款人"，即当商业银行和其他金融机构无法通过其他资金来源筹集资金时，中央银行为其融通资金。中央银行还组织、参与和管理全国的资金清算，通过对全国各金融机构在中央银行的存款账户进行转账和轧差，直接增减其存款金额便可完成对金融机构间的资金清算。中央银行负责全国资金清算，既节约资金的使用，减少清算费用，解决单个银行资金清算所面临的困难，同时有利于中央银行通过清算系统对商业银行体系的业务经营进行全面及时的了解、监督和控制，强化其在整个银行体系中的核心地位。

(3) 中央银行是"政府的银行"。"政府的银行"是指中央银行既作为政府管理金融的工具，又为政府服务。无论中央银行是从商业银行逐渐演变而来的，还是依照法律制度创建的，都是一种政府行为，并基于政府的需要而存在。中央银行作为政府的银行具体体现在三个方面。

第一，中央银行代理国库并向政府融通资金。国家财政收支的管理一般通过财政部门在中央银行开立的账户进行，中央银行充当国库的总出纳，为政府管理资金提供服务。

第二，管理和经营国家储备资产。中央银行代理政府保存和管理国际储备，即黄金、外汇、在国际货币基金组织的储备头寸和特别提款权等，其中尤以管理黄金和外汇储备最为重要。

第三，中央银行是政府的金融顾问和国际金融组织的代表。中央银行处于社会资金流通的中心环节，拥有迅捷、灵敏的信息，能够及时、全面掌握国家经济和金融活动的基本情况，能对经济发展做出客观独立的判断和反应，为政府提供经济预测和决策建议，在政府经济决策制定中扮演着极其重要的角色。

(4) 中央银行是"管理金融的银行"。"管理金融的银行"是指中央银行有权制定和执行货币政策，并对商业银行和其他金融机构的业务活动进行领导、管理和监督。这一职能是在上述三个职能的基础上产生和发展起来的。正是因为中央银行是发行的银行、政府的银行和银行的银行，在一国金融体系中居于核心主导地位，所以它担负着管理国家金融的特殊使命，这也是现代中央银行的重要特征之一。随着中央银行制度的发展，管理金融的职能在中央银行的职能中显得越来越重要。

作为管理金融的银行，中央银行担负的职责主要包括以下几方面。首先，负责制定和执行货币政策，达到稳定物价、促进经济增长的目的；其次，制定和执行金融法规与银行业务基本章程，具体包括货币发行制度、现金管理制度、银行管理条例、外汇管理制度以及票据贴现制度等；最后，中央银行对金融业实施监督和管理，对银行等金融机构的设置、业务活动以及经营状况实施监督和管理，以防止金融秩序紊乱给社会经济生活造成冲击。

2. **答：**(1) 最终目标是中央银行通过货币政策操作而最终要达到的宏观经济目标，如币值稳定、经济增长、充分就业、国际收支平衡和金融稳定等。

1) 币值稳定。在货币政策的最终目标中，抑制通货膨胀、避免通货紧缩、保持价格稳定和币值稳定是货币政策的首要目标。通货膨胀特别是严重的通货膨胀，将导致社会分配不公、借贷风险增加、相对价格体系被破坏，甚至可能导致货币体系的彻底崩溃。但是抑制通货膨胀，并非通货膨胀率越低越好。价格总水平的绝对下降，即负通货膨胀率，将会带来通货紧缩。度量通货膨胀的指标主要包括消费物价指数（CPI）、批发物价指数（WPI）和 GNP 平减指数。

2) 经济增长。作为国家干预经济的重要手段，货币政策在保持国民经济长期稳定增长方面承担着不可推卸的责任。衡量经济增长的指标主要有国民生产总值或国民收入，或二者的人均数。

3）充分就业。充分就业是指任何愿意工作并有能力工作的人都可以找到一份有报酬的工作，这是政府宏观经济政策的重要目标。非充分就业表明存在社会资源特别是劳动力资源的浪费，失业者生活质量下降，并会导致社会不稳定。一般以失业率指标来衡量劳动力的充分就业程度。

4）国际收支平衡。国际收支平衡是指一国对其他国家的全部货币收入和货币支出大致相抵，略有顺差或略有逆差。保持国际收支平衡是保证国民经济持续稳定增长和经济安全甚至政治稳定的重要条件。货币政策在调节国际收支方面具有重要作用。在资本项目自由兑换的情况下，提高利率将吸引国际资本的流入，降低资本项目逆差或增加盈余，反之亦然。汇率的变动对国际收支平衡也具有重要影响。本币贬值有利于促进出口、抑制进口，降低贸易逆差或增加盈余，但不利于资本项目的平衡。反之，本币升值将吸引资本流入，有利于资本项目平衡，但抑制出口、鼓励进口，不利于经常项目平衡。因此，货币政策的目标之一就是要通过本外币政策的协调，实现国际收支平衡。

5）金融稳定。保持金融稳定是避免金融危机和经济危机的重要前提。特别是在当今世界经济一体化、金融一体化的浪潮冲击下，保持一个国家的金融稳定已成为各国中央银行的重要目标之一。

(2) 货币政策最终目标之间的关系比较复杂，一些政策目标之间存在协同效应，而其他一些政策目标之间则存在相互矛盾的关系。

根据奥肯定律，充分就业与经济增长通常存在正相关关系。但由于经济增长可以采取劳动密集型、资本密集型、资源密集型和知识密集型等不同模式，除劳动密集型外，其他几种增长模式都与充分就业存在一定的矛盾。

物价稳定与充分就业和经济增长之间也存在一定的矛盾。根据菲利普斯曲线，失业率和物价上涨率之间存在着此消彼长的替代关系。中央银行的货币政策目标只能根据当时的社会经济环境，在物价上涨率与失业率之间寻求适当的组合，而很难做到两全其美。

从物价稳定与国际收支平衡的关系来看，为了贸易平衡而对外贬值可能导致国内通货膨胀加剧。而在固定汇率制度下，国际收支不平衡会通过影响外汇储备渠道影响基础货币和货币供应量，进而影响物价稳定。

从经济增长与国际收支平衡的关系来看，经济增长通常会增加对进口商品的需要，同时由于国民收入增加带来支付能力的增强，有可能提高人们对一部分本来用于出口的商品的需求。两方面作用的结果是出口减少而进口增长，这就可能导致国际收支不平衡。就资本项目来说，要促进经济增长，就需要增加投资，在国内资金来源不足的情况下，必须借助于外资的流入。外资流入可能使国际收支中的资本项目出现顺差，在一定程度上可以弥补贸易逆差造成的国际收支失衡，但不一定能保证经济增长与国际收支平衡共存。

金融稳定与其他四个目标总体上统一，但有时为了拯救濒临破产的银行而增发货币，可能引发通货膨胀。

由于五大货币政策目标之间既有统一性又有矛盾性，因此货币政策不可能同时兼顾这五个目标。这就出现了货币政策目标的选择问题。不同的国家、不同的时期，货币政策的目标是不一样的。即使同一个国家，在社会经济发展的不同阶段，货币政策目标也是有所侧重的。这是由货币政策目标之间的矛盾性所决定的。货币政策目标的选择，是由社会经济环境状况决定的。

3. **答：**（1）最终目标是中央银行通过货币政策操作而最终要达到的宏观经济目标，主要包括以下目标。第一，币值稳定。在货币政策的最终目标中，抑制通货膨胀、避免通货紧缩、保持价格稳定和币值稳定是货币政策的首要目标。第二，经济增长。作为国家干预经济的重要手段，货币政策在保持国民经济长期稳定增长方面承担着不可推卸的责任。第三，充分就业。充分就业是指任何愿意工作并有能力工作的人都可以找到一份有报酬的工作，这是政府宏观经济政策的重要目标。第四，国际收支平衡。国际收支平衡是指一国对其他国家的全部货币收入和货币支出大致相抵，略有顺差或略有逆差。保持国际收支平衡是保证国民经济持续稳定增长和经济安全甚至政治稳定的重要条件。第五，金融稳定。保持金融稳定是避免金融危机和经济危机的重要前提。特别是在当今世界经济一体化、金融一体化的浪潮冲击下，保持一个国家的金融稳定已成为各国中央银行的重要目标之一。

（2）中央银行可以选择的货币政策工具分为一般性货币政策工具、选择性货币政策工具以及其他货币政策工具。一般性货币政策工具包括法定存款准备金、再贴现和公开市场业务；选择性货币政策工具包括消费者信用控制、证券市场的信用控制、不动产信用控制、优惠利率以及预缴进口保证金制度等；其他货币政策工具包括直接信用控制（如利率最高限和信用配额）和间接信用控制（如道义劝告和窗口指导）。以法定存款准备金、再贴现、公开市场业务、消费者信用控制、信用配额和道义劝告为例。

1) 法定存款准备金。法定存款准备金是指中央银行对商业银行等存款货币机构规定的存款准备金，强制要求商业银行等存款货币机构按规定比率上缴存款准备金。中央银行通过调整法定存款准备金率，增加或减少商业银行的超额准备金，以收缩或扩张信用，实现货币政策所要达到的目标。法定存款准备金通常被认为是货币政策中效果最强的工具之一。

法定存款准备金的政策效果，通常表现在以下几个方面：首先，由于法定准备率是通过货币乘数影响货币供给的，因此即使准备金率调整的幅度很小，也会引起货币供应量的巨大波动；其次，即使存款准备金率维持不变，也会在很大程度上限制商业银行体系创造派生存款的能力；最后，即使商业银行等存款机构由于种种原因持有超额准备金，法定存款准备金的调整也会产生效果，如提高准备金比率实际上就是冻结一部分超额准备金。法定存款准备金政策同时也存在着明显的局限性：第一，由于准备金率调整的效果较强，不宜作为中央银行日常调控货币供给的工具，并且调整法定存款准备金对整个经济和社会心理预期都会产生显著的影响；第二，法定存款准备金政策对各类商业银行以及不同种类存款的影响并不一致，因而货币政策实现的效果可能因这些复杂情况的存在而不易把握。

2) 再贴现。再贴现是指中央银行通过提高或降低再贴现率的办法，影响商业银行等存款货币机构从中央银行获得再贴现贷款和超额准备金，以达到增加或减少货币供应量，进而实现货币政策目标的一种政策措施。

中央银行通过调整再贴现率，以及规定可向中央银行申请再贴现票据的资格来引导资金的流量和流向。再贴现政策工具的局限性表现为：首先，中央银行在政策的效果方面是居于被动地位的，商业银行是否愿意到中央银行申请再贴现，或再贴现多少，取决于商业银行本身，中央银行只能等待借款者"上门"；其次，如果商业银行能够通过其他途径筹措资金，而不依赖再贴现，中央银行就不能有效地控制货币供应量，尤其是在经济高速增长时期，无论再贴现率多高，都难以遏止商业银行向中央银行再贴现或借款的冲动。由此可见，再贴现是中央银行被动性较大的政策工具，甚至市场的变化可能违背其政策意图。同时，相对于公开市场业务，再贴现政策的效果更难以控制，再贴现率也不能经常反复变动，因此缺乏必要的灵活性。

3) 公开市场业务。公开市场业务是指中央银行在金融市场买进或卖出有价证券，以改变商业银行等存款货币机构的准备金，进而影响货币供应量和利率，实现货币政策目标的一种政策措施。

与法定存款准备金和再贴现这两种货币政策工具相比，公开市场业务具有明显的优越性：第一，运用公开市场业务，中央银行能够直接影响商业银行的准备金，从而影响货币供应量；第二，中央银行能够随时根据金融市场的变化，进行经常性和连续性的操作；第三，中央银行可以主动出击，不像再贴现政策那样处于被动地位；第四，由于公开市场业务的规模和方向可以灵活安排，所以中央银行可以对货币供应量进行微调，而不会像存款准备金率的变动那样产生震动性影响。然而，公开市场业务要有效地发挥其作用，必须具备一定的条件：第一，中央银行必须具有强大的、足以干预和控制整个金融市场的金融势力；第二，金融市场必须具有全国性特征，必须具有相当的独立性，证券种类必须齐全并具有相当的规模；第三，必须有其他政策工具的配合，例如如果没有存款准备金制度，这一工具就无从发挥作用。

4) 消费者信用控制。中央银行根据需求状况和货币流通状况，对消费者信贷量进行控制，以达到抑制过度消费需求或刺激消费量增长的目的。这种控制手段主要包括规定最低首期付现比率和最高偿还期限。提高法定的首期付现比率，实际上就降低了最高放款额，从而抑制对此种用途的贷款需求。反之，则可提高这种需求。调整偿还期限，就能改变贷款者每次分期付款所需的支付额，相应地调整对这类放款的需求。

5) 信用配额。信用配额是中央银行根据金融市场的供求状况和经济发展的需要分别对各个商业银行的信用规模加以分配和控制，从而实现对整个信用规模的管制。信用配额是一种计划控制手段，在资金供给相对紧张的大多数发展中国家应用相当广泛，也是中国在计划经济时期以及从计划经济向社会主义市场经济转轨初期的主要控制手段，但随着市场经济的发展和金融市场逐渐发达，这种手段的作用已经大大降低。

6) 道义劝告。道义劝告又称道义劝说，是中央银行利用其地位和权威，通过对商业银行和其他金融机构发出书面通告、指示或口头通知，甚至与金融机构的直接负责人面谈等形式向商业银行通报经济形势，劝其遵守金融法规、自动采取相应措施并配合中央银行货币政策的实施。例如，在通货膨胀恶化时，中央银行劝导商业银行和其他金融机构自动约束贷款或提高利率；在房地产投机风气盛行时，劝导各金融机构缩小这类贷款的审批与放款。道义劝告的优点是灵活方便，无须花费行政费用。但道义劝告缺乏法律约束力，各个银行执行的效果如何就要看其是否与中央银行配合。

4. **答**：中央银行的一般性货币政策工具，是对整个宏观经济运行产生影响的政策工具，具体包括法定存款准备金、再贴现和公开市场业务三大政策工具，俗称中央银行的"三大法宝"。

(1) 法定存款准备金。法定存款准备金是指中央银行对商业银行等存款货币机构规定的存款准备金，强制要求商业银行等存款货币机构按规定比率上缴存款准备金。中央银行通过调整法定存款准备金率，增加或减少商业银行的超额准备金，以收缩或扩张信用，实现货币政策所要达到的目标。法定存款准备金通常被认为是货币政策中效果最强的工具之一。

法定存款准备金的政策效果，通常表现在以下几个方面：首先，由于法定准备率是通过货币乘数影响货币供给的，因此即使准备金率调整的幅度很小，也会引起货币供应量的巨大波动；其次，即使存款准备金率维持不变，也会在很大程度上限制商业银行体系创造派生存款的能力；最后，即使商业银行等存款机构由于种种原因持有超额准备金，法定存款准备金的调整也会产生效果，如提高准备金比率实际上就是冻结一部分超额准备金。

法定存款准备金政策，同时存在着明显的局限性：第一，由于准备金率调整的效果较强，不宜作为中央银行日常调控货币供给的工具，并且调整法定存款准备金对整个经济和社会心理预期都会产生显著的影响；第二，法定存款准备金政策对各类商业银行以及不同种类存款的影响并不一致，因而货币政策实现的效果可能因这些复杂情况的存在而不易把握。

(2) 再贴现。再贴现是指中央银行通过提高或降低再贴现率的办法，影响商业银行等存款货币机构从中央银行获得再贴现贷款和超额准备金，以达到增加或减少货币供应量，进而实现货币政策目标的一种政策措施。再贴现政策一般包括两方面的内容：一是再贴现率的调整；二是规定向中央银行申请再贴现的资格，即对再贴现业务做出的行政性规定。

中央银行通过调整再贴现率，以及规定可以向中央银行申请再贴现票据的资格来引导资金的流量和流向。前者主要是着眼于短期，即中央银行根据市场的资金供求状况，随时调低或调高再贴现率，通过"告示板"影响和改变商业银行借入资金的成本来刺激或抑制商业银行的资金需求，从而调节货币供应量。后者着眼于长期，对准备再贴现的票据种类和申请机构加以规定，实行区别对待，能够起到抑制或扶持的作用，从而改变市场资金的流向。

再贴现政策工具的局限表现为：首先，中央银行在政策的效果方面是居于被动地位的，商业银行是否愿意到中央银行申请再贴现，或再贴现多少，取决于商业银行本身，中央银行只能等待借款者"上门"；其次，再贴现率高低有限度。在经济高速增长时期，无论再贴现率有多高，都难以遏制商业银行向中央银行再贴现或借款的冲动。在经济下滑时期，无论再贴现率多低，也不见得能够调动商业银行向中央银行再贴现或借款的积极性。由此可见，再贴现是中央银行被动性较大的政策工具，甚至市场的变化可能违背其政策意图。同时，相对于公开市场业务，再贴现政策的效果更难以控制，再贴现率也不能经常反复变动，因此缺乏必要的灵活性。

(3) 公开市场业务。公开市场业务是指中央银行在金融市场买进或卖出有价证券，以改变商业银行等存款货币机构的准备金,进而影响货币供应量和利率,实现货币政策目标的一种政策措施。

与法定存款准备金和再贴现这两种货币政策工具相比,公开市场业务具有明显的优越性:第一,运用公开市场业务,中央银行能够直接影响商业银行的准备金,从而影响货币供应量;第二,中央银行能够随时根据金融市场的变化,进行经常性和连续性的操作;第三,中央银行可以主动出击,不像再贴现政策那样处于被动地位;第四,由于公开市场业务的规模和方向可以灵活安排,中央银行可以对货币供应量进行微调,而不会像存款准备金率的变动那样产生震动性影响。

然而,公开市场业务要有效地发挥其作用,必须具备一定的条件:第一,中央银行必须具有强大的、足以干预和控制整个金融市场的金融势力;第二,金融市场必须具有全国性特征,必须具有相当的独立性,证券种类必须齐全并具有相当的规模;第三,必须有其他政策工具的配合,例如如果没有存款准备金制度,这一工具就无从发挥作用。

第 5 章
CHAPTER 5

商业银行

习 题

一、单项选择题

1. 下列不属于商业银行负债业务的是（　　）
   A. 同业借款　　　B. 存放同业存款　　C. 发行的金融债券　　D. 吸收的活期存款
2. 下列不属于创新存款的是（　　）
   A. 可转让定期存单　B. 可转让支付命令账户　C. 货币市场存款账户　D. 储蓄存款
3. 下列不属于商业银行表外业务的是（　　）
   A. 租赁业务　　　B. 代理类业务　　C. 应收账款融资租赁　　D. 支付结算类业务
4. 下列不属于商业银行资金筹措来源的是（　　）
   A. 自有资本　　　B. 证券投资收益　　C. 吸收存款　　　D. 转贴现
5. 下列不属于商业银行资金来源的是（　　）
   A. 交易存款　　　B. 借款　　　　　C. 基金托管　　　D. 定期存款
6. 商业贷款、国债、准备金和实物资本，这些银行资产中流动性最大的是（　　）
   A. 商业贷款　　　B. 国债　　　　　C. 准备金　　　　D. 实物资本
7. 商业银行的信用创造能力（　　）
   A. 与原始存款成正比，与法定存款准备金率成正比
   B. 与原始存款成正比，与法定存款准备金率成反比
   C. 与原始存款成反比，与法定存款准备金率成正比
   D. 与原始存款成反比，与法定存款准备金率成反比
8. 商业银行的资产中最具流动性的是（　　）
   A. 短期证券　　　B. 存放同业存款　　C. 通知贷款　　　D. 短期贷款

9. 根据《巴塞尔协议》，商业银行自有资本至少要达到其风险加权资产的（　　）
   A. 4%　　　　　　B. 6%　　　　　　C. 8%　　　　　　D. 10%
10. 下列不属于商业银行资产业务的是（　　）
    A. 库存现金　　　B. 存放同业存款　　C. 持有的金融债券　　D. 吸收的活期存款

二、判断题

1. 商业银行不能够基于盈利目的进行证券投资活动。　　　　　　　　　　（　　）
2. 负债业务是商业银行开展资产业务的基础和前提。　　　　　　　　　　（　　）
3. 对商业银行而言，表外业务是不存在任何风险的。　　　　　　　　　　（　　）
4. 商业银行的投资业务主要包括证券投资和贷款投资两部分。　　　　　　（　　）
5. 基金托管业务是商业银行的无风险表外业务。　　　　　　　　　　　　（　　）
6. 担保类表外业务是商业银行的或有负债。　　　　　　　　　　　　　　（　　）
7. 贷款承诺业务属于商业银行的或有负债。　　　　　　　　　　　　　　（　　）
8. 票据发行便利属于商业银行的或有资产。　　　　　　　　　　　　　　（　　）

三、名词解释

1. 库存现金　　　　2. 存放中央银行款项　　3. 存放同业存款
4. 表外业务　　　　5. 担保类表外业务　　　6. 承诺类表外业务
7. 贷款承诺　　　　8. 票据发行便利

四、简答题

1. 商业银行的组织形式有哪些？近年来，为什么银行控股公司会有如此迅速的发展？
2. 商业银行的负债业务主要包括哪些？
3. 商业银行主要通过哪些方式对吸收的资金进行运用？
4. 商业银行经营的三原则——盈利性、流动性和安全性，它们之间的关系应该怎样把握？商业银行的资产负债管理方法有哪些？
5. 作为高风险行业，商业银行的风险管理主要包括哪些方面？
6. 什么是表外业务？这类业务为什么越来越受到重视？举例说明几种表外业务。
7. 商业银行的资产业务具体包括哪些？

习题参考答案及解析

一、单项选择题

题号	1	2	3	4	5	6	7	8	9	10
答案	B	D	C	B	C	C	B	B	C	D

1. **解析**：存放同业存款属于商业银行的资产业务。
2. **解析**：创新存款包括可转让定期存单、可转让支付命令账户、超级可转让支付命令账户、货币市场存款账户以及自动转账服务账户。储蓄存款属于传统存款。
3. **解析**：应收账款融资租赁属于贷款业务，为商业银行的资产业务。表外业务包括无风险的表外业务（包括支付结算类业务、代理类业务、信托类业务、租赁业务以及咨询业务等）和有风险的表外业务（包括担保类表外业务、承诺类表外业务和金融衍生业务）。
4. **解析**：商业银行的资产业务主要包括现金资产业务、证券投资业务和贷款业务。其中，证券投资业务和贷款业务是银行利润最主要的来源。
5. **解析**：负债业务是商业银行的资金来源，资产业务则是商业银行对资金的运用。基金托管属于表外业务，因此不是商业银行的资金来源。
6. **解析**：银行资产按照流动性从大到小排列依次是：准备金＞国债＞商业贷款＞实物资本。
7. **解析**：商业银行派生存款指的是商业银行通过自身的信用创造职能，创造出比原始存款数目更大的派生存款，其数值等于原始存款乘以货币乘数，而货币乘数与法定存款准备金率成反比。所以，商业银行的信用创造能力与原始存款成正比，与法定存款准备金率成反比。
8. **解析**：最具流动性的资产是存放同业存款，在中央银行的市场操作中可用于抵押的政府债券，这类资产可用于从中央银行获得流动性支持，或者在市场上出售、回购或抵押融资。
9. **解析**：根据《巴塞尔协议》，商业银行自有资本至少要达到其风险加权资产的8%。
10. **解析**：商业银行的资产业务主要包括现金资产业务、证券投资业务和贷款业务，而吸收的活期存款属于商业银行的负债业务。

二、判断题

题号	1	2	3	4	5	6	7	8
答案	×	√	×	√	√	√	×	√

1. **解析**：商业银行的经营目标是实现自身利润最大化，因此在法律允许的范围内可以进行任何有利的投资，其中包括证券投资。商业银行可以投资的证券包括政府债券、公司债券和股票。但是，不同国家对商业银行投资的证券种类有不同的规定。中国不允许商业银行投资股票等风险证券，而美国几乎没有限制。
2. **解析**：商业银行只有通过负债业务广泛地筹集起资金，才可能通过资产业务有效地将资金贷放出去。因此，负债是商业银行开展资产业务的基础和前提。
3. **解析**：商业银行的表外业务分为有风险的表外业务和无风险的表外业务，其中，有风险的表外业务又分为担保类表外业务和承诺类表外业务。因此，商业银行的表外业务存在风险。
4. **解析**：商业银行的资产业务包括现金资产业务、证券投资业务和贷款业务，其中，证券投资业务和贷款业务是商业银行主要的盈利性资产投资业务。
5. **解析**：代理类业务、租赁业务、基金托管业务和咨询顾问类业务都属于商业银行的无风险表外业务。
6. **解析**：担保类表外业务是指商业银行应交易中的一方申请，承诺如果当事人不能履约，由银行承担对方全部义务的担保类业务。商业银行将其信用借给他人，有可能承担他人的债务，因此担保类表外业务是商业银行的或有负债。

7. **解析**：贷款承诺是银行与客户之间达成的具有法律约束力的正式契约。银行将在有效承诺期内按照双方约定的金额和利率，随时准备应客户的要求向其提供信贷服务，并收取一定的承诺佣金。一旦银行兑现其承诺，这笔业务就变成了银行的贷款业务，因此贷款承诺属于商业银行的或有资产。
8. **解析**：票据发行便利是一项具有法律约束力的中期周转性票据发行融资的承诺。因为不能确保在每个短期内都能融得全部资金，承诺包销的商业银行需要依照协议负责承购借款人未能按期出售的全部票据，或承诺提供备用信贷责任。因此，票据发行便利属于一种或有资产。

三、名词解释

1. 商业银行保存在金库中的现钞（纸币）和硬币，或我们去银行办理业务时经常看到的柜台里的现金即为银行的库存现金。库存现金主要用于银行应对客户提现以及其他的日常零星开支。由于库存现金不但不能给银行带来任何盈利，反而耗费巨大的成本来保有它们，因此，如非必要，银行不会保有太多的库存现金，而是将其存入在中央银行的账户或其他银行的账户中，或将其用于其他用途。
2. 商业银行通常在中央银行开立存款账户并存入一定的款项，构成其在中央银行的存款。商业银行在中央银行开立的存款账户是用于银行支票清算和资金转账等的基本存款账户。其中一部分是被强制要求的，即每当商业银行吸收一笔存款，必须将一定比例的存款存入中央银行的账户，即法定准备金。规定缴存存款准备金最初是为了银行备有足够的资金，以应对存款人的提存要求，避免因流动性不足而产生流动性危机，导致银行破产。
3. 商业银行之间会互相开立存款账户，并存入相应的款项。在其他银行保持存款是为了便于银行在同业之间开展各种代理业务。例如，中国银行接受了一笔境内客户向美国某地的汇款业务，然而中国银行在汇款目的地并未设立分支机构，汇款的解付则可由当地的某家银行来进行，如花旗银行。此时，花旗银行就是中国银行的代理行，中国银行必须在花旗银行开立存款账户才有可能进行两家银行间债权债务的清算。由于存放同业存款一般属于活期存款性质，可以随时支用，因而被视为银行的现金资产。
4. 商业银行从事的按通行会计准则不列入资产负债表内，并且不影响资产负债总额，但能影响商业银行的当期损益，改变银行资产收益率的经营活动统称为表外业务。表外业务有狭义和广义之分。狭义的表外业务是指那些未列入资产负债表，但同表内资产和负债业务关系密切，并在一定条件下会转化为表内资产和负债业务的经营活动。通常将这类表外业务称为或有资产和或有负债。广义的表外业务除了包括狭义的表外业务外，还包括结算、代理和咨询等无风险的表外业务，所以广义的表外业务是指商业银行从事的所有不在资产负债表内反映的业务。
5. 商业银行应交易中的一方申请，承诺如果当事人不能履约，由银行承担对方的全部义务的行为属于担保。例如，备用信用证的开立。当借款人需要发行商业票据融资，但其自身的资信状况不足以吸引广大投资者时，可以向银行申请开立备用信用证。一旦借款人到期无法偿还商业票据借款，作为备用信用证的开立者，银行有义务为其偿还债务。备用信用证实际上意味着商业银行将其信用借给了借款人，以吸引投资者。为此，银行将收取相应的佣金。然而，一旦借款人真的违约，这笔担保业务就变成了银行的负债。因此，担保类表外业务属于或有负债。

6. 承诺类表外业务指商业银行在未来某一日按照事前约定的条件向客户提供约定的信用业务，主要包括贷款承诺与票据发行便利。贷款承诺是银行与客户之间达成的具有法律约束力的正式契约，银行将在有效承诺期内按照双方约定的金额和利率，随时准备应客户的要求向其提供信贷服务，并收取一定的承诺佣金。票据发行便利是一项具有法律约束力的中期融资承诺的创新工具。根据事先与商业银行等金融机构签订的一系列协议，借款人可以在中期（如 5~10 年）内，以自己的名义周转性发行短期票据，从而以较低的成本取得中长期的资金融通效果。

7. 贷款承诺是银行与客户之间达成的具有法律约束力的正式契约，银行将在有效承诺期内按照双方约定的金额和利率，随时准备应客户的要求向其提供信贷服务，并收取一定的承诺佣金。例如，借款人想通过发行商业票据的方式融通资金，融资额度是 100 万元。因为担心 100 万元无法全部通过发行商业票据获得，于是借款人找到银行，签订了贷款承诺协议，要求银行在其无法通过发行商业票据获得所需资金时以银行贷款满足其融资需要。假定借款人通过发行商业票据获得了 60 万元的资金，剩余的 40 万元即可通过银行贷款满足。银行必须持有相应的资金，以兑现其承诺。为此，银行要收取佣金费用。一旦银行兑现其承诺，这笔业务就变成了银行的贷款业务，即资产业务。因此，贷款承诺属于银行的或有资产。

8. 票据发行便利是一项具有法律约束力的中期融资承诺的创新工具。根据事先与商业银行等金融机构签订的一系列协议，借款人可以在中期（如 5~10 年）内，以自己的名义周转性发行短期票据，从而以较低的成本取得中长期的资金融通效果。由于不能确保每个短期内都能融得全部资金，承诺包销的商业银行需要依照协议负责承购借款人未能按期出售的全部票据，或承诺提供备用信贷责任，因此，票据发行便利是一种或有资产。

四、简答题

1. 答：商业银行是以追求利润最大化为目标，通过筹集资金并对其加以有效的投资和运用，向客户提供多功能及综合性服务的金融类企业。为开展业务和满足客户要求，商业银行逐渐演化发展出多种组织形式。其中最典型的商业银行组织形式包括单一银行制、分支银行制和银行控股公司制。

   （1）单一银行制。作为银行业最古老的一种组织结构，单一制银行通过一个营业部门提供全部的服务，不设立或不允许设立分支机构，但其中少量业务（如吸收存款和支票兑现）可以通过专门性服务设施来提供，如便利窗口、自动取款机以及银行的网站。

   （2）分支银行制。随着规模的扩大，单一制银行通常会决定建立一个分支银行，特别是当银行所在地处于经济快速发展阶段时，其面临的形势就是要么在进入新地区时遵循企业及家庭客户的特点和需求，要么将市场拱手让给地理位置更优越的竞争者。在分支银行组织结构下，银行通过一些营业点提供服务，包括一个主要营业部门，还有一个或多个全功能型分支银行。中国的银行制度属于分支银行制。中国工商银行、中国建设银行、中国农业银行和中国银行等的分支机构遍布全国各地，经营规模很大。但正由于经营规模太大、层次太多，总行对各分支银行的控制力不强。

(3) 银行控股公司制。银行控股公司是至少持有一家银行的股份（权益股）而获得特许经营的公司。大多数控股公司仅持有一家或多家银行权益股份的很小一部分，以便绕过政府的监管。根据《银行控股公司法》的有关条例，如果一家控股公司购买的至少一家银行的权益股份占该行权益股的25%或更多，或者有权选择一家银行董事会的至少两名董事，即认为存在控股。在美国，一旦控股公司注册，该控股公司必须定期上报由联邦储备委员会所做的稽核记录，并且兼并其他公司要获得美联储的许可。

  银行控股公司的优势十分明显。首先，与小银行比，大银行的资金利用效率更高，母公司可以统观全局，统一调配资金；其次，银行持股公司可以同时控制大量的非银行类企业，为其所控制的银行提供稳定的资金来源和客户关系；最后，通过银行持股公司的持股行为，集团可以同时经营银行和非银行业务，提升了盈利能力。

2. **答：** 商业银行作为信用中介，负债是其最基本、最主要的业务。负债对商业银行来说是最重要的，因为它是银行经营的先决条件。商业银行作为信用中介，首先表现为"借者的集中"，即通过负债业务广泛地筹集资金，然后才可能成为"贷者的集中"，即通过资产业务有效地将资金贷放出去，因此负债业务是商业银行开展资产业务的基础和前提。不仅如此，商业银行在发生流动性危机时，在变卖资产的基础上，还可以通过各种负债业务获得所需资金，以满足流动性需求。此外，商业银行的各种负债业务是其建立客户关系网络的重要途径，社会体系中所有经济单位的闲置资金和货币收支都离不开银行的负债业务。

  我们通常认为，商业银行吸收的资金就是它的负债。商业银行的负债作为债务，是其所承担的一种经济业务，银行必须用自己的资产或提供劳务来偿付。因此，银行负债是银行在经营活动中尚未偿付的经济义务。银行负债业务主要包括自有资本、存款和借款三大类。

(1) 自有资本。作为企业，商业银行具有一般的企业特征，即拥有业务经营所必需的自有资本，其大部分资本来源于股票发行，包括筹建银行时股东的投资，以及银行为扩大经营而追加的投资。商业银行在开业登记注册时，必须有一定的资本额，也称法定资本。

(2) 存款。存款账户是大多数（虽然不是所有）银行的第一资金来源。无论对于银行本身还是国民经济，存款都非常重要。银行管理人员和一般工作人员能否从企业和居民处吸收存款，可以作为衡量银行受公众认可程度的重要标准。存款构成了贷款的主要资金来源，因而也构成了银行盈利和发展的源泉。因此，衡量银行管理效率的重要指标就是银行能否以尽可能低的成本吸收存款，以及是否有充足的存款支持银行想要发放的贷款。随着金融创新的不断发展，银行吸收的存款种类有了较大的发展，商业银行吸收的存款可以大致划分为传统存款和创新存款两大类。

(3) 借款。虽然存款是商业银行的主要资金来源，但只有存款仍无法满足商业银行资金运用的需要。由此，商业银行还需要寻求存款以外的其他资金来源，即借款。商业银行可以向其他商业银行或金融机构借款，或者向中央银行借款。这种借款的期限比较短，利息率也比较低。商业银行获得长期借款的途径一般是发行金融债券，既可以在国内金融市场发行，也可以在国际金融市场发行。

3. **答：** 商业银行通过资产业务对吸收的资金加以运用。商业银行的资产业务既是商业银行最主要和最基本的盈利来源，也是信誉高低的重要标志。商业银行通过现金资产业务、证券投资业务和贷款业务对资金进行运用，其中证券投资业务和贷款业务是主要的运用方式，相应的资产也是主要的盈利性资产。

(1) 现金资产业务。商业银行的现金资产，也可称为现金头寸，既包括商业银行的库存现金，也包括其在中央银行的存款以及存放同业的活期存款。因为银行的库存现金、在中央银行的存款以及在同业的活期存款都具有很强的流动性，所以商业银行必须持有一定数量的现金资产，以应对各种日常支付需要，满足银行的流动性需求。

(2) 证券投资业务。商业银行是以实现利润最大化为目的的企业，在法律允许的范围内，将进行任何有利的投资，证券投资就是其中之一。随着金融市场的不断发展，证券投资业务在银行资产业务中的比重不断上升。进行证券投资可以帮助商业银行获取更多的收益，包括利息收入和低买高卖的收入——资本溢价收益，还有助于商业银行降低与分散风险，充分满足资产组合多样化的要求。金融资产的价格与利率变化是负相关的关系，商业银行同时持有贷款与有价证券能够有效地化解利率风险。当利率下降时，贷款利息收益的减少将由有价证券价格上升带来的资本溢价收益所补偿，反之亦然。证券投资还可以确保商业银行实现流动性目标，多数商业银行投资的有价证券均为流动性很强（变现速度快且成本低）的由政府或大企业发行的短期证券，随时可以变现，是银行流动性管理中不可或缺的二级准备，是理想的高流动性资产。

商业银行可以投资的证券种类很多，主要包括政府债券、公司债券和股票。当然，不同国家对于商业银行可投资的证券种类有不同的规定，如中国不允许商业银行投资股票等有风险证券，而美国等发达国家则没有这方面的限制。

(3) 贷款业务。商业银行在其所服务的市场中发挥的最重要的作用就是向客户发放贷款。银行放贷功能的发挥与地区的经济繁荣高度相关，金融机构发放贷款会促进经济扩张，因为贷款支持了其业务区域内企业数目和就业机会的增加。贷款是商业银行最重要的传统核心业务。商业银行作为贷款人，按照一定的原则和政策，以还本付息为条件，将一定数量的货币资金提供给借款人使用。贷款是商业银行的主要资产，同时也是其经营收入和风险的主要来源。贷款的期限可以是固定的，也可以是不固定的。贷款的本金可以要求借款人一次性偿还，也可以允许借款人分期偿还。贷款的发放可以完全凭借借款人的信誉，也可以要求借款人提供抵押或担保，以避免或降低风险。

4. 答：(1) 商业银行资产负债管理的目标为安全性、盈利性、流动性。贷款和投资至少能收回本金——安全性；满足存款提取和增加贷款的需要——流动性；在前两项得到保证的前提下，尽可能地获得最大利润——盈利性。

(2) 商业银行资产负债管理的三个目标的实现之间既有统一的一面，又有矛盾的一面。一般来说，安全性与流动性是正相关的：流动性较强的资产，风险较小，安全有保障。但它们与盈利性往往有矛盾，流动性强、安全性高，盈利性一般较低。而盈利性较高的资产，往往流动性较差、风险较大。因此，银行在经营过程中，经常面临两难的选择。为增强经营的安全性和流动性，商业银行要把资金尽量投放在短期周转的资金运用上，这就不能不影响银行的盈利水平。为了增加盈利，就要把资金投放于周转期较长但收益较高的贷款和投资上，这就不可避免地给银行经营的流动性和安全性带来了威胁。对此，只能从现实出发，统一协调，寻求最佳的均衡点。

(3) 商业银行的资产负债管理方法，随着三个经营目标以及这些矛盾方式的变化而不断发展变化，主要包括以下三种。

1) 资金总库法。资金总库法最早起源于商业银行发展初期，到 20 世纪 30 年代世界经济大萧条后才得到普遍运用。这时银行管理的主导思想是以保证安全为主，以盈利为辅。活期存款是银行最重要的资金来源。这种方法的要点是，不管资金来源的期限长短如何，银行将资金来源作为一个整体进行分配。这种分配按照下列顺序进行：首先，要保证充分的一线准备，即银行的现金资产；其次，保证二线准备，即优质优价证券；最后，满足顾客的信贷需求。如果这三项资产分配满足后还有剩余，银行可在公开市场购买长期债券，以增加收入，但不能进行土地或设备等固定资产投资。

2) 资金转换法。西方国家 20 世纪五六十年代的经济繁荣，使银行定期存款和储蓄存款的增长快于活期存款，客户提存的流动性需要减少，以牺牲潜在利润来保持高度流动性的资金总库法已经过时，资金转化法应运而生。这种方法承认不同的资金来源有不同的流动性要求，银行可以按照各种资金来源的准备金要求和流通速度进行资产分配。例如，活期存款有较高的法定准备金要求和流通速度，大部分用于一线准备和二线准备，少部分用于工商业短期贷款。储蓄和定期存款的法定准备金要求较低，流通速度较慢，大部分用于贷款和投资。

3) 线性规划法。为了使资产分配战略更为精确，许多商业银行使用复杂的数学模型，其中运用最广泛的是线性规划法。这种方法是先选择一些目标变量的值，然后在一定的约束条件下，使目标函数最大（或最小）。该法具体运用于银行管理就是决定一组资产负债的量，在一定的流动性和管理限制等约束条件下，使利润最大。

5. **答**：由于各种不确定因素的存在，商业银行在经营中导致经济损失的可能性即为商业银行风险。商业银行的风险管理是指商业银行通过风险识别、风险估计和风险处理等方法，预防、规避、分散或转移经营中的风险，从而减少或避免经济损失，保证经营资金安全的行为。商业银行属于高风险行业，风险种类繁多，主要包括信用风险、流动性风险以及利率风险等。

(1) 信用风险管理。信用风险是由于商业银行的借款人或市场交易对手违约而导致损失的可能性，有时也包括由于交易对手的信用评级变动和履约能力的变化，使其债务的市场价值变动而导致损失的可能性。信用风险贯穿于商业银行所有的业务领域，信用风险管理不应被简单地理解为以降低风险为目的，而在于用科学的方式来积极地接受信用风险，以达到在一定收益的条件下实现风险最小化或在可以接受的风险范围内实现收益最大化。因此，商业银行必须建立并完善信用风险管理系统，包括风险识别系统、风险量化分析系统、风险预警系统和风险处理系统等。

(2) 流动性风险管理。流动性是银行的生命线，商业银行的流动性不仅是整个金融体系，甚至是整个经济体系顺畅运行的基本保证。在复杂多变的金融环境中，流动性风险是商业银行面临的主要风险之一。西方银行家认为，在诚信制度健全的国家，流动性风险对商业银行的重要程度甚至超过了信用风险。当然，流动性风险不是单独产生的，往往与银行的利率风险和信用风险密切相关。

流动性风险通常是由于资产和负债的额度及期限的不匹配引发的。当银行的资金运用大于来源时，银行便产生需要从市场寻找融资的缺口。当银行的资金运用小于来源时，盈余的资金则需要寻找出路进行投资。资产和负债的差额被称为流动性缺口。商业银行的流动性风险就是指银行不能保持必要的资金来源，或者不能锁定外部资金与资产规模保持平衡，从而引发清偿问题的可能性。商业银行进行流动性风险管理，需要在对流动性风险进行准确衡量的基础上，采取有效的管理方法。

(3) 利率风险管理。传统商业银行的主要利润来源是利息收入，尽管近年来表外业务的迅速发展为银行开拓了更加广泛的非利息收入来源，但利息收入仍在银行的总收入中占有较大份额。自20世纪70年代以来，西方各国政府相继放松或取消利率管制，复杂多变的宏观经济环境导致市场利率大幅度波动，银行利息收入受到严重影响。目前，利率风险已经成为银行面临的基本风险之一，利率风险管理也成为银行日常管理的重要组成部分。

利率风险是由于市场利率变动的不确定性而导致商业银行面临损失的可能性。市场利率变动是商业银行本身难以控制的外部因素。但是，如果一家银行的资产和负债的类型、数量和期限完全一致，利率变动对银行资产负债的影响一致，就不会影响到两者之间的利差收益。因此，银行自身的资产负债结构是产生利率风险的必要条件，利率风险管理在很大程度上依赖于银行对自身的资产负债结构进行管理，以及运用一些新的金融工具来规避风险或设法从风险中获利。

6. **答**：商业银行从事的按通行的会计准则不列入资产负债表内，并且不影响资产负债总额，但能影响商业银行的当期损益，改变银行资产收益率的经营活动统称为表外业务。表外业务有狭义和广义之分。狭义的表外业务是指那些未列入资产负债表，但同表内资产和负债业务关系密切，并在一定条件下会转化为表内资产和负债业务的经营活动。通常将这类表外业务称为或有资产和或有负债。广义的表外业务除了包括狭义的表外业务外，还包括结算、代理和咨询等无风险的表外业务，所以广义的表外业务是指商业银行从事的所有不在资产负债表内反映的业务。

许多大型商业银行的表外业务量已大大超过表内业务量，表外业务带来的利润也超过了表内业务。中国的商业银行业在不断改善经营管理的过程中，也在不断致力于发展表外业务，表外业务已经成为商业银行经营的重要内容。实际上，金融创新业务中有很大一部分属于表外业务。一方面，表外业务能够帮助银行适应多变的市场环境，为客户提供多元化的服务，增加银行自身收入；另一方面，表外业务也隐含着一定的风险，影响银行经营的安全性。所以无论从收益还是从风险的角度来看，表外业务必然会越来越受到重视。

表外业务可以分为无风险的表外业务与有风险的表外业务。无风险的表外业务也可称为商业银行金融服务类表外业务，是商业银行以代理身份为客户办理的各种业务，目的是收取手续费收入，商业银行本身不垫款。无风险的表外业务主要包括支付结算类业务、代理类业务、租赁业务和咨询顾问类业务等。商业银行的某些表外业务在一定条件下会转化为表内的资产或负债业务，而这些资产或负债业务都是有风险的。因此，这类业务被称为有风险的表外业务，主要包括担保类表外业务、承诺类表外业务和金融衍生业务三大类。列举的表外业务如下：

(1) 代理类业务。商业银行受客户委托，代为办理客户指定的经济事务，提供金融服务并收取一定的费用。例如，现在水费和电费的缴付，用户将费用存入银行的专用账户，然后由银行进行转账，转入水务集团或电力公司的账户。为此，银行会收取代理费。

(2) 基金托管业务。有托管资格的商业银行接受基金管理公司的委托，安全保管所托管基金的全部资产，为所托管的基金办理资金清算、款项划拨、会计核算、基金估值和监管管理人投资运作等业务。中国的各大银行分别托管多只基金，并从中获取相应的收入。

(3) 担保类表外业务。商业银行应交易中的一方申请，承诺如果当事人不能履约，由银行承担对方的全部义务。例如，备用信用证的开立。当借款人需要发行商业票据融资，但其自身的资信状况不足以吸引广大投资者时，可以向银行申请开立备用信用证。一旦该借款人到期无法偿还商业票据借款，作为备用信用证的开立者，银行有义务为其偿还债务。备用信用证实际上意味着商业银行将其信用借给了借款人，以吸引投资者。为此，银行将收取相应的佣金。然而，一旦借款人真的违约，这笔担保业务就变成了银行的负债。因此，担保类表外业务属于或有负债。

（4）承诺类表外业务。承诺类表外业务是指商业银行在未来某一日按照事前约定的条件向客户提供约定的信用业务，主要包括贷款承诺与票据发行便利。贷款承诺是银行与客户之间达成的具有法律约束力的正式契约，银行将在有效承诺期内按照双方约定的金额和利率，随时准备应客户的要求向其提供信贷服务，并收取一定的承诺佣金。票据发行便利是一项具有法律约束力的中期融资承诺的创新工具。根据事先与商业银行等金融机构签订的一系列协议，借款人可以在中期（如 5~10 年）内，以自己的名义周转性发行短期票据，从而以较低的成本取得中长期的资金融通效果。

7. **答：**资产业务是商业银行最主要和最基本的盈利来源，也是信誉高低的重要标志。商业银行的资产业务主要包括现金资产业务、证券投资业务和贷款业务，其中证券投资业务和贷款业务是商业银行主要的盈利性资产。

(1) 现金资产业务。商业银行的现金资产也可以称为现金头寸，既包括商业银行的库存现金，也包括其在中央银行的存款以及存放同业的活期存款。因为银行的库存现金、在中央银行的存款以及存放同业的活期存款都具有很强的流动性，所以商业银行必须持有一定数量的现金资产，以应对各种日常支付需要，满足银行的流动性需求。

  1）库存现金。商业银行保存在金库中的现钞（纸币）和硬币，或我们去银行办理业务时看到的柜台中的现金即为银行的库存现金。库存现金主要用于银行应对客户提现以及其他的日常零星支出。由于库存现金不但不能给银行带来任何盈利，反而耗费巨大的成本来保有它们，因此，如非必要，银行不会保有太多的库存现金，而是将其存入在中央银行的账户或者其他银行的账户中，或将其用于其他用途。

  2）存放中央银行款项。商业银行通常在中央银行开立存款账户并存入一定的款项，构成其在中央银行的存款。商业银行在中央银行开立的存款账户是用于银行支票清算或资金转账等的基本存款账户。其中一部分是被强制要求的，即每当商业银行吸收一笔存款，必须将一定比例的存款存入中央银行的账户，即法定准备金。规定缴存法定准备金是为了银行备有足够的资金，以应对存款人的提存要求，避免因流动性不足而产生流动性危机，导致银行破产。

  3）存放同业存款。商业银行之间会互相开立存款账户，并存入相应的款项。在其他银行保持存款是为了便于银行在同业之间开展各种代理业务。由于存放同业的存款一般属于活期存款性质，可以随时支取，因而被视为银行的现金资产。

(2) 证券投资业务。商业银行是以实现利润最大化为目的的企业，在法律允许的范围内，将进行任何有利的投资，证券投资就是其中之一。随着金融市场的不断发展，证券投资业务在银行资产业务中的比重不断上升。进行证券投资可以帮助商业银行获取更多的收益，包括利息收入和低买高卖的收入——资本溢价收益，还有助于商业银行降低与分散风险，充分满足资产组合多样化的要求。金融资产的价格与利率变化是负相关的关系，商业银行同时持有贷款和有价证券能有效地化解利率风险。当利率下降时，贷款利息收益的减少将由有价证券价格上升带来的资本溢价收益所补偿，反之亦然。证券投资还可以确保商业银行实现流动性目标，多数商业银行投资的有价证券均为流动性很强（变现速度快且成本低）的由政府或大企业发行的短期证券，随时可以变现，是银行流动性管理中不可或缺的二线准备，是理想的高流动性资产。

（3）贷款业务。商业银行在其所服务的市场中发挥的最重要的作用就是向客户发放贷款。该市场可以小到一个小城镇，也可以大至全球。银行放贷功能的发挥与地区的经济繁荣高度相关，金融机构发放贷款会促进经济扩张，因为贷款支持了其业务区域内企业数目和就业机会的增加。贷款是商业银行最重要的传统核心业务。商业银行作为贷款人，按照一定的原则和政策，以还本付息为条件，将一定数量的货币资金提供给借款人使用。贷款是商业银行的主要资产，同时也是其经营收入和风险的主要来源。

第 6 章
CHAPTER 6

投资银行

习 题

一、单项选择题

1. 投资银行在风险投资过程中不能够提供的服务是（　　）
   A. 管理增值　　　　B. 尽职调查　　　　C. 设计退出方案　　D. 信用增级
2. 投资银行在二级市场上不扮演下列哪种角色（　　）
   A. 承销商　　　　　B. 经纪商　　　　　C. 做市商　　　　　D. 自营商
3. 将缺乏流动性的资产转化为可以在金融市场上出售的证券的行为是指（　　）
   A. 证券承销　　　　B. 证券交易　　　　C. 证券私募　　　　D. 资产证券化
4. 下列不属于商业银行的金融机构的是（　　）
   A. 城商银行　　　　B. 投资银行　　　　C. 农商银行　　　　D. 邮储银行
5. 下列不属于投资银行的承销方式的是（　　）
   A. 绿鞋协议　　　　B. 风险投资　　　　C. 余额包销　　　　D. 代理推销
6. 下列不是投资银行从事自营业务的基本动机的是（　　）
   A. 投机　　　　　　B. 无风险套利　　　C. 风险投资　　　　D. 风险套利
7. 投资银行在一级市场上体现其资本市场核心地位的基本业务是（　　）
   A. 证券承销　　　　B. 证券交易　　　　C. 企业并购　　　　D. 风险投资
8. 下列不属于风险投资运作过程中的三方主体的是（　　）
   A. 风险投资家　　　B. 风险投资机构　　C. 创新型企业　　　D. 风险监督人
9. 在做市商市场中，匹配成功的订单的成交价格是（　　）
   A. 投资者委托的价格　B. 当日收盘价　　　C. 做市商报价　　　D. 市场撮合价
10. 如果在 A 公司兼并 B 公司并获得控制权后，A 公司保留，B 公司解散（取消其法人资格），该

方式称为（　　）
A. 新设合并　　　　B. 公司分立　　　　C. 吸收合并　　　　D. 杠杆收购

11. 当前世界各国的投资银行主要有四种不同的类别，美国的高盛公司、美林公司和摩根士丹利公司等属于（　　）
A. 独立的专业性投资银行　　　　　　B. 商业银行拥有的投资银行
C. 全能型银行直接经营投资银行业务　　D. 大型跨国公司兴办的财务公司

二、判断题

1. 项目融资过程中的优先级投资是确定没有风险的。（　　）
2. 投资银行在承销过程中，采用全额包销一般会比代理推销获得更高的收益。（　　）
3. 投资银行的经纪业务是不可能承担任何风险的。（　　）
4. 投资银行从事证券自营业务的基本动机包括投机和套利。（　　）
5. 投资银行作为做市商是运用自有资金进行证券买卖，从中赚取买卖价差。（　　）
6. 风险资本家会具体参与到其所投资企业的经营管理和投资中。（　　）
7. 天使基金更多地表现为慈善性质的投资。（　　）
8. 风险投资最关注的是企业的盈利能力和偿债能力。（　　）
9. 有效合伙制企业是风险投资基金的重要组织形式，普通合伙人一般是风险投资家。（　　）
10. 在资产证券化过程中，为确保基础资产与原始权益人破产隔离，要进行资产信用增级。（　　）
11. 划分优先和次级结构是资产证券化过程中的信用增级方式之一。（　　）

三、名词解释

1. 投资银行　　　　　2. 资产管理　　　　　3. 证券承销
4. 企业并购　　　　　5. 做市商机制　　　　6. 资产证券化
7. 风险投资　　　　　8. 项目融资　　　　　9. 全额包销
10. 信用增级　　　　 11. 绿鞋期权　　　　 12. 路演
13. 余额包销　　　　 14. 优先与劣后　　　 15. 夹层资本

四、简答题

1. 投资银行作为资本市场上的金融中介，其主要业务有哪些？举例介绍三项主要业务。
2. 承销商有哪几种证券承销方式？它们有哪些不同？
3. 分析风险投资与一般金融投资的区别。
4. 资产证券化是一种不同于贷款和股权融资的新型融资方式，举例说明几种资产证券化产品。
5. 绿鞋期权是如何稳定证券价格的？它与价格操纵有何不同？
6. 简述投资银行的证券承销流程。
7. 投资银行在并购业务中为并购企业提供哪些服务？
8. 什么是资产证券化？资产证券化的核心原理是什么？结合所学内容，分析资产证券化为什么会导致 2008 年的全球金融危机。
9. 分析做市商制度和竞价交易制度的特点。

习题参考答案及解析

一、单项选择题

题号	1	2	3	4	5	6	7	8	9	10	11
答案	D	A	D	B	B	C	A	D	C	C	A

1. 解析：投资银行主要为风险投资者提供如下几种服务：项目筛选、尽职调查、价值评估、管理增值和设计退出方案等，但是不包括信用增级。
2. 解析：证券交易业务是指投资银行在二级市场上以三种身份从事的证券交易活动。第一种身份是投资银行作为经纪商，第二种身份是投资银行作为自营商，第三种身份是投资银行作为做市商。承销商是投资银行在一级市场上扮演的角色。
3. 解析：资产证券化是指将具有可预见、稳定的未来现金流收入，但缺乏流动性的资产或资产组合汇集起来，通过结构性重组，将其转变为可在金融市场出售和流通的证券（债券）的过程。对融资者来说，资产证券化就是用将来的现金流换取现在的现金流，同时把被证券化资产的未来现金流收益权转让给投资者。
4. 解析：投资银行是指专门从事资本市场业务的非银行金融机构，是发达证券市场和成熟金融体系的重要主体，在现代社会经济发展中发挥着沟通资金供求、构造证券市场、推动企业并购、促进产业集中、形成规模经济和优化资源配置等作用。
5. 解析：承销活动将依据承销协议展开，承销方式主要有三种：全额包销、代理推销和余额包销，绿鞋协议是一种特殊设计的承销方式。
6. 解析：证券自营业务是投资银行所从事的业务中风险程度相对较高的一种业务形式。投资银行从事自营业务，包含投机和套利两种基本动机。其中，套利可分为无风险套利和风险套利两类。显然上述动机中并不包括风险投资。
7. 解析：证券承销是投资银行在一级市场上体现其资本市场核心地位的基本业务。在二级市场上，投资银行以证券交易业务来体现其资本市场的核心地位。
8. 解析：风险投资的运作过程包括三方主体：风险资本的提供者——风险资本家（或称风险投资者）；风险资本的运作者——风险投资机构；风险资本的使用者——风险企业。风险企业一般为处于创业期或快速成长期的未上市新兴中小创新型企业。
9. 解析：在做市商机制下，做市商给出某一证券的买入价和卖出价，并且随时准备在该价位上买入或者卖出。所有证券投资者均与做市商进行交易，交易价格由做市商决定。
10. 解析：吸收合并是指一家企业吸收其他企业而成为存续企业的合并形式。存续企业将保留其独立法人地位，获取被吸收企业的债权和资产，并承担其债务，被吸收企业则丧失独立法人地位。吸收合并属于 A + B = A 的兼并过程。因此，根据题意本题应选 C。
11. 解析：当前世界上的投资银行主要有四种类型：①独立的专业性投资银行，如美国的高盛公司、美林公司、雷曼兄弟公司、摩根士丹利公司，日本的野村证券、大和证券和山一证券等均属于此种类型；②商业银行拥有的投资银行，该形式在英国和德国等国家非常典型，如巴林银行及罗斯柴尔德银行等；③全能型银行，这种类型的投资银行主要存在于欧洲大陆，它们在从事投资银行业务的同时也从事一般的商业银行业务，如德意志银行、瑞士银行及巴伐利亚联合银行等；④大型跨国公司兴办的财务公司，如隶属于福特汽车公司的福特财务公司以及隶属于一汽集团的一汽财务公司等。

二、判断题

题号	1	2	3	4	5	6	7	8	9	10	11
答案	×	√	×	√	×	√	√	×	√	×	√

1. **解析**：项目融资过程中的优先级投资同样面临风险，只是有劣后级投资和夹层投资作为安全垫，可以保证优先级投资的风险相对较小而已。
2. **解析**：投资银行在承销过程中，采用全额包销一般会比代理推销获得更高的收益。全额包销需要投资银行支付一大笔资金，用于一次性买入其所包销的全部证券，承担了更大的风险，也面临着巨大的资金压力。代理推销是投资银行仅作为代理人推销证券，承担的风险相对较小，但是收益也相对较少。
3. **解析**：投资银行的经纪业务是可能承担风险的。投资银行以经纪商身份服务于证券交易时，只是作为证券交易双方的委托代理人，接受客户的指令，代理客户买入或者卖出证券，而不以自身的资本参与到证券交易中，经营收入仅仅来自客户交纳的佣金，因此并不承担价格变动的风险。但是在信用交易或者保证金交易中，客户仅支付部分现金或者证券作为担保，经纪商为其垫付交易资金或者资金差额，因此可能会承担投资者违约的风险。
4. **解析**：投资银行作为自营商运用自有资金进行证券买卖，从中赚取买卖价差，是风险程度较高的一种业务形式。投资银行从事证券自营业务的两种基本动机包括投机和套利。
5. **解析**：证券自营业务是投资银行在二级市场通过自己的账户，用自己可支配的资金买卖证券，从证券价格的变动中获取收益。投资银行的做市商业务，即在证券交易所的做市商机制下，运用自己的账户进行证券买卖，通过不断的买卖报价来维持证券价格的稳定性和市场流动性，并从买卖报价的差额中赚取利润。
6. **解析**：与普通的金融投资不同，一般风险资本家会具体参与到其所投资企业的经营管理和投资中，以保证企业能够按照既定的方式和路径成长，并最终上市退出。
7. **解析**：所谓"天使基金"，就是专门投资处于种子期和初创期企业的一种风险投资。因为天使基金主要是为萌生中的中小企业提供"种子资金"，帮助它们脱离苦海，摆脱死亡的危险，是面目最慈祥的风险资金，因而取得了"天使"这样崇高的名称。需要重点提示的是，某些天使基金花的是投资人自己的存款，并非来自机构和他人，从这个意义上讲，这些投资人是资本市场里腰缠万贯的慈善家。
8. **解析**：风险投资最关注的是企业的技术创新和市场前景，而普通的金融投资更加关注企业的盈利能力和偿债能力。
9. **解析**：风险投资基金有两种组织形式，即合伙制与公司制。合伙制形式的风险投资基金可分为两类合伙人：有限合伙人和普通合伙人。有限合伙人是风险投资的真正投资者，他们提供了风险投资基金总额中绝大多数的资金，同时其所承担的责任以其在基金中的出资额为限。有限合伙人主要是富有的个人、银行、保险公司或养老基金等。普通合伙人是风险投资家，他们既是基金的资金供给者，也是基金的管理人员。
10. **解析：** 在资产证券化过程中，为确保基础资产与原始权益人破产隔离，要进行资产的真实出售。真实出售即无追索权的出售，目的是确保购买的基础资产从原始权益人的资产负债表中完全剥离出来，以确保即使原始权益人破产，其债权人对已证券化的资产也没有追索权，进而实现破产隔离。
11. **解析：** 资产证券化过程中的信用增级方式主要包括划分优先和次级结构、建立利差账户、进行超额抵押和通过第三方信用担保等。

三、名词解释

1. 投资银行是指专门从事资本市场业务的非银行金融机构，是发达证券市场和成熟金融体系的重要主体，在现代社会经济发展中发挥着沟通资金供求、构造证券市场、推动企业并购、促进产业集中、形成规模经济和优化资源配置等作用。

   根据投资银行业务范围的大小，可将投资银行的定义划分为以下四种。

   第一，最广义定义：投资银行业务包括所有华尔街金融公司所从事的业务，从国际证券承销到分支机构零售交易，以及房地产和保险等其他金融服务业务。按此定义，经营华尔街金融业务的公司，都可以称为投资银行。

   第二，次广义定义：投资银行是从事所有资本市场业务的金融机构，其业务包括证券承销、公司理财、兼并与收购、咨询服务、基金管理和风险投资，以及为金融机构进行的大额证券交易和为自己的账户投资的商业银行业务，但不包括证券零售、房地产经纪、抵押贷款和保险产品等业务。

   第三，次狭义定义：投资银行业务只限于某些资本活动市场，证券承销、企业兼并与收购是其业务重点，不包括基金管理、风险投资、风险管理和经纪交易等其他业务。

   第四，最狭义定义：投资银行业务仅限于最传统的业务，包括一级市场的证券承销与筹措资本和二级市场的证券经纪与自营交易业务。

2. 资产管理是投资银行的一项重要业务。资产管理实际上是投资银行代理资产所有者（委托客户）经营和管理资产，以实现资产增值或其他特定目标。这里资产所有者与投资银行之间是委托－代理关系。资产管理包括现金管理、理财顾问、国债管理及基金管理等。在较为成熟的市场中，投资者大多愿意将资产交给专业人士管理，以避免因自身专业知识和投资经验不足而引起的风险。

3. 投资银行在公募发行条件下，代理证券发行人发行股票或债券等有价证券的业务活动被称为证券承销。所谓的公募发行，是指在证券市场上发行人通过投资银行向非指定的广大投资者公开销售证券。对公募证券进行承销，是投资银行的基本业务，投资银行将借助自己在证券市场上的信誉和营业网点，在规定的发行有效期限内将证券销售出去。

4. 企业并购包含兼并和收购两层含义。国际上通常把兼并和收购合在一起使用；具体指一家公司通过产权交易取得其他公司一定程度的控制权的活动，控制权具体包括资产控制权和经营管理权。兼并可分为吸收合并和新设合并：吸收合并是指一家企业吸收其他企业而成为存续企业的合并形式；新设合并是指两家或两家以上的企业通过合并同时丧失法人地位，成为一家新企业的行为。收购是指一家企业购买另一家企业的资产或股份，进而获得对该企业全部或者部分资产的实际控制权。根据交易标的物不同，收购可分为资产收购和股权收购。

5. 做市商机制是由作为做市商的投资银行主导证券价格而形成的交易机制。做市商制度起源于美国纳斯达克市场。在做市商机制下，做市商给出某一证券的买入价和卖出价，并且随时准备在该价位上买入或者卖出。所有证券投资者均与做市商进行交易，而交易价格由做市商决定。做市商从买卖报价中获取收益，同时又保持了证券价格的稳定性和市场的流动性。当证券价格波动剧烈时，做市商可以退出交易。

    目前国际上存在两种做市商制度：一种是多元做市商制，即每一只股票由多个做市商负责；另一种则是特许交易商制，即交易所指定一家投资银行来负责某一只股票的交易。

6. 资产证券化是将具有可预见、稳定的未来现金流收入，但缺乏流动性的资产或资产组合汇集起来，通过结构性重组（包装），将其转变为可在金融市场出售和流通的证券（债券）的过程。对于融资者来说，资产证券化就是用将来的现金流换取现在的现金流，同时把被证券化资产的未来现金流的收益权转让给投资者。这是一种不同于贷款和股权融资的新型融资方式。

    理解资产证券化过程的关键是要理解以下两点。第一，并不是所有的资产都能证券化。能够证券化的资产，首先应该缺乏流动性，因为具有流动性的资产不需要证券化；其次，该资产必须能在可预见的未来带来现金流，也就是说能证券化的资产要有收入作为支撑。第二，证券化是一种金融技术。它通过资产的重新组合并利用必要的信用增级技术，创造出适合不同投资者需求，且具有不同风险、期限和收益的组合收入凭证。

    国际市场的资产证券化产品，基本上可以分为两大类：房屋抵押贷款证券和资产支持证券。

7. 风险投资是指向极具增长潜力的未上市创业企业提供股权资本，并通过创业管理服务参与企业创业过程，以期获得高资本增值的一种投资行为。风险资本通常指专门用于支持处于创业期或快速成长期的未上市新兴中小企业，尤其是高新技术企业的发起和成长的一种权益性资本。在风险投资业务中，投资银行为风险投资人提供募集资金、投资基金运作管理、风险企业上市和风险投资股权转让等方面的代理和财务技术服务，以获得佣金。投资银行本身也可以发起、运作和管理风险资本基金，以获取风险收益。

8. 项目融资指投资银行为某个特定经济实体安排融资。通常，贷款人以经济实体的未来现金流和收益作为项目融资的基本还款来源，并以该融资项目的资产作为担保品。投资银行将和与项目有关的政府机关、金融机构、投资者与项目发起人等紧密联系在一起，并协调律师、会计师和工程师等一起进行项目可行性研究，进而通过发行证券、拆借、拍卖或抵押贷款等形式完成项目融资。投资银行在项目融资中的主要工作是项目评估、融资方案设计、法律文件起草、项目管理结构设计和各方利益协调等。

9. 全额包销即投资银行以低于股票发行价格的协议价格买入全部拟发行证券，然后按照事先约定的发行价格，向社会公众推销证券。全额包销对于发行人来说风险较低，发行人能迅速获得所需的资金。而投资银行在赚取差价的同时，要承担包括发行失败和发行期间股票价格在市场中上涨或下跌的全部风险。投资银行在承销过程中往往会采取一些手段来稳定价格，比如"绿鞋期权"策略。

10. 信用增级是指提高所发行证券的信用级别，以吸引投资者并降低融资成本。信用增级的方式主要有：划分优先/次级结构；建立利差账户；进行超额抵押；通过第三方信用担保等。最主要的也是经常被使用的是通过购买保险的方式（第三方信用担保）实现资产的信用增级。

11. 绿鞋期权，又称超额配售选择权，因美国绿鞋公司首次公开发行股票时率先使用而得名。惯例做法是，发行人与主承销商在签订的初步意向书中明确，主承销商可以在股票发行后的30天内，以发行价从发行人处购买额外的相当于原发行数量15%股票的期权。目的是在为该股票交易提供买方支撑的同时，避免使主承销商面临过大的风险。主承销商在得到这项期权之后，可以按原定发行数量的115%超额配售股票。当股票十分抢手或上市后股价一直高于发行价时，主承销商即以发行价行使绿鞋期权，从发行人处购得15%超额发行的股票以冲掉自己超额配售的空头，并收取超额发行的承销费用，此时实际发行数量为原定发行量的115%。当股票受到冷落或上市后股价跌破发行价时，主承销商将不行使该期权，而是从二级市场上购回超额配售的股票以支撑价格并对冲空头，此时实际发行数量与原定发行数量相等。在这种情形下，主承销商购回股票的市场价低于发行价，这样做他们也不会受到损失。在实际操作中，超额发售的数量由发行人与主承销商协商确定，一般为原定发行数量的5%~15%，并且主承销商对该期权可以选择部分行权。
12. 路演即投资银行帮助发行人安排发行前的调研和宣传推广工作。通过面向潜在投资者开展一系列宣传活动，树立发行人形象，营造市场需求，从而争取有利的发行价格。同时，在路演过程中，投资银行和发行人还能从投资者的反应中获取有用的信息，估计投资者对新股的需求水平，为决定发行数量和发行价格提供依据。
13. 投资银行按照合同约定的发行数额和发行条件，在约定的期限内销售证券。如果到截止日期，投资者实际认购总额小于预定发行总额，那么未售出的股票由投资银行按照协议价格认购。这一种方式结合了包销和代销的特点，投资银行要承担部分发行风险。
14. 优先与劣后是指在信托理财项目中，信托受益权结构设置优先和劣后分级处理的活动。优先级优先享受收益和保障，当项目取得盈利时，优先级按事先约定的比例适当参与分红；当项目发生亏损时，优先级获得劣后级资金的补偿。由于遭遇亏损时首先亏损的是劣后级的资金，所以劣后级承担的风险比优先级高，如果获得收益，劣后级获得的收益自然也比优先级高。
15. 夹层资本是收益和风险介于企业债务资本和股权资本之间的资本形态，本质是长期无担保的债权类风险资本。夹层资本的存在，满足了优先级资金对保障本金的要求和劣后级资金对杠杆倍数的要求。当进行清算时，优先级首先得到清偿，其次是夹层资本提供者，最后是劣后级。这样，对投资者来说，夹层资本的风险介于优先级与劣后级之间。夹层资金一般收取固定的风险收益，或包含部分超额浮动收益。

四、简答题

1. 答：（1）投资银行是指专门从事资本市场业务的非银行金融机构，是发达证券市场和成熟金融体系的重要主体，在现代社会经济发展中发挥着沟通资金供求、构造证券市场、推动企业并购、促进产业集中、形成规模经济和优化资源配置等作用。
   （2）投资银行的主要业务有证券承销、证券交易、企业并购、风险投资、资产证券化、项目融资、资产管理、金融工程和财务顾问及投资顾问等。
   　　1）证券承销。投资银行在公募发行条件下，代理证券发行人发行股票或债券等有价证券的业务活动被称为证券承销。所谓的公募发行，是指在证券市场上，发行人通过投资银行向非指定的广大投资者公开销售证券。对公募证券进行承销，是投资银行的基本业务，投资银行将借助自己在证券市场上的信誉和营业网点，在规定的发行有效期限内将证券销售出去。

2）证券交易。证券发行人在一级市场上发行证券，而证券在投资者之间的流通要在二级市场完成。投资银行在二级市场进行的是证券交易业务。投资银行在二级市场以三种身份从事证券交易活动。第一种身份是投资银行作为经纪商，其业务活动并不与自有资金相联系，只是以买卖代理人的身份帮助客户从事证券买卖活动，并获得佣金收入。第二种身份是投资银行作为自营商，运用自有资金进行证券买卖，并从中赚取买卖价差，是风险相对较高的一种业务形式。第三种身份是投资银行作为做市商，不断向公众投资者报出某些特定证券的买卖价格（即双边报价），并在该价位上接受公众投资者的买卖要求，以其自有资金和证券与投资者进行证券交易，从买卖报价的差额中赚取利润。

3）风险投资。风险投资是指向极具增长潜力的未上市创业企业提供股权资本，并通过创业管理服务参与企业创业过程，以期获得高资本增值的一种投资行为。一方面，在风险投资过程中，投资银行能够以代理人或者委托人的身份出现，为风险投资人（或机构）提供募集资金、投资基金运作管理、风险企业上市和风险投资股权转让等方面的服务。此时，投资银行只作为向风险投资者提供金融服务的中介机构参与风险投资。另一方面，当有适当的投资机会时，投资银行也会以机构投资者的身份出现，发起设立风险投资基金，并成立专门的分支机构作为普通合伙人进行基金管理。

4）财务顾问及投资顾问。财务顾问及投资顾问业务是指通过对客观经济情况的研究分析，为企业兼并、资产重组、公司财务结构和政府大型项目建设等提供战略指导和决策建议。在财务顾问业务的基础上，投资银行向资本市场投资者提供相关分析报告和投资建议，以供投资者在进行投资决策时加以选择和利用，这便形成了投资银行的投资顾问业务。该业务是连接一级和二级市场，以及沟通证券市场投资者、经营者和证券发行者的桥梁与纽带。

2. **答：**（1）在发行申请获得批准后，作为主承销商的投资银行将代表承销团与发行人进行谈判，正式签订承销协议。承销活动将依据承销协议展开，承销的方式主要有以下三种。

1）全额包销。投资银行以低于股票发行价格的协议价格买入全部拟发行证券，然后按照事先约定的发行价格，向社会公众推销证券。全额包销对于发行人来说风险较低，发行人能迅速获得所需的资金。而投资银行在赚取差价的同时，要承担包括发行失败和发行期间股票价格在市场中上涨或下跌的全部风险。

2）代理推销。投资银行仅作为发行人的销售代理人，代理发行人向投资者出售证券，并不承担按照协议价格购入证券的义务。投资银行只是同意尽力推销证券，收取推销股票的佣金，根据市场情况出售证券，将未出售的证券返还给发行人，因此不承担市场风险。

3）余额包销。投资银行按照合同约定的发行数额和发行条件，在约定的期限内销售证券。如果到截止日期，投资者实际认购总额小于预定发行总额，那么未售出的股票由投资银行按照协议价格认购。这一种方式结合了包销和代销的特点，投资银行要承担部分发行风险。

(2) 全额包销、代理推销和余额包销三者最主要的不同在于投资银行承担的风险不同。全额包销要求投资银行必须在指定的期限内，将包销证券所筹得的资金全部交付给发行人。采用这种销售方式，承销商要承担销售和价格的全部风险，如果证券没有全部销售出去，承销商只能自己承受。这样，发行失败的风险就从发行人转移到了承销商。在代理推销中，投资银行将发行结束后未售出的证券退还给发行人，承销商不承担发行风险，投资银行与发行人之间是纯粹的代理关系。余额包销要求如果股东按优先认股权认购股份后还有余额，那么承销商有义务全部买进剩余股票，然后再转售给投资公众，风险程度介于全额包销与代理推销之间。

3. **答**：风险投资是指向极具增长潜力的未上市创业企业提供股权资本，并通过创业管理服务参与企业创业过程，以期获得高资本增值的一种投资行为。

  一般金融投资是指经济主体为获取预期收益或股权，用资金购买股票或债券等金融资产的投资活动，是发达的市场经济与信用的产物。

  风险投资与一般金融投资的不同体现在以下方面。

  1) 投资对象不同。风险投资的投资对象为新兴的、迅速发展的且具有巨大竞争潜力的企业，以中小企业为主；一般金融投资的投资对象为成熟的传统企业，以大中型企业为主。
  2) 资格审查不同。风险投资以技术实现为审查重点，技术创新与市场前景研究是关键；一般金融投资以财务分析与物质保证为审查重点，偿还能力是关键。
  3) 投资方式不同。风险投资主要采取权益投资，关心的是企业的发展前景；一般金融投资主要采取贷款的方式，需要按时偿还本息，关心安全性。
  4) 投资管理不同。风险投资参与企业的经营管理与决策，投资管理较严密；一般金融投资对企业的经营管理有参考咨询作用，一般不参与企业决策。
  5) 投资回报不同。风险投资是风险共担且利润共享，企业若获得巨大的发展，投资可获得高额回报；一般金融投资是按贷款和合同期限收回本息。
  6) 投资风险不同。风险投资的风险大，投资的大部分企业可能会失败，但一旦成功，收益巨大；一般金融投资的风险小，一般都能收回本息。
  7) 人员素质不同。风险投资要求人员懂技术、经营、管理、金融和市场，有预测和处理风险的能力，有较强的承受能力；一般金融投资要求人员懂财务管理，大多不懂技术开发，可行性研究水平较低。
  8) 市场重点不同。风险投资侧重未来的潜在市场，难以预测；一般金融投资侧重现有的成熟市场，易于预测。

4. **答**：资产证券化是将具有可预见、稳定的未来现金流收入但缺乏流动性的资产或资产组合汇集起来，通过结构性重组（包装），将其转变为可在金融市场出售和流通的证券的过程。对于融资者来说，资产证券化就是用将来的现金流换取现在的现金流，同时把被证券化资产的未来现金流收益权转让给投资者。这是一种不同于贷款和股权融资的新型融资方式。

  理解资产证券化过程的关键是要理解以下两点。第一，并不是所有的资产都能证券化。能够证券化的资产，首先应该缺乏流动性，因为具有流动性的资产不需要证券化；其次，该资产必须能在可预见的未来带来现金流，也就是说能证券化的资产要有收入作为支撑。第二，证券化是一种金融技术。它通过资产的重新组合并利用必要的信用增级技术，创造出适合不同投资者需求，且具有不同风险、期限和收益的组合收入凭证。

国际市场的资产证券化产品，基本上可以分为两大类：房屋抵押贷款证券和资产支持证券。

房屋抵押贷款证券是以住房抵押贷款的抵押资产为基础，以贷款人对贷款进行偿付所产生的现金流为支撑，通过金融市场发行的证券（大多数为固定收益证券）。它是资产证券化发展史上最早出现的证券化类型。房屋抵押贷款证券又可以分为商业地产抵押贷款支持证券和个人住房抵押贷款支持证券。

资产支持证券是以非住房抵押贷款资产为支撑的证券化融资方式，是房屋抵押贷款证券技术在其他资产上的推广和应用。除了住房抵押贷款外，还有很多其他资产也能够产生可预见的、稳定的现金流，因此这些证券都可以被证券化。其中，资产支持证券可以分为①担保债务凭证，它是以信贷资产或债券为标的资产的证券化产品，根据以信贷资产为标的资产，还是以债券为标的资产，可以分为抵押贷款权益和抵押债券权益；②资产支持商业票据，它是发行人以各种应收账款或分期付款等资产为抵押发行的一种商业票据。

5. **答**：（1）绿鞋期权，又称超额配售选择权，因美国绿鞋公司首次公开发行股票时率先使用而得名。惯例做法是，发行人与主承销商在签订的初步意向书中明确，主承销商可以在股票发行后的 30 天内，以发行价从发行人处购买额外的相当于原发行数量 15% 股票的期权。目的是在为该股票交易提供买方支撑的同时，避免使主承销商面临过大的风险。主承销商在得到这项期权之后，可以按原定发行数量的 115% 超额配售股票。

当股票十分抢手或上市后股价一直高于发行价时，主承销商即以发行价行使绿鞋期权，从发行人处购得 15% 超额发行的股票以冲掉自己超额配售的空头，并收取超额发行的承销费用，此时实际发行数量为原定发行量的 115%。

当股票受到冷落或上市后股价跌破发行价时，主承销商将不行使该期权，而是从二级市场上购回超额配售的股票以支撑价格并对冲空头，此时实际发行数量与原定发行数量相等。在这种情形下，主承销商购回股票的市场价低于发行价，这样做他们也不会受到损失。在实际操作中，超额发售的数量由发行人与主承销商协商确定，一般为原定发行数量的 5%~15%，并且主承销商对该期权可以选择部分行权。

（2）价格操纵是指以获取不当利益或转嫁风险为目的，利用资金和信息等优势或者滥用职权操纵市场，影响证券、期货交易价格，制造证券、期货市场假象，诱导或者致使投资者在不了解事实真相的情况下做出证券、期货投资决定，扰乱证券、期货市场秩序的行为。

（3）绿鞋期权与价格操纵是不同的。

1) 目的不同。绿鞋期权的目的在于为股票交易提供买方支撑，同时又避免使主承销商面临过大的风险；价格操纵的目的在于牟取暴利。
2) 效果不同。绿鞋期权在股票上市后一定时期内起到维护、稳定股票价格的作用，使主承销商的承销风险降低，使上市公司获得更多的筹资量，抑制一级市场的投机气氛，减少二级市场波动；价格操纵使市场的投机氛围更浓厚，并且增加了市场的波动。

6. **答**：投资银行在公募发行条件下，代理证券发行人发行股票或债券等有价证券的业务活动被称为证券承销。

发行人在综合考虑各家投资银行的承销费用、资信状况、融资造市能力、人员素质、管理水平、业务网点和承销能力等因素后，会选择一家投资银行作为主承销商。有意进行合作的双方将签订合作意向书，建立委托关系。之后，投资银行开始与发行人一起做好发行前的各项准备工作，以达到证券监督管理部门的要求。具体流程如下。

(1) 尽职调查。投资银行对发行人的各项相关数据资料，包括其所在行业发展状况、公司经营状况和财务状况等展开调查和搜集信息资料的工作，以备提交证券主管机关，并向潜在的投资者发布。

(2) 提交文件。在证券主管机关注册登记，提交各类上市文件，包括招股说明书和各类证据文件等，申请发行。

(3) 组织承销团。担任本次发行主承销商的投资银行将负责组织承销团（又称辛迪加），确定承销团的成员组成，分配各个承销商的销售比例以及承销收入，并签署承销商间协议，以明确承销团中各个成员的权利和义务。

(4) 路演。投资银行帮助发行人安排发行前的调研和宣传推广工作。通过面向潜在投资者开展一系列宣传活动，树立发行人形象，营造市场需求，从而争取有利的发行价格。同时，在路演过程中，投资银行和发行人还能从投资者的反应中获取有用的信息，估计投资者对新股的需求水平，为决定发行数量和发行价格提供依据。

7. **答**：投资银行在并购业务中可以为并购企业提供以下服务。

(1) 服务于并购企业。投资银行为并购方策划经营战略和发展规划，根据并购方的发展需要拟定并购标准，对并购方企业进行外部环境分析和企业内部分析，寻找合适的并购机会和目标企业，并且，投资银行可以作为企业的财务顾问，全面参与并购活动的策划，为并购企业提出并购建议。

(2) 投资银行根据并购企业的战略来评估目标企业，即在用科学合理的方法对目标企业的经营状况、财务状况和市场竞争能力等进行价值评估的基础上，确定对目标企业的并购价格。并购价格的下限一般为企业的现行股价，而上限是投资银行对目标企业未来股价的估算值。并购价格低于现行股价将不为目标企业的股东所接受，而高于未来股价则会导致并购方承受损失。

(3) 投资银行组织和安排并购企业与目标企业进行谈判，制定合理的谈判策略，与目标企业的大股东和董事进行接触，洽谈并购条款。有时投资银行直接代表并购企业，承办公开市场招标业务。所谓公开市场招标业务（又称要约收购），是指并购企业不与目标企业进行事先撮合，而是在公开市场上以高于市场价格的报价直接向目标企业的股东招标收购一定数量股票的收购活动。并购企业将依法公布招标广告，向目标企业公布收购股价和收购起止日期等重要信息，以召集目标企业的股东出售股票。而作为承办方的投资银行，则为并购企业的报价和并购条件提供决策咨询以及宣传服务。

(4) 在杠杆收购的情况下，投资银行还将为收购企业提供融资服务。杠杆收购是指收购企业利用自己的资产作为债务抵押，借入资金来收购目标企业。典型的杠杆收购，通常以注册专门的收购公司的方式来实现，即收购企业与投资银行共同组成收购公司，通过大量债务融资来实现对目标企业的收购。收购公司是一种没有实质性的生产经营和劳务服务等内容，只有少量资本，仅仅为了达到利用借入资金实现收购目标而设立的"虚拟公司"。其借入的资金一般来自于以目标企业的资产与未来收益作为担保而发行的债券和银行贷款。投资银行筹划以目标企业的资产为担保，发行债券并且寻找债券投资者，甚至直接以自有资本为收购企业贷款或者提供股权投资。

8. 答：（1）资产证券化是将具有可预见、稳定的未来现金流收入但缺乏流动性的资产或资产组合汇集起来，通过结构性重组（包装），将其转变为可在金融市场出售和流通的证券的过程。对于融资者来说，资产证券化就是用将来的现金流换取现在的现金流，同时把被证券化资产的未来现金流收益权转让给投资者。这是一种不同于贷款和股权融资的新型融资方式。

　　一次完整的证券化融资的基本流程是：原始权益人（发起人）将自己拥有的可证券化的资产真实出售给特殊目的机构，或者由特殊目的机构主动购买可以证券化的资产，然后特殊目的机构将这些资产汇集成资产池，形成规模相当大且具有一定特征的资产组合，通过信用评级和信用增级，再以该资产的未来预期现金流为支撑在金融市场上发行有价证券融资，最后凭借该资产的所有权确保未来的现金流能够首先用于对证券投资者还本付息。

1) 特殊目的机构（SPV）是专门为资产证券化设立的一个特殊实体，负责确保资产的"真实出售"，以实现证券化资产和原始权益人（发起人）其他资产之间的风险隔离。SPV 的具体职责是：按真实销售标准从发起人处购买基础资产；负责资产的重新组合；委托信用增级机构对基础资产进行信用增级；聘请信用评级机构进行评级；选择服务人和受托管理人等为交易服务的中介机构；选择承销商代为发行资产支持证券。简单说来，SPV 负责从基础资产购买到证券发行的整个过程。

2) 真实出售即无追索权的出售，其目的是确保 SPV 购买的基础资产从原始权益人的资产负债表中完全剥离出来，以保证即使原始权益人破产，其债权人对已证券化的资产也没有追索权，进而实现破产隔离。

3) 信用增级是指提高所发行证券的信用级别，以吸引投资者并降低融资成本。信用增级的方式主要有：划分优先/次级结构；建立利差账户；进行超额抵押；通过第三方信用担保等。最主要的也是经常被使用的是通过购买保险的方式（第三方信用担保）实现资产的信用增级。

4) 信用评级是指引进信用评级机构，对未来资产能够产生的现金流以及经过信用增级后的拟发行证券进行评级，使拟发行证券的信用等级更能被公众信服。评级结果为投资者提供了投资选择的依据。

5) 承销商负责安排证券的初次发行，同时监控和支持这些证券在二级市场上的交易。

6) 服务人是 SPV 聘请的专门负责对资产池进行管理的实体，一般由发起人或其子机构承担，也可以委托专业公司承担。

7) 受托管理人受 SPV 委托，管理 SPV 和投资者的账户。受托管理人主要面向投资者，负责收取由服务人收回的款项，在扣除一定的服务费用之后，将本息支付给投资者。

（2）投资银行在资产证券化过程中主要扮演以下几种角色。

1) 作为承销商负责承销资产支持证券，此时它的收益和传统的承销业务一样只赚取证券销售的买卖价差。

2) 担当特殊目的实体。投资银行从发起人处购买资产，并将其证券化后出售，参与资产证券化的全过程并发挥领导作用，此时它的收益来自于购买资产成本与销售全部证券所得收入的差额。
3）担任受托管理人。
4）为证券提供信用增级。投资银行可以作为第三方担保人以开立不可撤销的信用证的形式为证券提供担保，以增加它的信用等级。
5）作为投资者投资资产支持证券。

(3) 2008 年的全球金融危机起源于美国的次级房贷危机。在美国，根据借款人的信用质量，可将居民抵押贷款分为优质贷款、超 A 贷款和次级贷款等三类。同样，住房贷款也可以分为这三类，次级房贷危机正是由次级房贷的借款人违约造成的。

美国"9·11"事件和互联网泡沫破灭之后，美联储为了刺激经济大幅降息，同时也激发了贷款买房的潮流，房地产市场一片繁荣景象。值得关注的是，在这些购房者中穷人居多，他们的信用记录并不好，而商业银行又过分放松贷款条件，这些都为房贷市场危机埋下了种子。商业银行将住房贷款打包出售给投资银行（充当 SPV），投资银行将这些房贷证券化为房屋抵押证券和担保债务凭证，并出售给世界各地的机构投资者和个人投资者。

2007 年，受基础利率上调和房地产市场下跌的双重影响，次级抵押贷款市场产生巨大的危机。在美国已实施证券化的次级抵押贷款中，大多数属于浮动利率抵押贷款，随着美联储为应对全球通货膨胀而不断提高基准利率，这些房贷借款人还款的压力越来越大。更致命的是，美国房地产价格从 2006 年下半年开始持续回调。当次级贷款借款人发现自己背负的房贷已高于房屋现值的时候，违约就成了其不可避免的选择，而房贷借款人违约的集中爆发就引发了次贷危机。

房屋贷款资产证券化后，房屋贷款的现金流并不经过先前提供房贷的商业银行，而是直接流向充当 SPV 的投资银行和购买证券的投资者。也就是说，通过资产证券化，商业银行的坏账风险被转移出去了。因此，次贷危机导致的现金流断裂直接影响了投资银行和全球范围内的投资者，进而造成了全球性金融恐慌。

9. **答**：现代证券市场的交易机制，根据市场微观结构可分为两种基本类型。一种称为指令驱动机制，又称竞价交易机制，其特征是开市价格由集合竞价形成，随后交易系统对不断进入的投资者的交易指令，按价格与时间优先原则排序，将买卖指令配对竞价成交。另一种称为报价驱动机制，又称为做市商机制，是以做市商为中心的市场交易方式与交易制度。做市商就是通过提供买卖报价为金融产品创造市场的证券商。

(1) 功能和作用。竞价交易方式的功能和作用。竞价交易方式最主要的功能就是确定证券的价格，证券价格的确定，实际上是证券所代表的资产价格的确定。证券市场的有效运行，使得证券的价格确定可以通过证券需求者和证券供给者的竞争形成，从而能较充分地反映证券市场的供求状况。通过竞价方式，证券买卖双方能在同一市场公开竞价，充分表达自己的投资意愿，直到双方都认为已经得到满意、合理的价格，才会撮合成交。所以，竞价交易方式在投资者充分表达自己意愿的基础上，通过撮合成交最终确定了证券的交易价格，因而具备定价功能。

做市商制度的功能和作用。做市商制度除了具备定价功能之外，还具备竞价交易方式所没有的一些功能，而且，由于做市商具有信息优势，因此在某种程度上它能更准确地为证券定价。证券的价格取决于信息，证券的正确定价要求信息真实、完整且准确，并要及时披露。做市商的信息优势，使得其行为能够矫正证券的错误定价，因而做市商的活动能够提高市场效率。做市商制度具有活跃市场和稳定市场的功能，依靠其公开、有序、竞争性的报价驱动机制，保障证券交易的规范和效率，是证券市场发展到一定阶段的必然产物，是提高市场流动性、稳定市场运行和规范发展市场的有效手段，与此相关的风险则反映在其买入报价和卖出报价的价差上。

（2）价格形成方式。竞价交易机制中的开盘价与随后的交易价格均是通过竞价形成的。所有投资者的买卖指令都汇集到交易所的主机中，电脑自动让价格相同的买卖单成交，开盘价是在9点25分同时满足以下三个条件的基准价格：首先是成交量最大，其次是高于基准价格的买入申报和低于基准价格的卖出申报全部成交，最后是与基准价格相同的买方或卖方申报至少有一方全部成交。成交价格是在交易系统内部生成的。而在做市商市场，证券的开盘价格和随后的交易价格是由做市商报出的，成交价格是从交易系统外部输入的。

（3）交易成本。在不同的交易机制下，投资者的交易成本不同。在竞价交易机制市场中，证券价格是单一的，投资者的交易成本仅是付给经纪人的手续费。在做市商市场中，同时存在着两种市场报价：买入价格与卖出价格，两者之间的价差是做市商的利润，是做市商提供"即时性服务"所索取的合理报酬。但投资者被迫承担了额外的交易成本——价差。

作为流动性的提供者，在做市商市场中，做市商控制着报价权，能以一个固定价格竞争投资者的委托，但可能不能完全获得其所需的投资者委托，面临着存货头寸风险。

在竞价交易市场中，流动性的提供者能够获得其所需的投资者委托，但只能以边际价格争取每一个单位的投资者委托。

（4）均衡价格和获得的收益。当投资者委托规模较小时，投资者在竞价交易市场的收益大于做市商市场；若投资者是风险中性的，竞价交易市场在任何时候都优于做市商市场；若投资者是风险厌恶的，如果投资者提交委托的规模波动较大，而且做市商数量较多，那么投资者在做市商市场的收益大于竞价交易市场；如果做市商市场和竞价交易市场在处理不同规模的投资者委托时有合理的分工设置，这种混合市场将优于单纯的做市商市场或竞价交易市场。

做市商制度和竞价交易制度这两种机制并不是对立和不相容的，在各自的发展过程中，二者不断吸取对方的优点而逐步走向融合。

第三部分
PART 3

金融市场

第7章

金融市场概述

习 题

一、单项选择题

1. 下列关于世界金融市场发展趋势的说法不正确的是（　　）
   A. 在世界各地任何一个主要市场，都可以进行相同品种的金融交易
   B. 世界上任何一个局部市场的波动，都可以迅速传递到全球其他市场
   C. 整个世界的金融体系呈现出更加确定的趋势
   D. 流动性弱的资产通过证券化增加流动性
2. 下列说法中不正确的是（　　）
   A. 金融资产是指一切能够代表未来收益或资产合法要求权的凭证
   B. 市场上的金融资产供给者是金融工具的发行者和出售者，即筹资人
   C. 企业、政府和中央银行都可能是金融市场的参与者
   D. 经纪人在金融市场上既可以促成别人的交易，也可以自身参与交易
3. 下列特征中不属于金融工具特性的是（　　）
   A. 收益性　　　　　B. 流动性　　　　　C. 便利性　　　　　D. 安全性
4. 下列有关金融中介的说法错误的是（　　）
   A. 在金融市场上充当交易媒介，是从事交易或促使交易完成的机构和个人
   B. 金融中介可分为金融机构和金融市场商人两类
   C. 金融中介参与市场为市场提供了流动性，本身并非最终意义上的资金供给者或需求者
   D. 金融中介参与金融市场交易时扮演的角色通常是投资者
5. 下列说法中不正确的是（　　）
   A. 金融市场既可以是有形市场，也可以是无形市场

B. 个人或者家庭在金融市场上既可以是资金供给者，也可以是资金需求者
C. 自营商在金融市场上既可以促成别人交易，也可以自身参与交易
D. 金融工具在金融市场上充当交易媒介，其作用在于促进金融市场上的资金融通

6. 金融中介包括金融机构和金融市场商人，下面哪类金融中介只能通过赚取佣金盈利（　　）
   A. 商业银行　　　　B. 经纪人　　　　C. 投资银行　　　　D. 证券公司
7. 金融市场被称为国民经济的"晴雨表"，这实际上指的是金融市场的（　　）
   A. 资源配置功能　　B. 财富增值功能　　C. 经济调节功能　　D. 信息反映功能
8. 金融市场按（　　）划分，可分为货币市场、资本市场、外汇市场、黄金市场
   A. 交易范围　　　　B. 交易工具　　　　C. 交易顺序　　　　D. 交易地域
9. 金融市场的宏观经济功能不包括（　　）
   A. 资源配置功能　　B. 财富增值功能　　C. 风险分散功能　　D. 经济调节功能
10. （　　）是一级市场上协助证券首次出售的重要的金融机构
    A. 商业银行　　　　B. 证券交易所　　　C. 经纪人　　　　　D. 投资银行

二、判断题

1. 债券市场是指以期限在1年以内的金融工具交易的短期金融市场。（　　）
2. 金融市场价格有时可以通过利率反映。（　　）
3. 金融市场具有资金聚敛与经济调节功能，但是会增加市场参与者的风险。（　　）
4. 金融工具一般具有安全性、流动性和收益性。（　　）
5. 企业的直接融资活动过程，不涉及金融中介机构。（　　）
6. 金融市场按照交易工具可分为现货市场、期货市场和期权市场。（　　）
7. 投资者日常买卖股票的市场一般是指一级市场。（　　）
8. 金融工程化，在满足人们多样化需求的同时也可能创造新的金融风险。（　　）
9. 二级市场是企业将其新发行的股票或债券销售给最初购买者的金融市场。（　　）
10. 金融工程化使缺乏流动性的资产免受流动性差的困扰，提高了资金周转效率。（　　）

三、名词解释

1. 金融资产　　　　　2. 金融中介　　　　　3. 金融工具
4. 一级市场　　　　　5. 二级市场　　　　　6. 资产证券化
7. 直接金融市场　　　8. 间接金融市场

四、简答题

1. 金融市场是一个包括许多子系统的大系统，子系统之间并不是简单的并列关系。试画出一张图形象地说明这个体系。
2. 什么是金融市场？金融市场的要素包括哪些？金融市场有哪些功能？
3. 具体分析金融市场的类型。
4. 金融市场的国际化会对国内金融市场产生什么影响？
5. 在资本市场中，企业直接在一级市场筹集资金，那为什么还必须同时保证二级市场的存在和充

分发展？
6. 比较直接融资市场和间接融资市场中金融中介的异同，试分析这两个领域内的金融机构在我国的发展状况。

习题参考答案及解析

一、单项选择题

题号	1	2	3	4	5	6	7	8	9	10
答案	C	D	C	D	D	B	D	B	B	D

1. 解析：金融全球化是近年来金融市场发展的一个重要趋势。国家之间的经济往来日益密切，国际金融市场正向一个密切联系的整体市场发展。在世界各地任何一个主要市场中，都可以进行相同品种的金融交易。同时，世界上任何一个局部市场的波动，也都有可能马上传递到全球的其他市场。金融全球化不仅是一个金融活动越过民族或国家的过程，也是一个风险发生机制相互联系进而趋同的过程。金融全球化对世界经济的影响利弊参半。一方面，多元化和更有效率的资本流动，对于提高资源在全球配置的效率、促进国际贸易的增长和各国经济的发展产生了积极的作用。另一方面，伴随金融全球化的发展，国际金融动荡已经成为常态，使得整个世界都处在一个不确定的金融世界之中。

   资产证券化是指将银行贷款或应收账款这类缺乏流动性但未来可以转化为现金流的资产，作为虚拟的本金发行证券，并在金融市场上出售的融资和投资活动。对金融机构来说，资产证券化可以改善其资产的流动性，特别是对原有呆账债权的转换，对资金周转效率的提高有很大的促进。

2. 解析：金融资产是指一切能够代表未来收益或资产合法要求权的凭证，亦称金融工具或证券。金融资产供给者是金融工具的发行者和出售者，一般是资金需求者，即筹资人，他们通过发行金融工具来筹集资金；与之相对应，金融资产需求者是金融工具的购买者，一般是资金供给者，即投资人，他们通过购买金融工具，将自己的闲置资金提供给资金短缺的筹资人。在现实世界里，个人、家庭、企业、政府、金融机构和中央银行都可能是金融市场的参与者。经纪人是金融市场上为投资人和筹资人介绍交易的中间商，自身并不参与金融商品的交易，只通过促成资金供给者和需求者之间的交易来赚取佣金。

3. 解析：作为金融市场交易的重要载体，金融工具在融通资金的过程中在两方面发挥着重要作用：一是引导资金从盈余者向短缺者流动；二是使收益和风险在资金供求双方之间重新分配。因此，金融工具一般具有收益性、流动性和安全性特征。三种特性的不同组合使金融工具呈现出多样性，从而能够满足不同资金供求者的不同偏好和需求。

4. 解析：金融中介在金融市场上充当交易媒介，是从事交易或促使交易完成的机构和个人。其作用在于促进金融市场上的资金融通，在资金供给者和资金需求者之间架起桥梁，满足不同投资者和筹资人的需要。金融中介与金融市场主体具有重要的区别。首先，就参与市场的目的而言，金融中介参与市场为市场提供了流动性，进而获取中介服务佣金，本身并非最终意义上的资金供给者或需求者。其次，金融中介参加金融市场交易时所扮演的角色，通常是投机者而非投资者，故在选择金融产品时对流动性、安全性和收益性三者组合的偏好往往与金融市场主体不同。

5. **解析**：金融工具是金融市场的交易对象，或称交易标的。金融工具种类繁多，既有着重体现持有者对货币索取权的商业票据，也有着重表明投资事实，体现投资者权利的股票和债券。金融中介在金融市场上充当交易媒介，从事交易或促使交易完成，其作用在于促进金融市场上的资金融通，在资金供给者和资金需求者之间架起桥梁，满足不同投资者和筹资人的需要。

6. **解析**：金融中介可分为金融机构和金融市场商人两类。金融机构包括商业银行、投资银行、证券公司、各类银行和非银行金融机构。金融市场商人包括经纪人和自营商两类。经纪人是金融市场上为投资人和筹资人介绍交易的中间商，自身并不参与金融商品的交易，只通过促成资金供给者和需求者之间的交易来赚取佣金。自营商则全面参与金融商品的交易，通过买卖赚取差价获利。

7. **解析**：金融市场能够将众多分散的小额资金汇聚成供社会再生产使用的大资金集合，从而具有资金聚敛功能。金融市场使投资者能够通过分散化的资产组合降低投资风险，从而具有风险分散功能。金融市场能够为政府的宏观经济政策提供传导途径，从而具有经济调节功能。金融市场能够及时提供有关国民经济景气与否的准确信息，从而具有信息反映功能，被称为国民经济的"晴雨表"。

8. **解析**：在金融市场上，各种金融交易的对象、方式、条件、期限都不尽相同，按不同的标准可以有不同的分类。各类金融市场的特点不同，可以满足市场主体的不同需求。人们对于金融资产的需求不仅存在时间周期差异，还存在风险偏好差异。以交易的金融工具（金融资产的存在形式，又称交易标的）为依据，金融市场可以划分为货币市场、资本市场、外汇市场、黄金市场。

9. **解析**：除了可以实现资源有效配置的基本功能外，金融市场还能够将众多分散的小额资金汇聚成供社会再生产使用的大资金集合，从而具有资金聚敛功能，并且，金融市场使投资者能够通过分散化资产降低投资风险，从而具有风险分散功能。金融市场能够为政府的宏观经济政策提供传导途径，从而具有经济调节功能。金融市场能够及时提供有关国民经济景气与否的准确信息，从而具有信息反映功能。但是金融市场并不能够保证每一个参与者都实现财富增值的目的。

10. **解析**：投资银行是一级市场上协助证券首次出售的重要的金融机构。投资银行的主要做法是证券承销，确保公司证券能够按照某一价格销售出去，需要强调的是，企业只能通过一级市场首次发行证券获取资金。

二、判断题

题号	1	2	3	4	5	6	7	8	9	10
答案	×	√	×	√	×	×	×	√	×	×

1. **解析**：货币市场是指以期限为1年或1年以内的金融工具为交易标的的短期金融市场。而债券市场是资本市场的一个子市场，是发行和买卖债券的场所，所交易的债券有1年或1年以内的

短期债券，也有 1 年以上的长期债券。
2. **解析**：作为金融市场最基本的构成要素之一，金融市场价格通常表现为各种金融产品的价格，有时也可以通过利率来反映。金融市场价格与投资者利益关系密切，极受关注与重视。
3. **解析**：除了可以实现资源有效配置的基本功能外，金融市场还能够将众多分散的小额资金汇聚成能够供社会再生产使用的大资金集合，从而具有资金聚敛功能。金融市场使投资者能够通过分散化的资产降低投资风险，从而具有风险分散功能。金融市场能够为政府的宏观经济政策提供传导途径，从而具有经济调节功能。金融市场能够及时提供有关国民经济景气与否的准确信息，从而具有信息反映功能。
4. **解析**：作为金融市场交易的重要载体，金融工具在融通资金的过程中在两方面发挥着重要作用：一是引导资金从盈余者向短缺者流动；二是使收益和风险在资金供求双方之间重新分配。因此，金融工具一般具有收益性、流动性和安全性特征。三种特性的不同组合使金融工具呈现出多样性，从而能够满足不同资金供求者的不同偏好和需求。
5. **解析**：直接融资既包括企业与企业之间、企业与个人之间的直接资金融通，也包括企业通过发行债券和股票进行的融资活动。需要注意的是，即使是企业的直接融资活动，一般也会由金融机构作为中介代理。直接金融市场和间接金融市场之间的差别，并不在于是否有中介机构介入，而在于中介机构介入所发挥的作用。在直接金融市场中，也会有金融中介机构的介入，但其并不是资金中介，而是充当信息中介和服务中介。
6. **解析**：金融市场按照交易完成可分为现货市场和衍生市场，按交易工具可分为货币市场、资本市场、外汇市场、黄金市场。
7. **解析**：一级市场又称发行市场，是筹集资金的企业将其新发行的股票或债券销售给最初购买者的金融市场。一级市场通常并不为公众所熟知，因为企业将证券销售给最初购买者的过程并不总是公开进行的。二级市场又称流通市场，是交易已经发行的证券的金融市场。一般公众关注的证券市场，是二级市场，投资者日常买卖股票的市场一般是指二级市场。当金融资产的持有者需要资金时，可在二级市场出售持有的金融资产，将其变现。
8. **解析**：金融工程是伴随着近 20 多年来世界经济发展环境的深刻变化以及风靡全球的金融创新发展起来的。同时，信息技术的进步对金融工程的发展起到了物质上的支撑作用，为金融工程的研究和产品开发提供了强有力的工具和手段。金融工程的产生在本质上反映了市场追求效率的内在要求。当客户有了新的市场需求时，金融机构在追求自身利益的驱使下，开发出新的金融产品和新的融资技术，填补了需求空白，推动金融产业不断向前发展。金融工程化的趋势在为人们创造性地解决金融风险提供了空间的同时，还必须注意的就是金融工程是一把双刃剑。在 1997 年"东南亚金融风暴"期间，国际炒家正是借助金融工程的思想和方法，精心设计了套利和投机策略，从而直接导致整个东南亚地区金融和经济出现动荡。
9. **解析**：一级市场又称发行市场，是筹集资金的企业将其新发行的股票或债券销售给最初购买者的金融市场。一级市场通常并不为公众所熟知，因为企业将证券销售给最初购买者的过程并不总是公开进行的。二级市场又称流通市场，是交易已经发行的证券的金融市场。一般公众关注的证券市场，是二级市场，投资者日常买卖股票的市场一般是指二级市场。当金融资产的持有者需要资金时，可在二级市场出售持有的金融资产，将其变现。
10. **解析**：金融工程是指将工程思维引入金融领域，综合采用各种工程技术方法（主要有数学建模、数值计算、网络图解和仿真模拟等），设计、开发新型的金融产品，创造性地解决金融问题。而资产证券化是指将银行贷款或应收账款这类缺乏流动性但未来可以转化为现金流的资产，作为虚拟的本金发行证券，并在金融市场上出售的融资和投资活动。资产证券化可以改善资产的流动性，特别是对原有呆账债权的转换，对资金周转效率的提高有很大的促进。

三、名词解释

1. 金融资产是指一切能够代表未来收益或资产合法要求权的凭证，亦称金融工具或证券。金融资产本身并不具有任何使用价值，如股票就是一种金融资产凭证，它并不比印制股票所使用的纸张更有价值。消费者之所以购买股票，是因为股票赋予了持有者未来获得收益的权利，能够为持有它们的公司或个人带来财富。

2. 金融中介是在金融市场上充当交易媒介，从事交易或促使交易完成的机构和个人，其作用在于促进金融市场上的资金融通，在资金供给者和资金需求者之间架起桥梁，满足不同投资者和筹资人的需要。金融中介可分为金融机构和金融市场商人两类。金融机构包括商业银行、投资银行、证券公司、各类银行和非银行金融机构。金融市场商人包括经纪人和自营商两类。经纪人是金融市场上为投资者和筹资人介绍交易的中间商，自身并不参与金融商品的交易，只通过促成资金供给者和需求者之间的交易来赚取佣金。自营商则全面参与金融商品的交易，通过买卖赚取差价获利。

3. 金融工具即金融市场的交易对象，或称交易标的。金融工具种类繁多，既有着重体现持有者对货币索取权的商业票据，也有着重表明投资事实，体现投资者权利的股票和债券。金融市场参与者可以根据自己的偏好和交易的需要，进行金融工具的选择。作为金融市场交易的重要载体，金融工具在融通资金的过程中在两方面发挥着重要作用：一是引导资金从盈余者向短缺者流动；二是使收益和风险在资金供求双方之间重新分配。因此，金融工具一般具有收益性、流动性和安全性。

4. 一级市场又称发行市场，是筹集资金的企业将其新发行的股票或债券销售给最初购买者的金融市场。一级市场通常并不为公众所熟知，因为企业将证券销售给最初购买者的过程并不总是公开进行的，企业只能通过一级市场首次发行证券获取资金。

5. 二级市场又称流通市场，是交易已经发行的证券的金融市场。一般公众关注的证券市场，就是二级市场。当金融资产的持有者需要资金时，可在二级市场出售持有的金融资产，将其变现。进行投资未必一定需要进入一级市场，也可以在二级市场购买金融资产。二级市场上买卖双方的交易活动，使得金融资产的流动性大大增强，促进了经济的繁荣，同时保证了一级市场中证券发行的完成。由于只有二级市场能够赋予金融资产流动性，所以二级市场的规模和发育程度是衡量金融发达程度的重要标志。

6. 资产证券化是指将银行贷款或应收账款这类缺乏流动性但未来可以转化为现金流的资产，作为虚拟的本金发行证券，并在金融市场上出售的融资和投资活动。资产证券化为金融市场提供了新的交易工具，将持续不断地推动金融市场的发展，增加市场活力。资产证券化已成为国际金融市场的一个显著趋势。

7. 直接金融市场是指资金需求者直接向资金供给者进行融资的市场。直接融资既包括企业与企业之间、企业与个人之间的直接资金融通，也包括企业通过发行债券和股票进行的融资活动。需要注意的是，即使是企业的直接融资活动，一般也会由金融机构作为中介代理。

8. 间接金融市场是指以银行等信用中介机构为金融媒介进行资金融通的市场，例如存贷款市场等。在间接金融市场中，资金所有者将资金贷放给银行等信用中介，再由信用中介机构转贷给资金需求者。无论这笔资金最后由谁使用，资金所有者的债权关系都只针对信用中介机构，对资金的最终使用者不具任何债权要求。

四、简答题

1. **答**：金融市场是一个大系统，包含许多具体的、相互独立但又有密切关联的市场，可以按照不同的划分标准进行分类。各类金融市场的特点不同，可以满足市场主体的不同需求。金融市场按交易工具划分，可分为货币市场、资本市场、外汇市场和黄金市场。按交易中间环节划分，可分为直接金融市场和间接金融市场。按交易顺序划分，可分为一级市场和二级市场。按交易完成划分，可分为现货市场和衍生市场。按交易地域划分，可分为国内金融市场和国外金融市场。

图 7-1 根据金融交易工具不同对金融市场进行了分类，并表明了各子市场之间的关系。

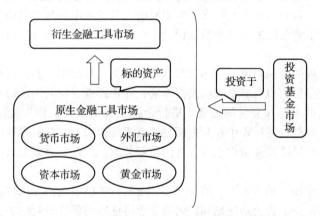

图 7-1 按金融交易工具划分金融市场

2. **答**：（1）金融市场通常是指以金融资产为交易对象而形成的供求关系及机制的总和。作为一种重要的市场组织形式，金融市场与产品市场存在显著差异。产品市场中交易的是实物资产，消费者购买的目的是获取其使用价值。而金融市场中交易的是金融资产。金融资产是指一切能够代表未来收益或资产合法要求权的凭证，亦称金融工具或证券。金融资产本身并不具有任何使用价值，如股票就是一种金融资产凭证，它并不比印制股票所使用的纸张更有价值。消费者之所以购买股票，是因为股票赋予了持有者未来获得收益的权利，能够为持有它们的公司或个人带来财富。

（2）无论金融市场的组织形式如何，一项金融交易的完成都需要由具体的金融商品、买卖双方以及交易中介等共同实现。因此，金融市场的主要构成要素有金融市场主体、金融工具、金融中介以及金融市场价格。

1）金融市场主体就是金融市场的参与者，包括金融资产供给者和金融资产需求者两类。随着资金的流动和经济活动的不断进行，金融市场的交易者时而资金盈余，时而资金不足，因此投资者和筹资人之间的角色随时可能发生互换。在现实世界里，个人、家庭、企业、政府、金融机构、中央银行都可能是金融市场的参与者。
2) 金融工具即金融市场的交易对象，或称交易标的。作为金融市场交易的重要载体，金融工具在融通资金的过程中在两方面发挥着重要作用：一是引导资金从盈余者向短缺者流动；二是使收益和风险在资金供求双方之间重新分配。因此，金融工具一般具有收益性、流动性和安全性。三种特性的不同组合使金融工具呈现出多样性，从而能够满足不同资金供求者的不同偏好和需求。
3) 金融中介指在金融市场上充当交易媒介，从事交易或促使交易完成的机构和个人，其作用在于促进金融市场上的资金融通，在资金供给者和资金需求者之间架起桥梁，满足不同投资者和筹资人的需要。
4) 金融市场价格通常表现为各种金融产品的价格，有时也可以通过利率来反映。金融工具的流动性、收益性和风险性特征决定了自身的内在价值，从而奠定了这种金融资产的价格基础。此外，金融产品的价格还受供给、需求、其他金融资产的价格以及交易者心理预期等众多外在因素的影响。可见，金融市场价格的形成十分复杂，几乎每时每刻都会产生波动。在一个有效的金融市场中，金融资产的价格能及时、准确、全面地体现该资产的价值，反映各种信息，引导资金自动流向高效率的部门，从而优化整个经济体系中的资源配置。

金融市场四个要素之间关系密切，相辅相成。其中金融市场主体与金融工具是构成金融市场最基本的要素，是金融市场形成的基础。金融中介和金融市场价格是伴随金融市场交易应运而生的，也是金融市场不可缺少的要素，对促进金融市场的繁荣和发展具有重要意义。

(3) 金融市场在将储蓄资金转移到投资领域的过程中起着至关重要的作用。金融市场使企业投资规模的外在边界得到极大扩展，实体经济的发展也将获得更广阔的空间。从盈余者的角度来看，通过金融资产获得的收益，意味着明天更高的消费。高效的金融市场会鼓励节俭，允许居民通过延迟当期消费未来获取更多的财富。就经济整体而言，高效的金融市场意味着更大的产出和更高的消费。如果没有发达、完善的金融市场，现代意义上的经济增长和生活水准的提高将难以实现。

除了可以实现资源有效配置的基本功能外，金融市场还能够将众多分散的小额资金汇聚成能够供社会再生产使用的大资金集合，从而具有资金聚敛功能。金融市场使投资者能够通过分散化的资产组合降低投资风险，从而具有风险分散功能。金融市场能够为政府的宏观经济政策提供传导途径，从而具有经济调节功能。金融市场能够及时提供有关国民经济景气与否的准确信息，从而具有信息反映功能。

3. 答：在金融市场上，各种金融交易的对象、方式、条件和期限都不尽相同，按不同的标准可以有不同的分类。各类金融市场的特点不同，可以满足市场主体的不同需求。
(1) 以交易的金融工具（金融资产的存在形式，又称交易标的）为依据，金融市场可以划分为货币市场、资本市场、外汇市场、黄金市场。
1) 货币市场是指以期限为1年或1年以内的金融工具为交易标的的短期金融市场。货币市场的主要功能是保持金融资产的流动性，以便随时转换成货币。
2) 资本市场是指期限在1年以上的金融资产交易市场，可分为银行中长期存贷款市场和有价证券市场，现在一般可将资本市场等同于证券市场。

3) 外汇市场是专门买卖外汇的场所，从事各种外币或以外币计价的票据及有价证券的交易。狭义的外汇市场指的是银行间的外汇交易，包括同一市场中各银行之间、中央银行与外汇银行之间以及各国中央银行之间的外汇交易活动。广义的外汇市场是指由各国中央银行、外汇银行、外汇经纪人及客户组成的外汇买卖与经营活动的总和，包括批发市场以及银行与企业、个人之间买卖外汇的零售市场。

4) 黄金市场是专门集中进行黄金等贵金属买卖的交易中心或场所。尽管随着时代的发展，黄金的非货币化特征已经越来越明显，但黄金作为重要的国际储备工具之一，在国际结算中仍然占据重要地位，黄金市场依旧被视为金融市场的组成部分。

(2) 根据资金融通中的中介机构的作用来划分，可将金融市场分为直接金融市场和间接金融市场。

1) 直接金融市场是指资金需求者直接向资金供给者进行融资的市场。直接融资既包括企业与企业之间、企业与个人之间的直接资金融通，也包括企业通过发行债券和股票进行的融资活动。

2) 间接金融市场是指以银行等信用中介机构为金融媒介进行资金融通的市场，例如存贷款市场等。在间接金融市场中，资金所有者的债权关系都只针对信用中介机构，对资金的最终使用者不具任何债权要求。

(3) 以金融资产的发行和流通特征为依据，金融市场可以划分为一级市场和二级市场。

1) 一级市场又称发行市场，是筹集资金的企业将其新发行的股票或债券销售给最初购买者的金融市场。企业只能通过一级市场首次发行证券获取资金。

2) 二级市场又称流通市场，是交易已经发行的证券的金融市场。二级市场的规模和发育程度是衡量金融发达程度的重要标志。

(4) 按照金融交易中交割的方式和时间不同，金融市场可以划分为现货市场和衍生市场。

1) 现货市场又称即期交易市场，即市场上的买卖双方成交后，必须在若干个交易日内办理交割，钱货两清。现货交易是金融市场上最普遍的一种交易方式。

2) 衍生市场是指交易各种衍生金融工具的市场。所谓金融衍生工具，是指由原生性金融商品或基础性金融工具创造出的新型金融工具。最主要的金融衍生市场包括期货市场和期权市场。

(5) 按交易的地域范围来划分，金融市场可分为国内金融市场和国际金融市场。

1) 国内金融市场是指交易范围仅限于一国之内的金融市场，除了全国性的以本币计值的金融资产交易市场之外，还包括一国范围内的地方性金融市场。

2) 国际金融市场是指资金在国际上流动或金融资产在国际上进行买卖和交换的市场。

此外，金融市场还可以按照有无固定交易场地分为有形市场和无形市场；按照成交和定价方式分为公开市场和议价市场；按照交易机制分为拍卖市场和场外交易市场等。

4. **答**：国家之间的经济往来日益密切，国际金融市场正向一个密切联系的整体市场发展。金融市场的国际化对一国国内的金融市场既有积极影响，也有消极影响。具体表现在以下几个方面。

(1) 提高金融资源配置效率。金融市场的国际化为各国的企业和金融机构融通资金、经营资产、规避风险提供了多样化的手段，同时扩大了信息传播的范围，促进了资本的流动，从而提高了在全球范围内配置金融资源的效率，有利于各国经济的发展。

(2) 促进国际合作和协调。加强国际合作和协调是防范与处理国际金融危机的重要机制。金融危机通常具有较强的国际扩散效应，仅仅依靠单个国家的努力难以奏效，随着各国金融市场相互依存关系的加深，需要国际金融合作和协调来防范与控制金融风险。

(3) 削弱国家货币政策的独立性。金融市场的国际化加强了各国金融市场之间的联系，使一国的货币政策受到溢出效应等的影响，即本国的货币政策未能或仅能对部分国内经济变量产生作用，从而使货币政策不能实现最终目标，或者外国的货币政策干扰国内货币政策的实施，使一国或地区的货币政策失效或偏离预期的政策目标。

(4) 增加金融风险的传播。金融市场的国际化增加了国际资本的流动性，加强了各国金融市场之间的竞争。资本的流动容易加剧金融资产的价格波动，而金融资产价格的过度波动有可能引发金融风险；激烈的竞争会迫使金融机构追逐利润最大化，经营高收益、高风险的业务，一旦经营不善也可能引发金融风险。金融市场的国际化扩大了信息的传播，使各国金融市场相关度提高，也使金融风险传播的范围扩大、速度加快。一国的金融风险可能影响国际金融市场的正常运行，甚至一个金融机构的操作失误能够影响国际金融市场的正常走势，而短期国际资本的流动可能直接导致一国甚至多国发生金融危机。

5. 答：企业虽然在一级市场筹集资金，但是与此同时，仍需要兼顾二级市场的存在和发展。

(1) 一级市场是组织证券发行的市场。新公司成立发行股票，老公司增资发行股票，政府及工商企业发行债券等，都构成发行市场的活动。在发行市场中，发行人自己直接或者借助中介机构发行证券。由于中介机构有丰富的经验和大量信息，绝大多数的证券发行均通过它们完成。发行市场通常无固定场所，是一个无形的市场。发行市场在发挥融资功能的同时，还发挥价值发现与信息传递的功能。好的发行市场能够相对准确地确定金融资产的价值。

(2) 二级市场是对已经发行的证券进行交易的市场。当股东想转让股票或债券持有人想将未到期的债券提前变现时，均需在流通市场上寻找买主。如果希望将资金投资于股票或者债券等长期金融工具的人想进行此类投资，可以进入二级市场，从希望提前变现的人手里购买尚未到期的证券，实现投资。股票流通市场的主要场所是证券交易所，也有场外市场，债券二级市场则主要以场外市场为主。二级市场最重要的功能在于实现金融资产的流动性。如果没有二级市场，许多长期融资将无法完成。

(3) 一级市场与二级市场有着紧密的相互依存关系。一级市场是二级市场存在的前提，没有证券发行，自然谈不上证券的再买卖。有了发行市场，还必须有二级市场，否则新发行的证券就会由于缺乏流动性而难以推销，从而导致一级市场萎缩以致无法存在。另外，如果一级市场的价值发现功能较弱，也会影响二级市场的价值发现的效果。例如，出于种种原因一级市场的定价普遍偏低时，会促使二级市场的价格波动幅度加大，助长过度投机行为，不利于市场正常发展。

6. 答：(1) 直接融资是指资金短缺单位直接在证券市场上向资金盈余单位发行股票、债券等凭证融通资金的一种融资形式。在此过程中，资金供求双方直接建立金融联系。即使是企业的直接融资活动，一般也会由金融机构作为中介代理。间接融资是指资金盈余单位把资金存放或投资到银行等中介机构，再由这些机构以贷款或直接投资的形式将资金转移到资金短缺单位的一种融资形式。它可以动员零星存款，减少信息成本和合约成本，实现期限转化，同时通过资产多元化降低风险，但对中介机构更为依赖。

(2) 由于融资方式的不同，两个领域内的金融中介机构有很多差异，主要表现在以下几个方面。
  1) 在资金运动中的地位不同。直接融资机构只处于协助地位，而资金流通的双方是实际供求者。间接融资机构处于债务人和债权人的双重地位，将资金流通全过程分为两个阶段，并在每个阶段都处于主体地位。
  2) 承担的风险不同。直接融资机构不承担风险，全部风险由资金供求单位承担。间接融资机构由于处于法律合同主体的地位，要承担所有投资风险，但可以通过资产多元化进行风险分散。
  3) 职能不同。直接融资机构在投资运作中主要行使设计投融资方案、咨询和管理、代理投资等职能，并不作为主体进行投资。而间接融资机构作为投资主体直接行使投资职能。
  4) 利润分配不同。直接融资机构的投资收益是事前固定的，可以是一个固定数额，也可以是一个比例，收益的剩余部分归投资者所有。相反，间接融资机构则占有大部分投资利润，只需支付给资金供给者一个固定数额的利润。
(3) 在直接融资市场上，目前我国有数量较多的证券公司，投资基金也发展迅速。在间接融资市场上，目前我国存在大量的银行，如四大国有商业银行和数量较多的股份制银行、农村信用合作社和城市信用合作社等。长期以来，间接融资是我国企业主要的资金来源。间接融资为我国经济发展做出了突出贡献，同时也承担了经济体制改革的巨大成本。随着国有商业银行改革的进行，我国间接融资市场将得到进一步发展。近年来，我国的直接融资市场发展迅猛，为企业提供了大量资金支持，缓解了间接融资市场的压力。

第 8 章

CHAPTER 8

货币市场

习 题

一、单项选择题

1. 银行在票据未到期时将票据买进的做法为（　　）
   A. 票据交换　　　B. 票据承兑　　　C. 票据贴现　　　D. 票据结算
2. （　　）主要从事国库券、同业拆借、回购协议和商业票据交易
   A. 股票基金　　　B. 债券基金　　　C. 平衡型基金　　　D. 货币市场基金
3. 国库券是指政府发行的，投资期（　　）的债券
   A. 短于1年　　　B. 长于1年　　　C. 10年以上　　　D. 永久存续
4. 金融机构之间相互借贷中央银行账户上的存款准备金，称为（　　），在美国称为联邦基金
   A. 同业拆借　　　B. 回购协议　　　C. 承兑汇票　　　D. 金边债券
5. 银行承兑汇票的第一责任人是（　　）
   A. 债权人　　　B. 投资人　　　C. 发行公司　　　D. 银行
6. 下列投资工具中，不属于货币市场的投资工具的是（　　）
   A. 普通股　　　B. 国库券　　　C. 联邦基金　　　D. 回购协议
7. 下列有关大额可转让定期存单描述错误的是（　　）
   A. 最早由美国花旗银行创造
   B. 到期前可流通转让
   C. 扬基存单是美国的商业银行到国外发行的一种大额可转让定期存单
   D. 不可以提前支取
8. 商业票据的收款人或持有人在转让票据时，在票据背面签名或书写文句的手续属于（　　）
   A. 贴现　　　B. 背书　　　C. 承兑　　　D. 出票

9. 下列哪个市场不属于货币市场（   ）
    A. 同业拆借市场　　　B. 回购市场　　　C. 期货市场　　　D. 银行承兑汇票市场
10. 当卖出一种国库券时，附加一定的条件，用于一定时期后以预定的价格或收益率，由最初出售者再将该种国库券购回的交易方式被称为（   ）
    A. 国债现货交易　　　B. 国债回购交易　　　C. 国债期货交易　　　D. 国债远期交易

二、判断题

1. 普通债券不可以在货币市场上交易，但国债期货可以在货币市场上交易。（   ）
2. 商业银行主要活动于资本市场，投资银行主要活动于货币市场。（   ）
3. 在国库券发行过程中，最终中标者支付不同价格的招标方式被称为美国式招标。（   ）
4. 由出票人签发，承诺自己在指定日期无条件支付确定的金额给持票人的票据是本票。（   ）
5. 银行承兑汇票的付款人可以是有良好信用的大型商业企业。（   ）
6. 汇票既是一种信用凭证，也是一种支付命令，是他付证券。（   ）
7. 投资者在市场上进行国债逆回购操作时，其身份是资金的贷出者。（   ）
8. 由国家政府发行的所有的债券都是国库券。（   ）
9. 货币市场包括同业拆借市场、回购市场、大额可转让定期存单市场和国库券市场等几类市场。（   ）
10. 金融机构将通过贴现业务获得的未到期的票据，向其他金融机构贴现的行为，被称为再贴现。（   ）

三、名词解释

1. 同业拆借　　　　　　2. 汇票　　　　　　　　3. 本票
4. 银行承兑汇票　　　　5. 承兑　　　　　　　　6. 背书
7. 转贴现　　　　　　　8. 再贴现　　　　　　　9. 欧洲美元存单
10. 大额可转让定期存单　11. 扬基存单　　　　　　12. 美国式招标
13. 荷兰式招标　　　　　14. 回购协议　　　　　　15. 国库券
16. 国债逆回购

四、简答题

1. 商业票据包括哪些种类？银行承兑汇票是怎样签发的？商业票据市场和银行承兑汇票市场的联系和区别是什么？
2. 国库券以招标发行的方式有哪些种类？其具体形式是什么？
3. 商业银行、投资银行、企业以及个人投资者都是货币市场的主要参与者。结合所学知识内容，说说他们都能够参与货币市场的哪些活动。

五、计算题

1. 某券商有100万元闲置资金，在回购市场上做了一个为期9天的逆回购交易，获得了1 500元收益。若手续费按 0.1% 收取，那么实际的回购协议利率是多少？
2. 假定市场现有两种面值 100 万美元的存单，一种是 30 天前发行的、期限为 90 天的老存单，到期利率为 10%；另一种是即将发行的、期限为 60 天的新存单。若购买老存单需 1 004 902 美元，则新存单的发行利率应该是多少？
3. 某客户于 2018 年 4 月 1 日购买了一张当日发行的大额可转让定期存单，该存单面值 10 万美元，年利率为 6%，90 天到期，然后该客户计划于同年 5 月 1 日将该存单转让，若此时市场利率下降为 3.6%，对该投资者获得的收益将产生什么样的影响，收益上升、下降还是不变？若利率变化对投资者的收益产生影响，那么影响的幅度是多大？

六、论述题

1. 简要分析回购协议的交易原理及特点。
2. 回购市场和同业拆借市场的参与主体是怎样进行交易的？两类市场的交易原理是否有区别？最本质的不同是什么？
3. 货币市场为短期融资市场，资本市场为长期融资市场，如何理解这两个市场之间的相互关系？

习题参考答案及解析

一、单项选择题

题号	1	2	3	4	5	6	7	8	9	10
答案	C	D	A	A	D	A	C	B	C	B

1. **解析**：贴现是持票人为了取得现款，将未到期的银行承兑汇票向银行或其他贴现机构转让，并支付从贴现日到汇票到期日的利息（贴息）的行为。持票人将汇票背书转让给银行，银行从票面金额中扣除从贴现日至到期日的利息，把余额支付给持票人。当票据到期时，银行向票据付款人按票据面额索回款项。
2. **解析**：货币市场一般包括同业拆借、大额可转让存单、票据贴现、回购协议和国库券等几大类市场。所以货币市场基金主要从事国库券、同业拆借、回购协议和商业票据交易。
3. **解析**：国库券最早于 1877 年问世，是英国财政部根据《1877 年财政部证券法》发行的。美国财政部根据《1917 年第二自由公债法》于 1929 年开始发行国库券。它属于短期融通性债券，期限不超过 1 年，包括 2 个月、3 个月、6 个月、9 个月和 12 个月共 5 种期限。国库券一般采取贴现方式发行，票面值与发行价格之间的差额为购买者全期持有的利息收入。
4. **解析**：同业拆借市场起源于美国。1913 年，美国为了控制货币流通量和银行的信用扩张，以法律的形式规定，所有接收存款的商业银行都必须按照存款余额计提一定比例的法定存款准备金，并存入中央银行，同业拆借市场应运而生。诸如此类的金融机构之间为融通短期资金的不足与盈余、弥补票据清算的差额以及解决临时性的资金短缺，以货币借贷方式进行的短期资金借贷活动所形成的市场，称为同业拆借市场。

5. **解析：** 银行承兑汇票市场主要由初级市场和二级市场构成。二级市场，即供银行承兑汇票交易与流通的市场。在二级市场中，银行承兑汇票的转让通过承销商进行柜台式交易完成，主要涉及汇票的贴现、转贴现与再贴现，这些交易行为都以背书为前提。当银行对汇票背书表示同意承兑时，银行就成为汇票持有者最终支付的责任人。

6. **解析：** 货币市场是指1年以内短期资金融通的金融市场。从历史上看，货币市场先于资本市场出现，是资本市场的基础。由于该市场所容纳的金融工具主要是政府、银行及工商企业发行的短期信用工具，具有期限短、流动性强和风险小的特点，在货币供应量层次划分上位于现金货币和存款货币之后，被称为"准货币"，所以将该市场称为"货币市场"。货币市场一般包括同业拆借市场、大额可转让定期存单市场、票据市场、回购市场和国库券市场等几大类市场。所以普通股不属于货币市场的投资工具。

7. **解析：** 大额可转让定期存单是银行或储蓄机构发行的一种存款凭证，表明特定数额的货币已经存入发行存单的机构，银行和储蓄机构给存款人按一定期限和约定利率计息，到期前可以流通、转让和证券化。大额可转让定期存单市场就是以经营定期存单为主的市场，由于我国目前商业银行虽有大额可转让定期存单，却不具有流通转让性，故大额可转让定期存单市场并未形成。在美国，大额可转让定期存单的面额多为10万美元、50万美元和100万美元，面额越大的存单，其流动性越强。

   扬基存单是非美国银行在美国境内的分支机构发行的一种大额可转让定期存单。

8. **解析：** 背书是持票人为将汇票权利转让给他人或者将一定的汇票权利授予他人行使，而在票据背面或者粘单上记载有关事项并签章的票据行为。

9. **解析：** 国债市场是指国债交易的场所或系统，是证券市场的重要组成部分。国债是一种财政收入形式，国债券是一种有价证券。货币市场一般包括同业拆借市场、大额可转让定期存单市场、票据市场、回购市场和国库券市场等几大类市场。因此，国债市场不属于货币市场。

10. **解析：** 国债回购是回购协议最常见的形式，即回购协议的标的是国债。国债回购方式通常包括通过证券交易所的交易系统进行回购交易的场内回购方式，以及通过证券中介机构的柜台进行回购交易，或直接与证券中介机构进行交易的场外回购方式。其中，场内回购又分回购方直接与交易所交易和回购方与反回购方直接交易这两种方式。

二、判断题

题号	1	2	3	4	5	6	7	8	9	10
答案	×	×	√	√	×	√	√	×	√	×

1. **解析：** 货币市场的交易对象包括短期国债、短期地方政府债券、商业票据和短期大额可转让存单，但不包括某些存续期在1年以下的商品期货以及金融衍生工具。因此，国债期货并不在货币市场上进行交易。

2. **解析：** 我们一般认为，投资银行是在资本市场上为企业发行债券、股票、筹集长期资金提供中介服务的金融机构，主要从事证券承销、公司并购、资产重组、公司理财、基金管理等业务。因此，商业银行主要在货币市场上交易，而投资银行主要在资本市场上交易。

3. **解析：** 在美国式招标中，投标者竞价过高要承担认购价过高的风险，竞价过低又要承担无法认购的风险，这样可以约束投标者合理报价。发行人将投标者的标价自高向低排列，或按利率自低向高排列，发行人从高价（低利率）选起，直到达到需要发行的数额为止。最后的中标价为投标人各自的投标价。如果在最低成交价水平上的国库券剩余数量少于投标者要求的数量，那么按照投标者最初在此价格上的申报比例配售。出价高于最低成交价格的投标者的所有申报均生效成交。美国式招标最主要的特点就是对同一国库券的投标者支付不同的价格。所以，美国式招标也叫多种价格招标。

4. **解析**：本票是出票人签发的约定自己在指定日期无条件支付确定的金额给收款人或者持票人的票据。本票是债务凭证，是自付证券。本票自出票日起，付款期限最长不得超过2个月。此外，本票的基本当事人只有两个，即出票人和收款人，本票的付款人为出票人自己，无须承兑。

5. **解析**：银行承兑汇票是由出票人开立的一种远期汇票，银行作为付款人，在未来某一约定的日期，支付给持票人一定数量的金额。在国际贸易中，由于交易者互不知晓对方的信用程度，因而银行承兑汇票得到了广泛的运用。因此，银行承兑汇票一定以银行为付款人。

6. **解析**：汇票是出票人签发的要求付款人在见票时或者在指定日期无条件支付一定金额给收款人或持票人的一种票据。汇票既是一种信用凭证，又是一种支付命令，是他付证券。汇票涉及三方当事人，即出票人、付款人和收款人。

7. **解析**：投资者在市场上进行国债逆回购操作时，其身份是资金的贷出者。

8. **解析**：国库券是中央政府为弥补财政赤字或国库资金不足而发行的一种有价证券，由财政部发行并由政府部门以债务人身份承担到期偿付本息的责任，且期限在1年或1年以内的债务凭证。

9. **解析**：货币市场由同业拆借市场、票据市场、大额可转让定期存单市场、国库券市场、消费信贷市场和回购市场六个子市场构成。

10. **解析**：转贴现是银行将其通过办理贴现业务获得的未到期的票据，向其他银行或贴现机构进行贴现的票据转让行为。再贴现是商业银行或其他金融机构将贴现所得的未到期的汇票，向中央银行再次贴现的票据转让行为。它是中央银行针对商业银行及其他金融机构的一种融资方式。在一般情况下，再贴现就是最终贴现，再贴现后票据退出流通转让过程。中央银行的再贴现率一般低于商业银行的贴现率。

三、名词解释

1. 金融机构之间为融通短期资金的不足与盈余、弥补票据清算的差额以及解决临时性的资金短缺，以货币借贷方式进行短期资金借贷活动所形成的市场，就称为同业拆借市场。同业拆借市场起源于美国。为了控制商业银行的风险，中央银行要求各银行必须按存款余额的一定比例计提法定存款准备金，准备金数额不足就要受到一定的经济处罚，而准备金数额过多则会影响商业银行的效益，同业拆借市场的出现有效地解决了这一矛盾。

2. 汇票是出票人签发的要求付款人在见票时或者在指定日期无条件支付一定金额给收款人或持票人的一种票据。汇票既是一种信用凭证，又是一种支付命令，是他付证券。汇票涉及三方当事人，即出票人、付款人和收款人。

3. 本票是出票人签发约定自己在指定日期无条件支付确定的金额给收款人或者持票人的票据。本票是债务凭证，是自付证券。本票自出票日起，付款期限最长不得超过2个月。此外，本票的基本当事人只有两个，即出票人和收款人，本票的付款人为出票人自己，无须承兑。

4. 银行承兑汇票是由出票人开立的一种远期汇票，银行作为付款人，在未来某一约定的日期，支付给持票人一定数量的金额。银行承兑汇票的实质是经银行承兑的商业汇票，是基于合法的商品交易而产生的票据，由于银行承兑汇票的实质是用银行的信用来代替交易者的信用，因而它的安全性很高。在国际贸易中，由于交易者互不知晓对方的信用程度，因而银行承兑汇票得到了广泛的运用。以银行承兑汇票作为交易对象的市场即为银行承兑汇票市场。

5. 承兑是票据付款人承诺在票据到期日支付票面金额的行为。承兑是汇票特有的票据行为，主要目的在于明确汇票付款人的票据责任。汇票一经承兑，付款人就是债务人，对持票人负有付款责任。

6. 背书是持票人为将汇票权利转让给他人或者将一定的汇票权利授予他人行使，而在票据背面或者粘单上记载有关事项并签章的票据行为。

7. 转贴现是银行将其通过办理贴现业务获得的未到期的票据，向其他银行或贴现机构进行贴现的票据转让行为。

8. 再贴现是商业银行或其他金融机构将贴现所得的未到期的汇票，向中央银行再次贴现的票据转让行为。它是中央银行针对商业银行及其他金融机构的一种融资方式。在一般情况下，再贴现就是最终贴现，再贴现后票据退出流通转让过程。中央银行的再贴现率一般低于商业银行的贴现率。

9. 欧洲美元存单是由美国银行的外国和离岸分支机构在国外发行的以美元为面值的大额可转让定期存单。这种存单多为固定利率。欧洲美元存单不需要提取存款准备金和存款保险金，发行成本更低。欧洲美元存单有二级市场，但是大约有50%的此类存单在发行后被保存在发行银行的专门保管人那里，直到到期。欧洲美元是指储蓄在美国境外的银行而不受美国联邦储备系统监管的美元。因此，此种储蓄比类似的美国境内的储蓄受到更少的限制，有更高的收益。

10. 大额可转让定期存单是商业票据的一种，在金融市场上具有举足轻重的地位。它是银行或储蓄机构发行的一种存款凭证，表明特定数额的货币已经存入发行存单的机构，银行和储蓄机构给存款人按一定期限和约定利率计息，到期前可以流通、转让和证券化。大额可转让定期存款单市场就是以经营定期存款单为主的市场，中国目前商业银行虽有大额可转让定期存单，却不具有流通转让性，故大额可转让定期存单市场并未形成。

11. 扬基存单是非美国银行在美国境内的分支机构发行的一种大额可转让定期存单。发行者主要是西欧和日本等地的著名国际性银行在纽约的分支机构。扬基存单不受美联储条例的限制，无法定准备金要求。虽然非美国银行在美国发行存单一般要比美国国内银行支付更高的利息，但由于扬基存单在准备金上的豁免，使其成本与国内存单的成本相比不相上下，甚至更低。

12. 在美国式招标中，投标者竞价过高要承担认购价过高的风险，竞价过低又要承担无法认购的风险，这样可以约束投标者合理报价。发行人将投标者的标价自高向低排列，或将利率自低向高排列，发行人从高价（低利率）选起，直到达到需要发行的数额为止。最后的中标价为投标者各自的投标价。如果在最低成交价水平上的国库券剩余数量少于投标者要求的数量，那么按照投标者最初在此价格上的申报比例配售。出价高于最低成交价格的投标者的所有申报均生效成交。美国式招标最主要的特点就是对同一国库券的投标者支付不同的价格。所以，美国式招标也叫多种价格招标。

13. 荷兰式招标与美国式招标在程序上大致相同，只不过所有中标者均按中标价格中标，这样各投标者就有可能抬高报价，从而抬高最后的中标价。出价高于最低中标价格的投标者的所有申报均按最低中标价格生效成交。剩余的国库券在报出最低中标价格的投标者之间分配。如果在最低中标价格水平上的国库券的剩余数量小于投标者要求的数量，那么按照各投标者最初在此价格上的申报比例配售。荷兰式招标的最大特点就是中标的投资者统一按照投标中的有效最低价，即最后中标的价格购买国库券。所以，荷兰式招标也叫单一价格招标。

14. 证券持有者在将证券售出的同时和证券购买者签订协议，约定在一定期限后按原始价格或约定价格购回所售证券，并支付回购利息，以获取即时可用资金。从本质上说，回购协议是一种短期抵押贷款，抵押品就是协议中交易的证券，多数情况下是国库券。通过回购协议进行短期资金融通交易的市场，就称为回购市场。

15. 国库券是中央政府为弥补财政赤字或国库资金不足而发行的一种有价证券，由财政部发行并由政府部门以债务人身份承担到期偿付本息的责任，且期限在 1 年或 1 年以内的债务凭证。

16. 回购协议有两种：一种是正回购协议，是指在出售证券的同时和证券的购买商签订的协议，该协议约定回购方在一定的期限后按照约定价格回购所出售的证券，从而及时获取资金；还有一种就是逆回购协议，是指买入证券的一方同意按照约定期限和价格再卖出证券的协议。

四、简答题

1. 答：（1）商业票据是指金融公司或某些信用较高的企业开出的无担保短期票据。商业票据的可靠程度依赖于发行企业的信用程度，可以背书转让，但一般不能向银行贴现。商业票据的期限一般在 9 个月以下，由于风险较大，利率通常高于同期银行存款利率。商业票据可以由企业直接发售，也可以由经销商代为发售。当企业直接发行时，有关部门要对出票企业的信誉进行十分严格的审查。如果由经销商发售，那么经销商实际在幕后担保了出售给投资者的商业票据。商业票据有时也以折扣的方式发售。商业票据是一种无担保的短期票据，有确定的金额及到期日，同时也是一种可转让的金融工具，通常不记名，是筹措流动资金的工具。

　　通常按照信用关系的不同，商业票据有汇票、本票和支票之分。汇票是出票人签发的要求付款人在见票时或者在指定日期无条件支付一定金额给收款人或持票人的一种票据。汇票既是一种信用凭证，又是一种支付命令，是他付证券。本票是出票人签发的约定自己在指定日期无条件支付确定的金额给收款人或者持票人的票据。支票是出票人签发的委托办理支票存款业务的银行或其他金融机构在见票时无条件支付确定金额给收款人或持票人的票据。

（2）银行承兑汇票是由出票人开立的一种远期汇票，银行作为付款人，在未来某一约定的日期支付给持票人一定数量的金额。在国际贸易中，由于交易者互不知晓对方的信用程度，因而银行承兑汇票得到了广泛的运用。以银行承兑汇票作为交易对象的市场即为银行承兑汇票市场。银行承兑汇票的实质是经银行承兑的商业汇票，是基于合法的商品交易而产生的票据，由于银行承兑汇票的实质是用银行的信用来代替交易者的信用，因而它的安全性很高。

银行承兑汇票的特点：①银行承兑汇票是由出票人开立的一种远期汇票，银行作为付款人，在未来某一约定的日期支付给持票人一定数量的金额；②在初级市场上，银行承兑汇票在面值的基础上折价发行，其报价方式采用的是银行折现率。它主要由出票和承兑两个环节构成。出票是出票人按法定形式签出票据，并将它交付收款人的票据行为。承兑是票据付款人承诺在票据到期日支付票面金额的行为。

（3）商业票据市场和银行承兑汇票市场的联系主要表现在以下方面。

1）都是进行票据买卖的平台，资金融通的场所。

2）基本当事人都是三个，即出票人、收款人和付款人。

3）签发汇票的对象和使用范围相同，出票人与收款人都必须在银行开立存款账户，两者之间具有真实的交易关系或债权债务关系。

4）持票人的收款方式相同，一致采用委托收款方式向承兑银行提示付款。

5）两者都可以在出票时向付款人提示承兑后使用，也可以在出票后先使用再向付款人提示付款。

（4）商业票据市场和银行承兑汇票市场的区别主要表现在以下几个方面。

1）签发人和付款人不同。商业承兑汇票由企业开具，到期时由企业无条件见票付款；银行承兑汇票由企业申请，银行开具，到期时由银行无条件付款。

2）信誉度和风险不同。在银行承兑汇票的实际操作过程中，银行会要求企业存入一定金额的定期存款，在额度内由银行出具银行承兑汇票，并且在规定时间内存款不允许提出。银行承兑汇票比商业承兑汇票信誉度更高。商业承兑汇票信用程度稍微低一点，风险大一点。

3）到期承兑方式不同。商业票据到期时，付款人有钱付钱，没钱退票；银行承兑汇票到期时，付款方银行付款。

2. **答**：国库券是中央政府为弥补财政赤字或国库资金不足而发行的一种有价证券，由财政部发行并由政府部门以债务人身份承担到期偿付本息的责任，且期限在1年或1年以内的债务凭证。国库券的发行方式有多种，中国曾采取的发行方式有行政摊派、银行的承购包销和拍卖。在市场经济条件下，国库券的典型发行方式是拍卖（招标）。拍卖方式的显著优点是既可以保证将要发行的国库券全部销售出去，又能以市场可以接受的最高价格（即最低的发行成本）完成发行任务。在每次发行之前，财政部都会根据近期短期资金的需要量以及中央银行实施货币政策调控的需要等因素，确定国库券的发行规模，然后向社会公告。

（1）按照出价方式不同，国库券的招标方式有竞争性招标与非竞争性招标之分。

竞争性投标者在规定的发行规模下，在标书中列明国库券的认购数量和价格。发行人将投标者的标价自高向低排列，或将利率自低向高排列。发行人从高价（低利率）选起，直到达到需要发行的数额为止，这样确定的价格恰好是供求决定的市场价格。但在竞争性招标中，投标者有可能因出价低而失去购买机会或因出价太高而遭受损失，因而承担较大的风险。

非竞争性招标的参加者多为一些无力或不愿参加竞争性招标的中小金融机构及个人，他们不会因报价太低而面临丧失购买机会的风险，也不会因报价太高而面临高成本认购的风险。投标者应在标书中注明参加非竞争性投标，报出认购数量，并同意以中标的平均竞价购买。竞标结束时，发行人首先将非竞争性投标数量从拍卖总额中扣除，剩余数量再分配给竞争性投标者。发行人从申报价最高的竞争性投标开始依次接收，直至国库券售完。当最后中标标位上的投标额大于剩余招标额时，该标位中标额按等比分配原则确定。

（2）在竞争性招标中，美国式招标和荷兰式招标是比较常见的两种方式。

在美国式招标中，投标者竞价过高要承担认购价过高的风险，竞价过低又要承担无法认购的风险，这样可以约束投标者合理报价。发行人将投标人的标价自高向低排列，或将利率自低向高排列，发行人从高价（低利率）选起，直到达到需要发行的数额为止。最后的中标价为投标人各自的投标价。如果在最低成交价水平上的国库券剩余数量少于投标者要求的数量，那么按照投标者最初在此价格上的申报比例配售。出价高于最低成交价格的投标人的所有申报均生效成交。美国式招标最主要的特点就是对同一国库券的投标者支付不同的价格。所以，美国式招标也叫多种价格招标。

荷兰式招标与美国式招标在程序上大致相同，只不过所有中标者均按中标价格中标，这样各投标者就有可能抬高报价，从而抬高最后的中标价。出价高于最低中标价格的投标者的所有申报均按最低中标价格生效成交。剩余的国库券在报出最低中标价格的投标者之间分配。如果在最低中标价格水平上的国库券的剩余数量小于投标者要求的数量，那么按照各投标者最初在此价格上的申报比例配售。荷兰式招标的最大特点就是中标的投资者统一按照投标中的有效最低价，即最后中标的价格购买国库券。所以，荷兰式招标也叫单一价格招标。

以非竞争性投标方式认购的国库券数额较少。

3. 答：货币市场是指1年以内短期资金融通的金融市场。从历史上看，货币市场先于资本市场出现，是资本市场的基础。由于该市场所容纳的金融工具主要是政府、银行及工商企业发行的短期信用工具，具有期限短、流动性强和风险小的特点，在货币供应量层次划分上位于现金货币和存款货币之后，被称为"准货币"，所以将该市场称为"货币市场"。货币市场一般包括同业拆借市场、票据市场、大额可转让定期存单市场、回购市场和国库券市场等几大类市场。

（1）商业银行参与货币市场的活动：①为资金短缺者提供短期融资，提高资金效率，让闲置资金创造收益；②创新理财产品，为客户提供服务；③同业拆借满足银行短期头寸的需要；④银行承兑汇票的签发与承兑。

（2）投资银行参与货币市场的活动：①为资金短缺者提供短期融资；②国库券的购买与回购；③银行承兑汇票的签发与承兑。主要目的是希望利用该市场提供的低风险、高流动性的金融工具，实现最佳投资组合。

（3）企业参与货币市场的活动：①短期融资；②商业票据承兑。主要目的是调整流动性资产比重，取得短期投资收益。

（4）个人投资者参与货币市场的活动：①短期借贷；②闲置资金用来投资短期金融工具；③票据承兑。

五、计算题

1. 答：回购协议的收益用公式表示为

$$I = p \times C \times \frac{n}{360}$$

式中，I 为回购利息；p 为本金；C 为回购利率；n 为回购天数。

若收益为 1 500 元，手续费为 0.1%，则 $I = 1\,500 \times (1 - 0.1\%) = 1\,498.5$（元）

将 $I = 1\,498.5$、$p = 1\,000\,000$、$n = 9$ 代入上述公式得 $C = 6\%$，即实际的回购协议利率为 6%。

2. 答：已发行存单在二级市场的购买公式为

$$V_0 = p \times \frac{1 + c_0 \times \dfrac{n}{360}}{1 + c_1 \times \dfrac{n}{360}}$$

式中，V_0 为已发行存单的价格；p 为本金；c_0 为已发行存单利率；c_1 为新发行存单利率；n 为从发行日到到期日的天数。

将 $V_0 = 1\,004\,902$、$p = 1\,000\,000$、$c_0 = 10\%$、$n = 60$ 代入上述公式得 $c_1 = 7.02\%$。

3. 答：一般的存单转让价格公式为

$$V' = p \times \frac{1 + c \times \dfrac{n}{360}}{1 + k \times \dfrac{m}{360}}$$

式中，V' 为存单的转让价格；k 为存单收益率（购买时存单的同期市场利率）；m 为从购买日到到期日的天数。

(1) 由公式可知，若同期市场利率 k 下降，则投资者转让存单的价格上升，投资者的收益也将上升。

(2) 当 $k = 6\%$ 时，将 $p = 100\,000$、$m = 60$、$n = 90$、$c = 6\%$ 代入上述公式，可得 $V' = 100\,495.05$（美元）；当 $k = 3.6\%$ 时，将 $p = 100\,000$、$m = 60$、$n = 90$、$c = 6\%$ 代入上述公式，可得 $V'' = 100\,894.63$（美元）

故 $(V'' - V') \div V' = 0.398\%$

利率从 6% 下降到 3.6%，使得投资者的收益上升了 0.398%。

六、论述题

1. 答：回购协议是指证券持有者在将证券售出的同时和证券购买者签订协议，约定在一定期限后按原始价格或约定价格购回所售证券，并支付回购利息，以获取即时可用资金。从本质上说，回购协议是一种短期抵押贷款，抵押品就是协议中交易的证券，多数情况下是国库券。回购协议有两种：一种是正回购协议，是指在出售证券的同时，与证券的购买者签订的协议，该协议规定回购方在一定的期限后按照约定价格回购所出售的证券，从而及时获取资金；还有一种就是逆回购协议，是指买入证券的一方同意按照约定期限和价格再卖出证券的协议。回购协议的期限一般很短，最常见的是隔夜回购，但也有期限长的。此外，还有一种"连续合同"的形式，这种形式的回购协议没有固定期限，当双方都没有表示终止的意图时，合同每天自动展期，直至一方提出终止为止。

(1) 回购协议的交易原理。回购协议实际上是一种以证券为担保品的短期资金融通。具体操作是，买卖双方在货币市场上买卖证券的同时签订一个协议，卖方承诺日后将证券如数买回，买方保证日后将买入的证券回售给卖方。这一交易将现货买卖和远期交易相结合，以达到融通资金的目的。

回购协议是对商业银行活期存款不付利息的一种变通性对策。当企业暂时有闲置资金时，存在银行是没有利息的。为了把这笔资金吸引到银行，银行可以与企业签订协议，向企业出售证券，并同意在次日或在企业运用这笔资金时，按原价买回证券，另按约定利率支付利息。这样，企业可以获得收益，相当于银行变相对活期存款支付利息。回购协议虽然表现为买卖证券的形式，但买卖价格与真正买卖证券的价格脱离，一般低于市价。实际上回购协议是银行的一种融资方式。

例如，证券公司 X 在 12 月 1 日购入 5 000 万元国债后，现金账户中已经没有多余的资金了，直到 12 月 3 日才会有 6 000 万元的款项到账。但 12 月 2 日 Y 公司的股票上市，证券公司 X 希望买进价值 5 000 万元的 Y 公司的股票。此时，证券公司 X 可以到回购市场上卖出其 5 000 万元的国债，或是以 5 000 万元的国债作抵押，向购买者承诺在 12 月 3 日以 5 001 万元的价格将这 5 000 万元的国债全数购回，买卖价差 1 万元就是回购协议的利息支付。其中，证券公司 X 与其国债的购买者之间的承诺以协议的形式存在，这种协议就称为回购协议。在这个例子中，以证券作为抵押借款的证券公司就是回购方，提供资金的证券购买者为反回购方。具体来说，证券交易商可以为其调整证券存货找到短期资金来源，各种金融机构也获得了一种有效的筹措短期资金的方式。

（2）回购协议的特点。

1）回购协议的对象一般是国债，因此这种担保品无论是流动性还是收益性，都是很有保障的，如果到期时银行或券商不能赎回这些债券，那么投资方可以将这些债券进行转让，所以这种融资方式的风险性很低。

2）借贷时间短，回购协议的交易时间一般只有几天或者几个月。

3）回购协议的出售方多是银行和券商，用于获得短期融资，而购买方是一些大企业，利用闲置资金获得收益，应该说这是银行的一项重要负债业务。

4）回购协议的单笔交易数额巨大，利率相对其他融资方式来说较高，属于批发金融市场。因此，利率的微小变化，其放大效应也会非常明显。

5）回购协议的价格是通过电脑竞价形成的，竞价的内容是到期购回价，这也是对年收益率进行竞价。深圳证券交易所实时显示回购协议的到期购回价（年收益率）的竞价结果。回购协议规定的卖价与回购价格之差，就是借款者所要支付的利息，这个利息水平就是回购利率。

6）尽管回购协议是一种高质量的抵押借款，但交易双方仍有可能面临信用风险。为了降低信用风险，回购协议一般会要求抵押的证券的市值大于借款额。证券市值与借款额之间的差额称作安全边际。

2. 答：（1）回购交易是 20 世纪 70 年代美国商业银行的一种创新业务，按照当时金融法律的规定，企业在银行支票账户上的活期存款不计付利息，银行也不能随意挪用客户的资金，商业银行为了使用这部分活期存款，创造了一种"清理账户"的隔日回购安排。在这种安排下，企业在营业日结束时，其支票账户上的余额资金"全数清理出去"，用于购买银行持有的短期政府债券，银行同意第二天以稍高的价格购回这些证券。这种安排使银行和企业实现了双赢，在短期内被更多的证券投资商所利用，从而形成了回购市场。回购协议是指证券持有者在将证券售出的同时和证券购买者签订协议，约定在一定期限后按原始价格或约定价格购回所售证券，并支付回购利息，以获取即时可用资金。通过回购协议进行短期资金融通交易的市场，称为回购市场。

同业拆借市场起源于美国。美国为了控制货币流通量和银行的信用扩张，以法律的形式规定，所有接收存款的商业银行都必须按照存款余额计提一定比例的法定存款准备金，并存入中央银行，同业拆借市场应运而生。为了控制商业银行的风险，中央银行要求各银行都必须按存款余额的一定比例计提法定存款准备金，准备金数额不足就要受到一定的经济处罚，而准备金数量过多会影响商业银行的效益，同业拆借市场的出现有效地解决了这一矛盾。同业拆借是指金融机构之间为融通短期资金的不足与盈余、弥补票据清算的差额以及解决临时性的资金短缺，以货币借贷方式进行的短期资金借贷活动。这些活动所形成的市场，就称为同业拆借市场。例如，像 A 银行这样从资金盈余机构借入款项的行为被称为拆入，B 银行的借出行为被称为拆出，相应地，A 银行向 B 银行借款的利率称为同业拆借利率。

(2) 回购市场和同业拆借市场的交易原理是有区别的。

回购市场实质上是以证券作为抵押品融通短期资金的一种形式。在回购交易中，交易双方都面临着利率风险，即由于市场利率变化而引起的作为抵押品的证券市价的变动。交易期限越长，这种风险越大。因此，交易双方在约定国债的回售价格时，要准确估量和把握交易期内的市场利率走势及国债市价变动可能产生的影响。

同业拆借市场实质上是对银行同业间的资金余缺的调剂，其利率由交易双方自定，日拆一般无抵押品，单凭银行间的信誉，期限较长的拆借通常以信用度较高的金融工具为抵押品。

同业拆借市场使金融机构在不用保持大量超额准备金的前提下，满足存款支付及汇兑、清算的需要。在现代金融制度体系中，金融机构为了实现较高的利润和收益，必然要扩大资产规模，但同时会面临准备金减少和可用资金不足的问题，甚至出现暂时性支付困难。准备金过多或可用资金闲置过多又使金融机构的利润减少、收益降低。金融机构需要在不影响支付的前提下，尽可能地降低准备金水平，以扩大能获取高收益的资产规模，使利润最大化。同业拆借市场使准备金过多的金融机构可以及时拆出资金，保证获得较高的收益，使准备金不足的金融机构可以及时借入资金保证支付，有利于金融机构实现其经营目标。同业拆借市场还是中央银行实施货币政策，进行金融宏观调控的重要场所。同业拆借市场的交易价格，即同业拆借市场利率，是对资金市场上短期资金供求状况的反映。中央银行根据其利率水平，了解市场资金的松紧状况，运用货币政策工具进行金融宏观调控，调节银根松紧和货币供应量，实现货币政策目标。

(3) 回购市场和同业拆借市场最本质的不同在于，回购市场是支付一定的手续费换取一笔资金在一定期限内的使用权限，同业拆借市场是银行间互相调剂余缺。

3. **答**：货币市场一般是指融资期限在 1 年以下的金融市场；资本市场一般是指融资期限在 1 年以上的金融市场。

(1) 货币市场和资本市场之间的区别如下。

1) 期限的差别。资本市场上交易的金融工具的期限均为 1 年以上，最长者可达数 10 年，有些甚至无期限（如股票等）；而货币市场上一般交易的是期限在 1 年以内的金融工具，期限最短的只有几日甚至几个小时。

2) 作用不同。货币市场融通的资金，大多用于工商企业的短期资金周转；资本市场融通的资金，大多用于企业的创建、更新、扩充设备和储存原料，政府在资本市场上筹集长期资金，主要用于兴办公共事业和保持财政收支平衡。

3) 风险程度不同。货币市场的信用工具，期限短，流动性高，价格不会发生剧烈变化，风险较小；资本市场的信用工具，期限长，流动性较低，价格变动幅度较大，风险也较高。

4) 资金来源不同。两类市场的融资目的和风险程度决定了其资金来源必然存在区别。在西方发达国家比较成熟的金融体系中，公司和银行通常将其暂时性的资金盈余投资于货币市场，以获取利息，而保险公司和养老基金则大量持有资本市场证券，以谋求投资收益。

(2) 货币市场和资本市场之间的联系如下。

货币市场与资本市场的划分远非如其名称所显示的那样泾渭分明，事实上，从其他角度来分析，二者在很多方面都是相互联系、相互影响甚至重合的。

1) 资金相互流动。由于这两类市场的进入和退出不存在什么重大的市场障碍，因此许多资金供给者和需求者利用这两种市场，当他们自己的境遇和金融情况发生变化时，他们在货币市场或资本市场的活动程度也会及时转变，于是资金常常从一类市场流动到另一类市场。在目前先进的通信设施、齐全的金融工具条件下，通过对不同金融工具的利率信息以及其中包含的成本收益信息进行比较分析之后，市场主体完全可以根据自己的实际情况在两类市场间进行权衡与抉择，利用货币市场的资金滚动（使用固定期限首尾相连的货币市场工具）来筹措长期资金，或利用资本市场进行短期融资。事实正是如此，市场主体在等待较为有利的资本市场情况的时候，往往为长期资本需要而涉足货币市场寻求临时资金，许多金融中介机构和中介（如商业银行、经纪人和经销商）同时活动于两类市场。

2) 利率同向变动趋势。利率是货币和资本的价格，其变动反映了两类市场的资金供需状况。现代利率理论认为，长期和短期利率之差代表风险贴水，利率水平的高低只与间隔时间的长短有关。因此，当市场资金供求关系发生变化时，长期和短期利率，即货币市场和资本市场的利率会同步变化。长期实证数据表明，二者虽然并不严格同步变动，但基本上仍具有同向变动的趋势。当然，就某个特定时期、某种特定金融工具来看，货币市场利率倾向于敏感和易变，而资本市场工具（特别是股票）的价格显得更加变幻无常。但从总体和长期的角度来看，这两类市场在利率方面相互关联，以至于实际上等于一个市场。

3) 资金存量相互影响。这一点显而易见，两类金融市场既然相互贯通，那么这一类市场资金的增减必然会影响另一类市场的资金供求，进而影响其资金存量。中央银行就是利用这一原理，通过实施传统货币政策，控制货币市场上基础货币的投放量，通过金融机构的媒介和放大作用影响资本市场，从而达到调控宏观经济的政策目标。

4) 金融工具相互重合。两类市场的金融工具并非截然分开，它们在一定条件下可以相互转化。随着金融市场的日益发展和金融工具的不断创新，二者的分别日渐模糊，一些衍生金融工具（如期货、期权、互换等）已很难指明其究竟属于哪类市场工具。

第 9 章
CHAPTER 9

债券市场

习 题

一、单项选择题

1. 下列不属于债券发行的基本要素的是（   ）
   A. 票面价值   B. 票面利率   C. 市场利率   D. 发行者名称
2. 下列关于债券利率的风险结构描述正确的是（   ）
   A. 债券违约风险越大，利率越高
   B. 债券违约风险越大，利率越低
   C. 债券流动性越强，利率越高
   D. 浮动利率债券在市场利率上升的环境中具有较高的利率风险
3. 如果一种债券的市场价格提高了，其到期收益率必然会（   ）
   A. 不确定   B. 不变   C. 下降   D. 提高
4. 当利率变动幅度较大时，用久期衡量利率的变动对债券价格的影响会产生较大的误差，这主要是由债券具有的（   ）引起的
   A. 敏感性   B. 凸性   C. 期限性   D. 风险性
5. 在实践中，可以根据某种债券的（   ）来判断其流动性风险的大小
   A. 买卖价差   B. 到期期限
   C. 一年中付息的次数   D. 发行主体的质量
6. 债券种类繁多，各具特色，根据不同的分类标准，可对债券进行不同的分类，按发行主体分类，债券可分为（   ）
   A. 政府债券、金融债券、公司债券   B. 短期债券、中期债券、长期债券、永久债券
   C. 附息债券、贴现债券   D. 信用债券、抵押债券、担保债券

7. 到期收益率（YTM）为 5%，面值 1 000 元的 2 年期零息债券的价格更接近（   ）元
   A. 800　　　　　　B. 900　　　　　　　　C. 1 000　　　　　　　　D. 1 100
8. 投资者李某计划进行债券投资，选择了同一资本市场上的 A 和 B 两种债券。两种债券的面值和票面利率相同，A 债券将于一年后到期，B 债券将于半年后到期。下列有关两种债券的价值的说法中正确的是（   ）
   A. 债券 A 的价值较高　　　　　　　　B. 债券 B 的价值较高
   C. 两种债券的价值相同　　　　　　　D. 两种债券的价值不同，但不能判断其高低
9. 利率是债券票面要素中不可缺少的内容，债券利率亦受很多因素的影响，其中主要影响因素不包括（   ）
   A. 借贷资金市场利率水平　　　　　　B. 筹资者的资信
   C. 债券期限长短　　　　　　　　　　D. 资金使用用途
10. 下面叙述正确的是（   ）
    A. 债券尽管有面值，代表了一定的财产价值，但它只是一种虚拟资本，而不是真实资本
    B. 债券代表债券投资者的权利，这种权利不是直接支配财产权，而是资产所有权
    C. 由于债券的期限越长，流动性越差，风险也就较大，所以长期债券的票面利率肯定高于短期债券的票面利率
    D. 流通性是债券的特征之一，也是国债的基本特点，因此所有的国债都是可流通的
11. 下面不属于美国的场外市场的是（   ）
    A. 纳斯达克市场　　B. 纽约证券交易市场　　C. 布告栏市场　　　D. 粉红单市场

二、判断题

1. 债券购买者与发行者之间，债券发行人即债权人，投资者即债务人。（   ）
2. 政府债券又称为国债，是中央政府为筹集资金而发行的债券。（   ）
3. 政府发行短期国债的资金，常常被用作政府投资的主要资金来源。（   ）
4. 调整资本结构或负债结构，是公司债券的主要发行目的。（   ）
5. 王某持有期限为五年且一年付息一次的附息债券，一年后由于急需资金决定卖掉该债券，则王某的收益率为到期收益率。（   ）
6. 溢价债券的内部收益率高于票面利率，折价债券的内部收益率低于票面利率。（   ）
7. 投资垃圾债券的收益水平一般会比普通债券的收益水平高。（   ）
8. 金融机构一般有雄厚的资金实力，因此金融债券通常被称为"金边债券"。（   ）
9. 债券投资收益可以表现为两种形式：一种是利息收入，一种是资本损益。（   ）
10. 当未来市场利率趋于下降时，应选择发行期限较长的债券。（   ）

三、名词解释

1. 到期收益率　　　　　2. 凸性　　　　　　　3. 远期利率
4. 金融债券　　　　　　5. 垃圾债券　　　　　6. 信用评级
7. 久期　　　　　　　　8. 持有期收益率

四、简答题

1. 简述债券的特征。
2. 简述溢价发行和折价发行的异同。
3. 简述证券交易所的组织形式。
4. 简述债券评级方法中的 5C 要素分析法。
5. 简述影响债券价格的因素。
6. 3 个月期国库券、政府长期债券和 Baa 级公司债的利率之间存在哪种基本关系?
7. 简述债券的风险。

五、计算题

1. 当市场利率为 6% 时,3 年到期、票面值为 100 元、票面利率为 10% 的年附息债券的发行价格应该为多少?当利率下降为 4% 时,债券价格是多少?如果市场利率上升为 8% 呢?债券价格与市场利率的变化呈现怎样的关系?
2. 假设债券市场中,面值为 100 元的 1 年期零息债券的价格为 94.34 元,2 年期零息债券的价格为 84.99 元。如果投资者准备按面值购买新发行的 2 年期国债,面值为 100 元,年息票利率为 12%(每年支付一次利息)。
   (1) 2 年期零息债券和 2 年期附息债券的到期收益率分别为多少?
   (2) 第二年的远期利率为多少?
3. 假设 2018 年 3 月 1 日,债券市场上存在以下几种不同的债券(见下表),面值均为 100 元,每半年付息一次。

到期日	2018-09-01	2019-03-01	2019-09-01	2020-03-01	2020-09-01
年票息率(%)	5	5.5	6	6.5	6

某债券承销商给出了不同期限的折现率,如下表所示。

时间 t(年)	折现率 $d(t)$	时间 t(年)	折现率 $d(t)$
0.5	0.98	2	0.90
1	0.96	2.5	0.86
1.5	0.92		

   (1) 根据上表计算各种债券现在的价格。
   (2) 如果承销商正在承销一个 1 年期的债券,息票利率为 7%,半年付息一次,1 年后到期,销售价格为 104 元。投资者是否应该买这只债券?
4. 投资者购买了某只 30 年后到期,息票利率为 8%,票面价值为 100 元的债券。
   (1) 若当前市场债券收益率为 8%,那么投资者持有的债券价值为多少?
   (2) 经计算得知,该债券的修正久期为 11.26,若债券的收益率从 8% 上升到 10%,债券的价格是上升还是下降,根据久期计算出的价格变化的百分比是多少?这一变化的幅度是高于还是低于债券实际价格变化的幅度?为什么?

(3) 经计算，该债券的凸性为212.4，那么考虑债券的凸性之后，债券价格的变化又是怎样的？

习题参考答案及解析

一、单项选择题

题号	1	2	3	4	5	6	7	8	9	10	11
答案	C	A	C	B	A	A	B	B	D	A	B

1. **解析**：债券的发行必须具备的要素有：票面价值、票面利率、到期期限和发行者名称。市场利率并非必须体现在债券上。
2. **解析**：当利率上升时，债券价格下降；当利率下降时，债券价格上升。债券违约风险越大，利率越高；债券流动性越强，利率越低。债券价格受市场利率的影响，浮动利率债券的利息在支付日根据当前的市场利率重新设定，因而浮动利率债券在市场利率上升的环境中具有较低的利率风险，而在市场利率下行的环境中具有较高的利率风险。
3. **解析**：在其他因素相同的情况下，由到期收益率公式可知，债券的市场价格与到期收益率呈反方向增减。因此，一种债券的市场价格上升，其到期收益率必然下降。
4. **解析**：当收益率变动较小时，可以利用久期来估计债券价格的波动性。如果利率变化较大，用久期衡量债券价格变动的偏差较大，所以需要引入凸性来度量。凸性是用弯曲程度来表示债券价格与到期收益率之间关系的方式。债券的价格与收益率的反比关系是非线性的，即债券收益率下降所引起的债券价格上升幅度不等于收益率同比上升所引起的债券价格下降幅度，该现象就是由凸性引起的。
5. **解析**：债券的流动性风险是指未到期债券的持有者无法以市值，只能以明显低于市值的价格变现债券所形成的投资风险。在实践中，可以根据某种债券的买卖价差来判断其流动性风险。一般来说，买卖价差较大的债券流动性风险较高。
6. **解析**：按发行主体分类，债券可分为政府债券、金融债券、公司债券等；按偿还期限分类，债券可分为短期债券、中期债券和长期债券；按计息与付息方式分类，债券可分为息票债券和贴现债券；按抵押担保状况分类，债券可分为信用债券、抵押债券和担保债券。
7. **解析**：零息债券以低于面值的方式发行，持有期内不支付利息，到期按债券面值偿还。债券发行价格与面值之间的差额就是投资者的利息收入。债券价格的计算采用现金流贴现的方法。零息债券在第1年没有现金流，只在第2年产生现金流1 000元。所以债券的价格计算如下

$$P = \frac{1\,000}{(1+5\%)^2} = 907.03(元)$$

为907.03元，所以选B。

8. **解析**：由于票面利率小于市场利率，所以A和B这两种债券的价值均小于面值。在连续付息的情况下，随着时间接近到期日，债券的价值逐渐上升，最终等于债券面值。B债券更接近到期时点。因此，B债券的价值比A债券的价值高。
9. **解析**：债券利率的影响因素有很多，主要有市场利率、期限、发行主体信用等级等因素。其

中，市场利率越高，票面利率越高。因为如果票面利率低于市场利率，那么投资者会选择其他投资品进行投资，以获得更高的收益。债券期限越长，利率越高。债券的期限越长，债券持有者资金周转越慢，在银行利率上升时投资收益可能会受到影响。债券的期限越长，投资风险也越高，因此要求有较高的收益作为补偿，而收益率高的债券，价格也高。所以为了获取与所遭受的风险相对称的收益，债券持有人对期限较长的债券要求较高的收益率。发行主体信用等级越高，资信状况越好，债务偿付能力越强，债券的风险越低，其票面利率越低。但是，因为存在机会成本问题，利率水平与资金的具体用途没有直接的关系。

10. **解析**：债券尽管有面值，代表了一定的财产价值，但它只是一种虚拟资本，而非真实资本。因为债券的本质是证明债权、债务关系的证书，在债权、债务关系建立时所投入的资本已被债务人占用，债券是实际运用的真实资本的证书。债券的流动并不意味着它所代表的实际资本也同样流动，债券独立于实际资本之外。故 A 正确。债券代表债券投资者的权利，这种权利不是直接支配财产权，也不以资产所有权体现，而是一种债权。故 B 错误。债券票面利率与期限的关系较复杂，除时间以外还受其他因素的影响，所以有时也能见到短期债券票面利率高而长期债券票面利率低的现象。如果一个是短期的低评级债券，另一个是长期的高评级债券，前者的票面利率不一定比后者低。故 C 错误。并非所有的国债都可以上市流通。不可流通的国债在发行时规定不能进入市场流通，只能按规定时间兑付。非流通国债吸收资金，有的以个人为目标，有的以一些特殊的机构为对象。以个人为目标的非流通国债，一般是吸收个人小额储蓄资金，故有时被称为储蓄债券。例如，凭证式国债不可流通。故 D 错误。

11. **解析**：美国拥有世界上最发达的证券交易市场，债券交易市场主要分为证券交易所市场和场外交易市场。美国的交易所市场主要分为全国性证券交易所与区域性交易所，全国性证券交易所的典型代表是纽约证券交易所。美国也拥有发达的场外交易市场，主要由纳斯达克市场、布告栏市场和粉红单市场等构成。故选 B。

二、判断题

题号	1	2	3	4	5	6	7	8	9	10
答案	×	×	×	√	×	×	×	×	√	×

1. **解析**：债券是政府、金融机构或工商企业等直接向社会借债筹措资金时，向投资者发行的承诺按一定利率支付利息并按约定条件偿还本金的债权债务凭证。债券的本质是债权证明书，债券购买者与发行者之间是一种债权债务关系。债券发行人借入资金，为债务人，是需要偿还利息和本金的一方。投资者投资并持有债券，贷出资金，到期收回利息和本金。

2. **解析**：政府债券分为中央政府和地方政府发行的债券，前者是由中央政府直接发行的债券，也叫国债。后者是地方政府发行的债券，也称地方政府债券或市政债券。因此，国债只是政府债券的一个组成部分。

3. **解析**：政府发行短期国债，一般是为了满足国库暂时的入不敷出之需。政府通过发行中期国债筹集的资金或用于弥补赤字，或用于投资，不再用于临时周转。长期国债由于期限长，政府短期内无偿还负担，而且可以较长时间占用国债认购者的资金，所以常被用作政府投资的资金来源。

4. **解析**：公司债券的主要发行目的有调整资本结构或负债结构，偿还已到期的债务，扩大设备投资和作为长期流动资金。
5. **解析**：到期收益率是使未来现金流的现值等于债券价格的贴现率，一般来说该贴现率为常数。到期收益率实质上就是财务中的内部收益率，即投资者如果按照现价购入，并一直持有债券到期能够获得的实际收益水平，是使用最广泛的收益率。但题中的债券在到期前被其持有者出售，在这种情况下到期收益率并不是一个合适的指标。针对到期前出售债券的情况，可以计算持有期收益率。
6. **解析**：溢价债券的内部收益率低于票面利率，折价债券的内部收益率高于票面利率。当债券的票面利率与市场利率一致时，企业债券可按其面值出售，这种情况称为平价发行或按面值发行。当债券的票面利率高于市场利率时，潜在的投资者必将乐于购买，这时债券就应以高于面值的价格出售，这种情况称为溢价发行。实际发行价格高于票面价值的差额部分，称为债券溢价。债券溢价发行后，企业要按高于市场利率的票面利率支付债权人利息，所以溢价收入是对未来多付利息所做的事先补偿。当债券的票面利率低于市场利率时，潜在的投资者会把资金投向其他高利率的项目，这时债券就应以低于票面价值的价格出售，以吸引投资者，这种情况称为折价发行，实际发行价格低于票面价值的差额部分，称为债券折价。债券折价发行后，企业按低于市场利率的票面利率支付利息，债券折价实际上是发行企业对债权人今后少收利息的一种事先补偿。
7. **解析**：垃圾债券也称高风险债券，是信用等级在标准普尔公司 BB 级或穆迪公司 Ba 级以下的公司发行的债券。垃圾债券向投资者提供高于其他债务工具的利息收益，因此垃圾债券也被称为高收益债券。投资垃圾债券的风险高于投资其他债券，而投资垃圾债券的收益未必一定高于普通债券。
8. **解析**：金融债券的发行主体是银行或非银行金融机构，一般有较高的资信，所以金融债券多为信用债券，无须担保。金边债券起源于英国，主要是当时发行的英国政府公债带有金边，所以被称为"金边债券"。在美国，经权威资信评级机构评定的最高资信等级的债券也可称作"金边债券"。后来，随着市场的不断变化，金边债券泛指所有中央政府发行的债券，也就是国债，以国家的征税能力作为国债还本付息的保证，所以投资者不用担心金边债券的偿还能力，而且政府鼓励投资者购买国债，因为大多数国家都规定，国债投资者可以享受国债利息收入方面的税收优惠，甚至免税，所以金边债券的流动性很强，被广泛地用作抵押或担保。
9. **解析**：投资债券的收益可以表现为两种形式：一种是利息收入，即债权人在持有债券期间按约定的条件分期、分次取得利息或者到期一次取得利息；另一种是资本损益，即债权人到期收回的本金与买入债券或中途卖出债券之间的价差收入。
10. **解析**：当预期未来市场利率趋于下降时，应发行短期债券。因为可能过一段时间之后，市场利率就会下跌，将来的融资成本更低，利息负担更轻。

三、名词解释

1. 所谓到期收益，是指将债券持有到偿还期所获得的收益，包括到期的全部利息。到期收益率又称最终收益率，是投资购买债券的内部收益率，是使投资购买债券获得的未来现金流的现值等于债券当前市价的贴现率。它相当于投资者按照当前的市场价格购买并且一直持有债券到满期时可以获得的年平均收益率，其中隐含了每期的投资收入现金流均可以按照到期收益率进行再投资。

2. 久期描述了价格-收益率曲线的斜率，凸性描述了曲线的弯曲程度。凸性是债券价格对收益率的二阶导数，是对债券久期利率敏感性的测量。当价格-收益率出现大幅度波动时，它们的波动幅度呈非线性关系。用久期进行预测将有所偏离，凸性就是对这个偏离的修正。凸性的引入可以使投资者更加精确地知道利率变化对债券价格的影响程度，提高敏感性度量的准确性，从而更加精确地度量和管理债券价格的利率风险。

3. 远期利率是隐含在给定的即期利率中的从未来某一时点到另一时点的利率水平。确定了收益率曲线后，所有的远期利率都可以根据收益率曲线上的即期利率求得，远期利率是和收益率曲线紧密相连的。在现代金融分析中，远期利率有着非常广泛的应用。它们可以预示市场对未来利率走势的期望，一直是中央银行制定和执行货币政策的参考工具。更重要的是，在成熟市场中，几乎所有利率衍生品的定价都依赖于远期利率。

4. 金融债券是由商业银行和非银行金融机构发行的债券。金融债券的发行者是金融机构，一般具有较高的资信，所以金融债券多为信用债券，无须担保。在英国和美国等国家，金融债券属于公司债券；在中国及日本等国家，金融机构发行的债券被称为金融债券。目前，中国的金融债券主要有政策性金融机构债券、商业银行债券和非银行金融机构债券等。按付息方式，债券可分为一次还本付息债券、贴现债券、零息债券和附息债券。按债券形态，债券可分为实物债券、凭证式债券和记账式债券。

5. 垃圾债券也称为高风险债券，是信用级别在标准普尔公司 BB 级或穆迪公司 Ba 级以下的公司发行的债券。垃圾债券向投资者提供高于其他债务工具的利息收益。因此，垃圾债券也被称为高收益债券，但投资垃圾债券的风险也高于投资其他债券。

6. 信用评级又称资信评级，是社会中介服务机构为社会提供债券资信信息，或为自身提供决策参考的过程。信用评级是按一定的评分标准对债券还本付息的可靠性做出公正、客观的评价。信用评级的根本目的在于揭示受评对象违约风险的大小。信用评级评价的目标是经济主体按合同约定如期履行债务或其他义务的能力和意愿。信用评级是独立的第三方利用其自身的技术优势和专业经验，就各经济主体和金融工具的引用风险大小所发表的专家意见，它不能代替资本市场投资者本身做出投资选择。

7. 久期用来衡量债券或债券组合的单位价格相对于利率的变化，是分析债券利率风险的常用指标。久期用 D 表示。久期越短，债券对利率的敏感性越低，风险越低；反之，久期越长，债券对利率的敏感性越高，风险越高。

8. 债券可能在到期前被持有人出售，在这种情况下到期收益率并不是衡量收益的合适指标。针对到期前出售债券的情况，可以计算持有期收益率。

四、简答题

1. **答**：债券是政府、金融机构或工商企业等直接向社会借债筹措资金时，向投资者发行的承诺按一定利率支付利息并按约定条件偿还本金的债权债务凭证。债券的本质是债权证明书，具有法律效力。债券购买者与发行者之间是一种债权债务关系。债券发行人即债务人，投资者（债券持有人）即债权人。债券作为一种重要的融资手段和金融工具，具有如下特征：

（1）期限性。债券是一种有约定期限的有价证券。债券代表债权债务关系，要有确定的还本付息日。当债券到期时，债务人就要偿还本金。

（2）偿还性。债券一般规定了偿还期限，发行者必须按约定条件偿还本金并支付利息。

（3）流通性。债券一般都可以在金融市场上自由转让。

（4）安全性。与股票相比，债券通常有固定的利率，与企业绩效没有直接联系，收益比较稳定，风险较小。此外，当企业破产时，债券持有者享有优先于股票持有者对企业剩余资产的索取权。

（5）收益性。债券的收益性主要表现在两个方面：一是投资债券可以给投资者定期或不定期地带来利息收入；二是投资者可以利用债券价格的变动买卖债券并赚取差额。

（6）自主性。债券具有自主性，企业通过发行债券筹集资金相当于是向社会公众借款，债券的持有者只对发行企业拥有债权，而不能像股票持有者那样参与企业的经营管理。另外，企业通过发行债券筹集的资金，可以根据自身生产经营的需要自由运用，不像银行借款那样有规定的用途，资金的使用情况也不必受银行监督。

2. 答：折价发行又称低价发行，是指在发行债券时，发行价格低于证券的票面金额，到期还本时依照票面金额偿还的发行方法。

溢价发行又称增价发行，当采用这种方式发行债券时，以高于证券票面金额的价格出售债券，到期按票面金额偿还。

债券溢价或折价发行是对票面利率与市场利率之间的差异所做的调整，其差异的值就是一种利息费用。债券溢价发行是指债券以高于其面值的价格发行，折价发行指债券以低于其面值的价格发行。当债券的票面利率高于银行利率时，由于投资者可以获得更多的收益，对于发行人来说，溢价发行相当于从投资者那里多收取一部分钱用来弥补今后将付给投资者的该部分利息。相反，当债券的票面利率低于银行利率时，如果不折价发行，没有人会购买发行人所发行的债券，因为债券的风险比银行储蓄高。因而债券溢价或折价都不是企业发行债券的利益损失，而是债券从发行日到到期日整个期限内对利息费用的调整。

3. 答：证券交易所在一国的证券制度体系中占有重要的法律地位，因为它不仅为证券交易提供场所和设施，还对整个证券交易市场进行组织和监管。从组织形式上来看，证券交易所主要有会员制和公司制两种。

会员制证券交易所是不以盈利为目的的法人。证券交易所的会员由证券公司等证券商组成，只有取得证券交易所会员资格之后，证券商才能在证券交易所参加交易。会员制证券交易所强调自治自律、自我管理，会员对证券交易所承担的责任仅以其缴纳的会费为限。由于会员制证券交易所不以盈利为目的，因此收取的费用较低，证券商和投资者的负担相应地也较轻。当发生交易纠纷时，证券交易所不负赔偿责任，由会员和买卖双方自己解决。

公司制证券交易所由银行和证券公司等作为股东组成，其组织结构和有关的权利义务等法律关系均以《公司法》的规定为准。公司制证券交易所以盈利为目的，证券商的负担较重，而且因其主要收入来自成交额佣金，为了增加证券交易所自身的利益可能会人为地制造证券投机行为，或者推波助澜，扰乱证券市场。

从证券制度开始发展到逐渐繁荣的很长一段时间内，会员制证券交易所一直占据主体地位，但是自20世纪90年代以来，世界各国的交易所纷纷从会员所有的互助交易所演变成股东所有的营利性公司，这一过程被称为证券交易所的"非互助化"。证券交易所的公司化浪潮为全球的证券市场注入了新的变革力量,加强了世界各国证券交易所之间的竞争,同时也带来了一定的挑战。

4. **答**:债券信用评级是以企业或经济主体发行的有价债券为对象进行的信用评级。债券信用评级大多是企业债券信用评级,是对具有独立法人资格的企业发行的某一特定债券,评估其按期还本付息的可靠程度,并标示其信用程度的等级。信用评级是为投资者购买债券和证券市场债券的流通转让活动提供信息服务。国家财政发行的国库券和国家银行发行的金融债券,由于有政府的保证,因此不参加债券信用评级。地方政府或非国家银行金融机构发行的某些有价证券,有必要进行评级。

由于信用评级的对象和要求不同,因而信用评级的方法也有较大的区别。其中,5C要素分析法主要针对以下五个方面的信用要素进行分析。

(1) 借款人品德。要求借款人必须诚实可信,善于经营。通常要根据过去的记录并结合现状调查来进行分析,包括企业经营者的年龄、受文化程度、技术结构和遵纪守法情况,开拓进取精神及领导能力,有无获得荣誉奖励或纪律处分,团结协作精神及组织管理能力。

(2) 经营能力。要分析借款企业的生产经营能力及获利情况,管理制度是否健全,管理手段是否先进,产品生产销售是否正常,在市场上有无竞争力,经营规模和经营实力是否逐年增长,财务状况是否稳健。

(3) 资本。企业资本往往是衡量企业财力和贷款金额大小的决定因素,企业资本雄厚,说明企业具有强大的物质基础和抗风险能力。因此,信用分析必须调查企业的资本规模和负债比率,反映企业资产或资本对于负债的保障程度。

(4) 资产抵押。资产可以用作贷款担保和抵押品,有时申请贷款也可由其他企业担保。有了担保抵押,信贷资产就有了安全保障。信用分析必须分析担保抵押手续是否齐备,抵押品的估值和出售有无问题,担保人的信誉是否可靠。

(5) 经济环境。经济环境对企业的发展前途具有一定的影响,也是影响企业信用的一项重要外部因素。信用分析必须对企业的经济环境,包括企业发展前景、行业发展趋势和市场需求变化等进行分析,预测其对企业经营效益的影响。

5. **答**:债券是除了股票、期货以外的第三大金融投资方式,是一种较为普遍的金融投资形式,但是投资就意味着有风险,影响债券价格变动的因素有许多,主要分为内部因素和外部因素。

(1) 内部因素包括票面利率、期限和企业的资信程度。

1) 票面利率。债券的票面利率也就是债券的名义利率,债券的名义利率越高,到期的收益就越大,债券的售价也就越高。

2) 期限。债券的期限越短,债券的价格就越接近其终值(兑换价格),所以债券的期限越长,价格就越低。另外,期限越长,发行债券的企业所面临的各种风险就可能越大,所以债券的价格也就越低。

3) 企业的资信程度。发行债券者资信程度高,债券的风险就小,因而其价格就高;而资信程度低,债券价格就低。所以在债券市场上,相对于其他条件相同的债券,国债的价格一般高于金融债券,而金融债券的价格一般又高于企业债券。

(2) 外部因素包括经济形势、通货膨胀水平和供求关系等。

1) 当整个国民经济呈现出衰退的态势时,企业资金的需求量减弱,银行贷款减少,市场利率下降。就债券价格决定的一般规律来说,它与债券的利息收入成正比,与市场利率成反比。撇开金融机构没有必要出售债券和企业没有必要把资金投向短期债券不说，这时的债券市场价格也会上升。反之，当整个国民经济呈现出扩张的态势时，经济繁荣，资金的需求量增加。企业一方面抛出现有债券，另一方面纷纷要求增加贷款，利率就会上涨，金融机构也会出售债券增加贷款，这时债券充满了市场，价格也就必然下跌。

2）物价普遍上涨就是通货膨胀。这时，中央银行就会紧缩银根，提高利率，社会资金普遍短缺，市场预期收益率上涨，从而迫使债券价格下跌；反之，物价水平稳定，甚至稳中有降，银根就会放松，社会资金充裕，利率下跌，市场预期收益率也就下降，债券的价格便随之上升。

3）供求关系。债券的市场价格还取决于资金和债券供给之间的关系。当经济发展呈上升趋势时，企业一般要增加设备投资，所以它一方面因急需资金而抛出债券，另一方面它会从金融机构借款或发行公司债，这样就会使市场的资金趋紧而债券的供给量增大，从而引起债券价格下跌。而当经济不景气时，生产企业对资金的需求将有所下降，金融机构会因贷款减少而出现资金剩余，从而增加对债券的投入，引起债券价格上涨。当中央银行、财政部门、外汇管理部门对经济进行宏观调控时，往往也会引起市场资金供给量的变化，一般反映为利率、汇率随之变化，从而引起债券价格的涨跌。

6. **答：**（1）3个月期国库券为短期国债，一般是偿还期为1年或1年以内的国债，具有周期短及流动性强的特点。又因为国债由中央政府发行，有政府信用做担保，因而安全性更高，利率较低。

政府长期债券是指由政府发行的，偿还期为10年或10年以上的债券。政府债券由中央或地方政府发行，因而安全性更高，但由于期限较长，相较于3个月期国库券来说，缺乏流动性，具有较高的流动性风险，所以利率比短期国库券高。

公司债券是企业筹资解决资金短缺问题的重要工具，一般期限较长。Baa级公司债券属于下中质量债券，违约风险较政府债券高很多，同时期限又较长，因此，Baa级公司债券的利率是三者之中最高的。

(2) 3个月期国库券利率的波动大于其他债券，但总的来说，其平均利率水平最低。政府长期债券利率较高，Baa级公司债券的利率在这三种债券里是最高的。

(3) 这三种债券的运动有统一的趋势，具有联动性。风险溢价随着违约风险而变化，违约风险越高，风险溢价越高。

7. **答：**任何投资都是有风险的，风险不仅存在于价格变化之中，也可能存在于信用之中。因此，正确评估债券的投资风险，明确未来可能遭受的损失，是投资者在进行投资决策之前必须做的工作。

尽管和股票相比，债券的利率一般是固定的，但人们在进行债券投资时和其他投资一样，仍然存在风险。风险意味着可能的损失，债券所具有的风险具体如下。

1）利率风险。利率风险是指由于利率变动而使投资者遭受损失的风险。毫无疑问，利率是影响债券价格的重要因素之一：当利率提高时，债券的价格就降低；当利率降低时，债券的价格就会上升。由于债券价格随利率而变动，所以即便是没有违约风险的国债，也会存在利率风险。

2）流动性风险。流动性差的债券使得投资者在短期内无法以合理的价格将其卖掉，从而遭受损失或丧失新的投资机会。

3) 信用风险。发行债券的公司不能按时支付债券利息或偿还本金，从而给债券投资者带来损失。在所有债券之中，财政部发行的国债，由于有政府作为担保，往往被市场认为是金边债券，没有违约风险。但除中央政府以外的地方政府和公司发行的债券，或多或少存在违约风险。因此，信用评级机构要对债券进行评价，以反映其违约风险。一般来说，如果市场认为一种债券的违约风险相对较高，那么就会要求该债券的收益率也较高，从而弥补投资者可能遭受的损失。

4) 再投资风险。再投资风险是指债券持有者在持有期内得到的利息收入、到期时得到的本息以及出售债券时得到的资本收益等，用它们来进行再投资所能实现的收益率可能低于当初购买该债券的收益率的风险。当利率降低时，债券价格上升，再投资收益率就会降低，再投资风险增加。当利率上升时，债券价格会下降，但是利息的再投资收益会上升。一般而言，期限较长的债券和息票率较高的债券，其再投资风险相对较大。

5) 购买力风险。购买力风险又称通货膨胀风险，是指由于通货膨胀而使货币购买力下降的风险。通货膨胀期间，债券实际利率应该是票面利率减通货膨胀率。若债券利率为10%，通货膨胀率为8%，则实际的收益率只有2%。购买力风险是债券投资中最常出现的一种风险。

五、计算题

1. 答：债券为附息债券，用现金流贴现法为债券定价。

当市场利率为6%时，发行价格

$$P = \frac{10}{1+6\%} + \frac{10}{(1+6\%)^2} + \frac{110}{(1+6\%)^3} = 110.69(元)$$

当市场利率为4%时，发行价格

$$P = \frac{10}{1+4\%} + \frac{10}{(1+4\%)^2} + \frac{110}{(1+4\%)^3} = 116.65(元)$$

当市场利率为8%时，发行价格

$$P = \frac{10}{1+8\%} + \frac{10}{(1+8\%)^2} + \frac{110}{(1+8\%)^3} = 105.15(元)$$

根据以上计算结果可知，债券的价格与市场利率的变化呈反比例关系，即市场利率越高，债券价格越低。

2. 答：(1) 设 2 年期零息债券的到期收益率为 y，$\frac{100}{(1+y)^2} = 84.99$，则 $y \approx 8.47\%$。

设 2 年期附息债券的到期收益率为 y'，由于该国债是按面值购买的，为平价发行，因此债券到期收益率为息票利率12%。

(2) 设第二年的远期利率为 R，由 1 年期零息债券的价格可知，1 年期零息债券的到期收益率为 y''，$\frac{100}{1+y''} = 94.34$，则 $y'' \approx 6\%$。

由远期利率和即期利率公式 $(1+R)(1+y'') = (1+y)^2$ 可知

$$R = \frac{(1+y)^2}{(1+y'')} - 1 = \frac{(1+8.47\%)^2}{(1+6\%)} - 1 \approx 11\%$$

即第二年的远期利率约为11%。

3. 答：(1) 计算债券价格应用折现率定价模型
$$p = c_1 \times d(1) + c_2 \times d(2) + \cdots + c_t \times d(t)$$
式中，c_t 为债券在 t 期的现金流；$d(t)$ 为 t 期折现率。

第一种债券的价格为
$$100 \times (1 + 5\%/2) \times 0.98 = 100.45(元)$$
第二种债券的价格为
$$100 \times 5.5\%/2 \times 0.98 + 100 \times (1 + 5.5\%/2) \times 0.96 = 101.335(元)$$
第三种债券的价格为
$$100 \times 6\%/2 \times 0.98 + 100 \times 6\%/2 \times 0.96 + 100 \times (1 + 6\%/2) \times 0.92 = 100.58(元)$$
第四种债券的价格为
$$100 \times 6.5\%/2 \times 0.98 + 100 \times 6.5\%/2 \times 0.96 + 100 \times 6.5\%/2$$
$$\times 0.92 + 100 \times (1 + 6.5\%/2) \times 0.9 = 102.22(元)$$
第五种债券的价格为
$$100 \times 6\%/2 \times 0.98 + 100 \times 6\%/2 \times 0.96 + 100 \times 6\%/2 \times 0.92 + 100$$
$$\times 6\%/2 \times 0.90 + 100 \times (1 + 6\%/2) \times 0.86 = 99.86(元)$$

(2) 按现在的折现率计算，该 1 年期债券现行价格为
$$100 \times 7\%/2 \times 0.98 + 100 \times (1 + 7\%/2) \times 0.96 = 102.79(元) < 104(元)$$
该债券实际上只值 102.79 元，而现在的销售价格却达到 104 元，所以投资者不该购买该债券。

4. 答：(1) 由于该债券的市场收益率与票面利率相同，股票为平价发行，所以债券的价值为 100 元。

(2) 债券定价模型中的一个重要因素就是利率，债券的价格是利率的函数，具体表示为 $P(r)$，一般而言，债券价格与利率的变动呈反向变动关系，即 $\dfrac{dP(r)}{dr} < 0$。修正久期的表达式为 $D_{mod} = -\dfrac{1}{P} \times \dfrac{dP}{dr}$。式中，$r$ 为利率，P 为债券的价格。因为 $\dfrac{dP(r)}{dr} < 0$，所以 $D_{mod} > 0$。一般来说，久期越长，债券价格的利率风险就越大。故
$$\frac{dP}{P} = -D_{mod} \times dr = -11.26 \times (10\% - 8\%) = -22.52\%$$

当债券的收益率从 8% 上升到 10%，债券的价格下降 22.52%。这一变化幅度高于债券实际价格变化的幅度，因为没有考虑其他因素，比如凸性（利率上升，Δr 为正，久期对价格变动的影响为负，而凸性对价格变动的影响为正，正负抵消，所以实际价格变动幅度会较此种情况小）。

(3) 当价格变动同时考虑到凸性和久期时，可以更加准确地反映利率的变动对债券价格的影响。此时，价格变化率可以用泰勒二级展开式表示
$$\frac{dP}{P} = -D^* \times \Delta r + \frac{1}{2} \times C \times (\Delta r)^2$$

经计算
$$\frac{dP}{P} = -11.26 \times (10\% - 8\%) + \frac{1}{2} \times 212.4 \times (10\% - 8\%)^2 = -18.27\%$$

考虑凸性之后，当债券收益率从 8% 上升到 10%，债券的价格下降 18.27%。

第10章
CHAPTER 10

股票市场

习 题

一、单项选择题

1. 以下不是股票投资的收益来源的是（　　）
   A. 资本利得　　　　　B. 股息　　　　　　C. 红利　　　　　　D. 预期收益率
2. 普通股股东要求分配公司资产的权利不是任意的，普通股股东行使剩余资产分配权的先决条件是（　　）
   A. 出席股东大会的股东所持表决权的2/3以上通过
   B. 公司进行解散清算
   C. 公司连续3年亏损
   D. 股东大会做出减少公司注册资本的决议
3. （　　）是指在发行后一定时期可按特定的赎买价格由发行公司收回的优先股票
   A. 可转换优先股票　　B. 可赎回优先股票　C. 累积优先股票　　D. 参与优先股票
4. 下列属于优先股股东权利范围的是（　　）
   A. 选举权　　　　　　B. 被选举权　　　　C. 收益权　　　　　D. 投票权
5. 下列不属于一级市场活动内容的是（　　）
   A. 发行股票　　　　　B. 发行债券　　　　C. 转让股票　　　　D. 增发股票
6. 由历史较长、信誉卓著、资金实力雄厚并具有长期稳定盈利能力的大公司发行的股票被称为（　　）
   A. 蓝筹股　　　　　　B. 红筹股　　　　　C. 成长股　　　　　D. 概念股
7. 股份公司通过发行股票筹措的资金是公司用于营运的（　　）
   A. 真实资本　　　　　B. 债务资金　　　　C. 虚拟资本　　　　D. 应付账款

8. 股票的清算价值是公司清算时每一股份所代表的（　　）
   A. 账面价值　　　B. 资产价值　　　C. 实际价值　　　D. 清算资金
9. 关于股票的价格，下列说法不正确的是（　　）
   A. 理论上，股票价格应由其价值决定，股票本身并没有价值，不是在生产过程中发挥职能作用的现实资本，只是一张凭证
   B. 股票之所以有价格，是因为它代表着收益的价值，即能给其持有者带来股息或资本利得，是据以取得某种收入的证书
   C. 根据现值理论，股票的价值取决于股票的账面价值
   D. 股票交易实际上是对未来收益权的转让买卖，股票价格就是对未来收益的评定
10. 股份有限公司因破产或解散进行清算时，公司剩余资产清偿的先后顺序是（　　）
    A. 优先股股东、普通股股东、债权人　　B. 普通股股东、优先股股东、债权人
    C. 债权人、普通股股东、优先股股东　　D. 债权人、优先股股东、普通股股东

二、判断题

1. 优先股股东的优先权体现在对股利的优先分配、优先获得公司剩余财产的清偿以及优先认股权方面。（　　）
2. 在做市商机制下，做市商给出某一证券的买入价和卖出价，并且随时准备在该价位上买入或者卖出。（　　）
3. 在交易所交易的上市公司股票的价格由公司经营状况直接决定。（　　）
4. 派许指数是基期加权股价指数。（　　）
5. 代销是承销商按照协议全部购入发行人的股票，或者在承销期结束时将售后剩余的股票全部自行购入的承销方式。（　　）
6. 私募发行的股票通常在证券交易所上市交易，有较强的流动性，支付的利率水平比公募发行要高。（　　）
7. 股本总额超过人民币4亿元的，其向社会公开发行股份的比例为10%以上。（　　）
8. 股票流通市场也称二板市场，是整个股票市场的起点和股票交易的基础。（　　）
9. 场外市场即除了交易所以外的市场，主要有柜台交易市场、第三市场和第四市场。（　　）
10. 第三市场与证券交易所的共同点是均交易在交易所上市的股票。（　　）

三、名词解释

1. 场外交易市场　　　2. 股价指数　　　3. 私募
4. 公募　　　　　　　5. 市盈率　　　　6. 溢价发行
7. 优先股股票　　　　8. 普通股股票　　9. 二板市场
10. 第三市场　　　　　11. 第四市场

四、简答题

1. 根据对本章内容的理解，简单阐述股票的本质和特性。
2. 简述优先股股票与普通股股票的异同点。

3. 简述公司公开发行股票的目的。
4. 简述债券与股票的异同。
5. 从资本总额、盈利能力和股权分布程度三个方面阐述公司上市条件。
6. 根据发行对象和发行过程，股票发行的方式可以分为哪些？它们的主要区别是什么？

五、计算题

1. 某公司的年末股利预期为每股 10 元，股利发放以后，公司股价预计为 110 元。如果股票投资者要求的预期收益率为 10%，则该公司股票当前股价应为多少？
2. 甲企业计划利用一笔长期资金投资购买一只股票，现有 A 公司股票和 B 公司股票可供选择。已知 A 公司股票现行市价为每股 10 元，预计下一年每股股利为 0.15 元，而且预计以后每年以 8% 的增长率增长。B 公司股票现行市价为每股 8 元，预计以后每股股利为 0.7 元，固定不变。甲企业要求的投资必要收益率为 10%。

    要求：利用股利贴现模型，分别计算 A、B 公司股票价值。
3. JL 公司的股票当前每股收益为 2 元，公司规定年收益的 50% 用于分红，JL 公司的投资者要求的收益率为 20%。假定 JL 公司的股利以 5% 的速度增长，试计算该公司股票的当前价格。
4. 上海证券交易所计划编制一个包含 4 种股票的价格指数，基期股价平均数为每股 8 元，基期指数为 100，权数分别为 10%、20%、30% 和 40%，报告期价格分别为每股 10 元、15 元、20 元和 25 元，这四种股票在报告期的权数为 15%、10%、35% 和 40%。试问应该采用哪种指数编制方法？报告期的指数是多少？

习题参考答案及解析

一、单项选择题

题号	1	2	3	4	5	6	7	8	9	10
答案	D	B	B	C	C	A	A	C	C	D

1. **解析**：股票持有者可以定期分得股息和红利，将股票低买高卖可获得资本利得。预期收益率不是实际获得的收益。
2. **解析**：股票所有者可在公司盈利时分享利润，或在公司清算时分享公司（偿还所有负债后）资产的市场价值。如果一家股份公司破产清算，那么它的现有资产首先用来偿付公司的负债，接着按持股比例支付给优先股股东，如果还有剩余，则按照比例分配给普通股股东。
3. **解析**：可转换优先股票是指赋予持有人将优先股以特定比例转换为普通股的选择权。如果公司业绩蒸蒸日上，普通股股价提高，可转换优先股持有人通过将优先股转换为价值更高的普通股，也能分享公司的利润。

    可赎回优先股票是指在发行后一定时期可按特定的赎买价格由发行公司收回的优先股票。

累积优先股票是指历年股息可累积发放的优先股票，即公司在任何营业年度内未支付的优先股股息可以累积起来，由以后营业年度的盈利一起付清。这有利于保护优先股投资者的利益。

参与优先股票是指除了按规定分得本期固定股息外，还有权与普通股股东一起参与本期剩余盈利分配的优先股票。优先股按照参与公司盈利分配的方式划分，可分为全部参与优先股票和部分参与优先股票。

4. **解析**：优先股股票是公司的一种股份权益形势。持有这种股份的股东优先于普通股股东享受收益分配，通常为固定股利。优先股股票收益不受公司经营业绩的影响，其主要特征有享受固定收益、优先获得分配、优先获得公司剩余财产的清偿、无表决权。优先股股东不参与公司运营，没有选举权和被选举权。

5. **解析**：一级市场又称发行市场，就是通过发行股票或债券进行筹资活动的市场，它一方面为资本的需求者提供筹集资金的渠道，另一方面为资本的供应者提供投资的场所。发行市场是实现资本职能转化的场所，通过发行股票或债券，把社会闲散资金转化为生产成本。股票发行是指符合条件的发行人以筹资或实施股利分配为目的，按照法定的程序，向投资者或原有股东发行股份（增发股票）或无偿提供股份的行为，即拟上市的公司通过中介机构间接向投资者出售新发行的股票，或公司直接向投资者出售新发行的股票，这种行为就叫股票发行。

6. **解析**：蓝筹股是指具有行业代表性、流通量高、公司财务状况良好、盈利稳定及派息固定的股票，在一些地方蓝筹股也被视为"绩优股"，但蓝筹股并不等于具有很高投资价值的股票。

红筹股是指在中国境外注册、在香港上市的带有中国内地概念的股票。"带有中国内地概念"主要指中资控股和主要业务在中国内地。

成长股是处于飞速发展阶段的公司所发行的股票。成长性股票不具有特定的权利内容，是人们对于某些公司发行的股票的一种主观评价。成长性股票多为普通股，专指那些虽不见得立即就能获得高额股利或其他优惠条件，但未来前景良好的股票。

概念股是指具有某种特别内涵的股票，是相对业绩股而言的。业绩股需要有良好的业绩支撑，而概念股是依靠某一种题材，比如资产重组概念或三通概念等支撑价格。这一内涵通常会被当作一种选股和炒作题材，成为股市的热点。

7. **解析**：发行股票是股份公司筹措自有资本的手段。因此，股票是投入股份公司资本份额的证券化，属于资本证券。但是股票又不是一种现实的资本，股份公司通过发行股票筹措的资金，是公司用于营运的真实资本。股票独立于真实资本之外，在股票市场上进行独立的价值运动，是一种虚拟资本。

8. **解析**：股票的清算价值是公司清算时每一股份所代表的实际价值。从理论上说，股票的清算价值应与账面价值一致，但事实并非如此。只有清算时公司资产实际出售价款与财务报表上的账面价值一致，股票清算价值才等于每一股份的账面价值。

9. **解析**：现值理论认为，人们之所以愿意购买股票和其他证券，是因为它能够为其持有人带来收益。因此，它的价值取决于未来收益的大小。

10. **解析**：当股份有限公司因破产或解散进行清算时，对公司剩余资产的分配和清偿的先后顺序是债权人、优先股股东、普通股股东。优先股股东可优先于普通股股东分配公司的剩余资产，但一般是按优先股的面值清偿。

二、判断题

题号	1	2	3	4	5	6	7	8	9	10
答案	×	√	×	×	×	×	√	×	√	√

1. **解析**：优先股的主要特征有享受固定收益、优先获得分配、优先获得公司剩余财产的清偿、无表决权。

    优先购买权是普通股股东拥有的权利，即为了维持股东的初始投资比例不变，而准许当前普通股股东优先购买公司新发行的股票、可转换股票或优先股。

2. **解析**：做市商制度，也叫作报价驱动制度，指某些特定的证券交易商不断向公众投资者报出某些特定证券的买卖价格，并在该价位上接受公众投资者的买卖要求，为投资者买进或卖出某一证券。这些证券交易商则通过买卖报价的适当差额来补偿提供服务的成本费用，并获取一定的利润。

3. **解析**：引起股票价格变动的直接原因是供求关系的变化。根据供求规律，价格是供求对比的产物，同时也是恢复供求平衡的关键变量。在任何价位上，如果买方的意愿购买量超过此时卖方的意愿出售量，股价将会上涨；反之，股价就会下跌。

4. **解析**：加权股价指数是根据各期样本股票的相对重要性予以加权，其权重可以是发行量、成交量或股票总市值等。按时间划分，权数可以是基期权数，也可以是报告期权数。其中，以基期成交量（或总股本）为权数的指数，称为拉斯拜尔指数；以报告期成交量为权数的指数称为派许指数。

5. **解析**：在股票发行中，承销商可以采用两种承销方式：一种为包销，另一种为代销。

    包销是国际上常见的一种股票承销方式，即承销商按照协议全部购入发行人的股票，或者在承销期结束时将售后剩余的股票全部自行购入的承销方式。包销又可以分为全额包销和余额包销。

    代销是指承销商代理发行人发行股票，在承销期满时将未售出的股票全部退还给发行人的承销方式。

6. **解析**：私募就是非公开发行股票，即只向少数特定的投资者发行股票。私募具有手续简单、可节省发行费用、有特定的投资者从而不必担心发行失败等特点。私募的股票不能在证券交易所上市交易，流动性差，支付的利率水平也比公募发行要高。

7. **解析**：为了避免股份公司的股权过于集中，使股票具有足够的流动性，防止大股东操纵股价，证券交易所对公司的股权分布程度有具体的要求。中国《公司法》明确规定，申请股票上市的股份有限公司必须满足以下条件：持有股票面值达人民币1 000元以上的股东人数不少于1 000人，向社会公开发行的股份占公司股份总额的25%以上；公司股本总额超过人民币4亿元的，其向社会公开发行的股份的比例为10%以上。

8. **解析**：股票流通市场也称二级市场，就是对已经发行的股票进行转让和交易的市场。而二板市场是与主板市场相对应的概念，又名创业板市场。它主要为具有高成长性的中小企业和高科技企业提供融资服务，其上市要求一般比主板市场宽松。整个股票市场的起点和股票交易的基础是股票发行市场（一级市场）。

9. 解析：一些交易市场因为没有集中统一的交易制度和场所而被称为场外市场。场外交易市场是一个分散的无形市场，没有固定、集中的场所，主要由柜台交易市场、第三市场和第四市场组成。
10. 解析：第三市场是指已经在证券交易所上市的股票在场外进行交易而形成的市场。第三市场交易属于场外市场交易，与其他场外市场的区别在于第三市场的交易对象是在交易所上市的股票，而其他场外交易市场交易的是未上市的股票。

三、名词解释

1. 场外交易市场是相对于证券交易所而言的，除了证券交易所以外，证券市场还有一些其他交易市场，这些市场因为没有集中统一的交易制度和场所，因而被统称为场外交易市场，即在交易所外证券买卖双方当面议价成交的市场。又因为这种交易最初主要在各大证券商的柜台上进行，故而又称柜台交易市场或店头交易市场。

   场外交易市场是一个分散的无形市场，没有固定、集中的场所，由许多自营商分别进行交易，主要依靠电话、电报、传真和计算机网络联系成交，交易的证券以不在交易所上市的证券为主。

   场外交易市场的管制比证券交易所宽松、灵活方便，从而为中小型公司和具有发展潜质的新公司提供了证券流通市场。但是，由于场外交易市场分散，缺乏统一的组织和章程，不易管理和监督，所以其交易效率不及证券交易所。

2. 股价指数是由证券交易所或金融服务机构编制的，表明股票价格水平变动的指示数字。事实上，股票价格指数就是选取一些有代表性的股票，通过指数化处理，用来刻画股票市场行情的变动情况。简而言之，股价指数是用来反映整个股票市场上各种股票市场价格的总体水平及其变动情况的指标。

3. 私募就是非公开发行股票，即只向少数特定的投资者发行股票。私募具有发行手续简单、可节省发行费用、有特定的投资者从而不必担心发行失败等特点。私募的股票不能在证券交易所上市交易，流动性差，支付的利率水平也比公募发行要高。

4. 公募就是公开发行股票，即面向非特定的社会公众广泛公开发行股票。
   (1) 优点：①公募以众多的投资者为发行对象，筹资潜力大，适合证券发行数量较多、筹资额较大的发行人；②公募发行投资者范围大，可避免囤积证券或被少数人操纵；③只有公开发行的证券才可以申请在交易所上市，因此这种发行方式可增强证券的流动性，有利于提高发行人的社会信誉。
   (2) 缺点：发行过程比较复杂，登记核准所需时间较长，发行费用较高等。

5. 市盈率就是每股价格与每股收益之间的比率，是股票市场上投资者最常用到的一个概念。市盈率可以用如下公式表示

$$PE = \frac{P}{E}$$

   式中，PE 为市盈率；P 为股票价格；E 为每股收益。

   金融分析师往往认为具有高市盈率的股票是成长型股票，市盈率较低的股票为价值型股票。但市盈率的高低对于评价一只股票的好坏并不是绝对的。

6. 溢价发行是指发行人按高于面值的价格发行股票，可使公司用较少的股份筹集到较多的资金，

同时还可以降低筹资成本。溢价发行是股票发行的一种价格选择，它不仅让发行人获得按票面金额计算的资金，而且给发行人带来额外的溢价收入，增加发行收入，为发行人提供了在不增加股票发行数量的条件下获取更多资金的途径。

7. 优先股股票是公司的一种股份权益形式。持有这种股份的股东优先于普通股股东享受收益分配，通常为固定股利。优先股股票收益不受公司经营业绩的影响，其主要特征有享受固定收益、优先获得分配、优先获得公司剩余财产的清偿、无表决权。除了这些本质特征外，发行人为了吸引投资者或保护普通股股东的权益，对优先股附加了很多定义，如可转换概念、优先概念和累计红利概念等。

   优先股的地位介于债权与股权之间。与债权类似的是，优先股也标明了固定的股息比率，并且优先股股东早于普通股股东享有对公司资产和盈利的要求权。优先股是公司股权资本的一部分，能增加公司的企业价值，使公司未来能够发行更多的债券。优先股是一种比债券更为灵活的筹资形式，因为公司可在无利润的情况下不分发优先股股利，而且大多数优先股（有期限的优先股除外）没有到期日。

8. 普通股股票是最重要的股票形式之一，和其他产权一样，普通股代表股票持有者对发行公司剩余资产的索取权和盈利的分配权。股票持有者可在公司盈利时分享利润，或在公司清算时分享公司（偿还所有负债后）资产的市场价值。如果一家股份公司破产清算，那么它的现有资产首先用来偿付公司的负债，接着按持股比例支付给优先股股东，如果还有剩余，则按照比例分配给普通股股东。当然，通过持有股票，投资者要承担公司所有权的全部风险。不过，股票持有者所承担的风险是有限的，股东持有股票所承担的风险上限是其所投资的全部资本。

   一般来说，普通股都标有面值。普通股的票面价值通常会低于股票的市场价格。普通股股东在买入股票时就被授予了一定的权利。股票持有者被允许参与股东大会，并按照持股比例表达自己的意愿，比如选举董事会成员等。普通股股东还拥有一项优先购买权，即为了维持股东的初始投资比例不变，而准许当前普通股股东优先购买公司新发行的股票、可转换股票或优先股。普通股股东还对影响公司财产的事项，如兼并、清算或增发股份等拥有表决权。

9. 二板市场是与主板市场相对应的概念，又名创业板市场，有的国家也叫自动报价市场、自动柜台交易市场或高科技板证券市场等。它主要为具有高成长性的中小企业和高科技企业提供融资服务，其上市要求一般比主板市场宽松。与主板市场相比，二板市场具有前瞻性、高风险、监管要求严格和明显的高技术产业导向等特点。国际上成熟的证券市场与新兴市场大都设有这类股票市场，国际上最有名的二板市场是美国的纳斯达克市场。中国内地的二板市场就是深圳证券交易所设立的创业板市场。

10. 第三市场是指已经在证券交易所上市的股票在场外进行交易而形成的市场。第三市场交易属于场外市场交易，第三市场与其他场外市场的区别在于其交易对象是在交易所上市的股票，而其他场外交易市场交易的是未上市的股票。第三市场并无固定交易场所，场外交易商收取的佣金是通过磋商来确定的，因而同样的股票在第三市场交易比在股票交易所交易的佣金要便宜一半，所以它一度发展很迅速。

11. 许多大型机构投资者在进行上市股票和其他证券的交易时绕开了经纪人和交易所，第四市场是它们利用电子通信网络直接与对方进行证券交易的市场。由于没有买卖价差，第四市场的交易成本低廉。

    第四市场的交易通常只牵涉买卖双方，有时也有帮助安排证券交易的第三方参与，但他们不直接干涉交易过程。第三方作为中间人，无须向证券管理机关登记，也无须向公众公开报道其交易情况。第四市场的开拓者帮助买进或卖出证券，通常只有一个人或几个人。他们的主要工作是向客户通报买方和卖方的意愿，以促成买卖双方进行直接的交易谈判。各方交易者之间则通过电话或传真等方式进行生意接触，往往相互不知身份，从而满足了一些大型机构投资者的需要。

利用第四市场进行交易的一般都是一些大企业和大公司。它们进行大宗的股票交易，为了不暴露目标，不通过证券交易所，而直接通过第四市场的电子计算机网络进行交易。第四市场的吸引力和优点首先在于其交易成本低廉；因为买卖双方直接交易，不需要支付中介费，即使有时需通过第三方来安排，佣金也要比其他市场少得多；其次是价格合理，由于买卖双方直接谈判，所以有望获得双方都满意的价格，而且成交比较迅速。

四、简答题

1. **答：**（1）股票是股份公司在筹集资金时向出资人发行的，表示出资人按其出资比例享有权益和承担义务的可转让凭证。股票是一种无偿还期限的有价证券，投资者认购了股票后，就不能再要求退股，只能到二级市场卖给第三者。股票的转让只是意味着公司股东的改变，并不会减少公司的资本。从期限上看，只要公司存在，它发行的股票就存在，股票的期限等于公司存续的期限。

   （2）股票具有如下特性。
   1) 不可返还性。股票投资者一旦出资购买了某家公司的股票，就不能向发行股票的公司退还股票索回资金，同时也没有到期还本的可能。
   2) 决策性。投资者一旦购买了公司的股票，就成了该公司的股东，对公司的经营管理具有一定的决策权，决策权的大小与投资者持有该公司股票份额的多少成正比。
   3) 风险性。股票投资与其他证券投资相比有较大的风险性，这是因为投资者出资购买股票后已不再有还本的可能，同时股息收入也是没有保证的，股票的收益多少要看公司经营状况的好坏，有利则分、无利不分、利多多分、利少少分。此外，股票的价格也受股市价格波动的影响，变化无常，买卖股票有赚有赔。
   4) 流通性。投资者购买公司股票后，虽然不能退还股本，但股票可以拿到证券市场上去转让，因此股票持有者在出现资金紧张时可以通过出售股票换取现金，也可以将股票作为抵押品向银行贷款。由于股票有极方便的变现能力，因而被视为仅次于现金资产的流动性较强的资产。这种流通性和灵活性是股票的优点，也是它的生命力所在。
   5) 价格波动性。通常股票是有票面价格的，但股票的买卖价格一般与股票票面价格不一致，具有较大的波动性。影响股票交易价格的因素很多，这些因素不断变化，导致股市发展变幻莫测，但这正是股票的魅力所在。
   6) 投机性。股票价格与股票面值不一致，股票价格的频繁波动，给股票买卖的投机带来了可能性，投机者可根据股票价格的涨落价差取得投机性收益。股票的投机虽然有其破坏性的一面，但股票投机对于活跃股票市场和加快资本的流动也具有一定的积极意义。

2. 答：优先股股票是公司的一种股份权益形式。持有这种股份的股东优先于普通股股东享受收益分配，通常为固定股利。优先股股票收益不受公司经营业绩的影响，其主要特征有享受固定收益、优先获得分配、优先获得公司剩余财产的清偿、无表决权。除了这些本质特征外，发行人为了吸引投资者或保护普通股股东的权益，对优先股附加了很多定义，如可转换概念、优先概念和累计红利概念等。

普通股股票是最重要的股票形式之一，和其他产权一样，普通股代表股票持有者对发行公司剩余资产的索取权和盈利的分配权。股票持有者可在公司盈利时分享利润，或在公司清算时分享公司（偿还所有负债后）资产的市场价值。如果一家股份公司破产清算，那么它的现有资产首先用来偿付公司的负债，接着按持股比例支付给优先股股东，如果还有剩余，则按照比例分配给普通股股东。当然，通过持有股票，投资者要承担公司所有权的全部风险。不过，股票持有者所承担的风险是有限的，股东持有股票所承担的风险上限是其所投资的全部资本。

普通股是所有权的基本单位，除了公司章程规定的权利，或者在要求股东投票时有一股一票的权利之外，本身并没有其他特权。普通股赋予持有者"所有权"，但是这种所有权次于政府的税收义务、员工的工资与福利、所有的债务以及所有形式的优先股。因此，在公司清盘或被出售的时候，普通股股票的持有者排在以上所有这些诉求人之后。

一般来说，当初创企业随着其逐渐成长而需要进一步融资时，资金可能来自私募基金。在大多数情况下，私募基金机构都要求获得优先股，这是因为其定价和内在价值都不同于普通股。

(1) 优先股股票与普通股股票的相同点是它们都属于股权资本。普通股是指在公司的经营管理和盈利及财产的分配上享有普通权利的股份，代表满足所有债权偿付要求及优先股股东的收益权与求偿权要求后对企业盈利和剩余财产的索取权。优先股是公司在筹集资金时给予投资者某些优先权的股票。

(2) 优先股股票与普通股股票的不同点如下。

1) 股息：优先股相对于普通股可优先获得股息。如果公司在年度内没有足够的现金派发优先股股息，普通股是不能分发股息的。股息数量由公司董事会决定，当企业获得优厚的利润时，优先股不会获得超额利润。

2) 剩余财产优先分配权：当公司宣布破产时，公司剩余财产在全面偿还优先股股东后，剩下的才由普通股股东分享。

3) 投票权：普通股股东享有公司的经营参与权，而优先股股东没有参与公司经营决策的投票权，但在公司长期无法派发优先股股息时，优先股股东有权派代表加入董事会，以协助公司改善公司财务状况。

4) 优先购股权：普通股股东在公司发行新股时，可优先购买与持股量相称的新股，以防止持股比例被稀释，但优先股股东无权优先获得发售的股票。

3. 答：(1) 为适应公司业务的发展进一步筹集资金。股票最原始的作用就是筹集资金。通过发行股票，股份公司可以广泛地吸收暂时闲置的资金，在短时间内将社会上分散的资金汇集成为巨大的生产资本。而通过二级市场的流通，又能将短期资金通过股票转让的形式衔接为长期资金。

(2) 为新建股份公司筹集资金。股份公司的成立有两种形式。一种是发起设立，即由公司发起人认购全部股票，发起设立程序简单，发起人出资后公司设立即宣告完成，但这类公司规模较小。另一种是募集设立,即除发起人本身出资外,还需向社会公开发行股票募集资金。按照中国《公司法》的规定,以募集设立方式设立股份公司的发起人,其认购的股份不得少于股份总额的35%,这类公司的规模一般较大。

(3) 改善经营。当现有股份公司为扩大经营规模或范围、提高公司的竞争力而投资新的项目时,需增发股票筹集资金,这种行为通常被称为增资发行。

(4) 改善财务结构。当公司负债率过高时,通过发行股票增加公司资本,可以有效地降低负债比例,改善公司财务结构。

(5) 广告宣传。由于有众多的社会公众参与股票投资,股市就成了舆论宣传的一个热点,各种媒介每天都在反复传播股市信息,无形之中就提高了上市公司的知名度,起到了广告宣传作用。

(6) 其他目的,如满足公司上市标准、公积金转增股本、股票派息、转换证券、股份的分割与合并、非股份有限公司改制成股份有限公司和公司兼并等。

4. 答:(1) 股票与债券都是有价证券,是证券市场上两大主要金融工具。两者同在一级市场发行,又同在二级市场转让流通。对筹资者来说,两者都是可以通过公开发行募集资本的融资手段。由此可见,债券与股票实质上都是资本证券,股票的收益率和价格与债券的利率和价格互相影响。这些就是股票和债券的联系。

(2) 股票和债券虽然都是有价证券,都可以作为筹资的手段和投资工具,但两者有明显的区别。

1) 从性质上看,股票表示对公司的所有权,而债券只表示一种债权。股票投资者有参与公司经营管理的权利,而债券投资者没有参与经营管理的权利。

2) 从发行目的上看,发行股票是股份公司筹集自有资本的需要,而发行债券是追加资金的需要。发行股票筹措的资金被列入公司资本,而发行债券筹措的资金被列入公司负债。

3) 从期限上看,股票通常是不能偿还的,没有到期日,股东将资本交给公司后,资本即由公司支配,除非到停业清理或解散,否则资本是不能退还给股东的,因此,股票是一种无期投资,或称永久投资。而债券有到期日,期满时债务人必须按时归还本金,因此债券是一种有期投资。

4) 从投资风险的大小上看,股票的风险大于债券,原因有三。第一,从收益支付顺序上看,债券获得收益优先于股票。第二,倘若公司破产,当清算资产有余额偿还时,债券偿付在前,股票偿付在后。第三,在二级市场上,债券因其利率和期限固定,所以市场价格也相对稳定,投机性很弱;而股票无固定的期限和利率,会受各种宏观因素和微观因素的影响,市场价格波动频繁,有时猛涨、有时暴跌,投机性很强。

5) 从流通性上看,股票和债券都具有很强的流通性,但程度有明显差别。一般情况下,债券因有期限,流通性远不如股票。

6) 从发行单位上看,债券的发行单位多于股票的发行单位。股票仅限于股份公司发行,而除了股份公司外,其他各类公司、金融机构、中央政府和地方政府等都可以发行债券。

5. 答:股票上市是指已经公开发行的股票,经过一定的程序在证券交易所挂牌交易的过程。股票上市资格也称股票上市标准,它是指证券交易所对申请股票上市的公司所做的规定或要求,只有达到这些标准公司股票才被允许上市。各国证券交易所关于股票上市的标准不同,具体标准要视各个国家证券交易所的情况而定。在中国,股份公司的股票要在证券交易所上市,必须符合《公司法》和《证券法》规定的上市条件。

(1) 资本总额是指企业各种投资主体注册的全部资本金。中国《公司法》规定,申请股票上市的公司,其股本总额不少于人民币5 000万元。

(2) 盈利能力是指公司在一定时期内获取利润的能力,也称为公司的资金或资本增值能力。在通常情况下,公司的利润率越高,盈利能力就越强。公司的盈利能力从根本上决定着股利的支付和股票的价格。中国《公司法》明确规定,股份公司上市必须符合开业时间在3年以上且最近3年连续盈利的条件。

(3) 股权分布程度是指为了避免股份公司的股权过于集中,使股票具有足够的流通性,防止大股东操纵股价,证券交易所对公司的股权分布程度有具体的要求。中国《公司法》明确规定,申请股票上市的股份有限公司必须满足以下条件:持有股票面值达人民币1 000元以上的股东人数不少于1 000人;向社会公开发行的股份占公司股份总额的25%以上;公司股本总额超过人民币4亿元的,其向社会公开发行股份的比例为10%以上。

6. 答:(1) 按发行对象不同,股票发行方式可以分为公募和私募两种方式。

公募又称公开发行,是指事先没有特定的发行对象,向社会广大投资者公开发行股票的方式。采用这种方式,可以扩大股东的范围,分散持股,防止囤积股票或被少数人操纵,有利于提高公司的社会性和知名度,为以后筹集更多的资金打下基础。公募发行还可以增加股票的适销性和流通性。公开发行可以采取股份公司自己直接发行的方法,也可以支付一定的发行费用通过金融中介机构代理发行。

私募又称非公开发行,是指发行人只对特定的发行对象推销股票的方式。通常在两种情况下采用。一是股东配股,又称股东分摊,即股份公司按股票面值向原有股东分配该公司的新股认购权,动员股东认购。这种新股发行价格往往低于市场价格,事实上是对股东的一种优待,股东一般都乐于认购。如果有些股东不愿认购,可以自动放弃新股认购权,也可以将这种认购权转让给他人,从而产生了认购权的交易。二是私人配股,又称第三者分摊,即股份公司将新股票分售给除股东以外的本公司职工、往来客户等与公司有特殊关系的第三者。采用这种方式往往出于两种考虑:一是为了按优惠价格将新股分摊给特定者,以示照顾;二是当新股票发行遇到困难时,向第三者分摊以求支持。无论股东配股还是私人配售,由于发行对象是既定的,因此不必通过公募方式发行,这不仅可以节省委托中介机构的手续费,降低发行成本,还可以调动股东和内部人员的积极性,巩固和发展公司的公共关系。但这种不公开发行的股票流动性差,不能公开在市场上转让出售,而且会降低股份公司的社会性和知名度,还存在被杀价和控股的危险。

(2) 按照股票的发行过程又可以分为直接发行和间接发行。

直接发行又叫直接招股,是指发行人自己承担股票发行的一切事务和发行风险,不通过发行中介机构,直接向投资者发行股票的方式。采用直接发行方式,要求发行人熟悉招股手续,精通招股技术并具备一定的条件。如果认购额达不到计划招股额,新建股份公司的发起人或现有股份公司的董事会必须自己认购出售的股票。因此,直接发行只适用于有既定发行对象或发行风险低、手续简单的股票。在一般情况下，不公开发行的股票或公开发行有困难（如信誉低导致的市场竞争力差、承担不了大额发行费用等）的股票，或实力雄厚、有把握实现巨额私募以节省发行费用的大股份公司股票，才采用直接发行的方式。

间接发行又称间接招股，是指发行人委托证券发行中介机构向社会公众发行股票的方式。这些中介机构作为股票的推销者，办理一切发行事务，承担一定的发行风险并从中提取相应的收益。股票的间接发行有两种方法。一是代销，又称为代理招股，承销商只负责按照发行人的条件推销股票，代理招股业务，而不承担任何发行风险，在约定期限内能推销多少算多少，期满销售不出去的股票退还给发行人。由于全部发行风险和责任都由发行人承担，证券发行中介机构只是接受委托代为推销，因此代销手续费较低。二是包销，包销又可分为余额包销和全额包销。余额包销又称余股承购，股票发行人与证券发行中介机构签订推销合同，明确规定在约定期限内，如果中介机构实际推销未能达到合同规定的发行数额，其差额部分由中介机构自己承购。这种发行方法的特点是能够保证完成股票发行额度，一般较受发行人的欢迎，中介机构因需承担一定的发行风险，故承销费高于代销的手续费。全额包销又称包买招股，当发行新股票时，证券发行中介机构先用自己的资金一次性地把将要公开发行的股票全部买下，然后再根据市场行情逐渐卖出，中介机构从中赚取买卖价差。如果有滞销股票，中介机构减价出售或自己持有，由于发行人可以快速获得全部所筹资金，而推销者要承担全部发行风险，因此包销费高于代销费和承销费。股票间接发行究竟采用哪一种方法，发行人和推销者考虑的角度是不同的，需要双方协商确定。一般来说，发行人主要考虑自己在市场上的信誉、用款时间、发行成本和对推销者的信任程度，而推销者主要考虑其承担的风险和获得的收益。

五、计算题

1. **答**：预期收益率的计算公式为

$$r = \frac{(P_1 - P_0) + D_1}{P_0} \times 100\%$$

式中，r 为预期收益率；P_0 为当前股票价格；P_1 为年末的期望价格；D_1 为预期每股股利。经计算可得

$$P_0 = \frac{P_1 + D_1}{1 + r} = \frac{110 + 10}{1 + 10\%} = 109.09 (元)$$

即该公司股票当前股价应为 109.09 元。

2. **答**：A 公司股票为固定增长股票定价模型，基本定价模型为

$$P = \sum_{t=1}^{\infty} \frac{D_0(1+g)^t}{(1+r)^t}$$

其中，用 D_0 表示已支付的最近一期的股息，g 表示股息的增长速度，则第 t 期的股利支付可表示为 $D_t = D_0(1+g)^t$，固定增长股票定价模型假设 $r > g$，故定价公式可简化为

$$P = \frac{D_0(1+g)}{r-g} = \frac{D_1}{r-g}$$

题中预计下一年每股股利为 0.15 元, 为 D_1 的值, 经计算得

$$P = \frac{0.15}{10\% - 8\%} = 7.5(元)$$

即 A 公司股票价值为 7.5 元。

B 公司股票为零增长股票定价模型, 基本定价模型为

$$P = \sum_{t=1}^{\infty} \frac{D_t}{(1+r)^t} = D \sum_{t=1}^{\infty} \frac{1}{(1+r)^t}$$

用 D 表示每年支付的股息, r 表示贴现率。当 $r > 0$ 时, $\frac{1}{1+r} < 1$, 故可将上式简化为

$$P = \frac{D}{r}$$

经计算

$$P = \frac{0.7}{0.1} = 7 （元）$$

即 B 公司股票价值为 7 元。

3. **答**：由题可知，JL 公司股票可应用稳定增长市盈率模型，该模型公式为

$$\frac{P}{E} = \frac{1-b}{r-g}$$

式中，P 为股票价格；E 为每股收益；b 为再投资占盈利的百分比，即再投资率；$1-b$ 就代表红利支付率。故

$$P = \frac{1-b}{r-g} \times E = \frac{1-50\%}{20\% - 5\%} \times 2 = 6.67(元)$$

即该公司股票当前的市场价格为 6.67 元。

4. **答**：应该采用加权股价指数法编制。由于本题未提及基期个股股票价格，因此不能采用简单算数股价指数法进行计算。

加权股价指数根据各期样本股票的相对重要性予以加权，权重可以是发行量、成交量或股票总市值等。按时间划分，权数可以是基期权数，也可以是报告期权数。以基期成交量（或总股本）为权数的指数，称为拉斯拜尔指数；以报告期成交量（或总股本）为权数的指数，称为派许指数。可以选用两种方法进行计算。

（1）拉斯拜尔指数计算方法，其计算公式为

$$P' = \frac{\sum_{i=1}^{n} P_{1i} Q_{0i}}{\sum_{i=1}^{n} P_{0i} Q_{0i}} \times 100$$

式中，P' 表示股票价格指数；P_{0i} 和 P_{1i} 分别表示第 i 种股票的基期和报告期的股价；Q_{0i} 和 Q_{1i} 分别表示基期和报告期的权重；100 为固定乘数。

基期股价平均数为每股 8 元，意味着

$$\sum_{i=1}^{4} P_{0i} Q_{0i} = 8$$

$$\sum_{i=1}^{4} P_{1i} Q_{0i} = 10 \times 10\% + 15 \times 20\% + 20 \times 30\% + 25 \times 40\% = 20$$

$$P' = \frac{20}{8} \times 100 = 250$$

即报告期指数为 250。

（2）派许指数计算方法，其计算公式为

$$P' = \frac{\sum_{i=1}^{n} P_{1i} Q_{1i}}{\sum_{i=1}^{n} P_{0i} Q_{1i}} \times 100$$

式中，P' 表示股票价格指数；P_{0i} 和 P_{1i} 分别表示第 i 种股票的基期和报告期的股价；Q_{0i} 和 Q_{1i} 分别表示基期和报告期的权重。

基期股价平均数为每股 8 元，意味着

$$\sum_{i=1}^{4} P_{0i} Q_{1i} = 8$$

$$\sum_{i=1}^{4} P_{1i} Q_{1i} = 10 \times 15\% + 15 \times 10\% + 20 \times 35\% + 25 \times 40\% = 20$$

$$P' = \frac{20}{8} \times 100 = 250$$

即报告期指数为 250。

第 11 章
CHAPTER 11

衍生工具市场

习 题

一、单项选择题

1. 以下不属于股票指数期货特点的是（　　）
   A. 交易对象具有抽象性
   B. 属于标准化合约
   C. 股票指数期货合约的价格以股票指数的"点"表示
   D. 股票指数期货采取实物交割这一种方式结算
2. 期货合约的唯一变量是（　　）
   A. 合约规模　　　　　B. 价格　　　　　C. 交割日期　　　　　D. 交割地点
3. 美式期权是指期权的执行时间（　　）
   A. 只能在到期日　　　　　　　　　B. 可以在到期日之前的任何时间
   C. 可以在到期日或之前的任何时间　D. 不能随意改变
4. 期权交易的真正目的是（　　）
   A. 作为商品交换的一种工具　　　　B. 减少交易者承担的风险
   C. 转移金融资产或实物资产的财产权　D. 上述说法都正确
5. 期权的最大特征是（　　）
   A. 风险与收益的对称性
   B. 风险与收益的不对称性
   C. 期权的卖方有执行或放弃执行期权的选择权
   D. 必须每日计算盈亏，到期之前会发生现金流动
6. 衍生工具市场最重要的功能是（　　）

A. 价格发现　　　　B. 完善市场　　　　C. 风险管理　　　　D. 降低交易成本
7. 合约中规定的未来买卖标的物的价格被称为（　　）
　　A. 远期价格　　　　B. 即期价格　　　　C. 理论价格　　　　D. 实际价格
8. 远期利率协议的买方相当于（　　）
　　A. 名义借款人　　　B. 名义贷款人　　　C. 实际借款人　　　D. 实际贷款人
9. 期货交易的双方在集中性市场使用的交易方式为（　　）
　　A. 自动竞价　　　　B. 公开竞价　　　　C. 自由竞价　　　　D. 非公开竞价
10. 期权实际上就是一种权利的有偿使用，下列关于期权的多头和空头的权利与义务的表述，正确的是（　　）
　　A. 期权多头方和空头方都是既有权利，又有义务
　　B. 期权多头方只有权利没有义务，期权空头方既有权利又有义务
　　C. 期权多头方只有权利没有义务，期权空头方只有义务没有权利
　　D. 期权多头方既有权利又有义务，期权空头方只有义务没有权利

二、判断题

1. 可转换债券是一种欧式看跌期权。　　　　　　　　　　　　　　　　　　　　　（　　）
2. 虚值期权的期权费仅包括期权的时间价值，它随着合约剩余时间的缩短而衰减。（　　）
3. 看跌期权的"买方"，将来有权按照约定价格"卖出"一定数量的标的物。　　（　　）
4. 商品远期合约是一种标准化了的远期商品买卖合约。　　　　　　　　　　　　（　　）
5. 互换合约产生的理论基础是比较优势理论。　　　　　　　　　　　　　　　　（　　）
6. 在交易所内进行期权交易的时候，需要支付保证金的是期权空头。　　　　　（　　）
7. 如果投资者持有看跌期权，当市场价格小于执行价格时，则一定有正的收益。（　　）
8. 股票指数期货的交割方式是交割相应指数的成分股。　　　　　　　　　　　　（　　）
9. 无论标的资产的价格如何变动，期权的内在价值总是大于或者等于零。　　　（　　）
10. 期权费由期权买方承担，而且是其可能承担的最高损失金额。　　　　　　　（　　）

三、名词解释

1. 衍生工具　　　　　　2. 远期合约　　　　　　3. 利率期货
4. 期权　　　　　　　　5. 外汇期货　　　　　　6. 货币互换
7. 熔断机制　　　　　　8. 套期保值　　　　　　9. 盯市制度
10. 看涨期权　　　　　11. 看跌期权　　　　　12. 欧式期权
13. 期权的内在价值　　14. 期权的时间价值　　15. 背对背贷款
16. 平行贷款

四、简答题

1. 简述远期合约与期货合约的区别。
2. 简述衍生工具市场的功能。
3. 与其他金融期货合约相比，股票指数期货合约具有什么特点？

4. 期权合约与期货合约之间存在哪些差异？
5. 简述金融期货的种类。
6. 试论述期权定价需要考虑的因素。

五、计算题

1. 基于以下实例阐述黄金期货交易中的卖出对冲策略。

   某金矿公司于1月拟定下一年度产销计划。估计5月将提炼销售1 000 盎司㊀黄金，经计算，每盎司黄金的售价需达到300 美元才足以支付生产成本。当前黄金市价为每盎司305 美元。当时纽约商品交易所6月交割的黄金期货契约的交易价格为每盎司318 美元，而销售部预计5月金价将下跌。到了5月，黄金现货价格为每盎司295 美元。

2. 请结合下面的例子阐述看涨期权买入策略的盈亏情况，并画出盈亏曲线图。

   投机者Z在9月6日认为加拿大元（CAD）对美元（USD）汇率将上升，决定以每加拿大元期权费0.001 5 的价格购买1 笔12月到期的看涨期权，商定汇率为1CAD = 0.961 7USD，每份期权合约规模为50 000 加拿大元。

习题参考答案及解析

一、单项选择题

题号	1	2	3	4	5	6	7	8	9	10
答案	D	B	C	B	B	C	A	A	B	C

1. **解析**：股票指数期货是协议双方同意在将来某一时期按约定的价格买卖股票指数的标准化合约，特点包括交易对象具有抽象性，价格以股票指数的"点"表示，采用现金交割进行结算，故选D。
2. **解析**：期货合约是指由期货交易所统一制定的，规定在将来某一特定的时间和地点交割一定数量与质量商品的标准化合约。它是期货交易的对象，期货交易参与者正是通过在期货交易所买卖期货合约，转移价格风险，获取风险收益。期货合约是在现货合同和现货远期合约的基础上发展起来的，它们最本质的区别在于期货合约条款的标准化。在期货市场交易的期货合约，其标的物的数量、质量等级和交割等级及替代品升贴水标准、交割地点与交割月份等条款都是标准化的，使期货合约具有普遍性特征，所以价格为唯一变量。
3. **解析**：美式期权是指可以在成交后有效期内任意一天被执行的期权，也就是期权持有者可以在期权到期日之前的任何一个工作日，选择执行或不执行期权合约。
4. **解析**：期权是一种选择权，期权的买方向卖方支付一定数额的权利金后，就获得了这种权利，即拥有在一定时间内以一定的价格（执行价格）出售或购买一定数量的标的物（实物商品、

㊀ 1 盎司≈0.028 千克。

证券或期货合约）的权利（即期权交易）。期权的买方在行使权利时，卖方必须按期权合约规定的内容履行义务。买方可以放弃行使权利，此时买方只是损失了权利金，同时，卖方则赚取权利金。期权是一种选择权，对个人来说，行使期权可以有效对冲自己在现货市场上的风险，期权交易的真正目的是降低交易者所承担的风险。

5. **解析**：期权具有风险与收益的不对称性特征。期权对于买方来说，可以实现有限的损失与无限的收益，对于卖方来说却相反，即收益有限损失无限。C选项是买方具有选择权，D选项是期货交易需要每日计算盈亏，期权没有这个要求。

6. **解析**：衍生工具市场最重要的功能是进行风险管理。风险管理是识别期望风险程度及实际风险程度，并尽量使后者向前者靠拢的过程。一般这个过程被称为套期保值，即降低或清除风险。这个过程的反面就是投机。

7. **解析**：远期价格是交易时的即期价格加上持有成本，是远期市场为当前交易的一个远期合约提供的未来标的物的交割价格，它使得远期合约的当前价值为零。

8. **解析**：远期利率协议是对未来借贷资金利率的提前约定。实际上，远期利率协议的买方相当于名义借款人，而卖方则相当于名义贷款人，双方签订远期利率协议，相当于同意从未来某一商定日期开始，按协定利率借贷一笔数额、期限与币种确定的名义本金。只是双方在清算日时并不实际交换本金，而是根据协议利率和参照利率之间的差额及名义本金额，由交易一方支付给另一方结算金。

9. **解析**：期货交易是以现货交易为基础，以远期合同交易为雏形发展起来的一种高级的交易方式。它是指为转移市场价格波动风险，而对那些大批量均质商品采取的，通过经纪人在商品交易所内，以公开竞价的形式进行期货合约的买卖形式。

10. **解析**：期权合约只赋予买方（即多头方）权利，卖方（即空头方）则无任何权利，卖方只有在对方行权时履行买卖标的物的义务。特别是美式期权的购买者可以在约定期限内的任何时间执行权利，也可以不行使这种权利；期权的卖方必须准备随时履行相应的义务。

二、判断题

题号	1	2	3	4	5	6	7	8	9	10
答案	×	√	√	×	√	√	×	×	√	√

1. **解析**：可转换债券是债券持有人可按照发行时约定的价格将债券转换成公司的普通股股票的债券。如果债券持有人不想转换，就可以继续持有债券，直到偿还期满时收取本金和利息，或者在流通市场出售变现。如果持有人看好发债公司股票的增值潜力，在宽限期之后可以行使转换权，按照预定的转换价格将债券转换成股票，发债公司不得拒绝。所以可转换债券可被看作一种欧式看涨期权。

2. **解析**：期权费由期权价值所决定，实值期权的期权费等于内在价值和时间价值之和，其中，时间价值随合约剩余有效期的减少而减少，期满时时间价值为零，期权费全部由内在价值组成；虚值期权和平价期权的期权费完全由时间价值组成。期权的时间价值具有伴随期权合约剩余有效期的缩短而衰减的动态变化规律。

3. **解析**：就看跌期权而言，"买方"不是通常意义上的买方，而是交了期权费以后获得卖出一定数量的商品或金融工具的权利,"买方"实际上是通常意义上的卖方;"卖方"也不是通常意义上的卖方,而是收了期权费之后承担买入一定数量的商品或金融工具的义务,"卖方"恰恰是通常意义上的买方。

4. **解析**:远期合约是一种非标准化合约。远期合约没有固定和集中的交易场所,不利于信息交流和传递,不利于形成统一的市场价格,市场效率较低。

5. **解析**:互换合约产生的理论基础是比较优势理论。该理论是英国著名经济学家大卫·李嘉图提出的。他认为,在两国都能生产两种产品,并且一国在这两种产品的生产上均处于有利地位,而另一国均处于不利地位的条件下,如果前者专门生产优势较大的产品,后者专门生产劣势较小(即具有比较优势)的产品,那么通过专业化分工和国际贸易,双方都能从中获益。

6. **解析**:期货交易的买卖双方都必须交纳保证金。期权买方的亏损不会超过他已支付的期权费,无须交纳保证金,而在交易所交易的期权卖方(即空头方)需要交纳保证金。场外交易的期权卖方是否需要交纳保证金,取决于当事人的意见。

7. **解析**:如果投资者持有的是看跌期权,当市场价格小于执行价格时,这时投资者不一定有正的收益。只有当市场价格小于执行价格减去期权费,此时投资者才可能具有正的收益。

8. **解析**:股票指数期货合约是现金交割的期货合约。商品期货可采取对冲交易和实物交割两种方式了结交易。股票指数期货与商品期货不同,由于其交易对象具有抽象性,除对冲合约外无法进行实物交割,因此只能采取现金结算这一种方式交割。

9. **解析**:无论看涨期权还是看跌期权,也无论期权基础资产的市场价格处于什么水平,期权的内在价值都必然大于等于零,不可能为负值。这是因为期权合约赋予买方执行期权与否的选择权,而没有规定相应的义务,当期权的内在价值为负时,买方可以选择放弃执行。

10. **解析**:对于期权买方来说,为了换取期权赋予买方的权利,必须支付一笔权利金给期权卖方;对于期权的卖方来说,卖出期权从而承担了必须履行期权合约的义务,为此收取一笔权利金作为报酬。由于权利金由买方负担,是买方在出现最不利的变动时所需承担的最高损失金额,因此权利金也称作"保险金"。

三、名词解释

1. 衍生工具是一种金融工具,一般表现为两个主体签订的协议,价格由其他基础商品的价格决定,并且有相应的现货资产作为标的物,成交时无须立即交割,可在未来某时点交割。如果基础标的资产是农产品、金属或能源等实物资产,称其为商品衍生工具;如果基础资产是现金、股票或利率等金融资产,称其为金融衍生工具。典型的衍生工具包括远期合约、期货、期权和互换等。

2. 远期合约是指交易双方约定在未来某一确定时间按照事先商定的价格(如汇率、利率或股票价格等),以预先确定的方式买卖一定数量某种资产的合约。合约规定交易的标的物、有效期和交割时的执行价格等内容,是一种保值工具,是必须履行的协议。远期合约是现金交易,买方和卖方达成协议在未来某一特定时期交割一定质量与数量的商品,价格可以预先确定或在交割时确定。远期合约是场外交易,交易双方都存在风险。

3. 利率期货是指协议双方同意在约定的将来某个日期按约定条件买卖一定数量某种债券类信用工具的标准化协议。利率期货是在法律的约束下,通过市场公开竞价,买卖双方商定在未来规定日期按约定利率进行一定数额的有价证券的交割。利率期货能够规避银行利率波动所引起的证券价格变动风险。

4. 期权是指一种合约，该合约赋予持有人在某一特定日期或该日期之前的任何时间以固定价格购进或售出一种资产的权利。期权定义的要点如下：
   (1) 期权是一种权利。期权合约至少涉及购买人和出售人两方，持有人享有权力但不承担相应的义务。
   (2) 期权的标的物。期权的标的物是指选择购买或出售的资产，包括股票、政府债券、货币、股票指数和商品期货等。期权是这些标的物"衍生"的，因此称为衍生金融工具。值得注意的是，期权出售人不一定拥有标的资产，期权是可以"卖空"的，期权购买人也不一定真的想购买资产标的物。因此，期权到期时双方不一定进行标的物的实物交割，只需按价差补足价款即可。
   (3) 到期日。双方约定期权到期的那一天称为"到期日"，如果该期权只能在到期日执行，则称为欧式期权；如果该期权可以在到期日或到期日之前的任何时间执行，则称为美式期权。
   (4) 期权的执行。依据期权合约购进或售出标的资产的行为称为"执行"。在期权合约中约定的、期权持有人据以购进或售出标的资产的固定价格，称为"执行价格"。

5. 外汇期货又称货币期货，是指协约双方同意在未来某一时期根据约定的汇率买卖一定标准数量的某种外汇的标准化协议。外汇期货是最早出现的金融期货，交易的主要品种有美元、英镑、欧元、日元、瑞士法郎、加拿大元和澳大利亚元等。

6. 货币互换是指双方约定在未来的一定期限内，交换手以不同货币为标的流入或者流出的现金流。货币互换是一项常用的债务保值工具，主要用来控制中长期汇率风险，将以一种外汇计价的债务或资产转换为以另一种外汇计价的债务或资产，达到规避汇率风险和降低成本的目的。

7. 熔断机制有广义和狭义两种概念。广义的熔断机制是指为控制股票、期货或其他金融衍生产品的交易风险，为其单日价格波动幅度规定区间限制，一旦成交价触及区间上下限，交易自动中断一段时间（"熔即断"），或就此"躺平"不得超过上限或下限（"熔而不断"）。狭义的熔断机制则专指指数期货的"熔断"。金融交易中的"熔断机制"，其作用同样是避免金融交易产品价格波动过度，给市场一定时间的冷静期，向投资者警示风险，并为有关方面采取相关的风险控制手段和措施赢得时间与机会。

8. 衍生工具市场最重要的功能是进行风险管理。风险管理是识别期望风险程度及实际风险程度，并尽量使后者向前者靠拢的过程。一般这个过程被称为套期保值，即降低或清除风险。例如在现货市场和期货市场中对同一种类的商品同时进行数量相等但方向相反的买卖活动，即在买进或卖出实货的同时，在期货市场上卖出或买进同等数量的期货，经过一段时间，当价格变动使现货买卖出现盈亏时，可由期货交易的亏盈抵消或弥补。

9. 所谓的盯市制度，就是在每天交易结束时，清算公司都要根据期货价格的涨跌对每个交易者的保证金账户进行调整，以反映交易者的浮动盈亏的结算制度。浮动盈利在当天晚上转入多头的保证金账户，并从空头的保证金账户中扣除，反之亦然。当保证金账户的余额超过初始保证金水平时，超出的部分交易者可随时提取现金或用于开新仓。而当保证金账户的余额低于交易所规定的维持保证金水平时，经纪公司就会通知交易者限期将保证金水平补足到初始保证金水平，否则就会被强制平仓。

10. 看涨期权又称买进期权，是指期权的购买者拥有在期权合约有效期内按执行价格买进一定数量标的物的权利。期权购买者购进这种买进期权，是因为他对标的物价格看涨，将来可获利。购进期权后，当标的物市价高于协议价格加期权费用之和时，期权购买者可按协议规定的价格和数量购买标的物，然后按市价出售，或转让买进期权，获取利润；当标的物市价在协议价格加期权费用之和之间波动时，期权购买者将遭受一定的损失；当标的物市价低于协议价格时，期权购买者的期权费用将全部消失，并将放弃买进期权。因此，期权购买者的最大损失不过是期权费。
11. 看跌期权亦称卖出期权，与看涨期权相对应，是指在将来某一天或一定时期内，按规定的价格和数量，卖出某种有价证券的权利。看跌期权的买方遭受的损失和看涨期权的买方一样都是有限的，是支付的期权费总额。看跌期权买方的盈利与看涨期权的买方不一样，由于标的物价格不能低于零，因此盈利是有限的。
12. 欧式期权是指买入期权的一方必须在期权到期日当天或在到期日之前某一规定的时间才能行使的期权。目前国内的外汇期权交易都采用欧式期权合同方式。
13. 期权的内在价值也称履约价值，是期权合约本身所具有的价值，即期权的买方立即执行该期权所能获得的收益。一种期权有无内在价值以及内在价值的大小，取决于该期权的协定价格与其基础资产市场价格之间的关系。根据协定价格与基础资产市场价格的关系，可将期权分为实值期权、虚值期权和平价期权三种类型。
14. 期权的时间价值是指期权买方在期权时间延长和相关商品价格变动有可能使期权增值时，愿意为购买这一期权所付出的权利金额。动态地看，期权的时间价值有一个变化规律：伴随期权合约剩余有效期的缩短而衰减。衰减的原因也很简单，对于期权买方而言，有效期越长，市场状况发生有利于他的变化的可能性就越大，获利的机会也就越多，因此买方愿意付出的时间价值也就越高。
15. 背对背贷款是为了解决平行贷款中的信用风险问题而产生的，是指两个国家的公司相互直接贷款，贷款币种不同但币值相等，贷款到期日相同，各自支付利息，到期各自偿还原借款货币。背对背贷款尽管涉及两笔贷款，但只签订一个贷款协议，协议规定若一方违约，另一方不再履行应尽的义务，这就大大降低了信用风险，向货币互换迈进了一步。但它涉及跨国借贷，这就存在外汇管制问题。因此，背对背贷款不是真正的互换，它只是一种贷款行为，在法律上会产生新的资产和负债（双方互为对方的债权人和债务人），从而影响资产负债结构。
16. 平行贷款是在英国首先出现的为规避外汇管制而创新的一种业务，是指不同国家的两家母公司，分别在本国国内向对方公司在本国境内的子公司提供金额相当的本币贷款，并承诺在指定的到期日各自归还所借货币。平行贷款既可以满足双方子公司的融资需要，又可以规避外汇管理，因而深受欢迎。但由于平行贷款包含两个独立的贷款协议，它们分别具有法律效力，其权利义务不相联系，当一方违约时，另一方仍不能解除履约义务，因此存在信用风险问题。

四、简答题

1. **答：** 远期合约是指交易双方约定在未来某一确定时间按照事先商定的价格（如汇率、利率或股票价格等），以预先确定的方式买卖一定数量某种资产的合约。合约规定交易的标的物、有效期和交割时的执行价格等内容，是一种保值工具，是必须履行的协议。期货合约是指协议双方同意在将来某个日期按约定的条件（包括价格、交割地点和交割方式）买入或卖出一定标准数量的某种特定金融工具的标准化协议。期货合约与远期合约的区别如下。

(1) 交易场所不同。期货必须在指定的交易所公开交易，交易所提供基础设施、制定交易规则、发布交易信息并对交易实施一线监管，使期货交易公开、高效、有序进行。远期合约为场外交易，没有集中的交易地点，市场组织较为松散。

(2) 合约标准化程度不同。金融期货合约是符合交易所规定的标准化合约，而远期合约对于交易商品的品质、数量和交割日期等没有硬性规定，均由交易双方自行决定，没有固定的规格和标准。

(3) 价格决定方式不同。期货交易是通过公开竞价成交的，价格较为合理；远期期货合约由交易双方协商定价，价格的代表性、连续性和权威性较低。

(4) 交易保证和结算方式不同。远期合约交易通常不交纳保证金，合约到期后才结算差额。期货合约不同，必须在交易前交纳合约金额一定比例的保证金，并由清算公司进行逐日结算，如果有损失且账面保证金低于维持水平时，必须及时补足。因此，期货交易的违约风险远低于远期交易。

(5) 交易的参与者不同。期货交易具有大众意义，市场的流动性和效率较高。远期合约的参与者大多是专业化生产商、贸易商和金融机构。

2. **答**：衍生工具是一种金融工具，一般表现为两个主体之间签订的协议，价格由其他基础商品的价格决定，并且有相应的现货资产作为标的物，成交时无须立即交割，可在未来某时点交割。典型的衍生工具包括远期合约、期货、期权和互换等。衍生工具市场的功能主要包括价格发现、风险管理、提高市场效率、降低交易成本四个方面。

(1) 价格发现。衍生工具市场在整个经济社会领域中扮演着多重角色。其中，期货市场的一个主要功能是价格发现。所谓价格发现，是指在一个公开、公平、高效、竞争的期货市场中，通过期货交易形成的期货价格具有真实性、预期性、连续性和权威性的特点，能够比较真实地反映商品价格的变动趋势。

(2) 风险管理。衍生工具市场最重要的功能是进行风险管理。风险管理是识别期望风险程度及实际风险程度，并尽量使后者向前者靠拢的过程。一般这个过程被称为套期保值，即降低或清除风险。金融衍生工具有助于投资者或储蓄者认识、分离各种风险构成和正确定价，使他们能根据各种风险的大小和自己的偏好更有效地配置资金，有时甚至可以根据客户的特殊需要设计出特制的产品。衍生市场的风险转移机制主要通过套期保值交易发挥作用，通过风险承担者在两个市场的相反操作来锁定自己的利润。

(3) 提高市场效率。在给衍生合约进行定价时，它可以改善标的资产的市场有效性。有效的市场是指公平的、竞争的且允许资金在不同主体间自由流动的市场。例如，购买股票指数基金可以被购买基金期货和投资无风险债券所替代。也就是说，指数基金和基金期货与无风险债券组合会有相同的收益。如果基金成本较高，投资者会放弃溢价的基金，转而选择组合，对基金的需求降低会使其价格下降，反之亦然。

(4) 降低交易成本。通过衍生工具的交易可以降低市场的交易成本。由于金融衍生工具具有以上功能，从而进一步产生了降低社会交易成本的功效。市场参与者一方面可以利用金融衍生工具市场，减少甚至消除最终产品市场上的价格风险，另一方面又可以根据金融衍生工具市场所揭示的价格趋势信息制定经营策略，从而降低交易成本，增加经营的收益。

3. 答：根据各种合约标的物的不同性质，可以将金融期货分为三大类：外汇期货、利率期货和股票指数期货。外汇期货又称货币期货，是指协约双方同意在未来某一时期根据约定的汇率买卖一定标准数量的某种外汇的标准化协议。利率期货是指协议双方同意在约定的将来某个日期按约定条件买卖一定数量某种债券类信用工具的标准化协议，能够规避银行利率波动所引起的证券价格变动风险。由于债券等信用工具的价格与利率水平密切相关，因此被称为利率期货。股票指数期货合约是交易所统一制定的一种标准化合约，股票指数期货交易的对象和股票指数期货合约的内容需要在交易前事先明确。合约价值由相关标的指数的点数与某一既定的货币金额乘积来表示，其价格必须是交易所规定的最小价值的整数倍。与其他金融期货合约相比，股票指数期货具有如下特点。

(1) 交易对象具有抽象性。股票指数期货交易的对象是股票指数，是一种无形的数字，不像商品期货或外汇期货那样交易的是具体商品和货币。因此，股票指数期货的交易对象具有抽象性。

(2) 股票指数期货合约的价格，以股票指数的"点"表示。世界上所有的股票指数都是以点数表示的，而股票指数的点数也是该指数的期货合约的价格。投资者报出的指数必须是最小变动价位的整数倍，合约价值也必须是交易所规定的最小变动价值的整数倍。

(3) 股票指数期货合约是现金交割的期货合约。商品期货可采取对冲交易和实物交割两种方式了结交易。股票指数期货与商品期货不同，由于其交易对象具有抽象性，除对冲合约外无法进行实物交割，因此只能采取现金结算这一种方式交割。

4. 答：期货合约是指协议双方同意在将来某个日期按约定的条件（包括价格、交割地点、交割方式）买入或卖出一定标准数量的某种特定金融工具的标准化协议。期权合约就是未来的一种选择权，是赋予购买者在规定期限内按双方约定的价格或执行价格，购买或出售一定数量某种资产的权利，但不必承担相应义务的合约。二者的差异具体表现如下。

(1) 权利和义务方面的差异。期货合约的双方都被赋予相应的权利和义务，除非用相反的合约抵消，否则这种权利和义务在到期日必须执行，而且只能在到期日行使，有时期货的空方甚至还拥有在交割月选择在哪一天交割的权利。而期权合约只赋予买方权利，卖方无任何权利，他只有在对方行权时，履行买卖标的物的义务。特别是美式期权的买者可以在约定期限内的任何时间执行权利，也可以不行使这种权利，期权的卖者必须准备随时履行相应的义务。

(2) 标准化方面的差异。期货合约都是在交易所中交易的标准化合约，期权合约则不一定。在美国，场外交易的现货期权是非标准化的，但在交易所交易的现货期权和所有的期货期权都是标准化的。

(3) 盈亏风险方面的差异。期货交易双方所承担的盈亏风险都是无限的。期权交易卖方的亏损风险可能是无限的（看涨期权），也可能是有限的（看跌期权），盈利风险是有限的（以期权费为限）；期权交易买方的亏损风险是有限的（以期权费为限），盈利风险可能是无限的（看涨期权），也可能是有限的（看跌期权）。

(4) 保证金方面的差异。期货交易的买卖双方都必须交纳保证金。期权的买者亏损不会超过他已支付的期权费，无须交纳保证金，而在交易所交易的期权卖者则需要交纳保证金。场外交易的期权卖者是否需要交纳保证金，则取决于当事人的意见。

(5) 买卖匹配方面的差异。期货合约的买方到期必须买入标的资产，而期权合约的买方在到期日或到期前有买入或卖出标的资产的权利。期货合约的卖方到期必须卖出标的资产，而期权合约的卖方在到期日或到期前有根据买方意愿相应卖出或买入标的资产的义务。

(6) 套期保值方面的差异。运用期货进行的套期保值在将不利风险转移出去的同时，也将有利风险转移了出去，而在运用期权进行套期保值时，只将不利风险转移了出去，将有利风险留给了自己。

5. 答：金融期货是指以金融工具为标的物的期货合约。金融期货作为期货交易中的一种，具有期货交易的一般特点，但与商品期货相比较，期货合约标的物不是实物商品，而是传统的金融商品，如证券、货币、汇率和利率等。与金融相关联的期货合约品种很多，目前已经开发出来的品种主要有三大类。

(1) 利率期货是指协议双方同意在约定的将来某个日期按约定条件买卖一定数量某种债券类信用工具的标准化协议，能够规避银行利率波动所引起的证券价格变动的风险。由于债券等信用工具的价格与利率水平密切相关，因此被称为利率期货。世界上最早推出的利率期货是由美国芝加哥商业交易所推出的美国国民抵押协会的抵押证期货。利率期货主要包括以长期国债为标的物的长期利率期货和以 3 个月短期存款利率为标的物的短期利率期货。

(2) 外汇期货又称货币期货，是指协约双方同意在未来某一时期根据约定的汇率买卖一定标准数量的某种外汇的标准化协议。货币期货是为适应各国从事对外贸易和金融业务的需要而产生的，目的是规避汇率风险。1972 年，美国芝加哥商业交易所的国际货币市场推出了第一张货币期货合约并获得了成功。之后，英国和澳大利亚等国相继建立了外汇期货交易市场，外汇期货交易成为一种世界性的交易品种。目前国际上外汇期货合约交易涉及的货币主要有英镑、美元、欧元、日元、瑞士法郎、加拿大元和澳大利亚元等。

(3) 股票指数期货是指协议双方同意在将来某一时期按约定的价格买卖股票指数的标准化合约。股票指数期货是目前金融期货市场中最热门和发展最快的期货交易。股票指数期货不涉及股票本身的交割，其价格根据股票指数计算，合约以现金清算形式进行交割。

6. 答：期权是一种权利的交易。在期权市场中，期权的买方为获得期权合约所赋予的权利而向期权的卖方支付的费用就是期权的价格。期权价格受多种因素的影响，从理论上说，期权价值由两部分组成：一是内在价值，二是时间价值。内在价值也称履约价值，是期权合约本身所具有的价值，即期权的买方立即执行该期权所能获得的收益。一种期权有无内在价值以及内在价值的大小，取决于该期权的协定价格与其基础资产市场价格之间的关系。时间价值是指期权买方在期权时间延长和相关商品价格变动有可能使期权增值时，愿意为购买这一期权所付出的权利金额。动态地看，期权的时间价值有一个变化规律：伴随期权合约剩余有效期的缩短而衰减。实际来看，期权定价还需要考虑能够量化的因素，在众多的影响因素中，最重要的有 5 个。

(1) 协定价格与市场价格。协定价格与市场价格是影响期权价格最主要的因素。这两种价格的关系不仅决定了期权有无内在价值及内在价值的大小，而且决定了有无时间价值和时间价值的大小。一般而言，协定价格与市场价格之间的差距越大，时间价值越小；反之，时间价值越大。这是因为时间价值是市场参与者因预期基础资产市场价格变动引起其内在价值变动而愿意付出的代价。当一种期权处于极度实值或极度虚值时，市场价格变动的空间已很小。只有当协定价格与市场价格非常接近或期权为平价期权时，市场价格的变动才有可能增加期权的内在价值，从而使时间价值随之增大。

(2) 期权有效期。期权有效期是指期权剩余的有效时间,即期权成交日至期权到期日的时间。在其他条件不变的情况下,期权有效期越长,期权价格越高;反之,期权价格越低。这主要是因为期权有效期越长,期权的时间价值越大;随着期权有效期的缩短,时间价值也逐渐减少;在期权到期日,期权有效期为零,时间价值也为零。通常,期权有效期与时间价值存在同方向变动但非线性的关系。

(3) 利率。利率尤其是短期利率的变动会影响期权的价格。利率变动对期权价格的影响是复杂的:一方面,利率变化会引起期权基础资产的市场价格变化,从而引起期权内在价值的变化;另一方面,利率变化会使期权价格的机会成本发生变化。同时,利率变化还会引起期权交易供求关系的变化,从不同角度对期权价格产生影响。例如,利率提高,期权基础资产如股票、债券的市场价格将下降,从而使看涨期权的内在价值下降,看跌期权的内在价值提高。利率提高,又会使期权价格的机会成本提高,有可能使资金从期权市场流向价格已下降的股票、债券等现货市场,减少对期权交易的需求,进而又会使期权价格下降。总之,利率对期权价格的影响是复杂的,应根据具体情况做具体分析。

(4) 基础资产价格的波动性。基础资产价格的波动性是衡量标的资产未来价格不确定性的指标。通常基础资产价格的波动性越大,期权价格越高;波动性越小,期权价格越低。这是因为基础资产价格波动性越大,在期权到期时,基础资产市场价格涨至协定价格之上或跌至协定价格之下的可能性越大。因此,期权的时间价值随基础资产价格波动的增大而提高,随基础资产价格波动的缩小而降低。

(5) 基础资产的收益。基础资产的收益将影响基础资产的价格。当协定价格一定时,基础资产的价格必然影响期权的内在价值,从而影响期权的价格。由于基础资产分红付息等将使基础资产的价格下降,而协定价格并不进行相应调整。因此,在期权有效期内,基础资产产生收益将使看涨期权价格下降,使看跌期权价格上升。

五、计算题

1. 解:

现货市场	期货市场
1月,黄金期货市场市价为每盎司305美元,公司预估生产成本为每盎司300美元	卖出6月交割的黄金期货契约10张,价格为每盎司318美元
到了5月,黄金现货价格果然下跌为每盎司295美元,该公司在现货市场出售黄金,每盎司损失5美元	买回6月交割的黄金期货契约10张,价格为每盎司295美元,与当时卖出的契约抵消的结果是每盎司赚318-295=23美元

期货市场收益与现货市场的亏损形成对冲,最终收益为

$$(23 - 5) \times 1\,000 = 18\,000(美元)$$

2. 解: 当12月即期汇率 $1CAD \leq 0.961\,7USD$ 时,即加拿大元市场即期汇率小于商定汇率,投资者会选择放弃执行期权,即买方亏损期权费

$$0.001\,5 \times 50\,000 = 75(美元)$$

当12月即期汇率 $0.961\,7USD \leq 1CAD \leq (0.961\,7 + 0.001\,5)USD$ 时,即加拿大元市场即期

汇率大于商定汇率，但是小于商定汇率加期权费之和，买方若执行期权，仍会亏损，盈亏曲线仍在横轴之下，但向下倾斜，随着加拿大元汇率不断上升，买方亏损越来越少。

当 12 月即期汇率 1CAD = (0.961 7 + 0.001 5) USD 时，即加拿大元市场即期汇率等于商定汇率加期权费之和，买方行使期权不赚不亏，此时盈亏曲线处于平衡点。

当 12 月即期汇率 1CAD = 0.967 4USD > 0.963 2USD 时，即加拿大元市场即期汇率大于商定汇率加期权费之和，比如即期汇率为 0.967 4，买方盈利 210 美元。由此画出看涨期权买方的盈亏分布情况，如图 11-1 所示。

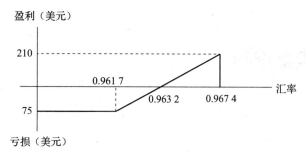

图 11-1　看涨期权买方的盈亏分布

第 12 章
CHAPTER 12

投资基金市场

习　　题

一、单项选择题

1. 基金管理是在分散风险的基础上获得较高的收益，因此极为重要的一个环节是进行（　　）
   A. 风险资本投资　　　B. 证券承销　　　C. 证券组合投资　　　D. 资产证券化
2. 以下哪个基金不属于对冲基金（　　）
   A. 量子基金　　　B. 老虎基金　　　C. 社保基金　　　D. 桥水基金
3. 按照设立方式划分，投资基金可以分为（　　）
   A. 公司型基金和契约型基金　　　B. 开放式基金和封闭式基金
   C. 公募基金和私募基金　　　D. 成长型基金和收入型基金
4. 下列不属于中国基金投资范围的是（　　）
   A. 房地产投资　　　B. 衍生工具　　　C. 政府债券　　　D. 垃圾债券
5. 投资基金涉及的主体不参与基金管理操作的是（　　）
   A. 发起人　　　B. 投资人　　　C. 管理人　　　D. 托管人
6. 下列不属于基金绩效评价指标的是（　　）
   A. 特雷诺指数　　　B. 成功概率法　　　C. 道琼斯指数　　　D. 夏普指数
7. 下列哪种基金投资策略会承担较大的市场风险（　　）
   A. 购买持有策略　　　B. 固定比例策略
   C. 组合保险策略　　　D. 积极资产配置策略
8. 下列不属于投资基金特点的是（　　）
   A. 集合投资　　　B. 分散风险　　　C. 专业理财　　　D. 风险较小
9. 下列关于对冲基金的特点描述错误的是（　　）

A. 投资活动的复杂性　　　　　　　B. 投资收入的确定性
C. 筹资方式的私募性　　　　　　　D. 操作的隐蔽性和灵活性
10. 下列不属于投资基金收入来源的是（　　）
A. 资本利得　　B. 承销债券收入　　C. 股利收益　　D. 利息收入

二、判断题

1. 在中国，法律允许投资基金对外进行贷款，获得利息收益。（　）
2. 投资基金的收益主要包括利息收入、股利收入和资本利得。（　）
3. 封闭式基金在存续期内的基金单位数不改变，并且可以上市交易。（　）
4. 指数型基金是一种获取市场平均收益的主动型投资选择策略。（　）
5. 基金的投资人不参与基金的管理和操作，只定期分享基金的投资收益。（　）
6. 投资基金的分配是指基金运营一段时间后将全部投资收益按份额都分配给投资者。（　）
7. 开放式基金的收益分配只能是现金分配。（　）
8. 特雷诺指数存在的问题是无法衡量基金组合的风险分散程度。（　）
9. 现金比例变化法和夏普指数衡量的都是基金的择时能力。（　）
10. 中国证券投资基金的设立采用核准制，并受"计划额度"限制。（　）
11. 封闭式基金在市场上的交易价格一般高于其管理资产的净值。（　）
12. 公司型基金的投资人认购的是股份，并因此成为基金公司的股东。（　）

三、名词解释

1. 公司型基金　　　　　2. 私募基金　　　　　3. 投资基金的投资目标
4. 消极的投资策略　　　5. 择时能力　　　　　6. 注册制
7. 核准制　　　　　　　8. 计划额度　　　　　9. 基金托管人
10. ETF　　　　　　　　11. 对冲基金　　　　　12. 指数基金
13. 离岸基金　　　　　　14. 平衡型基金　　　　15. 开放式基金
16. 成长型基金　　　　　17. 契约型基金

四、简答题

1. 简述开放式基金与封闭式基金的区别。
2. 阐述对冲基金的特点。
3. 介绍投资基金的投资策略。
4. 按照投资目标不同，投资基金可以分为哪几类？
5. 投资基金和股票、债券等直接投资工具相比，具有怎样的特点？
6. 说明普通开放式基金与ETF的区别。
7. 说明基金绩效评价中的特雷诺指数、夏普指数和詹森指数所表示的金融学内涵。
8. "对冲基金并没有风险，就如同它们的名字所显示的一样，是用来对冲风险的。"判断这句话正确与否，并给出理由。

五、计算题

1. 某基金在 2016 年 6 月 8 日的份额净值为 2.5 元/份，基金公司在 2017 年 6 月 1 日进行分红，每 10 份派息 2 元，除息前一日该基金的份额净值达 3.2 元/份。随着证券市场行情高涨，2018 年 5 月 8 日，基金公司决定再次分红，每 10 份派息 1 元，2018 年 5 月 7 日（除息前一日）该基金的份额净值达 3.8 元/份。请分别计算投资者在这段时期所获得的简单收益率和时间加权收益率。

2. 王某 2017 年用 50 万元资金在场外申购了某开放式基金，该基金当时的份额净值为 2 元/份，申购费率（前端收费）为 1.5%。2018 年，王某因资金周转急需赎回该基金，基金份额净值为 2.8 元/份，赎回费率为 0.5%。试计算王某能赎回多少资金以及王某此次投资的收益率。

习题参考答案及解析

一、单项选择题

题号	1	2	3	4	5	6	7	8	9	10
答案	C	C	A	A	B	C	A	D	B	B

1. **解析**：在投资活动中，风险和收益总是并存的，因此，"不能将所有的鸡蛋都放在一个篮子里"已经成为人们投资理财的共识。基金可以凭借其雄厚的资金，在法律规定的投资范围内进行科学的组合，分散投资于多种证券，一方面，庞大的资金和众多投资者的共同持有使每个投资者面临的投资风险变小，另一方面，可以利用不同的投资对象之间的互补性，达到分散投资风险的目的。故基金管理最重要的环节为证券投资组合。

2. **解析**：量子基金、老虎基金和桥水基金都是美国非常著名的私募对冲基金。而社保基金是国家将企事业职工交的养老保险费中的一部分资金交给专业的机构管理，以实现保值增值的目的，因此不是私募对冲基金。

3. **解析**：按照设立方式，投资基金可以分为契约型基金和公司型基金。契约型基金又称单位信托基金，是指把投资者、管理人、托管人三者作为基金的当事人，通过签订基金契约的形式发行受益凭证而设立的一种基金。公司型基金是按照《公司法》以公司形态组成的，该基金公司以发行股份的方式募集资金，一般投资者为认购基金而购买该公司的股份，成为该公司的股东，凭其持有的股份依法享有投资收益。

4. **解析**：投资基金的投资领域可以是股票、债券和货币市场工具，也可以是期权和期货等衍生市场工具，对一家上市公司的投资额不得超过该基金的一定比例（中国规定 10%）。房地产和实业不是中国基金投资的范围。

5. **解析**：投资基金是由众多投资者出资，并由专业基金管理机构和人员管理的资金运作方式。投资基金一般由发起人设立，通过发行基金份额募集资金。基金的投资人不参与基金的管理和操作，只定期取得投资收益。基金管理人根据投资人的委托进行投资运作，收取管理费作为收入。基金托管人负责代为管理资金，保证资金安全。
6. **解析**：成功概率法、特雷诺指数和夏普指数都是基金绩效的重要评价指标，而道琼斯指数是衡量市场整体涨跌的指数，不能够用于衡量基金绩效。
7. **解析**：购买持有策略是指基金管理公司在构造了某个资产组合后，便不再改变持有期间的资产配置状态。这种策略客观上要求市场环境稳定，投资者偏好变化不大，投资者着眼于长期收益。但这种组合完全暴露于市场风险之下，当市场剧烈波动时，投资者将承受较大的市场风险。
8. **解析**：基金作为一种现代化的投资工具，主要具有集合投资、分散风险和专家理财三个特征。但是，这并不意味着投资基金的风险一定较小，基金的风险取决于基金的投资目标和策略。
9. **解析**：对冲基金作为一种复杂的投资方式，与其他基金相比在操作上具有非常明显的特点：投资活动的复杂性、投资效应的高杠杆性、筹资方式的私募性以及操作的隐蔽性和灵活性。虽然对冲本身的目的之一就是降低不确定性，但事实上对冲基金并不能够保证投资收入的确定性。
10. **解析**：投资基金的收益来源主要包括：资本利得、股利收益、利息收入、其他领域投资收益或成本与费用的节约等。投资基金禁止将资金用于证券承销，因而不存在证券承销收入这类收入形式。

二、判断题

题号	1	2	3	4	5	6	7	8	9	10	11	12
答案	×	√	√	×	√	×	×	√	×	×	×	√

1. **解析**：中国《证券投资基金法》规定，基金的投资范围为：①上市交易的股票和债券；②国务院证券监督管理机构规定的其他证券及其衍生品种；③经证监会批准，货币市场基金可在全国银行间同业市场中从事债券回购业务，期限为1年及1年以下；④禁止承销证券；⑤禁止违反规定向他人贷款或者提供担保；⑥禁止从事承担无限责任的投资；⑦禁止买卖其他基金份额，但是国务院证券监督管理机构另有规定的除外；⑧禁止向基金管理人和基金托管人出资；⑨禁止从事内幕交易、操纵证券交易价格及其他不正当的证券交易活动；⑩禁止参加法律、行政法规和国务院证券监督管理机构规定禁止的其他活动。
2. **解析**：证券投资基金的收益主要来源于基金经理人运用基金资产投资所获得的投资收益，其中主要包括利息收入、股利收入、资本利得、投资于其他领域获得的收益或者成本与费用的节约。
3. **解析**：封闭式基金又称固定型投资基金，是指基金的发起人在设立基金时限定了基金单位的发行总额，筹集到核准规模的80%以上，基金即宣告成立，并进行封闭，在一定时期内不再接受新的投资。基金单位的流通采取在证券交易所上市的办法，投资者日后买卖基金单位都必须通过证券经纪商在二级市场上进行竞价交易。
4. **解析**：指数基金是自20世纪70年代以来出现的基金品种。为了使投资者获取与市场平均收益相接近的投资收益，出现了一种功能上近似或等于某种证券市场价格指数的基金，是一种典型的被动型投资选择策略。
5. **解析**：投资基金是由众多投资者出资，并由专业基金管理机构和人员管理的资金运作方式。投资基金一般由发起人设立，通过发行基金份额募集资金。基金的投资人不参与基金的管理和操作，只定期取得投资收益。基金管理人根据投资人的委托进行投资运作，收取管理费作为收入。基金托管人负责代为管理资金，保证资金安全。

6. **解析**：投资基金的分配是指基金运营一段时间之后，从其所获得的总收益中扣除所有的费用成本，然后给予基金受益人回报的方式。开放式基金可采用现金分配或收益再投资两种方式对收益进行分配。

7. **解析**：开放式基金的收益分配可采用以下两种方式：第一种是分配现金，即向投资者分配现金，每年至少分配一次，这是基金收益分配最普遍的形式；第二种是再投资，再投资是将投资者分得的收益再投资于基金，自动转化为相应数量的基金单位，即红利再投资。这实际上是将应分配的收益折为等额基金单位送给投资者。

8. **解析**：特雷诺指数是特雷诺于 1965 年提出的，给出了基金份额系统风险的超额收益率，特雷诺指数越大，表示基金的绩效越好。在由收益率与系统风险所构成的坐标系中，特雷诺指数实际上是无风险收益率与基金组合连线的斜率。可以根据特雷诺指数对基金的绩效加以排序。特雷诺指数存在的问题是无法衡量基金组合的风险分散程度。β 值并不会因为组合中所包含的证券数量的增加而降低，因此当基金分散程度提高时，特雷诺指数可能并不会变大。

9. **解析**：夏普指数是衡量投资基金绩效的指标，是诺贝尔经济学奖得主威廉·夏普于 1966 年提出的一个风险调整衡量指标。夏普指数以标准差来度量基金风险，给出了基金份额标准差的超额收益率。夏普指数调整的是全部风险，因此当某基金就是投资者的全部投资时，可以用夏普指数作为衡量绩效的适宜指标。现金比例变化法才是衡量基金择时能力的指标。它将债券等同于现金，用债券指数的收益率作为现金收益率，只考虑基金在股票与现金资产之间的转换，通过择时损益变量来衡量基金经理的择时能力。

10. **解析**：证券投资基金的设立有注册制和核准制两种方式，中国现阶段公募基金产品的审查自 2014 年起由核准制改为注册制，但仍受计划额度的限制，只有符合计划额度的基金才能宣告成立或上市交易。私募基金在符合计划额度限制的条件下，向有关部门登记备案即可成立基金。

11. **解析**：封闭式基金的买卖价格受市场供求关系的影响，常出现溢价或折价现象，并不必然反映基金的净资产值。市场上一般都会出现封闭式基金折价现象，即封闭式基金的市场价格总是低于净资产值的一种金融现象。早期的研究认为，封闭式基金折价是由基金所持有的投资组合的某些特征引起的，具有代表性的解释有代理成本、资产流动性、基金业绩和资本利得税。

12. **解析**：公司型基金是按照《公司法》以公司形式组成的，基金公司以发行股份的方式筹集资金，投资者认购股份，并且成为基金公司的股东，凭借其持有的股份依法享有投资收益。公司的管理一般会委托专业的财务顾问或管理公司来经营与管理。

三、名词解释

1. 公司型基金是按照《公司法》以公司形态组成的，该基金公司以发行股份的方式募集资金，一般投资者为认购基金而购买该公司的股份，成为该公司的股东，凭借其持有的股份依法享有投资收益。公司型基金的特点是：一方面，基金公司的设立程序类似于一般股份公司，基金公司本身依法注册为法人，但不同于一般股份公司的是，基金公司委托专业的财务顾问或管理公司来经营与管理；另一方面，基金公司的组织结构也与一般股份公司类似，设有董事会和持有人大会，基金资产由公司所有，投资者是这家公司的股东，承担风险并通过股东大会行使权利。

2. 私募基金是指在中华人民共和国境内，以非公开方式向合格投资者募集资金设立的投资基金。私募基金包括契约型基金和资产由基金管理人或普通合伙人管理的以投资活动为目的而设立的公司或者合伙企业。私募基金的投资范围包括买卖股票、股权、债券、期货、期权、基金份额及投资合同约定的其他投资标的。根据投资标的的不同，私募基金可以分为私募证券投资基金、私募股权投资基金和其他私募基金。

3. 投资基金的投资目标是使基金资产得到最大限度的增值。基金管理公司一般可以采取三种策略实现投资目标：第一是高风险高收益型，这类基金注重在一定时期内使投资者的资本增值，同时它的投资风险也比较高，适合风险偏好型投资者；第二是低风险长期收入型，这类基金注重为投资者获取比较稳定的长期收益，尽可能地降低风险，适合风险厌恶型投资者；第三是风险收益兼顾型，这类基金注重实现收益和风险的平衡，使投资者既能获得合理的收益，同时风险也不会太大，适合稳健型投资者。

4. 消极的投资策略是指投资者根据资产管理的规定，在投资期内按照某种标准买进并固定持有一组证券，而不是从它们的频繁交易中获取利润。理论上，存在两类消极投资策略可供选择：第一类是买进并持有策略，即买进并固定持有一组证券；第二类是指数化投资，即建立一个复制或跟踪基准指数业绩的投资组合，尽可能地获取与基准指数相一致的收益率。

5. 择时能力是指基金经理对市场整体走势的预测能力。具有择时能力的基金经理能够正确地估计市场的走势，因而可以在牛市降低现金头寸或提高基金组合的 β 值，反之亦然。投资者在对基金管理人的择时能力进行考察时，可使用现金比例变化法、成功概率法、二次项法或双 β 法。

6. 基金只要满足法规规定的条件，就可以申请并获得注册，这种方式被称为注册制。在基金申请注册的过程中，基金主管部门不对基金发起人的申请及基金本身做出价值判断，只审查基金发行申请人是否严格履行了相关的信息披露义务，对基金发行公开材料的审查只是形式审查，不涉及任何发行实质条件的审查。只要基金发起人及时、完整、真实且准确地披露了相关信息，基金主管部门不得以申请人财务状况未达到一定的标准而拒绝其发行。

7. 基金不仅要具备法规规定的条件，还要通过基金主管部门的实质审查才能设立，这种方式被称为核准制。基金主管部门有权对基金发起人及其所发行的基金做出审查和决定。

8. 计划额度是基金发行成功或上市交易的基本要求。对于公募基金来说，如果设立的是封闭式基金，则只有当募集的基金份额总额达到核准规模的80%以上，募集金额不低于2亿元人民币，基金份额持有人不少于1 000人时，该基金才能上市交易。如果设立的是开放式基金，则当募集期限届满时，需要满足基金募集份额总额不少于2亿份，基金募集金额不少于2亿元人民币，基金份额持有人的人数不少于200人，否则基金募集失败。对于私募基金来说，应向合格的投资者募集，合格的投资者累计不得超过200人。合格的投资者投资于单只私募基金的金额不低于100万元，如果为机构投资者，其净资产应不低于1 000万元，如果投资者为个人，金融资产应不低于300万元或最近3年个人年均收入不低于50万元。私募基金募集完毕，向有关部门备案登记，基金方可成立。

9. 基金托管人又称基金保管人，是根据法律法规的要求，在证券投资基金运作中承担资产保管、交易监督、信息披露、资金清算与会计核算等相应职责的当事人。基金托管人是基金持有人权益的代表，通常由有实力的商业银行或证券公司担任。基金托管人与基金管理人签订托管协议，在托管协议规定的范围内履行自己的职责并收取一定的报酬。

10. ETF 即交易型开放式指数基金，又称交易所交易基金，是一种在交易所上市交易的特殊开放式投资基金产品，交易手续与股票完全相同。ETF 管理的资产是一揽子股票组合，这一组合中的股票种类与某一特定指数（如上证 50 指数）包含的成分股票相同，每只股票的比例与该指数的成分股构成比例一致，ETF 交易价格取决于它拥有的一揽子股票的价值，即单位基金资产净值。

11. 对冲基金也称避险基金或套利基金，是指金融期货和金融期权等金融衍生工具与金融组织结合后，以高风险投机为手段并以盈利为目的的金融基金。它是投资基金的一种形式，属于免责市场产品，意为"风险对冲过的基金"，对冲基金名为基金，实际与共同基金追求安全、收益和增值的投资理念有本质差异。对冲基金已成为一种新的投资模式的代名词，即它是基于最新的投资理论和极其复杂的金融市场操作技巧，充分利用各种金融衍生产品的杠杆效用，承担高风险，追求高收益的投资模式。对冲基金在操作上具有投资活动的复杂性、投资效应的高杠杆性、筹资方式的私募性以及操作的隐蔽性和灵活性的特点。

12. 指数基金是为了使投资者获取与市场平均收益相接近的投资回报，形成的一种功能上近似或等于某种证券市场价格指数的基金，是一种典型的被动型投资选择策略。指数基金因始终保持当期的市场平均收益水平，因而收益不会太高，也不会太低。指数基金具有费用低廉、风险较小以及收益稳定等优势，特别适合社保基金等数额较大、风险承受能力较低的资金投资，是避险套利的重要工具。

13. 离岸基金是指基金资本从国外筹集并投资于国外金融市场的基金。离岸基金的特点是两头在外。离岸基金的资产注册登记不在母国，为了吸引全球投资者的资金，离岸基金一般都在素有"避税天堂"之称的地方注册，如卢森堡、开曼群岛和百慕大等，因为这些国家和地区对个人投资的资本利得、利息和股息收入都不收税。

14. 平衡型基金将资产分别投资于以取得收入为目的的债券及优先股和以资本增值为目的的普通股，并在两种不同特性的证券之间进行平衡。这种基金一般将 25% ~ 50% 的资产投资于债券及优先股，其余的资产投资于普通股。平衡型基金的主要目的是从投资组合的债券中获得适当的利息收益，与此同时又可以获得普通股的升值收益。投资者既可获得当期收入，又可得到资金的长期增值。平衡型基金的优点是风险比较低，缺点是成长的潜力不大。

15. 开放式基金是指基金管理公司在设立基金时，发行基金单位的总份额不固定，可视投资者的需求追加发行。投资者也可根据市场状况和各自的投资决策，或者要求发行机构按现期净资产值扣除手续费后赎回股份或受益凭证，减持基金单位份额，或者再买入股份或受益凭证，增持基金单位份额。为了应对投资者中途抽回资金以实现变现的要求，开放式基金一般会从所筹资金中拨出一定比例，以现金形式保持这部分资产。这虽然会影响基金的盈利水平，但对于开放式基金来说是必需的。

16. 成长型基金是基金中最常见的一种，追求的是基金资产的长期增值。为了达到这一目标，基金管理人通常将基金资产投资于信誉度较高、有长期成长前景或长期盈余的所谓的成长公司的股票。成长型基金又可分为稳健成长型基金和积极成长型基金。

17. 契约型基金又称单位信托基金，是指把投资者、管理人和托管人三者作为基金的当事人，通过签订基金契约的形式发行受益凭证而设立的一种基金。契约型基金是基于契约原理而组织起来的代理投资行为，没有基金章程，也没有董事会，只是通过基金契约来规范三方当事人的行为。基金管理人负责基金的管理操作，基金托管人作为基金资产的名义持有人，负责基金资产的保管和处置，对基金管理人的运作实行监督。

四、简答题

1. 答：开放式基金是指基金管理公司在设立基金时，发行基金单位的总份额不固定，可视投资者的需求追加发行。投资者也可根据市场状况和各自的投资决策，或者要求发行机构按现期净资产值扣除手续费后赎回股份或受益凭证，减持基金单位份额，或者再买入股份或受益凭证，增持基金单位份额。封闭式基金又称固定型投资基金，是指基金发起人在设立基金时限定了基金单位的发行总额，筹集到核准规模的80%以上，基金即宣告成立，并进行封闭，在一定时期内不再接受新的投资。二者的区别具体表现如下。

(1) 存续期限不同。封闭式基金通常有固定的存续期，通常在5年以上，一般为10年或15年，经基金份额持有人大会通过并经主管机关同意后可以适当延长期限。而开放式基金没有固定期限，投资者可随时向基金管理人赎回基金单位。

(2) 发行规模限制不同。封闭式基金在招募说明书中列明其基金规模，在存续期内未经法定程序认可不能再增加发行。开放式基金没有发行规模限制，投资者可随时提出认购或赎回申请，基金规模就随之增加或减少。

(3) 基金单位交易方式不同。封闭式基金的基金单位在存续期内不能赎回，持有人只能寻求在证券交易场所出售给第三者。开放式基金的投资者则可以在首次发行结束一段时间（多为3个月）后，随时向基金管理人或中介机构提出购买或赎回申请，买卖方式灵活，除极少数开放式基金在交易所做名义上市外，通常不上市交易。

(4) 基金单位的交易价格计算标准不同。封闭式基金与开放式基金的基金单位除了首次发行价都是按面值加一定百分比的购买费计算外，以后的交易计价方式不同。封闭式基金的买卖价格受市场供求关系的影响，常出现溢价或折价现象，并不必然反映基金的净资产值。开放式基金的交易价格则取决于基金每单位净资产值的大小，申购价一般是基金单位净资产值加上一定的购买费，赎回价是基金单位净资产值减去一定的赎回费，不直接受市场供求关系的影响。

(5) 投资策略不同。封闭式基金的基金单位数不变，资本不会减少，因此基金可进行长期投资，基金资产的投资组合能有效地在预定计划内进行。开放式基金因基金单位可随时赎回，为应对投资者随时赎回兑现的请求，基金资产不能全部用来投资，更不能把全部资本用来进行长线投资，必须保持基金资产的流动性，在投资组合上需要保留一部分现金和高流动性的金融产品。

2. 答：对冲基金也称避险基金或套利基金，是指金融期货和金融期权等金融衍生工具与金融组织结合后，以高风险投机为手段并以盈利为目的的金融基金。它具有以下特点。

(1) 投资活动的复杂性。各类金融衍生产品，如期货、期权和互换等逐渐成为对冲基金的主要操作工具。这些衍生产品本来是为对冲风险而设计的，但因其低成本、高风险和高收益的特性，成为许多现代对冲基金进行投机行为的得力工具。对冲基金将这些金融工具配以复杂的组合设计，根据市场预测进行投资，在预测准确时获取超额利润，或是利用短期内市场波动而产生的非均衡性设计投资策略，在市场恢复正常状态时获取差价利润。

(2) 投资效应的高杠杆性。典型的对冲基金往往利用银行信用，以极高的杠杆借贷，在其原始基金量的基础上几倍甚至几十倍地扩大投资资金，从而达到最大限度地获取收益的目的。对冲基金证券资产的高流动性，使得对冲基金可以利用基金资产方便地进行抵押贷款。这种杠杆效应的存在，使得一笔交易扣除贷款利息后，净利润远远大于仅使用原始资本金运作可能带来的收益。同样，也恰恰因为杠杆效应，对冲基金在操作不当时，往往面临超额损失的巨大风险。

(3) 筹资方式的私募性。对冲基金的组织结构一般是合伙人制，基金投资者以资金入伙，提供大部分资金但不参与投资活动。基金管理者以资金和技能入伙，负责基金的投资决策。由于对冲基金的高风险性和复杂的投资机理，许多西方国家都禁止其向公众公开招募资金，以保护普通投资者的利益。

(4) 操作的隐蔽性和灵活性。对冲基金与面向普通投资者的投资基金不仅在基金投资者、资金募集方式、信息披露要求和受监管程度上存在很大差别，在投资活动的隐蔽性和灵活性方面也存在很多差别。证券投资基金一般都有较明确的资产组合定义，即在投资工具的选择和比例上有确定的方案。同时，共同基金不得利用信贷资金进行投资，而对冲基金完全没有这些方面的限制和界定，可利用一切可操作的金融工具和组合最大限度地使用信贷资金，以谋取高于市场平均利润的超额收益。

3. **答**：投资基金是由众多投资者出资，并由专业基金管理机构和人员管理的资金运作方式。投资基金一般由发起人设立，通过发行基金份额募集资金。基金的投资者不参与基金的管理和操作，只定期取得投资收益。基金管理人根据投资者的委托进行投资运作，收取管理费作为收入。基金托管人负责代为管理资金，保证资金安全。投资基金的投资策略是指投资基金按照预先设定的投资目标，在具体投资过程中选择的具体投资策略，主要包括以下几种。

(1) 购买持有策略。基金管理公司在构造了某个资产组合后，便不再改变持有期间的资产配置状态。这种策略客观上要求市场环境稳定，投资者偏好变化不大，投资者着眼于长期收益。但这种组合完全暴露于市场风险之下，当市场剧烈波动时，投资者将承受较大的风险。

(2) 固定比例策略。基金管理公司在构造了某个投资组合之后，定期对其资产组合进行调整，保持各类资产的市场价值在总资产价值中所占的比例大致不变。与购买持有策略相比，固定比例策略面临的风险暴露较小，但其收获的额外收益也可能较低。

(3) 组合保险策略。基金管理公司将一部分资金投放于无风险资产，以确保资产组合总价值的最低值，将剩余的资金投放于风险资产。投入风险资产的比例随着市场走势的上升而上升，随着市场走势的下降而下降。组合保险策略可以在很大程度上降低基金所面临的风险，但收益也会随之降低。

(4) 应变的资产配置策略。基金管理公司依据资本市场的变化对资产配置状态实时进行动态调整。应变的资产配置策略有助于基金管理公司迅速捕捉市场的变动并从中获益，但其助涨杀跌的本质可能导致市场波动性的增加。

4. **答**：投资基金是由众多投资者出资，并由专业基金管理机构和人员管理的资金运作方式。投资基金一般由发起人设立，通过发行基金份额募集资金。基金的投资者不参与基金的管理和操作，只定期取得投资收益。基金管理人根据投资者的委托进行投资运作，收取管理费作为收入。基金托管人负责代为管理资金，保证资金安全。根据投资目标不同，投资基金可以分为成长型基金、收入型基金和平衡型基金三种。

(1) 成长型基金是基金中最常见的一种，追求的是基金资产的长期增值。为了达到这一目标，基金管理人通常将基金资产投资于信誉度较高、有长期成长前景或长期盈余的所谓的成长公司的股票。成长型基金又可分为稳健成长型基金和积极成长型基金。

(2) 收入型基金主要投资于可带来现金收入的有价证券，以获取当期的最大收入为目的。收入型基金资产成长的潜力较小，损失本金的风险相对较低，一般可分为固定收入型基金和股票收入型基金。固定收入型基金的主要投资对象是债券和优先股，尽管收益率较高，但长期成长的潜力很小，而且当市场利率波动时，基金净值容易受到影响。股票收入型基金的成长潜力比较大，但易受股市波动的影响。

(3) 平衡型基金将资产分别投资于以取得收入为目的的债券及优先股和以资本增值为目的的普通股，并在两种不同特性的证券之间进行平衡。这种基金一般将25%~50%的资产投资于债券及优先股，其余的资产投资于普通股。平衡型基金的主要目的是从投资组合的债券中获得适当的利息收益，与此同时又可以获得普通股的升值收益。投资者既可获得当期收入，又可得到资金的长期增值。平衡型基金的优点是风险比较低，缺点是成长的潜力不大。

5. 答：投资基金是由众多投资者出资，并由专业基金管理机构和人员管理的资金运作方式，是一种利益共享、风险共担的集合投资制度。投资基金集中投资者的资金，由基金托管人委托职业经理人管理并专门从事证券投资活动。在品种不断增多、交易复杂程度不断提高的证券市场中，普通人与专业人士在经营业绩方面的差距越来越大。投资基金是介于储蓄和股票等证券之间的一种借助专家智慧的投资方式。作为一种现代化的投资工具，投资基金主要具有集合投资、分散风险和专家理财等三个特征。

(1) 集合投资。基金是将零散的资金巧妙地汇集起来，交给专业机构投资于各种金融工具，以谋取资产增值的一种投资方式。基金对投资的最低限额要求不高，投资者可以根据自己的经济能力决定购买数量，有些基金甚至不限制投资额大小，完全按份额计算收益分配。因此，基金可以最广泛地吸收社会闲散资金，汇集成规模巨大的投资资金。在参与证券投资时，资本越雄厚，优势越明显，而且可能享有大额投资在降低成本上的相对优势，从而获得规模经济效益。

(2) 分散风险。以科学的投资组合降低风险、提高收益是基金的另一大特点。在投资活动中，风险和收益总是并存的，因此，"不能将所有的鸡蛋都放在一个篮子里"已经成为人们投资理财的共识。但是，要实现投资资产的多样化，需要一定的资金实力，小额投资者由于资金有限，很难做到这一点，而基金可以帮助中小投资者解决这个困难。基金可以凭借其雄厚的资金，在法律规定的投资范围内进行科学的组合，分散投资于多种证券，一方面，庞大的资金和众多投资者的共同持有使每个投资者面临的投资风险变小，另一方面，可以利用不同的投资对象之间的互补性，达到分散投资风险的目的。

(3) 专家理财。基金实行专家管理制度，这些专业管理人员都经过专门的训练，具有丰富的证券投资和其他项目投资经验。他们善于利用基金与金融市场的密切联系，运用先进的技术手段分析各种信息资料，能对金融市场上各种证券的价格变动趋势做出比较正确的预测，最大限度地避免投资决策的失误，提高投资成功率。对于那些没有时间或者对市场不太熟悉或没有能力专门研究投资决策的中小投资者来说，投资于基金实际上就可以获得专家在市场信息、投资经验、金融知识和操作技术等方面所拥有的优势，从而尽可能地避免盲目投资带来的失败。

6. 答：开放式基金是指基金管理公司在设立基金时，发行基金单位的总份额不固定，可视投资者的需求追加发行。投资者也可根据市场状况和各自的投资决策，或者要求发行机构按现期净资产值扣除手续费后赎回股份或受益凭证，减持基金单位份额，或者再买入股份或受益凭证，增持基金单位份额。ETF 是交易型开放式指数基金，是一种在交易所上市交易的特殊开放式投资基金产品，交易手续与股票完全相同。ETF 管理的资产是一揽子股票组合，这一组合中的股票种类与某一特定指数（如上证 50 指数）包含的成分股票相同，每只股票的数量与该指数的成分股构成比例一致，ETF 交易价格取决于它拥有的一揽子股票的价值，即单位基金资产净值。

ETF 在本质上是开放式基金，与普通开放式基金具有相同的特征，但它也有自身三个方面的鲜明特征，它不仅克服了封闭式基金和开放式基金的缺点，而且集两者的优点于一身：第一，ETF 基本是指数型的开放式基金，可以跟踪某一特定指数，如上证 50 指数；第二，ETF 申购赎回也有自己的特色，投资者只能用与指数对应的一揽子股票申购或者赎回 ETF，而不是开放式基金那样以现金申购赎回；第三，ETF 可以在交易所挂牌买卖，投资者可以像交易单只股票或封闭式基金那样在证券交易所直接买卖 ETF 份额。

7. 答：特雷诺指数、夏普指数和詹森指数的金融学内涵如下。

(1) 特雷诺指数 =（平均收益率 – 平均无风险收益率）/基金的系统风险。特雷诺指数是每单位风险获得的风险溢价，是投资者判断基金管理者在管理基金的过程中所冒风险是否有利于投资者的指标。特雷诺给出了基金份额系统风险的超额收益率。在收益率与系统风险所构成的坐标系中，特雷诺指数实际上是无风险收益率与基金组合连线的斜率。可以根据特雷诺指数对基金的绩效加以排序。特雷诺指数存在的问题是无法衡量基金组合的风险分散程度。β 值并不会因为组合中所包含的证券数量的增加而降低，因此当基金分散程度提高时，特雷诺指数可能并不会变大。

(2) 夏普指数 =（平均收益率 – 平均无风险利率）/标准差。夏普指数反映了单位风险基金净值增长率超过无风险收益率的程度。夏普指数代表投资者每多承担一分风险，可以拿到较无风险收益率（定存利率）高出几分的收益。若为正值，代表基金承担收益率波动风险有正的回馈；若为负值，代表承受风险但收益率反而不如银行利率。投资者可以根据夏普指数对基金绩效进行排序，夏普指数越大，基金的绩效越好。夏普指数调整的是全部风险，因此当某基金就是投资者的全部投资时，可以用夏普指数作为衡量绩效的适宜指标。

(3) 詹森指数 = 管理组合的实际收益率 – 具有相同风险水平的消极投资组合的预期收益率。詹森指数实际上是对基金超额收益大小的一种衡量。这种衡量综合考虑了基金收益与风险因素，比只考虑基金收益大小要更科学。基金投资不仅要收益，更要获得超越市场平均水准的超额收益。将这一投资理念量化后贯彻到基金产品中来，就是要通过主动管理的方式，追求詹森指数（或称 α 值）的最大化，以创造基金投资超额收益最大化。只有战胜市场基准组合获得超额收益，才是专家理财概念的最佳诠释。投资者只有投资这样的基金产品，才可以真正达到委托理财并获得最大收益的目的。詹森指数代表的是基金业绩中超过市场基准组合所获得的超额收益。詹森指数 > 0，表明基金业绩表现优于市场基准组合，大得越多、业绩越好；反之，如果詹森指数 < 0，则表明基金绩效不好。

8. 答：这句话的描述是错误的。对冲基金也称避险基金或套利基金，是投资基金的一种形式，属于免责市场产品，意为"风险对冲过的基金"，是指金融期货和金融期权等金融衍生工具与金融组织结合后，以高风险投机为手段并以盈利为目的的金融基金。对冲基金名为基金，实际与共同基金追求安全、收益和增值的投资理念有本质差异。对冲基金具有以下特点。

(1) 投资活动的复杂性。各类金融衍生产品，如期货、期权、互换等逐渐成为对冲基金的主要操作工具。这些衍生产品本来是为对冲风险而设计的，但因其低成本、高风险、高收益的特性，成为许多现代对冲基金进行投机行为的得力工具。

(2) 投资效应的高杠杆性。典型的对冲基金往往利用银行信用，以极高的杠杆借贷，在其原始基金量的基础上几倍甚至几十倍地扩大投资资金，从而达到最大限度地获取收益的目的。

(3) 筹资方式的私募性。对冲基金的组织结构一般是合伙人制：基金投资者以资金入伙，提供大部分资金但不参与投资活动；基金管理者以资金和技能入伙，负责基金的投资决策。

(4) 操作的隐蔽性和灵活性。对冲基金与面向普通投资者的投资基金不仅在基金投资者、资金募集方式、信息披露要求和受监管程度上存在很大差别，在投资活动的隐蔽性和灵活性方面也存在很多差别。

对冲基金的名称带有误导性，尽管名称是对冲基金，但是对冲基金承担了巨大的风险，许多对冲基金运用的是"市场中性"战略，它们购入价值被低估的某种证券（如债券），同时卖出数量相等的价值被高估的相似证券，如果利率整体上升或者下跌，基金的风险就被对冲掉了，因为一种证券价值的下降与另一种证券价值的上升是相对应的。基金需要推测两种证券之间的差价是否按照基金经理人预测的方向变化。如果基金赌输，就可能损失惨重。

同时，由于对冲基金具有投资效应的高杠杆性的特点，风险可能会被极度地放大。典型的对冲基金往往利用银行信用，以极高的杠杆借贷，在其原始基金量的基础上几倍甚至几十倍地扩大投资资金，从而达到最大限度地获取收益的目的。对冲基金的证券资产的高流动性，使得对冲基金可以利用基金资产方便地进行抵押贷款。一只资本金只有1亿美元的对冲基金，可以通过反复抵押其证券资产，贷入高达几十亿美元的资金。这种杠杆效应的存在，使得一笔交易在扣除贷款利息后，净利润远远大于仅使用1亿美元的资本金运作可能带来的收益。同样，也恰恰因为高杠杆效应，对冲基金在操作不当时，往往面临超额损失的巨大风险。

五、计算题

1. 答：(1) 简单收益率的计算公式为

$$R = \frac{NAV_1 - NAV_0 + D}{NAV_0} \times 100\%$$

式中，R 为简单收益率；NAV_1、NAV_0 为期末和期初基金的份额净值；D 为考察期内每份基金的分红金额。

该基金在 2016 年 6 月 8 日到 2018 年 5 月 7 日的简单收益率为

$$R = \frac{3.8 - 2.5 + 0.2}{2.5} \times 100\% = 60\%$$

(2) 时间加权收益率的计算公式为

$$R = [(1+R_1)(1+R_2)\cdots(1+R_n) - 1] \times 100\%$$

$$= \left(\frac{NAV_1}{NAV_0} \times \frac{NAV_2}{NAV_1 - D_1} \times \cdots \times \frac{NAV_{n-1}}{NAV_{n-2} - D_{n-2}} \times \frac{NAV_n}{NAV_{n-1} - D_{n-1}} - 1 \right) \times 100\%$$

式中，R_1 为第一次分红之前的收益率；R_2 为第一次分红至第二次分红期间的收益率，依此类推；NAV_0 为基金期初份额净值；NAV_1，NAV_2，$\cdots$，NAV_{n-1} 分别为除息前一日的基金份额净值；NAV_n 为期末份额净值；D_1，D_2，$\cdots$，D_{n-1} 为每次份额基金分红。

$$1 + R_1 = \frac{3.2}{2.5} = 128\%$$

$$1 + R_2 = \frac{3.8}{3.2 - 0.2} = 126.67\%$$

这段时间该基金份额的时间加权收益率为

$$R = [(1+R_1)(1+R_2) - 1] \times 100\% \approx 62.14\%$$

2. 答：王某申购的开放式基金份数为

$$\frac{500\,000 \times (1 - 1.5\%)}{2} = 246\,250(份)$$

赎回的资金为

$$246\,250 \times 2.8 \times (1 - 0.5\%) = 686\,052.5(元)$$

此次投资收益率为

$$\frac{686\,052.5 - 500\,000}{500\,000} \times 100\% = 37.21\%$$

第四部分
PART 4

资产定价与资本结构

第13章
CHAPTER 13

收益与风险

习 题

一、单项选择题

1. 已知某证券的 β 系数为2，则该证券（ ）
   A. 无风险
   B. 有非常低的风险
   C. 风险与金融市场组合风险一致
   D. 风险是金融市场组合风险的两倍
2. 投资者选择指数型基金，获得的超过无风险收益率的额外收益，称为投资的（ ）
   A. 实际收益   B. 预期收益   C. 风险溢价   D. 必要收益
3. 在选择资产时，下列说法正确的是（ ）
   A. 当预期收益率相同时，风险厌恶者会选择风险小的
   B. 如果风险相同，对于风险厌恶者而言，将无法选择
   C. 如果风险不同，对于风险偏好者而言，将选择预期收益大的
   D. 当预期收益相同时，风险偏好者会选择风险小的
4. 非系统风险与（ ）有关
   A. 政治因素   B. 经济因素   C. 税制改革   D. 销售决策
5. （ ）以相对数来衡量资产全部风险的大小
   A. 变异系数   B. 方差   C. 标准差   D. 协方差
6. （ ）主动追求风险，喜欢收益的动荡胜于喜欢收益的稳定
   A. 风险厌恶者   B. 风险偏好者   C. 风险中性者   D. 不确定
7. 某证券的预期收益率为10%，标准差是12%，其变异系数是（ ）
   A. 0.83   B. 1.2   C. 0.14   D. 6.94
8. 若两项资产的相关系数为1，下列论述不正确的是（ ）

A. 两项资产的收益率变化方向和变化幅度完全相同
B. 组合风险等于组合中各项资产风险的加权平均值
C. 这样的组合不能降低任何风险
D. 这样的组合可以抵消一些公司特有风险

9. 若某组合有 A 和 B 两种股票，A 的预期收益率为 15%，B 的预期收益率为 20%，两者等比投资，则该组合的预期收益率为（　　）
A. 15%　　　　　B. 50%　　　　　C. 17.5%　　　　　D. 无法确定

10. 下列哪种行为反映了马科维茨型投资者的基本特征（　　）
A. 在熊市行情下，将资金投资于 $\beta=1$ 的资产组合
B. 在牛市行情下，将资金投资于 $\beta=1$ 的资产组合
C. 在相同风险条件下，选择收益相对较低的投资组合
D. 在相同收益条件下，选择风险小的投资组合

二、判断题

1. 投资于某项资产的收益率等于无风险收益率与风险溢价之和。（　　）
2. 多个投资方案，无论期望值是否相同，标准差最大的方案不一定就是风险最大的方案。（　　）
3. 风险中性投资者主要关注收益状况，并不关心风险如何。（　　）
4. 市场组合是市场上所有资产的组合，市场组合的风险就是系统风险。（　　）
5. 系统风险能够通过资产组合数量的增加进行分散。（　　）
6. 在风险分散过程中，随着资产组合中资产数量的增加，组合风险将会越来越低。（　　）
7. 非系统风险是投资者持有一个充分分散化的投资组合也必须要承受的风险。（　　）
8. 长期国债的利率可以近似地替代无风险收益率。（　　）
9. 具有与市场组合相同系统风险的投资组合的 β 系数等于1。（　　）
10. 夏普比率是超额收益率与超额收益率的标准差的比值，能够有效地评估投资的效果。（　　）

三、名词解释

1. β 系数　　　　　　2. 系统风险　　　　　　3. 夏普比率
4. 非系统风险　　　　5. 分散化效应　　　　6. 风险偏好投资者
7. 风险中性投资者　　8. 马科维茨型投资者

四、简答题

1. 将金融风险按产生原因进行分类。
2. 简述韦恩·韦格纳和谢拉·劳根据大量的股票样本分析得出的资产组合分散化效应的三个特征。
3. 简要说明理性投资者在进行投资时所参考的两个主要指标，并给出马科维茨型投资者做出投资决策的两条基本原则。
4. 简述不同偏好投资者的类型并画图解释。

五、计算题

1. 假定市场中发行一种 3 年期债券，票面价值为 1 000 元，票面年利率为 10%，债券折价发行，价格为 950 元。请计算该债券的到期收益率。张女士在发行时按照已发行价格购入 1 张该债券并于两年后以 960 元的价格出售此张债券，求张女士持有期收益率为多少？

2. 假定存在包含所有资产类型的市场组合，该组合收益率为 10%，收益率的标准差为 20%，市场无风险收益率为 5%。
   (1) 该市场组合风险溢价为多少？
   (2) 该市场组合的夏普比率为多少？其变异系数为多少？

3. 作为一名马科维茨型投资者，已知市场上一年期存款利率为 5%，以下哪一种组合更加值得投资？
   (1) 投资组合 A：$E(r)=18\%$，$\sigma=20\%$
   (2) 投资组合 B：$E(r)=14\%$，$\sigma=25\%$
   (3) 投资组合 C：$E(r)=15\%$，$\sigma=18\%$
   (4) 投资组合 D：$E(r)=13\%$，$\sigma=18\%$
   (5) 投资组合 E：$E(r)=14\%$，$\sigma=16\%$

4. 下表给出了两只不同类型的基金 2013~2018 年的收益率状况（%）。

	2013	2014	2015	2016	2017	2018
基金 A	-8	-22.1	35.2	10.7	4.6	5.3
基金 B	-11	-20.9	32.1	9.8	3.2	6.9

   (1) 试计算两只基金的平均收益率及标准差。
   (2) 一名投资者分别将资金的 30% 和 70% 投资于基金 A 和基金 B，则该投资者的预期收益率为多少？

习题参考答案及解析

一、单项选择题

题号	1	2	3	4	5	6	7	8	9	10
答案	D	C	A	D	A	B	B	D	C	D

1. **解析**：β 系数度量了证券或者组合收益率相对市场收益率的敏感性。如果某种资产或组合的 β 系数为 1，那么其系统风险与市场组合的系统风险完全一样。如果 β 系数大于 1，则该资产的系统风险大于市场组合风险。如果 β 系数小于 1，该资产的系统风险小于市场组合风险。如果 β 系数为 0，则说明该资产不存在系统风险，其波动与市场组合无关。

2. **解析**：风险溢价，也称超额收益率，就是投资于风险资产时风险资产的预期收益率与无风险资产的收益率（无风险收益率）之间的差。本题中的指数型基金就是风险资产，风险资产获得的超过无风险资产的额外收益被称为风险溢价。例如，无风险资产的年收益率为 6%，指数基金年预期收益率为 15%，则投资指数基金的风险溢价就为 9%。

3. 解析：对于风险偏好投资者而言，他们并不要求高风险一定对应高收益，低风险高收益的组合可能与高风险低收益的组合同样具有吸引力。对于风险厌恶型投资者而言，他们往往在预期获得足额补偿的时候才会冒险，因此更倾向于低风险高收益的组合。对于风险中性投资者而言，他们往往更关心收益如何，并不在意风险如何。如果风险相同，对于风险厌恶者而言，他们将会选择预期收益率高的组合，故 B 不正确。如果风险不同，风险中性者将选择预期收益高的，而对于风险偏好者而言，他们并不要求高风险一定对应高收益，因为高风险对于他们来说也算是一种补偿，故 C 不正确。当预期收益相同时，风险偏好者会选择风险大的，故 D 不正确。

4. 解析：系统风险是由可以影响到整个金融市场的风险因素组成的，包括经济周期和国家宏观经济政策等。非系统风险是与特定公司或特定行业相关的风险，是某一种投资品或者行业所特有的风险。这种风险与特定公司或者行业的状况相联系，取决于行业的生命周期以及企业的管理质量、广告宣传和开发计划等因素。企业的销售决策就属于非系统风险的范畴。

5. 解析：变异系数（又称为标准离差率）以相对数来衡量待决策方案的风险，它是一个相对指标，表示某资产每单位预期收益中所包含的风险的大小。一般情况下，变异系数越大，资产的相对风险越大。变异系数越小，资产的相对风险越小。

6. 解析：对于风险偏好投资者而言，他们并不要求高风险一定对应高收益，低风险和高收益的组合可能与高风险低收益的组合同样具有吸引力。对于风险厌恶投资者而言，他们往往在预期获得足额补偿的时候才会冒险，因此更倾向于低风险和高收益的组合。对于风险中性投资者而言，他们往往更关心收益如何，并不在意风险如何。

7. 解析：变异系数（标准离差率）的公式为 $CV = \dfrac{\sigma}{E(R)}$。式中，$CV$ 为变异系数，σ 为标准差，$E(R)$ 为预期收益率。经计算得变异系数为 $CV = \dfrac{12\%}{10\%} = 1.2$。

8. 解析：相关系数表示资产收益率变动之间的关系。当相关系数为 1 时，表明资产之间完全正相关。两种资产的收益率变化方向和变动幅度完全相同。当几项资产共同构成资产组合时，资产组合的风险则不能简单地表示为几个单独资产风险的加权平均，因为还需要考虑组合资产之间的相关性。当资产组合的相关系数为 1 时，在式 $\sigma_P^2 = X_A^2 \sigma_A^2 + X_B^2 \sigma_B^2 + 2X_A X_B \sigma_{AB}$ 中，$\sigma_{AB} = \sigma_A \sigma_B$。组合风险等于各资产风险的加权平均数。风险分为两种，一种为系统风险，另一种为非系统风险。当相关系数为 1 时，不能分散非系统风险。系统风险是不可分散风险，即不能通过分散投资的方法相互抵消或削弱。因此，相关系数为 1 的组合不能分散任何一种风险。

9. 解析：组合资产预期收益率公式为 $E(R_P) = \omega_A E(R_A) + \omega_B E(R_B)$。式中，$E(R_P)$ 表示包含两种资产的资产组合的预期收益率；$E(R_A)$ 和 $E(R_B)$ 分别表示资产 A 和资产 B 的预期收益率；ω_A 和 ω_B 分别为资产 A 和资产 B 的投资比重。由公式计算得 $E(R_P) = 50\% \times 15\% + 50\% \times 20\% = 17.5\%$，则组合预期收益率为 17.5%。

10. 解析：马科维茨型投资者的特征是：当风险相同时，投资于高收益资产；当收益相同时，投资于低风险资产。本题中的牛市和熊市并不能够说明风险与收益之间的关系。

二、判断题

题号	1	2	3	4	5	6	7	8	9	10
答案	√	×	√	√	×	×	×	×	√	√

1. **解析**：风险溢价也称超额收益率，就是投资于风险资产时风险资产的预期收益率与无风险资产的收益率（无风险收益率）之间的差。因此，一项投资的收益率就是无风险收益率与风险溢价的和，而不是两者的差。

2. **解析**：标准差是方差的算术平方根。标准差能反映一个数据集的离散程度。实际收益率与预期收益率的偏差越大，投资者就认为投资于该种资产的风险越大。所以，在金融学中引入统计中的标准差来表示单一资产的风险。如果一个投资方案的标准差最大，那它一定就是风险最大的方案。但投资者不能仅仅用绝对标准差的大小来比较资产之间的风险，要比较不同资产的风险，更有效的标准是变异系数。

3. **解析**：对于风险偏好投资者而言，他们并不要求高风险一定对应高收益，低风险和高收益的组合可能与高风险低收益的组合同样具有吸引力。对于风险厌恶投资者而言，他们往往在预期获得足额补偿的时候才会冒险，因此更倾向于低风险和高收益的组合。对于风险中性投资者而言，他们往往更关心收益如何，并不在意风险如何。

4. **解析**：市场组合是指由市场上所有资产组成的组合。它的收益率就是市场平均收益率，在实际中通常用股票价格指数的收益率来代替。市场组合的方差代表了市场整体风险。由于市场组合包含所有的资产，因此，市场组合中的非系统风险已经被消除，市场组合的风险就是市场风险或系统风险。

5. **解析**：系统风险是由可以影响到整个金融市场的风险因素所组成的，包括经济周期和国家宏观经济政策等。这部分风险影响的是所有金融变量的可能值，因此不能通过分散投资的方法相互抵消或削弱。系统风险又被称为不可分散风险，也就是说即使一个投资者持有一个充分分散化的投资组合也必须要承受系统风险。因此，系统风险不可能通过增加组合中的资产数量进行分散。

6. **解析**：投资组合的标准差随着组合中证券数量的增加而降低，但是不能降低为0。一般来讲，随着资产组合中资产个数的增加，资产组合的风险会逐渐降低，但当资产的个数增加到一定程度时，资产组合的风险程度将趋于平稳，这时组合风险的降低将非常缓慢直到不再降低，此时的风险就是不可分散风险，即系统风险。

7. **解析**：非系统风险是与特定公司或特定行业相关的风险，是某一种投资品或者行业所特有的风险。这种风险与特定公司或者行业的状况相联系，取决于行业的生命周期以及企业的管理质量、广告宣传和开发计划等因素。对于投资者来说，他们面临的风险是公司独有的，可以通过持有资产组合来分散这种风险。

8. **解析**：方便起见，通常用短期国债利率近似地代替无风险收益率。无风险收益率由时间价值和通货膨胀补偿率构成。无风险收益率要满足两个条件：一是没有违约风险，二是不存在再投资收益的不确定。只有短期国债能同时满足条件。

9. **解析**：如果某种资产或组合的 β 系数为1，那么其系统风险与市场组合的系统风险完全一样，即该资产的波动程度与市场组合的波动程度完全一致，如市场组合上涨10%，则该资产也上涨10%。

10. **解析：** 夏普比率是一种基于风险承担的投资收益度量标准，即单位风险承担所获得的风险溢价水平，能够有效地评估投资的效果。夏普比率利用超额收益率与投资组合的标准差的比值，能够更有效地评估投资的效果，帮助投资者更好地平衡收益和风险之间的关系。值得注意的是，投资组合的标准差与超额收益率的标准差在数值上是相同的，因此此题表述无误。

三、名词解释

1. β 系数是用于衡量资产风险与市场风险之间关系的参数，β 系数度量了证券或者组合收益率相对市场收益率的敏感性，用公式表示为

$$\beta_i = \frac{\sigma_{im}}{\sigma_m^2}$$

式中，β_i 为证券 i 的 β 系数；σ_{im} 为证券 i 的收益率与市场组合收益率的协方差；σ_m^2 为市场组合收益率的方差。

如果某种资产或组合的 β 系数为1，那么其系统风险与市场组合的系统风险完全一样，即该资产的波动程度与市场组合的波动程度完全一致，如市场组合上涨10%，则该资产也上涨10%。如果 β 系数大于1，则该资产的系统风险大于市场组合风险，即如果市场指数上涨10%，则该资产上涨超过10%。同理可得，如果 β 系数小于1，说明该资产的系统风险小于市场组合风险。如果 β 系数为0，则说明该资产不存在系统风险，其波动与市场组合无关。

2. 系统风险是由可以影响到整个金融市场的风险因素组成的，包括经济周期和国家宏观经济政策等。这部分风险影响的是所有金融变量的可能值，因此不能通过分散投资的方法相互抵消或削弱。如果所有公司股票的收益率一起下降，那么持有多家公司的股票来分散风险的方法将于事无补。系统风险又被称为不可分散风险，也就是说，即使一个投资者持有一个充分分散化的投资组合也必须要承受系统风险。例如，股票市场的波动受到经济周期波动的影响，在经济周期的扩张阶段，市场主体的投资情绪高涨，股票市场的资金流入增加，股票的价格具有同时上升的趋势。同样，在经济周期的衰退阶段，市场中股票的价格具有共同下降的趋势。

3. 夏普比率是一种基于风险承担的投资收益度量标准，即单位风险承担所获得的风险溢价水平。用公式表示为 $S = \frac{E(R_P) - R_f}{\sigma_P}$。式中，$S$ 为夏普比率；$E(R_P)$ 为投资组合的预期收益率；R_f 为无风险市场利率；$E(R_P) - R_f$ 为风险溢价；σ_P 为投资组合的标准差。这个公式又被当作衡量收益波动的方法，因为它是由威廉·夏普最先提出的，所以又被称为夏普比率。夏普比率是针对投资组合而言的，也被广泛地用于评价投资管理者的绩效。

4. 非系统风险是与特定公司或特定行业相关的风险，是某一种投资品或者行业所特有的风险。这种风险与特定公司或者行业的状况相联系，取决于行业的生命周期以及企业的管理质量、广告宣传和开发计划等因素。例如，某公司管理层出现危机，又或者某企业发布新产品等，这些都会使企业的资产发生变动，从而影响投资者对企业价值的判断，进而使市场上公司股票的价格发生波动。对于投资者来说，他们可以通过持有资产组合来分散这种风险。因此，这种风险又被称作可分散风险。

5. 投资组合中每两个证券之间的相关系数并非都等于1，恰恰相反，各种证券的相关系数在绝大多数条件下都小于1。因此，在由各种证券构成的资产组合中，单一证券收益率波动的一部分就可能被其他证券收益率的反向变化所削弱或完全抵消，进而达到降低风险的效果。这种能够通过构造组合降低风险的效果就是分散化效应。我们通过大量事实可以看出，资产组合的风险往往会小于组合中单一资产的风险，因为资产组合的总风险已经通过分散化效应而降低了。

6. 风险偏好投资者并不要求高风险一定对应高收益，低风险和高收益的组合可能与高风险低收益的组合同样具有吸引力。风险偏好者的无差异曲线是向下倾斜的，因为对于他们来说，高风险本身就是对他们投资的一种补偿，因此随着风险的升高，他们对收益的要求是降低的。

7. 风险中性投资者往往更关心收益如何，并不在意风险如何。对于风险中性投资者而言，他们的无差异曲线是水平的，因为对他们而言风险大小是无所谓的。

8. 马科维茨对投资者关于风险与收益的选择问题，给出了两个基本假设，即不满足性和风险厌恶。同时投资者只是选择预期收益率来刻画投资收益，并且采用标准差来度量投资风险。①不满足性：马科维茨假设作为一名理性的投资者，如果在其他情况相同的两个投资组合中进行选择，总是会选择预期收益较高的那个。从另一个角度考虑就是，投资者更倾向于用期初同样多的财富来换取期末较多的财富，因为这可以为投资者的未来提供更多的消费机会，从而使投资者获得的效用更大。②风险厌恶：这个假设意味着风险带给投资者的效用为负，即理性投资者是厌恶风险的。在其他条件相同的情况下，投资者会选择标准差较小的组合。也就是说，一名理性的投资者不会选择一个零和博弈的赌博或者对等的赌博，因为这样做预期收益率为0，还会存在风险。

四、简答题

1. **答**：金融风险是指金融变量的各种可能值偏离其期望值的可能性和幅度。风险揭示的是不确定性，这种不确定性的存在是因为人们无法确定未来会发生什么或者在什么时候发生。风险不是无关紧要的不确定性，它关系着人们的福利。风险可按照其产生的原因划分为货币风险、流动性风险、利率风险和信用风险。
   （1）货币风险又被称为汇率风险，主要指因汇率变动而产生的风险。货币风险可分为因汇率变动而影响日常收入的交易风险，以及汇率变动使资产负债表中资产的价值和负债成本发生变动的折算风险。
   （2）流动性风险是由于金融资产变现而产生的风险，是指投资者在需要卖出其所投资的风险资产时面临的变现困难，以及不能够以适当或期望价格变现的风险。
   （3）利率风险是由于市场利率发生变动从而造成证券资产价值变动的风险。通常情况下，利率上升会造成证券价格下降。反之，利率下降会造成证券价格上升。在利率水平变动幅度相同的情况下，长期证券受到的影响比短期证券大。货币风险与利率风险统称为价格风险。
   （4）信用风险又被称为违约风险，是指证券发行人因倒闭或其他原因不能履行约定，从而给投资者带来的风险。

2. **答**：资产组合的风险不仅取决于单个证券的风险和投资权重，还取决于证券之间的协方差或相关系数，并且协方差或相关系数在资产组合的总风险构成中起着更重要的作用。因此，投资者在建立资产组合时不应该简单地拼凑，而应该根据资产组合中各证券收益率之间的相关性来确定证券的种类和权重，进而在保证收益的前提下尽量使组合风险最小。这种能够通过构造资产组合降低风险的效果即分散化效应。韦恩·韦格纳和谢拉·劳根据大量的股票样本分析，给出了关于资产组合分散化效应的三个特征。

(1) 一个资产组合的预期收益率与组合中股票的只数无关，资产组合的风险随着股票只数的增加而降低。当组合中的资产从 1 项增加到 10 项时，证券组合风险递减程度尤为明显，但随着组合中资产的继续增加，风险降低的边际效果也在递减，当持有的资产超过 10 项时，风险下降就变得微乎其微了。

(2) 平均而言，随机抽取 20 只股票构成股票组合，总风险就能降低到只包含系统风险的水平，单个资产总风险的 40% 被抵消，这部分风险就是非系统风险。

(3) 一个充分分散的证券组合的收益率的变化与市场收益率的变化紧密相连。资产组合的波动性基本上就是市场总体的不确定性。这是投资者无论持有多少资产都要承担的一部分风险。

韦恩·韦格纳和谢拉·劳根据分析，给出了资产组合与分散风险之间的三个特征，但并不是所有的风险都能通过资产组合的方式予以消除，当组合中的资产数目达到一定程度时，风险就不能再被降低，剩下的这一部分风险即为系统风险。分散化效应主要针对资产的非系统风险。

3. 答：(1) 对投资者而言，其在进行投资选择过程中最关心的就是投资的收益与风险。因为要想获得高收益，就必须承担相对较高的风险。投资者总是需要在收益与风险之间进行权衡。

   1) 投资风险并不仅指资产出现损失的可能性，还具有某种程度的对称性，即无论投资资产未来的现金流出现意外损失，还是出现超额盈余，都视为风险。在金融学中，风险通常采用标准差或者方差来度量。计算过程中也需要知道资产之间的协方差和相关系数等变量。标准差或方差越大，表示风险越大。

   2) 投资收益是进行投资所获得的经济利益。收益可分为单一资产收益和资产组合收益。单一资产收益水平的核算是投资选择的基础信息。若投资者仅能投资单一风险资产，且仅以收益最大化为投资目标，那么他们应该选择收益最高的资产。但大多数情况下，投资者会选择持有多种资产，而不是仅持有一项资产，即构造资产组合。衡量投资收益的最直接的方法就是计算投资期内投资品的收益率。因此，核算持有期内的收益率成为度量投资收益水平的关键。

   (2) 马科维茨对投资者关于风险与收益的选择问题给出了两个基本假设，即不满足性和风险厌恶。同时投资者只是选择预期收益率来刻画投资收益，并且采用标准差来度量投资风险。因此，具有这样特征的投资者被称为马科维茨型投资者。

   1) 不满足性。马科维茨假设作为一名理性的投资者，如果在其他情况相同的两个投资组合中进行选择，总是会选择预期收益较高的那个。从另一个角度考虑就是，投资者更倾向于用期初同样多的财富来换取期末较多的财富，因为这可以为投资者的未来提供更多的消费机会，从而使投资者获得的效用更大。

   2) 风险厌恶。这个假设意味着风险带给投资者的效用为负，即理性投资者是厌恶风险的。在其他条件相同的情况下，投资者会选择标准差较小的组合。也就是说，一名理性的投资者不会选择一个零和博弈的赌博或者对等的赌博，因为这样做预期收益率为0，还会存在风险。

不满足性表示当投资资产具有相同的投资风险时，马科维茨型投资者会选择投资收益较高的资产。风险厌恶表示当投资资产具有相同的投资收益时，马科维茨型投资者会选择投资风险较低的资产。

4. **答**：对投资者而言，其在投资选择过程中最关心的就是投资的收益与风险。因为要想获得高收益，就必须承担相对较高的风险。投资者总是需要在收益与风险之间进行权衡，但投资者看待风险与收益之间取舍关系的态度存在显著差异。

现实中，投资者受环境和性格等诸多因素的影响，对风险的态度有所不同。根据投资者对风险所表现出的偏好将投资者的风险态度划分为风险偏好、风险厌恶和风险中性（见图13-1）。

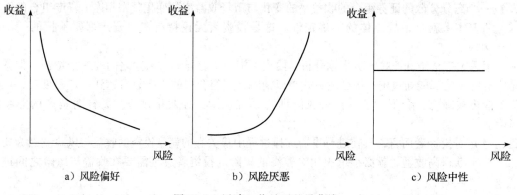

图13-1 风险-收益无差异曲线

对于风险偏好投资者而言，他们并不要求高风险一定对应高收益，高风险低收益的组合可能与低风险高收益的组合同样具有吸引力。在以风险为横轴、收益为纵轴的坐标系中，风险偏好投资者的无差异曲线是向下倾斜的，因为对于他们来说，高风险本身就是对他们投资的一种补偿，因此随着风险的升高，他们对收益的要求是降低的。对于风险厌恶投资者而言，他们往往在预期获得足额补偿的时候才会冒险，因此更倾向于低风险高收益的组合。他们的无差异曲线是一条向上弯曲的线，对他们而言，风险的增加一定要有相应的收益作为补偿，否则增加风险对于他们来说是毫无意义的。对于风险中性投资者而言，他们往往更关心收益如何，并不在意风险如何，他们的无差异曲线是水平的，因为对他们而言风险大小是无所谓的。

五、计算题

1. **答**：（1）根据到期收益率公式

$$P = \sum_{i=1}^{n} \frac{C}{(1+y)^n} + \frac{M}{(1+y)^n}$$

式中，P 是债券价格；C 是每次支付的票面利息；M 是债券到期价值；n 是总付息次数；y 是到期收益率。经计算

$$950 = \sum_{i=1}^{3} \frac{1\,000 \times 10\%}{(1+y)^n} + \frac{1\,000}{(1+y)^3}$$

解得 $y = 10.03\%$，即债券到期收益率为 10.03%。

(2) 持有期收益率公式为

$$R_H = \frac{D_t + (P_t - P_0)}{P_0}$$

式中，R_H 是持有期收益率；t 是投资者的资产持有期；D_t 是持有期的利息收入；P_t 是第 t 期的证券价格；P_0 是期初的证券价格；$P_t - P_0$ 代表持有期间的资本利得或资本损失。经计算

$$R_H = \frac{1\,000 \times 10\% \times 2 + (960 - 950)}{950} \approx 22.11\%$$

即持有期收益率为 22.11%。

2. 答：(1) 风险溢价也称超额收益率，就是投资于风险资产时风险资产的预期收益率与无风险资产的收益率（无风险收益率）之间的差。用公式表示为 $E(R_P) - R_f$，其中 $E(R_P)$ 为投资组合的预期收益率，R_f 为无风险市场利率。经计算，风险溢价为 $10\% - 5\% = 5\%$。

(2) 夏普比率用公式表示为

$$S = \frac{E(R_P) - R_f}{\sigma_P}$$

式中，S 为夏普比率；$E(R_P)$ 为投资组合的预期收益率；R_f 为无风险市场利率；$E(R_P) - R_f$ 表示风险溢价；σ_P 为投资组合的标准差。经计算得

$$S = \frac{5\%}{20\%} = 0.25$$

即夏普比率为 0.25。

变异系数用公式表示为

$$CV = \frac{\sigma}{E(R)}$$

式中，CV 为变异系数；σ 为标准差；$E(R)$ 为预期收益率。经计算，变异系数为

$$CV = \frac{20\%}{10\%} = 2$$

即变异系数为 2。

3. 答：夏普比率能够更有效地评估投资的效果，帮助投资者更好地平衡收益和风险之间的关系。它是一种基于风险承担的投资收益度量标准，即单位风险承担所获得的风险溢价水平。计算公式为

$$S = \frac{E(R_P) - R_f}{\sigma_P}$$

经计算

$$S_A = \frac{18\% - 5\%}{20\%} = 0.65$$

$$S_B = \frac{14\% - 5\%}{25\%} = 0.36$$

$$S_C = \frac{15\% - 5\%}{18\%} \approx 0.56$$

$$S_D = \frac{13\% - 5\%}{18\%} \approx 0.44$$

$$S_E = \frac{14\% - 5\%}{16\%} \approx 0.56$$

作为一名马科维茨型投资者,在风险相同的情况下,选择收益最高的投资组合。因此,选择投资组合 A 更为合适。

4. 答:(1) 基金 A:

$$\text{平均收益 } R_A = [(-8\%) + (-22.1\%) + 35.2\% + 10.7\% + 4.6\% + 5.3\%] \div 6$$
$$\approx 4.3\%$$

$$\sigma_A^2 = [(-8\% - 4.3\%)^2 + (-22.1\% - 4.3\%)^2 + (35.2\% - 4.3\%)^2$$
$$+ (10.7\% - 4.3\%)^2 + (4.6\% - 4.3\%)^2 + (5.3\% - 4.3\%)^2] \div 6$$
$$\approx 3.08\%$$

$$\sigma_A \approx 17.5\%$$

基金 B:

$$\text{平均收益 } R_B = [(-11\%) + (-20.9\%) + 32.1\% + 9.8\% + 3.2\% + 6.9\%] \div 6$$
$$= 3.35\%$$

$$\sigma_B^2 = [(-11\% - 3.35\%)^2 + (-20.9\% - 3.35\%)^2 + (32.1\% - 3.35\%)^2$$
$$+ (9.8\% - 3.35\%)^2 + (3.2\% - 3.35\%)^2 + (6.9\% - 3.35\%)^2] \div 6$$
$$\approx 2.79\%$$

$$\sigma_B \approx 16.7\%$$

(2) 投资组合的预期收益率用公式表示为 $E(R_P) = \omega_A E(R_A) + \omega_B E(R_B)$。式中,$\omega_A$ 为基金 A 的投资比例;ω_B 为基金 B 的投资比例;$E(R_A)$ 为基金 A 的预期收益率;$E(R_B)$ 为基金 B 的预期收益率。经计算,$E(R_P) = 30\% \times 4.3\% + 70\% \times 3.35\% = 3.635\%$,即投资者的预期收益率为 3.635%。

第 14 章
CHAPTER 14

投资组合选择

习 题

一、单项选择题

1. 现代投资组合理论的奠基者是（   ）
   A. 哈里·马科维茨   B. 威廉·夏普   C. 斯蒂芬·罗斯   D. 尤金·法玛
2. 如果两个投资项目预期收益的标准差相同，而期望值不同，那么这两个项目（   ）
   A. 预期收益率相同   B. 标准离差率相同   C. 预期收益率不同   D. 夏普比率相同
3. 投资者在有效边界中选择最优的投资组合取决于（   ）
   A. 无风险收益率的高低   B. 投资者对风险的态度
   C. 市场预期收益率的高低   D. 有效边界的形状
4. 某投资者对预期收益率毫不在意，只关心风险。那么该投资者的无差异曲线为（   ）
   A. 一条竖线   B. 一条横线
   C. 一条向右上倾斜的曲线   D. 一条向左上倾斜的曲线
5. 下列关于有效边界的说法不正确的是（   ）
   A. 有效边界是在投资组合可行集的基础上按照投资者共同偏好规则确定的
   B. 有效边界上的投资组合就是投资者的最优投资组合
   C. 对于可行集内部及下边界上的任意可行组合，均可以在有效边界上找到一个比它更好的有效组合
   D. 有效边界上的不同组合按共同偏好规则不能区分优劣
6. 在投资组合理论中，投资者的偏好无差异曲线与有效边界的切点是（   ）
   A. 投资者的最优组合 B. 最小方差组合   C. 市场组合   D. 具有最高收益的组合
7. 投资者将其30%的财富投资于预期收益率为15%、方差为4%的风险资产，70%投资于收益率

为6%的国库券,则他的资产组合的预期收益率和标准差分别为（　　）
A. 11.4%和12%　　B. 8.7%和6%　　C. 29.5%和12%　　D. 8.7%和12%

8. 按照马科维茨的描述,下面的资产组合中一定不会落在有效边界上的是（　　）

资产组合	预期收益率（%）	标准差（%）
W	9	21
X	5	7
Y	15	36
Z	12	15

A. 只有资产组合W不会落在有效边界上　　B. 只有资产组合X不会落在有效边界上
C. 只有资产组合Y不会落在有效边界上　　D. 只有资产组合Z不会落在有效边界上

9. 无风险资产与风险资产的组合连线,形成了新的有效前沿,被称为（　　）
A. 无差异曲线　　B. 证券市场线　　C. 资本市场线　　D. 资本配置线

10. 关于无风险资产特征的说法,错误的是（　　）
A. 收益率为一个常数　　B. 收益的标准差为零
C. 收益与风险资产的相关系数为零　　D. 以上说法都是正确的

11. 已知某风险组合的预期收益率和标准差分别为15%和20%,无风险收益率为8%,假设某投资者可以按无风险利率取得资金,将其自有资金200万元和借入资金50万元均投资于风险组合,则投资者总预期收益率和总标准差分别为（　　）
A. 16.75%和25%　　B. 13.65%和16.24%　　C. 16.75%和12.5%　　D. 13.65%和25%

12. 下列说法不正确的是（　　）
A. 最优组合应位于有效边界上
B. 最优组合在投资者的每条无差异曲线上都有一个
C. 投资者的无差异曲线和有效边界的切点只有一个
D. 投资者的无差异曲线和有效边界的切点是投资者唯一的最优选择

13. 引入无风险借贷之后,投资者的有效边界（　　）
A. 不变　　B. 变大　　C. 变小　　D. 曲线变直线

二、判断题

1. 投资组合的有效集是一条向下凸的曲线。（　　）
2. 协方差绝对值越大,表示两种资产收益率的关系越疏远。（　　）
3. 无差异曲线不同的弯曲程度能够反映不同投资者承受风险能力的差异。（　　）
4. 有效集不一定是可行集的子集。（　　）
5. 有效边界 FT 上的切点风险资产组合 T 是有效组合中唯一不含无风险证券,仅由风险证券构成的组合。（　　）
6. 在资本资产定价模型的假设之下,所有投资者都拥有同一个无差异曲线。（　　）
7. 证券A和B具有下列关系：A的预期收益小于B的预期收益,A的方差小于B的方差。根据均值-方差理论,证券A优于证券B。（　　）
8. 马科维茨的资产组合管理理论认为,当两种资产收益率的相关系数不等于1时,分散投资于两

种资产具有降低风险的作用。   （ ）
9. 引入无风险借贷后，所有投资者的最优组合中，对风险资产的选择是相同的。   （ ）
10. 投资者认为，越是"左上方"的无差异曲线上的投资组合越能带来高的满意程度。 （ ）
11. 当无风险贷出与借入的利率不一致时，有效边界不会发生改变。   （ ）

三、名词解释

1. 无差异曲线　　　　　2. 投资组合选择　　　　　3. 可行集
4. 有效边界　　　　　　5. 无风险资产　　　　　　6. 基金分离定理
7. 最优投资组合　　　　8. 资本配置线

四、简答题

1. 简述马科维茨投资组合理论的假设条件。
2. 投资者应该如何选择最优投资组合？
3. 存款和贷款利率如何影响投资者所面临的资产有效集？分别就相同的存贷款利率和不同的存贷款利率进行讨论，并辅之以图示说明。
4. 市场上不同类型的投资者具有不同的无差异曲线，请结合无差异曲线说明风险厌恶程度高和风险厌恶程度低的投资者在资产配置过程中的倾向。

五、计算题

1. 假如证券组合由两个证券组成，它们的标准差和权重分别为 20%、25% 和 0.35、0.65。这两个证券可能有不同的相关系数。什么情况使这个证券组合的标准差最大？什么情况下最小？
2. 三只股票的预期收益率及其概率分布如下。

股票甲的预期收益率	-10%	0	10%	20%
股票乙的预期收益率	20%	10%	5%	-10%
股票丙的预期收益率	0	10%	15%	5%
概率	0.30	0.20	0.30	0.20

假定这三只股票的权重分别为 20%、50% 和 30%，并且它们是两两不相关的。计算由这三只股票组成的股票组合的预期收益率和标准差。

3. 假定投资者的效用水平公式为 $U = E(r) - \frac{1}{2}A\sigma^2$，其中 A 表示投资者的风险厌恶系数，系数越大，表示投资者越厌恶风险。

	预期收益率（%）	标准差（%）
配置1	12	15
配置2	15	20
配置3	21	40
配置4	24	50
配置5	28	66
配置6	30	70

(1) 若 $A=5$，理性投资者会选择哪一种资产配置方式？

(2) 风险中性投资者会选择哪一种资产配置方式？

(3) 该效用公式的基本含义是什么？

(4) 相比5%收益率的无风险资产，配置1应使得风险厌恶系数为多少才能够使投资者更加偏好投资于风险资产，试画出效用水平为10、风险厌恶系数为4的无差异曲线。

(5) 风险中性投资者的无差异曲线为何种形式？

4. 下表给出了4种资产的收益和风险状况（假定资产之间的相关系数为0）。

	收益率（%）	标准差（%）
无风险资产收益率	6	0
资产 A	10	15
资产 B	12	26
资产 C	16	24

(1) 计算下列投资组合的预期收益率和标准差。

组合1：50%无风险资产，50%资产A；

组合2：20%资产A，30%资产B，50%资产C。

(2) 基于组合1和组合2构造新的投资组合M，请分别就组合1和组合2完全相关、完全负相关和不相关情形，测度投资于组合1的比例分别为10%、20%、30%、40%、50%时，新组合的收益和风险状况。

(3) 试画出存在收益率为5%无风险资产情况下，新组合M与无风险资产所构建的资本配置状况。

六、论述题

引入无风险资产会对原来的有效边界和最优投资组合选择产生怎样的影响？请结合图形简要分析。

习题参考答案及解析

一、单项选择题

题号	1	2	3	4	5	6	7	8	9	10	11	12	13
答案	A	C	B	B	B	A	B	A	D	D	A	B	D

1. **解析**：马科维茨于1952年提出的投资组合选择被认为是现代投资组合理论的开端，投资组合选择是现代金融学理论体系中最重要的内容之一。因此，马科维茨也成了现代投资组合理论的奠基者。

2. **解析**：期望值反映了预期收益的平均化，因此期望值不同，反映了预期收益不同，因此选项C

正确，选项 A 不正确。在期望值不同的情况下，不能根据标准差来比较风险的大小，应依据标准离差率来衡量风险，所以选项 B 与 D 不正确。

3. **解析**：投资者应该根据自身的风险偏好（即投资者对风险的态度）绘制出自己的无差异曲线，尽量选择位于"左上方"的无差异曲线上的组合。这条无差异曲线必定与有效边界存在交点，因此最优投资组合对应的就是无差异曲线与有效边界的切点。故投资者在有效边界中选择最优的投资组合取决于投资者对风险的态度。

4. **解析**：无差异曲线的斜率表示投资者的风险厌恶程度。斜率越大，投资者厌恶风险的程度越高，说明当投资者承受更高的风险时，必须要有足够的收益与之相匹配，否则投资者很可能放弃这项投资。反之，斜率越小，投资者厌恶风险的程度越低。如果斜率等于零，说明投资者对待风险的态度是风险中性。如果斜率为负值，则说明该投资者有风险偏好倾向。某投资者对预期收益率毫不在意，只关心风险，说明投资者对待风险的态度是风险中性的，其无差异曲线斜率为零，为一条横线，故选 B。

5. **解析**：证券组合的可行集表示所有可能的证券组合，它为投资者提供了一切可行的组合投资机会，投资者需要做的是在其中选择自己最满意的投资组合进行投资。不同的投资者对预期收益率和风险的偏好有所区别，因此他们所选择的最优组合将有所不同。最优投资组合对应的是无差异曲线与有效边界的切点。故 B 的描述错误。

6. **解析**：在确定有效边界（相应地确定有效组合）之后，投资者须根据个人对均值与方差更具体和更精细的偏好态度（用无差异曲线来描述）在有效边界上选择最满意的点（即最满意的投资组合）。该点是投资者的无差异曲线与有效边界的切点。故本题答案为 A。

7. **解析**：根据投资者组合预期收益率和风险的计算公式，风险资产和无风险资产组成的资产组合的预期收益率为

$$\overline{R_P} = X_1 \overline{R_1} + X_2 \overline{R_2} = (70\% \times 6\%) + (30\% \times 15\%) = 8.7\%$$

式中，X_1、X_2 分别代表无风险资产和风险资产的比例；$\overline{R_1}$、$\overline{R_2}$ 分别代表无风险资产和风险资产的收益率。风险资产和无风险资产组成的资产组合的方差为 $\sigma_P^2 = X_1^2 \sigma_1^2 + X_2^2 \sigma_2^2 + 2X_1 X_2 \sigma_{12}$，式中 σ_1、σ_2 分别代表无风险资产和风险资产的标准差；σ_{12} 为风险资产与无风险资产之间的协方差。由于无风险资产的标准差 $\sigma_1 = 0$，协方差 $\sigma_{12} = 0$，所以标准差 $\sigma_P = X_2 \sigma_2 = 30\% \times \sqrt{0.04} = 30\% \times 20\% = 6\%$。

8. **解析**：相对于 W 组合来讲，Z 组合预期收益率增加，风险降低，从而使得 W 组合不会落在有效边界上，而其他选项无法改进。故选项 A 正确。

9. **解析**：无风险资产与风险资产构成的组合线在收益-风险坐标图上是一条截距为 r_f、斜率为 $(E(r_X) - r_f)/\sigma_X$ 的直线，被称为资本配置线。截距 r_f 是任何投资组合的无风险收益率，而斜率代表投资组合单位风险的溢价。

10. **解析**：无风险资产是指投资收益率确定的资产。因为无风险资产的期末价值并不存在不确定性，因此其标准差（风险）为零，并且无风险资产收益率和风险资产收益率之间的协方差也为零。故选 D。

11. **解析**：本题考核投资组合的风险和收益。风险资产组合的投资比例 = 250/200 = 125%；无风险资产的投资比例为 1 - 125% = -25%。

$$总预期收益率 = 125\% \times 15\% + (-25\%) \times 8\% = 16.75\%$$

总标准差 $= 125\% \times 20\% = 25\%$

12. **解析**：投资者在有效边界上找到的最优证券组合具有如下特征：相对于其他有效组合而言，最优证券组合所在的无差异曲线的位置最高，最优证券组合恰恰是无差异曲线簇与有效边界的切点所表示的组合，根据无差异曲线的相关性质，投资者可以据此确定唯一最优的投资组合，所以 ACD 选项说法正确。不同投资者的无差异曲线簇可获得不同的最佳证券组合，但这并不意味着最优组合在投资者的每条无差异曲线上都有一个，B 选项说法错误。

13. **解析**：无风险借贷机会的存在，增加了新的投资机会，大大地扩展了投资组合的空间，改变了有效边界的位置，由曲线变为直线，故选 D。

二、判断题

题号	1	2	3	4	5	6	7	8	9	10	11
答案	×	×	√	×	√	×	×	√	√	√	×

1. **解析**：理性投资者具有厌恶风险和偏好收益的特征，因此在选择资产最优组合时将依据下列准则：第一，对每一风险水平，提供最大预期收益率；第二，对每一预期收益率水平，提供最小的风险。满足这两个条件的资产组合集称为有效集，或有效边界。因此，经过一系列分析可以推断出投资组合的有效集是一条向右上方倾斜的曲线，符合高收益和高风险的原则。因此，有效边界曲线具有三个特点：是一条向右上方倾斜的曲线；不可能有凹的地方；是一条向上凸的曲线。因此，本题说法错误。

2. **解析**：协方差的正负显示了两个投资项目之间收益率的变动方向。协方差为正，表示两种资产的收益率呈同方向变动；协方差为负值，表示两种资产的收益率呈相反方向变化。协方差的绝对值越大，这两种资产收益率之间的关系越密切；绝对值越小，这两种资产收益率的关系越疏远。

3. **解析**：无差异曲线的斜率表示投资者的风险厌恶程度，即无差异曲线向上弯曲的程度反映了投资者承受风险的能力。故本题正确。

4. **解析**：可行集也称为机会集，是指由 N 种证券所形成的所有组合的集合，实际上包括现实生活中所有可能的资产组合。有效集是可行集的一个子集，一定包含于可行集之中。

5. **解析**：有效边界 FT 上的切点风险资产组合 T 具有三个重要的特征：T 是有效组合中唯一不含无风险资产仅由风险资产组合构成的组合；有效边界 FT 上的任意资产组合，即有效组合，均可视为无风险资产 F 与 T 的再组合；切点风险资产组合 T 完全由市场确定，与投资者的偏好无关。

6. **解析**：由于投资者的风险 - 收益偏好不同，所以投资者的无差异曲线的斜率不同，即所有投资者不可能拥有同一个无差异曲线。

7. **解析**：预期收益率即可能达到的收益率，方差即风险程度，本题中证券 A 的预期收益低、方差小，说明 A 收益低、风险低，而 B 则相反。仅凭以上信息无法判断二者优劣，故错误。

8. **解析**：投资组合就是强调资产经过组合后可以分散风险。相关系数等于 1 的两种资产的收益率完全线性相关，本质上属于同一类资产，因此通过权重变化形成的投资组合是一条直线，也就不存在组合的意义。当相关系数不等于 1 时，可以达到分散投资的效果。

9. **解析**：风险资产组合的权重即各种风险资产在总资产中所占的比例，不管投资者是风险偏好型还是风险厌恶型，投资组合中风险资产的构成比例都是如此，不同的只是资产组合中的风险资产与无风险资产的比例。因此，所有投资者的最优组合中，对风险资产的选择是相同的。
10. **解析**：投资者认为，越是"左上方"的无差异曲线上的投资组合越能带来高的满意程度。根源在于，在风险相同的情况下，投资者可以获得更高的预期收益率。
11. **解析**：当无风险资产的贷出利率与借入利率不相同时，无风险利率会对投资者的最优投资组合选择产生影响，进一步使有效边界发生变化。因此，当无风险贷出与借入的利率不一致时，有效边界会发生改变。

三、名词解释

1. 无差异曲线是由对于投资者而言具有相同的效用，但风险和预期收益不同的资产组合构成的曲线。作为表示具有相同效用水平的不同收益与风险组合的无差异曲线，描述了投资者在金融市场上的需求，具有以下基本特征。
   （1）对投资者而言，他们对于每条给定的无差异曲线上的所有组合满意程度相同，当预期收益增加或风险减少时，投资者的效用就会随之增大。
   （2）任何无差异曲线之间不能相交。
   （3）位于"左上方"的无差异曲线代表更高的效用。
   （4）每个投资者都具有无数条无差异曲线，而且在任何两条无差异曲线之间都可以找到第三条无差异曲线。
   （5）无差异曲线的斜率表示投资者的风险厌恶程度。斜率越大，投资者厌恶风险的程度越高，说明当投资者承受更高的风险时，必须要有足够的收益与之相匹配，否则投资者很可能放弃这项投资。反之，斜率越小，投资者厌恶风险的程度越低。如果斜率等于零，说明投资者对待风险的态度是风险中性。如果斜率为负值，则说明该投资者有风险偏好倾向。
2. 马科维茨于1952年提出的投资组合选择被认为是现代组合投资理论的开端，投资组合选择是现代金融学理论体系中最重要的内容之一。投资组合选择就是进行理性的分散化投资，投资者将不同的投资品按一定的比例组合在一起进行投资，从而在保证预期收益率不变的情况下使风险最小，或者在风险一定的前提下使投资收益最大。
3. 可行集也称为机会集，是指由 N 种证券形成的所有组合的集合，实际上包括现实生活中所有可能的资产组合。也就是说，现实生活中所有资产选择的可能组合都将位于可行集的内部或边界。一般来说，可行集的形状像伞，而在现实生活中，因证券的种类和特性千差万别，可行集的形状依赖于其所包含的特定证券，具体位置可能更左或更右、更高或更低、更宽或更窄，但基本形状大体如此。
4. 理性投资者具有厌恶风险和偏好收益的特征，因此在选择资产最优组合时将依据下列准则：第一，对每一风险水平，提供最大预期收益率；第二，对每一预期收益率水平，提供最小的风险。满足这两个条件的资产组合集称为有效集，或有效边界。有效集是可行集的一个子集，包含于可行集之中。

    有效边界曲线具有如下特点：第一，有效边界是一条向右上方倾斜的曲线，符合高收益和高风险的原则；第二，有效边界曲线上不可能有凹的地方，否则它不可能满足有效边界准则；第三，有效边界是一条向上凸的曲线。
5. 无风险资产是指投资收益率确定且无违约风险的资产。因为无风险资产的期末价值并不存在不确定性，因此其标准差（风险）为零，并且无风险资产收益率和风险资产收益率之间的协方差也为零。在考虑进行投资组合选择时的无风险资产还必须符合两个条件：资产不存在任何违约的可能，即没有信用风险；同时，资产也不存在市场风险。根据定义可知，只有到期日与投资期限相等的国债才是无风险资产，任何到期日超过或早于投资期限的证券都不是无风险资产。

6. 基金分离定理是指投资者对风险和收益的偏好状况与该投资者风险资产组合的最优构成无关。对于投资者无差异曲线的任何位置，他选择的投资组合中风险资产的构成比例都是由 T 点所表示的权重构成的。不管投资者是处于风险厌恶程度较高的一点，还是风险厌恶程度较低的一点，投资组合中风险资产所占的权重相同。也就是说，投资组合中风险资产的构成比例与投资者的风险偏好无关。

7. 最优投资组合是指投资者在各种可能的投资组合中，唯一可获得最大效用期望值的投资组合。有效集的上凸性与无差异曲线的下凸性决定了最优组合的唯一性。无差异曲线和有效边界切点处的投资组合为最优投资组合。

8. 资本配置线是在引入无风险借贷后，将一定量的资本在某一特定的风险资产组合和无风险资产之间进行分配，描述所有可能的新组合的预期收益与风险之间关系的直线。由于无风险资产与风险资产组合之间的协方差为零，因此在二维坐标系中，资本配置线就是无风险资产回报点与风险资产组合回报点之间的连线。当投资者强调安全性时，会增加对无风险资产的持有；当投资者强调收益性时，会增加对风险资产的持有，对应的组合点就会在资本配置线上移动。

四、简答题

1. **答**：马科维茨对投资组合选择做出了如下基本假设。
   （1）投资的收益由收益率来度量，收益率是各项投资收益的概括，投资者所能知道的仅仅是投资收益的概率分布。
   （2）投资的风险由投资组合收益的方差来衡量。
   （3）投资者均以投资收益概率分布的两个参数——均值和方差，作为投资决策的依据。
   （4）投资者都是理性投资者，偏好的是风险一定、预期收益最大或者预期收益一定、风险最小的投资选择。

   基于以上基本假定，马科维茨认为只要分散地进行投资，就能使投资组合的方差减小，降低投资风险。由投资组合预期收益率和风险的计算公式可知，不管组合中投资品的数量是多少，投资组合的预期收益率只是其包含的单个投资品收益率的加权平均数，而其中的权数就是该资产在总投资中所占的比例。但是，投资组合的风险（方差）会随着资产权重的变化而变化。因此，在进行投资组合选择过程中，只需要通过改变组合中投资品的比例来寻找收益最高或者风险最小的组合来实现投资效用最大化的目标。

2. **答**：首先应确定有效边界的形状。有效集是可行集的一个子集，包含于可行集之中。确定有效集的具体位置的方式如下。

   首先，由图 14-1 分析，没有哪一个组合的风险小于组合 E（风险最小组合），因为如果过 E 点画一条垂线，则可行集都位于该线的右侧。同理，没有一个组合的风险大于 H（风险最大组合）。由此可见，对于不同风险水平而言，能提供的最大预期收益率组合集是可行集中介于 E 和 H 之间的上方边界组合。

其次，在图 14-1 中，各种组合的收益率均介于组合 A 和组合 B 之间。由此可见，对于各种组合收益率水平而言，提供最小风险水平的组合集是可行集中介于 A 和 B 之间的左边边界组合。

有效边界应该同时满足上述两个条件。由此可得，连接 EB 两点之间的曲线为有效集或有效边界，即位于这条曲线上的点都代表最优投资组合，除此之外，其他可行集并不是最优投资组合。这样，投资者就可以基于有效边界来选择投资组合，从而大大缩小了投资者选择的范围。

有效边界曲线具有如下特点：第一，有效边界是一条向右上方倾斜的曲线，符合高收益和高风险的原则；第二，有效边界曲线上不可能有凹的地方，否则它不可能满足有效边界准则；第三，有效边界是一条向上凸的曲线。

在确定有效边界后，如图 14-2 所示，投资者应该根据自身的风险偏好绘制出自己的无差异曲线，尽量选择位于"左上方"的无差异曲线上的组合。这条无差异曲线必定与有效边界存在交点，因此最优投资组合对应的就是无差异曲线与有效边界的切点。在图 14-2 中所看到的这一组合是无差异曲线 I_2 上的 O^*。

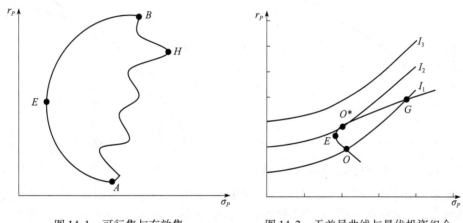

图 14-1 可行集与有效集　　　图 14-2 无差异曲线与最优投资组合

虽然投资者更偏好 I_3 上的组合，然而可行集中不存在这样的组合，因此想要在这条无差异曲线上构造投资组合只能是一种奢望而已。虽然 I_1 上存在许多资产组合供投资者选择（例如 O），但是 I_1 上能够提供的效用无法让投资者满意。因此，理性投资者一定会选择更"左上方"无差异曲线 I_2 上的资产组合 O^*。有效边界是客观存在的，而无差异曲线则由投资者主观的满足感和风险收益偏好确定。风险厌恶程度高的投资者，其最优投资组合接近 E 点，而风险厌恶程度越低的投资者，其投资组合接近 G 点。投资者将选择代表更高效用水平的无差异曲线上的组合，而不需要关心那些较低效用的资产组合。根据无差异曲线的相关性质，投资者可以据此确定其唯一最优的投资组合，即无差异曲线与有效边界切点处的资产组合 O^*。

3. **答**：在马科维茨的投资组合理论框架内讨论无风险借贷时，假定了无风险贷出和借入具有相同的利率。事实上，在绝大多数情况下，无风险贷出利率与借入利率并不相同，因此无风险利率会对投资者的最优投资组合选择产生影响。

（1）无风险贷出与借入的利率不一致。假设无风险资产的收益率是 r_f，从市场上借入无风险资金的利率是 r'_f，且 $r_f < r'_f$。在图 14-3 中，AB 是风险组合的有效边界。在 r_P 轴上分别标出无风险贷出利率 r_f 和借入利率 r'_f，并以 r_f 和 r'_f 为起点引曲线 AB 的切线 $r_f D$ 和 $r'_f D'$，切点分别

为 T 和 T'。在只考虑无风险贷出的情况下，有效边界为 $r_fTT'B$ 曲线；只考虑无风险借入情况时，有效边界为 $ATT'D'$。综上所述，当无风险借入利率高于贷出利率时，有效边界曲线形状为 $r_fTT'D'$。

(2) 存在两个不同的借入利率。假设，有甲和乙两个投资者。甲因为拥有金融市场优势而获得优惠的借入利率 r'_f，乙投资者需要支付相对较高的借入利率 r''_f，且 $r_f < r'_f < r''_f$。在如图 14-4 所示的坐标系中，比较这两个投资者投资组合的有效边界。在坐标系中，同曲线 AB 相切的三条直线 r_fD、r'_fD' 和 r''_fD'' 相对应的切点分别为 T、T' 和 T''。对于甲来说，其有效边界为 $r_fTT'D'$，而投资者乙因为借入利率 r''_f 高于投资者甲的借入利率 r'_f，所以其有效边界是 $r_fTT'T''D''$。

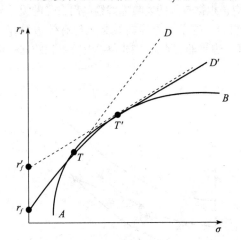

图 14-3　无风险贷出与借入利率不一致　　　图 14-4　存在两个不同的借入利率

4. **答**：无差异曲线是由对于投资者而言具有相同的效用，但风险和预期收益不同的资产组合构成的曲线。作为表示具有相同效用水平的不同收益与风险组合的无差异曲线，描述了投资者在金融市场上的需求，具有以下基本特征。

(1) 对投资者而言，他们对于每条给定的无差异曲线上的所有组合满意程度相同，当预期收益增加或风险减少时，投资者的效用都会随之增大。

(2) 任何无差异曲线之间不能相交。

(3) 位于"左上方"的无差异曲线代表更高的效用。

(4) 每个投资者都具有无数条无差异曲线，而且在任何两条无差异曲线之间都可以找到第三条无差异曲线。

(5) 无差异曲线的斜率表示投资者的风险厌恶程度。斜率越大，投资者厌恶风险的程度越高，说明当投资者承受更高的风险时，必须要有足够的收益与之相匹配，否则投资者很可能放弃这项投资。反之，斜率越小，投资者厌恶风险的程度越低。如果斜率等于零，说明投资者对待风险的态度是风险中性。如果斜率为负值，则说明该投资者有风险偏好倾向。

在确定投资者的最优投资组合时，应首先确定有效边界的形状曲线，再根据投资者自身的风险偏好绘制出无差异曲线，尽量选择位于"左上方"的无差异曲线上的组合。这条无差异曲线必定与有效边界存在交点，因此最优投资组合对应的就是无差异曲线与有效边界的切点。投资者将选择代表更高效用水平的无差异曲线上的组合，而不需要关心那些较低效用的资产组合。根据无差异曲线的相关性质，投资者可以据此确定唯一的最优投资组合，即无差异曲线与有效边界切点处的资产组合。

有效边界是客观存在的，而无差异曲线则由投资者主观的满足感和风险收益偏好确定。风险厌恶程度高的投资者，其无差异曲线斜率大，当投资者承受更高的风险时，必须要有足够的收益与之相匹配，他们通常会选择风险小的投资组合，或者说更愿意持有无风险资产，在选择过程中需要权衡更高的收益率带来的好处与更高的风险带来的恐惧。投资组合对其的吸引力随着预期收益的增加和风险的减少而增加。因此，在资产配置中，风险厌恶程度高的投资者更偏向于选择持有较多的无风险资产或存在正风险溢价的风险资产。风险厌恶程度低的投资者，其无差异曲线斜率相对较小，偏好风险。因此，在资产配置中，风险厌恶程度低的投资者更偏向于选择持有较多的风险资产。

五、计算题

1. 解： 由两个证券组成的证券组合，其标准差为

$$\sigma_P = (X_1^2\sigma_1^2 + X_2^2\sigma_2^2 + 2X_1X_2\sigma_{12})^{1/2} = (X_1^2\sigma_1^2 + X_2^2\sigma_2^2 + 2X_1X_2 \times \rho_{12}\sigma_1\sigma_2)^{1/2}$$
$$= (X_1^2\sigma_1^2 + X_2^2\sigma_2^2 + 2\rho_{12}X_1X_2\sigma_1\sigma_2)^{1/2}$$

因为相关系数 ρ 的取值介于 -1 与 $+1$ 之间，所以当两种证券完全正相关（即 $\rho_{12}=1$）时，该组合的标准差最大，为

$$\sigma_P = (X_1^2\sigma_1^2 + X_2^2\sigma_2^2 + 2\rho_{12}X_1X_2\sigma_1\sigma_2)^{1/2} = (X_1^2\sigma_1^2 + X_2^2\sigma_2^2 + 2X_1X_2\sigma_1\sigma_2)^{1/2}$$
$$= X_1\sigma_1 + X_2\sigma_2 = 0.35 \times 20\% + 0.65 \times 25\% = 23.25\%$$

当两种证券完全负相关（即 $\rho_{12}=-1$）时，该组合标准差最小，为

$$\sigma_P = (X_1^2\sigma_1^2 + X_2^2\sigma_2^2 + 2\rho_{12}X_1X_2\sigma_1\sigma_2)^{1/2} = (X_1^2\sigma_1^2 + X_2^2\sigma_2^2 - 2X_1X_2\sigma_1\sigma_2)^{1/2}$$
$$= |X_1\sigma_1 - X_2\sigma_2| = |0.35 \times 20\% - 0.65 \times 25\%| = 9.25\%$$

2. 解： 甲、乙、丙三只股票的预期收益率分别为

$$E(R_\text{甲}) = \sum_{i=1}^{4} r_ip_i = -10\% \times 0.3 + 0 \times 0.2 + 10\% \times 0.3 + 20\% \times 0.2 = 4\%$$

$$E(R_\text{乙}) = \sum_{i=1}^{4} r_ip_i = 20\% \times 0.3 + 10\% \times 0.2 + 5\% \times 0.3 - 10\% \times 0.2 = 7.5\%$$

$$E(R_\text{丙}) = \sum_{i=1}^{4} r_ip_i = 0 \times 0.3 + 10\% \times 0.2 + 15\% \times 0.3 + 5\% \times 0.2 = 7.5\%$$

所以由这三只股票组成的证券组合的预期收益率为

$$E(R_P) = \sum_{i=1}^{3} X_iE(R_i) = 20\% \times 4\% + 50\% \times 7.5\% + 30\% \times 7.5\% = 6.8\%$$

而三只股票的方差为

$$\sigma_\text{甲}^2 = \sum_{i=1}^{4} (r_i - E(r_\text{甲}))^2 p_i$$
$$= (-10\% - 4\%)^2 \times 0.3 + (0 - 4\%)^2 \times 0.2 + (10\% - 4\%)^2$$
$$\quad \times 0.3 + (20\% - 4\%)^2 \times 0.2$$
$$= 0.012\,4$$

$$\sigma_{\text{乙}}^2 = \sum_{i=1}^{4} (r_i - E(r_{\text{乙}}))^2 p_i$$
$$= (20\% - 7.5\%)^2 \times 0.3 + (10\% - 7.5\%)^2 \times 0.2$$
$$+ (5\% - 7.5\%)^2 \times 0.3 + (-10\% - 7.5\%)^2 \times 0.2$$
$$= 0.011\ 1$$

$$\sigma_{\text{丙}}^2 = \sum_{i=1}^{4} (r_i - E(r_{\text{丙}}))^2 p_i$$
$$= (0 - 7.5\%)^2 \times 0.3 + (10\% - 7.5\%)^2 \times 0.2 + (15\% - 7.5\%)^2$$
$$\times 0.3 + (5\% - 7.5\%)^2 \times 0.2$$
$$= 0.003\ 6$$

当它们两两不相关时，$\sigma_{ij} = 0$，所以组合的标准差为

$$\sigma_P = \left(\sum_{i=1}^{3} X_i^2 \sigma_i^2\right)^{1/2} = (20\%^2 \times 0.012\ 4 + 50\%^2 \times 0.011\ 1 + 30\%^2 \times 0.003\ 6)^{1/2} = 6\%$$

3. **解**：(1) 当 $A = 5$ 时，选择资产配置方式 1 可获得的效用为

$$U = E(r) - \frac{1}{2}A\sigma^2 = 12\% - \frac{1}{2} \times 5 \times 15\%^2 = 0.064$$

选择资产配置方式 2 可获得的效用为

$$U = E(r) - \frac{1}{2}A\sigma^2 = 15\% - \frac{1}{2} \times 5 \times 20\%^2 = 0.05$$

选择资产配置方式 3 可获得的效用为

$$U = E(r) - \frac{1}{2}A\sigma^2 = 21\% - \frac{1}{2} \times 5 \times 40\%^2 = -0.19$$

选择资产配置方式 4 可获得的效用为

$$U = E(r) - \frac{1}{2}A\sigma^2 = 24\% - \frac{1}{2} \times 5 \times 50\%^2 = -0.385$$

选择资产配置方式 5 可获得的效用为

$$U = E(r) - \frac{1}{2}A\sigma^2 = 28\% - \frac{1}{2} \times 5 \times 66\%^2 = -0.809$$

选择资产配置方式 6 可获得的效用为

$$U = E(r) - \frac{1}{2}A\sigma^2 = 30\% - \frac{1}{2} \times 5 \times 70\%^2 = -0.925$$

经过比较，资产配置方式 1 给投资者带来的效用最大，因此理性投资者会选择能够给自己带来最高效用水平的资产配置方式，即资产配置方式 1。

(2) 风险中性投资者，其风险厌恶系数 $A = 0$。资产配置方式的预期收益率是投资者考虑的唯一因素。由于资产配置方式 6 的预期收益率最大，因而风险中性投资者会选择该配置方式进行投资。

(3) 效用公式具有两方面的含义：①投资者的效用随着资产配置方式预期收益率的递增而增长，并且预期收益率的边际效用为 1；②投资者的效用随着资产配置方式的方差（风险）的递增而减少，且方差（风险）的边际效用为 $-\frac{1}{2}A$。据此，得出了对应的

效用公式。投资者需要权衡预期收益率增加的好处和风险增加的坏处,以选择最大化自身效用的资产配置方式。

(4) 对于资产配置方式 1:$U = E(r) - \frac{1}{2}A\sigma^2 = 12\% - \frac{1}{2} \times A \times 15\%^2$。

若要使投资者相对于无风险资产更加偏好投资于风险资产,需要求解

$$U = E(r) - \frac{1}{2}A\sigma^2 = 12\% - \frac{1}{2} \times A \times 15\%^2 > 5\%$$

解得 $A = 6.22$。

当效用水平为 10、风险厌恶系数为 4 时,可以将效用公式表示为

$$U = E(r) - \frac{1}{2}A\sigma^2 \Rightarrow E(r) = 10 + 2\sigma^2$$

根据表

σ	0	10%	20%	30%
E(r)	10	10.02	10.08	10.18

可以画出无差异效用曲线,如图 14-5 所示。

(5) 无差异曲线的斜率表示投资者的风险厌恶程度。斜率越大,投资者厌恶风险的程度越高,说明当投资者承受更高的风险时,必须要有足够的收益与之相匹配,否则投资者很可能放弃这项投资。反之,斜率越小,投资者厌恶风险的程度越低。如果斜率等于零,说明投资者对待风险的态度是风险中性。如果斜率为负值,则说明该投资者有风险偏好倾向。风险中性者不关心风险,只关心投资的预期收益率,所以在预期收益率-标准差坐标系中,风险中性投资者的无差异曲线为一条斜率为零的直线,如图 14-6 所示。

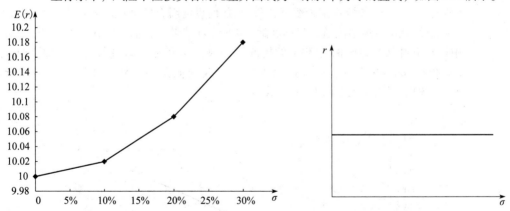

图 14-5 效用水平为 10、风险厌恶系数为 4 的无差异曲线 　图 14-6 风险中性投资者的无差异曲线

4. 解:(1) 组合 1 的预期收益率和标准差为

$$E(R_1) = X_f E(R_f) + X_A E(R_A) = (50\% \times 6\%) + (50\% \times 10\%) = 8\%$$

$$\sigma_1 = (X_f^2 \sigma_f^2 + X_A^2 \sigma_A^2 + 2\rho_{fA} X_f X_A \sigma_f \sigma_A)^{1/2} = X_A \sigma_A = 50\% \times 15\% = 7.5\%$$

组合 2 的预期收益率和标准差为

$$E(R_2) = X_A E(R_A) + X_B E(R_B) + X_C E(R_C)$$

$$= (20\% \times 10\%) + (30\% \times 12\%) + (50\% \times 16\%) = 13.6\%$$

$$\sigma_2 = \left(\sum_{i=1}^{3} X_i^2 \sigma_i^2\right)^{1/2} = (20\%^2 \times 15\%^2 + 30\%^2 \times 26\%^2 + 50\%^2 \times 24\%^2)^{1/2} = 14.62\%$$

(2) 当投资于组合1的比例分别为10%、20%、30%、40%和50%时，投资组合M中组合1和组合2的权重比例为

组合	M_1	M_2	M_3	M_4	M_5
组合1（X_1）	10%	20%	30%	40%	50%
组合2（X_2）	90%	80%	70%	60%	50%

在组合1和组合2完全相关的情形下，$\rho_{12}=1$；在组合1和组合2完全负相关的情形下，$\rho_{12}=-1$；在组合1和组合2不相关的情形下，$\rho_{12}=0$。根据收益率和标准差计算公式

$$E(R_P) = X_1 E(R_1) + X_2 E(R_2)$$

$$\sigma_P = (X_1^2 \sigma_1^2 + X_2^2 \sigma_2^2 + 2\rho_{12} X_1 X_2 \sigma_1 \sigma_2)^{1/2}$$

可以计算出新组合的收益和风险状况如下表。

组合		M_1	M_2	M_3	M_4	M_5
$\rho_{12}=1$	$E(R_p)$	13.04%	12.48%	11.92%	11.36%	10.80%
	σ_P	13.91%	13.20%	12.48%	11.77%	11.06%
$\rho_{12}=-1$	$E(R_p)$	13.04%	12.48%	11.92%	11.36%	10.80%
	σ_P	12.41%	10.20%	7.98%	5.77%	3.56%
$\rho_{12}=0$	$E(R_p)$	13.04%	12.48%	11.92%	11.36%	10.80%
	σ_P	13.18%	11.79%	10.48%	9.27%	8.22%

(3) 无风险资产与风险资产构成的组合线在收益-风险坐标图上是一条截距为r_f、斜率为$(E(r_X)-r_f)/\sigma_X$的资本配置线。截距r_f是任何投资组合的无风险收益率，而斜率代表了投资组合单位风险溢价。根据（2）中的计算结果，我们选取$\rho_{12}=0$且资产组合M中投资于组合1的比例为50%的情况下的收益率和标准差进行计算，即$E(R_M)=10.80\%$、$\sigma_M=8.22\%$。可以得出资本配置线的截距$r_f=5\%$，$(E(r_M)-r_f)/\sigma_M=0.71$，资本配置状况如图14-7所示。

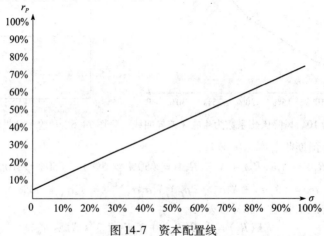

图14-7 资本配置线

六、论述题

答：对于理性投资者而言，面对同样的风险水平，他们将会选择能提供最大预期收益率的组合；面对同样的预期收益率，他们将会选择风险最小的组合。能同时满足这两个条件的投资组合的集合就是有效集。有效边界曲线具有如下特点：第一，有效边界是一条向右上方倾斜的曲线，符合高收益和高风险的原则；第二，有效边界曲线上不可能有凹的地方，否则它不可能满足有效边界准则；第三，有效边界是一条向上凸的曲线。

投资者可以根据自己的无差异曲线簇选择能使自己投资效用最大化的最优投资组合，这个组合位于无差异曲线与有效集的切点上。有效集上凸的特性和无差异曲线下凸的特性决定了有效集和无差异曲线的切点只有一个，也就是说，最优投资组合是唯一的。

引入无风险资产后，有效集将发生重大变化。无风险资产的收益率确定，且其标准差（风险）为零。每一个时期的无风险利率等于它的预期值。因此，无风险资产和任何风险资产的协方差是零，所以无风险资产与风险资产不相关。

(1) 无风险贷款与有效边界。无风险贷款相当于投资无风险资产，引入无风险贷款后，有效边界将发生重大变化。在图 14-8 中，弧线 AB 代表两种风险资产组合的有效边界，F 点代表无风险资产。在弧线 AB 上找到一点 T，使 FT 与弧线 AB 相切于 T 点。T 点代表风险资产组合在有效边界上众多有效组合中的一个，但它是非常特殊的一个投资组合。因为对于所有由风险资产构成的资产组合来说，不存在落在线段 FT "左上方"的投资组合，也就是说 FT 线段上的投资组合能够给投资者带来最大的投资效用。因为没有任何由风险资产组合与无风险资产构成的投资组合在收益既定的条件下，风险会比 FT 线段上的投资组合小。所有从无风险资产出发到风险资产或是风险资产组合的连线中，没有哪一条线比过 T 点的线更陡，T 点具有相对较高的单位风险补偿收益。引入 FT 线段后，弧线 AT 将不再是有效边界，新的有效边界由 FT 和弧线 TB 构成。

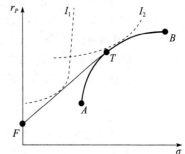

图 14-8　引入无风险贷款的可行集

对不同的投资者而言，引入无风险贷款的影响有所不同。如果投资者的风险厌恶程度低，其无差异曲线位于图 14-8 中的 I_2 位置，投资组合靠近 B 点，无风险贷款不会对其投资组合产生影响。在不考虑无风险借入时，投资者会将所有资金投资于风险资产组合。如果某投资者风险厌恶程度高，其无差异曲线位于 I_1 位置，投资组合靠近 F 点，无风险贷款对投资组合产生影响，他只将一部分资金投资于风险资产组合，风险资产组合的构成由位于 T 点的市场组合中的风险资产比例决定，将余下的资金投资于无风险资产，因此其选择的投资组合将位于 FT 上。

(2) 无风险借款与有效边界。无风险借款可以被看作负的投资。在图 14-9 中，弧线 AB 为风险资产组合的有效边界，F 点表示无风险资产，T 点表示所有资金全部投资于风险资产或风险资产组合，FT 虚线表示投资者借入资金投资于无风险资产，FT 的延长线表示投资者借入资金并投资于风险资产或风险资产组合。FT 与弧线 AB 切于 T 点的原因同无风险贷款时总结的一样。引入 FT 射线后，弧线 TB 将不再是有效边界，新的有效边界由弧线 AT 和射线 FT 中 T 的右半部分共同构成。

对不同的投资者而言，引入无风险借款的影响也不同。如果投资者风险厌恶程度低，其无差异曲线位于 I_2（见图14-9），在直线上 T 点右侧。这时投资者会将自有资金以及借入的无风险资产全部用来购买最优风险投资组合，借入无风险资产越多，最优投资组合越远离 T 点。如果投资者风险厌恶程度高，其投资组合位于弧线 AT 上且靠近 A 点，无风险借款对投资组合不产生影响。

（3）无风险借贷与有效边界。事实上，现实市场中的投资者既可能选择投资于无风险资产（无风险贷出），也可能选择借入无风险资产投资风险资产或组合（无风险借入），投资者不再受资金局限。因此，投资组合的有效边界完全变成一条始发于 r_f 且与曲线 AB 相切于 T 点的直线，除切点 T (σ_t, $\bar{r}_t$) 以外，原有风险资产的有效边界上其他所有组合均不满足有效集的两个条件（见图14-10）。与曲线 AT 一样，曲线 TB 也成为无效组合，直线 $r_f T'$ 成为新的投资组合选择的有效边界，其表达式为

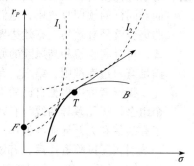

图14-9　无风险借款对有效边界的影响

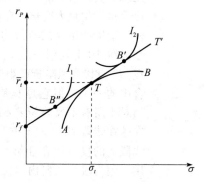

图14-10　无风险贷出和借入时的最佳组合

$$E(r) = r_f + \frac{E(r_t) - r_f}{\sigma_t} \times \sigma$$

当投资者风险厌恶程度较高时，最优投资组合位于 $r_f T'$ 直线上且靠近 r_f 点，如 B'' 点，该投资组合由一定比例的无风险资产与风险资产组合 T 共同组成。当投资者风险厌恶程度较低时，投资者的投资组合同样位于 $r_f T'$ 直线上且靠近 T' 点，如 B' 点，表示投资者借入一定比例的无风险资金连同本金一起投向风险组合 T，B' 距离 T 越远，表示投资者所借资金数量越多。

曲线 AB 上的 T 点是风险资产的组合，权重即为各种风险资产在总资产中所占的比例，无论投资者是风险偏好型，还是风险厌恶型，投资组合中风险资产的构成比例都是如此，不一样的只是资产组合中的风险资产与无风险资产的比例。有效边界 $r_f T'$ 上包含无限多个投资组合。但投资者真正关心的是无风险资产和位于 T 点的风险资产组合。由于投资者风险收益偏好不同，其无差异曲线的斜率不同，因此他们的最优投资组合也不同，例如图14-10 中的 B'' 和 B' 点的投资组合，但风险资产的构成相同，如图14-10 的 T 点。也就是说，无论投资者对风险的厌恶程度和对收益的偏好程度如何，其所选择的风险资产的构成比例都一样。这就是所谓的基金分离定理。

第 15 章
CHAPTER 15

资产定价

习 题

一、单项选择题

1. 资本资产定价模型的假设条件不包括（　　）
   A. 资本市场对资本和信息自由流动没有阻碍
   B. 投资者都依据方差（或标准差）评价证券组合的风险水平，依据预期收益率评价证券组合的收益水平
   C. 投资者对证券的收益、风险及证券之间的关联性具有完全相同的预期
   D. 资本市场是强式有效市场
2. 根据资本资产定价模型，证券的预期收益率与该种证券的（　　）线性相关。
   A. 方差　　　　　　B. 标准差　　　　　　C. β 系数　　　　　　D. 协方差
3. 与资本资产定价模型相比，套利定价模型的假定不包括（　　）
   A. 投资者在追求收益的同时，也厌恶风险
   B. 所有证券的收益都受到共同因素的影响，并且证券的收益率可以用因素模型来表示
   C. 投资者能够发现套利机会并充分利用此机会套利
   D. 投资者可以买卖任何数量的风险资产，但不影响其价格
4. 套利定价理论的提出者是（　　）
   A. 哈里·马科维茨　　B. 威廉·夏普　　C. 斯蒂芬·罗斯　　D. 尤金·法玛
5. 在资本资产定价模型中，风险资产有效边界与从无风险利率处出发的直线之间的切点组合具有的特点不包括（　　）
   A. 是最优风险资产组合　　　　　　B. 是市场组合
   C. 风险为零　　　　　　　　　　　D. 其收益率等于市场收益

6. 资本资产定价模型的应用不包含（　　）
   A. 资产估值　　　　B. 资金成本预算　　　C. 资源配置　　　　D. 风险管理
7. 与资本资产定价模型相比，套利定价理论（　　）
   A. 要求市场均衡
   B. 使用以微观变量为基础的风险溢价
   C. 指明数量并确定那些能够决定预期收益率的特定因素
   D. 不要求关于市场资产组合的严格的假设
8. 证券市场线方程表明，单个证券的预期收益率与（　　）之间存在线性关系。
   A. 标准差　　　　　　　　　　　　　B. β系数
   C. 方差　　　　　　　　　　　　　　D. 证券组合的预期收益率
9. 某只股票要求的收益率为15%，收益率的标准差为25%，与市场投资组合收益率的相关系数是0.2，市场投资组合要求的收益率是14%，市场组合的标准差是4%，假设市场处于均衡状态，则市场风险溢价和该股票的β系数分别为（　　）
   A. 4%，1.25　　　B. 5%，1.75　　　C. 4.25%，1.45　　　D. 5.25%，1.55
10. 投资者投资于套利组合，下列结果中不属于套利效应的是（　　）
    A. 使得做多的证券价格上升　　　　B. 使得做空的证券价格下跌
    C. 最终套利的机会消失　　　　　　D. 市场达到强式有效
11. 关于资本资产定价模型，下面描述不正确的是（　　）
    A. 所有投资者均持有相同的风险资产组合
    B. 市场组合的风险既包含系统风险，也包含非系统风险
    C. 投资者之间的区别仅仅是无风险借入和贷出的数量存在差异
    D. 所有投资者持有的风险资产组合就是市场组合

二、判断题

1. 资本资产定价模型的有效性问题是指现实市场中的风险与收益是否存在正相关关系。（　　）
2. β系数为零的证券预期收益率为零。（　　）
3. 在资本市场线上，证券或证券组合所面临的总风险用β系数来测量。（　　）
4. 投资组合理论将风险划分为系统风险和非系统风险，而资本资产定价模型衡量的是预期收益率与资产非系统风险的关系。（　　）
5. 资本市场线的斜率也被称为风险的价格，表示单位风险的增加带来组合预期收益率增加的程度。（　　）
6. 按照资本资产定价模型，如果每个人持有相同的风险资产组合，那么每个资产与市场组合M的β值等于它与投资者自身风险投资组合的β值，因此，所有投资者在各个资产上均能得到恰当的风险溢价。（　　）
7. 根据套利定价理论，套利组合应具有非负的预期收益率。（　　）
8. 市场组合包含所有资产，每一项资产的权重就是其市值所占比例，均大于0。（　　）
9. 套利定价理论清楚地描述了影响证券预期收益率的因素，从而扩大了资产定价的思考范围。（　　）
10. 套利定价理论认为，当市场套利机会消失时，证券的价格即为均衡价格，市场也就进入了均

衡状态。（　）
11. 与套利定价理论相比，资本资产定价模型仅需要较少的假设条件。（　）
12. 资本资产定价模型中的线性有效集是资本市场线，代表有效组合预期收益率与标准差之间的均衡关系。（　）
13. 因素风险溢价是一个组合均衡收益率与无风险利率的差，该组合对所有因素均存在单位敏感性。（　）

三、名词解释

1. 资本资产定价模型 2. 资本市场线 3. 证券市场线
4. β 系数 5. 套利定价理论 6. 风险的价格
7. 套利组合 8. 单因素模型

四、简答题

1. 简述资本资产定价模型的核心原理。
2. 根据资本资产定价模型得到的证券市场线的图形是什么？如果证券资产 A 位于证券市场线之上，它的价格与其真实价值相比，是被低估、被高估还是准确反映了资产的价值？如果证券资产 A 恰好位于证券市场线上，或者位于证券市场线之下，情形又是怎样的？在这三种不同的情况下，投资者做出的投资策略是买入持有、立即抛售还是保持不变？
3. 单因素模型、两因素模型以及多因素模型的表达形式是怎样的？
4. 资本资产定价模型和套利定价理论的前提假设分别是什么？哪一个模型的适用范围更广泛？
5. 什么是资本市场线？什么是证券市场线？两者的区别是什么？
6. 分析资本资产定价模型与套利定价理论的区别。

五、计算题

1. 已知股票市场上证券 A 的预期收益率为 6%，市场组合的收益率为 5%，无风险借贷利率为 3%，那么证券 A 的系统性风险是多大？与市场组合的系统性风险相比，A 的风险是高、低还是与之相等？
2. 某知名证券投资基金试图构建一个投资组合 P，假设其购买了 A、B、C 三只证券，已知市场组合的预期收益率为 12%，无风险收益率为 4%，这三只证券的相应权重和预期收益率如下所示。

	权重（w_i）	预期收益率（$E(R_i)$）
证券 A	40%	20%
证券 B	40%	16%
证券 C	20%	8%

那么该证券投资基金投资组合 P 的系统性风险为多少？组合 P 的系统性风险与证券 A、B、C 各自的系统性风险之间具有怎样的联系？
3. 假设存在两个相互独立的经济变量 F_1 和 F_2。无风险利率为 6%，并且所有股票具有相互独立的非系统风险，其标准差为 50%。投资组合包含两只股票：股票 A 和 B，其特征见下表。

	对因素 F_1 的敏感度	对因素 F_2 的敏感度	组合权重
股票 A	1.5	2.0	50%
股票 B	2.2	−0.2	50%

两个因素的风险可以用标准差度量，分别为 80% 和 60%，那么，该投资组合的风险是多大（用标准差表示）。

4. 某投资者 2017 年欲购买股票，现有 A、B 两家公司的股票可供选择。从 A、B 公司 2016 年 12 月 31 日的有关会计报表及补充资料中获知，2016 年 A 公司税后净利润为 800 万元，发放的每股股利为 5 元，市盈率为 5，A 公司发行在外的股数为 100 万股，每股面值 10 元；B 公司 2016 年税后净利润为 400 万元，发放的每股股利为 2 元，市盈率为 5，其发行在外的普通股股数为 100 万股，每股面值 10 元。预期 A 公司未来 5 年内股利为零增长，在此以后转为常数增长，增长率为 6%；预期 B 公司股利将持续增长，年增长率为 4.5%。假定目前无风险收益率为 8%，平均风险股票的必要收益率为 12%，A 公司股票的 β 系数为 2，B 公司股票的 β 系数为 1.5。

（1）分别计算两家公司股票的价值，并判断两家公司的股票是否值得购买。
（2）如果投资购买两种股票各 100 股，求该投资组合的预期收益率和 β 系数。

5. 假设市场上的系统性风险有三个来源：工业生产（IP）、利率（R）和消费信心指数（CI），每个风险来源的风险收益如下。

	风险收益
工业生产（IP）	6%
利率（R）	4%
消费信心指数（CI）	2%

市场上的无风险利率为 6%，如果某只证券 A 对三种风险来源的敏感性分别为 1、0.5、−0.5，那么根据套利定价理论定价公式，证券 A 在无套利条件下的预期收益率为多少？如果市场上该证券的收益率为 10%，那么它的价格被高估了还是低估了？

习题参考答案及解析

一、单项选择题

题号	1	2	3	4	5	6	7	8	9	10	11
答案	D	C	D	C	C	D	D	B	A	D	B

1. **解析：** 资本资产定价模型是建立在若干假设条件基础上的：①市场上的所有投资者都是马科维茨型投资者，即具有不满足性和厌恶风险的特征，市场上所有风险资产的预期收益、方差和协方差全部已知，投资者仅依靠这些参数确定最优风险组合；②所有风险资产都能够在金融市场上交易，投资者可以买卖任何数量的风险资产，但不影响其价格；③市场上所有投资者对于全

部风险资产的收益率均值、方差和协方差等参数具有共同的预期，即同质预期；④所有投资者都能以相同的无风险利率进行借贷，并且没有数额限制；⑤所有投资者的交易活动不需要支付任何交易费用和所得税。

2. **解析**：根据资本资产定价模型，证券的预期收益率与该证券的 β 系数线性相关。方差和标准差用来衡量单一金融资产或由若干金融资产构成的投资组合的风险，协方差是一种可用于度量各种金融资产之间收益相互关联程度的统计指标。

3. **解析**：与资本资产定价模型相比，套利定价理论的假设条件较少，可概括为三个：①投资者在追求收益的同时，也厌恶风险；②所有证券的收益都受到共同因素的影响，并且证券的收益率可以用因素模型来表示；③投资者能够发现市场上是否存在套利机会，并充分利用一切机会进行套利活动。本题中，D 选项为资本资产定价模型的基本假设条件之一。

4. **解析**：投资组合理论的提出者是哈里·马科维茨；资本资产定价模型的提出者是威廉·夏普；套利定价理论的提出者是斯蒂芬·罗斯；有效市场假说的提出者是尤金·法玛。

5. **解析**：在资本资产定价模型的基本假设条件下，市场上所有投资者风险资产的有效边界相同，资产配置线相同，而且切点处的投资组合也相同。马科维茨型投资者首先依据 N 只股票的预期收益、方差和协方差矩阵构建资本市场投资的可行集，进而确定有效边界，并引入无风险借贷，然后在无风险资产和位于有效边界上的风险资产组合之间进行资金配置。在切线上投资者承担单位风险获取的风险溢价最高，切点即为投资者的最优风险资产组合，即为均衡状态下的市场组合。因此，切点组合的收益和风险等于市场组合的收益和风险。

6. **解析**：资本资产定价模型是一个估价模型，主要用于资产估值、资金成本预算以及资源配置等，不包含风险管理及收益管理。

7. **解析**：套利定价理论是从另外一个角度探讨风险资产的定价问题，与资本资产定价模型存在以下 4 个方面的区别。

（1）套利定价理论的假设条件较少，更加宽松。

（2）套利定价理论允许资产的投资收益与多种因素有关，更清楚地指出了风险来源，而资本资产定价模型是单因素模型，证券的风险只用证券相对于市场组合的 β 系数来解释。

（3）套利定价理论从无风险套利角度确定市场均衡时各种资产的价格，而资本资产定价模型假定所有投资者以不同比例持有无风险资产和相同的市场投资组合，然后进一步确定当市场达到均衡时市场组合中各资产的价格。

（4）套利定价理论着重强调无风险套利，而资本资产定价模型是从假设条件出发经逻辑推理得到的，提供了所有投资资产及投资组合的预期收益率与投资风险关系。

8. **解析**：证券市场线是以 $E(R_i)$ 为纵坐标、β_i 为横坐标的坐标系中的一条直线，它的方程是：$E(R_i) = R_f + \beta_i [E(R_M) - R_f]$，其中 $E(R_i)$ 和 β_i 分别表示证券或证券组合的预期收益率和 β 系数。证券市场线方程表明证券或证券组合的预期收益率与通过 β 系数测定的风险之间存在线性关系，充分体现了高风险高收益的原则。

9. **解析**：本题的主要考核点是市场风险溢价和 β 系数的计算。由 $\beta_i = \sigma_{iM}/\sigma_M^2$ 可知，$\beta_i = 0.2 \times 25\% \times 4\% / (4\%)^2 = 1.25$。均衡市场组合中风险资产定价模型可以表示为预期收益率与风险资产系统风险的关系式 $E(R_i) = R_f + \beta_i [E(R_M) - R_f]$，$15\% = R_f + 1.25 \times (14\% - R_f)$，$R_f = 10\%$，市场风险溢价 $= 14\% - 10\% = 4\%$。

10. **解析**：投资者投资于套利组合，使得做多的证券价格上升，使做空的证券价格下降，直到套利可能性消失。而套利定价理论并没有讨论市场是否必须达到有效的问题。因此，D 不是套利效应的结果。
11. **解析**：根据资本资产定价模型，所有投资者都持有相同的风险资产组合，即市场组合，他们之间的不同之处在于无风险借入和贷出的数量不同。市场组合仅包含系统风险，并不包含非系统风险。因此，选项 B 的描述不正确。

二、判断题

题号	1	2	3	4	5	6	7	8	9	10	11	12	13
答案	√	×	×	×	√	√	×	√	×	√	×	√	×

1. **解析**：由于资本资产定价模型建立在对现实市场简化的基础上，因而现实市场中的风险与收益是否具有正相关关系、是否还有更合理的度量工具用以解释不同证券的收益差别，就是所谓的资本资产定价模型的有效性问题。因此，本题说法正确。
2. **解析**：β 系数表示市场组合中风险资产 i 的系统风险，它度量了风险资产 i 对市场组合方差的贡献度，反映了资产（或资产组合）系统风险的大小。根据资本资产定价模型，某风险资产的预期收益率 $E(R_i) = R_f + \beta_i [E(R_M) - R_f]$，当 $\beta_i = 0$ 时，证券的预期收益率就等于无风险收益率。因此，本题说法错误。
3. **解析**：β 系数表示市场组合中风险资产 i 的系统风险，它度量了风险资产 i 对市场组合方差的贡献度，反映了资产（或资产组合）系统风险的大小，并不包括非系统风险部分。
4. **解析**：投资组合选择理论确实将风险划分为系统风险和非系统风险，而资本资产定价模型衡量的是预期收益率与资产系统风险的关系，不包括非系统风险。
5. **解析**：资本市场线在本质上是一条特殊的资本配置线。当市场中所有投资者对风险资产的预期以及无风险借贷利息相同时，所有投资者的资本配置线完全一致，也就是资本市场线。资本市场线的斜率是 $\dfrac{E(R_M) - R_f}{\sigma_M}$，被称为风险的价格，表示组合的风险每增加一单位，组合的预期收益率增加多少。
6. **解析**：在资本资产定价模型的假设条件下，如果每个人持有相同的风险资产组合，那么每个资产与市场组合 M 的 β 值等于它与投资者自身风险投资组合的 β 值。因此，所有投资者在各个资产上均能得到恰当的风险溢价。
7. **解析**：在套利定价理论中，套利机会由套利组合所描述。所谓套利组合，是指满足下述三个条件的证券组合：①该组合中各种证券的权重变化之和为零；②该组合因素灵敏度系数为零；③该组合具有正的预期收益率。
8. **解析**：市场组合中包括所有的资产，其中每项资产所占的比重等于它的市值与全部资产市值的比例，均大于 0。
9. **解析**：套利定价理论假定资产的投资收益率受某些共同因素的影响，但究竟是什么因素，以及有几个因素，理论本身没有加以硬性规定，大部分研究都将因素集中于总体经济活动、通货膨胀和利率指标上。
10. **解析**：套利定价理论认为，当市场上存在套利机会时，投资者会不断地进行套利交易，直到套利机会消失为止。当市场套利机会消失时，证券的价值即为均衡价格，市场也就进入了均衡状态。

11. **解析**：资本资产定价模型有很多假设，但在现实市场中无法满足。因此，斯蒂芬·罗斯突破性地发展了资本资产定价模型，提出了套利定价理论。这一理论只需要较少的假设。

12. **解析**：资本资产定价模型是基于投资组合理论推导出的在市场均衡状态下预期收益率与风险之间的关系。在 $E(R)-\sigma$ 坐标图中，投资者的有效边界由一条以无风险利率为起点，并穿过市场组合的直线构成，即资本市场线，资本市场线解释了有效资产组合的预期收益率与风险（标准差）之间的关系。

13. **解析**：因素风险溢价是一个组合产生的均衡预期收益率超过无风险利率的部分，组合对该因素有单位敏感性，而对其他因素无敏感性。

三、名词解释

1. 资本资产定价模型是一种风险资产的均衡定价理论，最早是由夏普等分别基于投资组合理论推演出的在市场均衡状态下预期收益率与风险之间的关系。该模型认为，当市场处于均衡状态时，某种资产（或资产组合）的预期收益率是其 β 值的线性函数，即 $E(R_i) = R_f + \beta_i [E(R_M) - R_f]$。式中，$E(R_i)$ 是风险资产 i 的预期收益率；$E(R_M)$ 是市场组合的预期收益率；R_f 是无风险证券收益率；β_i 是市场组合中风险资产 i 的系统风险，它度量了风险资产 i 对市场组合方差的贡献度，反映了资产（或资产组合）系统风险的大小。资本资产定价模型揭示了均衡市场组合中各证券的预期收益率与风险之间的确切关系，为投资者衡量风险证券的合理价格提供了依据。

2. 资本市场线描述了在市场均衡状态下，投资组合预期风险与收益之间的关系。所有投资者的有效边界由一条以无风险利率为起点，并穿过市场组合（风险资产的有效组合）的直线构成（见图15-1）。这条直线解释了有效资产组合的预期收益率与风险之间的关系，被称为资本市场线。资本市场线在本质上是一条特殊的资本配置线。当市场中所有投资者对风险资产的预期以及无风险借贷利息相同时，所有投资者的资本配置线完全一致，也就是资本市场线。从本质上讲，证券市场提供了时间和风险进行交易的场所，其价格由供求双方的力量来决定。资本市场线也是一条定价线，数学表达式为

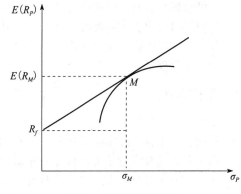

图15-1 资本市场线

$$E(R_P) = R_f + \frac{E(R_M) - R_f}{\sigma_M} \sigma_P$$

式中，$E(R_P)$ 和 σ_P 分别代表有效组合的预期收益率和标准差；$E(R_M)$ 和 σ_M 分别代表市场组合的预期收益率和标准差；R_f 表示无风险证券收益率。

3. 证券市场线描述了市场组合中风险资产 i 的系统性风险与该资产预期收益率的关系。均衡市场组合中风险资产定价模型可以表示为预期收益率与风险资产系统性风险 β 的关系式，即 $E(R_i) =$

$R_f + \beta_i[E(R_M) - R_f]$，证券市场线是其在 $E(R_i) - \beta_i$ 平面上表示的直线。证券市场线引入了 β 系数，表示市场组合中风险资产 i 的系统性风险，度量了风险资产 i 对市场组合方差的贡献度。证券市场线必然经过市场组合点 M，又因为无风险证券的 $\beta = 0$，所以证券市场线也必须经过无风险资产点 $(0, R_f)$，如图 15-2 所示。

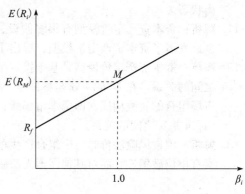

图 15-2　证券市场线

4. β 系数是指测定证券的均衡收益率对证券市场平均收益率变化敏感程度的一个指标，用来测量某种证券或资产组合的系统风险大小，计算公式为：$\beta_i = \sigma_{iM}/\sigma_M^2$ 或 $\beta_i = \text{Cov}(R_i, R_M)/\sigma^2(R_M)$。其中，$\text{Cov}(R_i, R_M)$ 是第 i 种证券的收益与市场组合收益之间的协方差；$\sigma^2(R_M)$ 是市场组合收益的方差。一般来说：①市场证券组合的 β 系数等于 1；②如果某种证券或资产组合的 β 系数也为 1，那么说明该种证券或资产组合的系统风险与整个市场的系统风险相当；③如果某种证券或资产组合的 β 系数大于 1，说明该种证券或资产组合的系统风险高于整个市场的系统风险；④如果某种证券或资产组合的 β 系数小于 1，说明该种证券或资产组合的系统风险低于整个市场的系统风险。

5. 套利定价理论描述的是当投资市场处于均衡状态时资产的预期收益率与风险之间的关系，即在市场均衡条件下投资者如何根据资产的风险来确定资产的价格。套利定价理论认为，证券收益与某些因素相关，而且，在均衡的市场条件下，理性的投资者可以消除套利机会。只要风险资产的价格与套利定价理论确定的价格不符，就会产生强大的动力迫使价格恢复到均衡状态。如果资产组合中各个股票的定价是均衡的，那么投资者改变组合中各个股票的权重，不会获得额外收益，即市场上这些证券之间不存在无风险套利机会。根据无风险套利的原理，可以推演出套利定价理论。

6. 资本市场线的斜率 $\dfrac{E(R_M) - R_f}{\sigma_M}$ 被称为风险的价格，表示组合的风险每增加一单位，组合的预期收益率增加多少。

7. 所谓套利组合，是指满足下述三个条件的证券组合。
   (1) 该组合中各种证券的权重变化满足 $\Delta w_1 + \Delta w_2 + \cdots + \Delta w_n = 0$，$\Delta w_i$ 表示投资者持有证券 i 的比例变化（从而也代表证券 i 在套利组合中的权重变化，注意 Δw_i 可正可负）。
   (2) 该组合因素灵敏度系数为零，即 $\Delta w_1 b_1 + \Delta w_2 b_2 + \cdots + \Delta w_n b_n = 0$。其中，$b_i$ 为证券 i 的因素灵敏度系数。这表明投资者持有的风险组合收益率对系统性风险因素的敏感程度不变。
   (3) 该组合具有正的预期收益率，即 $\Delta w_1 E(R_1) + \Delta w_2 E(R_2) + \cdots + \Delta w_n E(R_n) > 0$。其中，$E(R_i)$ 为证券 i 的预期收益率。据此可以知道，通过变更风险资产的权重，投资者持有的新的投资组合比原来持有的投资组合的收益率更高。

   套利组合的特征表明，投资者如果能发现套利组合并持有它，就可以实现既不需要追加投资又可获得收益的套利交易，投资者是通过持有套利组合的方式来进行套利的。套利定价理论认为，如果市场上不存在套利组合，那么市场中就不存在套利机会。

8. 单因素模型是一种最简单的因素模型，即假定证券收益率只受一种因素的影响。对于任意的风

险资产 i，其在 t 时期的单因素模型表达式为

$$R_{it} = a_i + b_i F_t + \varepsilon_{it}$$

式中，R_{it} 表示证券 i 在 t 时期的收益率；F_t 表示该因素在 t 时期的预测值；b_i 表示证券 i 对该因素的敏感度；ε_{it} 表示证券 i 在 t 时期的随机变量，其均值为零，标准差为 σ_{it}；a_i 为常数，表示当因素取值为 0 时证券 i 的预期收益率。因素模型认为，随机变量 ε 与因素是不相关的，且两种证券的随机变量之间也不相关。

在单因素模型下，证券 i 的预期收益率 $E(R_i)$、方差 σ_i^2 以及证券 i 和 j 收益率的协方差 σ_{ij} 分别表示为

$$E(R_i) = a_i + b_i E(F)$$
$$\sigma_i^2 = b_i^2 \sigma_F^2 + \sigma_{\varepsilon i}^2$$
$$\sigma_{ij} = b_i b_j \sigma_F^2$$

式中，$E(F)$ 表示该因素的期望值；σ_F^2 表示因素 F 的方差；$\sigma_{\varepsilon i}^2$ 表示随机变量 ε_i 的方差。

如果证券投资组合 P 由 n 种证券构成，那么方差 σ_P^2 为：$\sigma_P^2 = b_P^2 \sigma_F^2 + \sigma_{\varepsilon P}^2$，其中，$b_P = \sum_{i=1}^{n} w_i b_i$，$\sigma_{\varepsilon P}^2 = \sum_{i=1}^{n} w_i^2 \sigma_{\varepsilon i}^2$。

四、简答题

1. 答：资本资产定价模型（CAPM）是由美国经济学家夏普等人提出的一种风险资产的均衡定价理论。该模型揭示了均衡市场组合中各证券的预期收益率与风险之间的确切关系，为投资者衡量风险证券的合理价格提供了依据。资本资产定价模型实际上是由现代投资组合理论发展而来的，其主要思想内容如下。

(1) 资本资产定价模型对资本市场的均衡条件给出了一系列基本假设条件。①市场上的所有投资者都是马科维茨型投资者，即具有不满足性和厌恶风险的特征，在相同风险水平下选择收益最高的资产，而在相同的收益水平下选择风险最低的资产，并且市场上所有风险资产的预期收益、方差和协方差全部已知，投资者仅依靠这些参数确定最优风险组合。②所有风险资产都能够在金融市场上交易，投资者可以买卖任何数量的风险资产，但不影响其价格。换言之，风险资产的交易市场是完全竞争市场，每名投资者都是价格的接受者，并且产品可以无限细分。③市场上所有的投资者对于全部风险资产的收益率均值、方差和协方差等参数具有共同的预期，即同质预期。④所有投资者都能够以相同的无风险利率进行借贷，并且没有数额限制。⑤所有投资者的交易活动不需要支付任何交易费用（佣金和服务费用等）和所得税。

(2) 资本资产定价模型的核心原理。该模型认为，当市场处于均衡状态时，某种资产（或资产组合）的预期收益率是其 β 的线性函数，即 $E(R_i) = R_f + \beta_i [E(R_M) - R_f]$。式中，$E(R_i)$ 是风险资产 i 的预期收益率；$E(R_M)$ 代表市场组合的预期收益率，一般可以用某种市场指数（如标准普尔 500 指数等）的收益率来表示；R_f 表示无风险证券收益率；β_i 表示市场组合中风险资产 i 的系统性风险，度量了风险资产 i 对市场组合方差的贡献度，反映了资产（或资产组合）系统风险的大小。

(3) 在 CAPM 假设下，市场组合是投资者的有效组合。无论投资者对风险的态度具体如何，其有效的选择都将是：总是选择 R_fM 线段上的某一点（见图 15-3）。选择该直线上的点意味着所选风险证券资产的组合将总是 M，与具体是哪一个投资者无关。

按照 CAPM 基本假设，投资者期望是齐次的，即每个投资者对市场上任意证券的预期收益率、风险以及两个证券之间的协方差估计相同。根据投资者共同偏好，每个投资者的有效边界都是一样的。由于市场上只有一种无风险资产，所以图 15-3 中每个投资者的最优资产组合 M 是完全相同的。整个市场的所有投资者集合体的有效风险证券资产组合也为 M，也就是说，投资者个人的有效风险证券

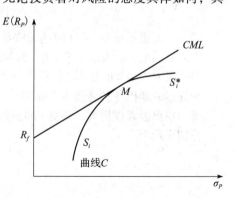

图 15-3 曲线 C 与资本市场线在 M 点的关系

资产组合 M 的构成比例和市场现时各证券的比例所构成的整体组合相同。这个组合称为市场组合，它包含市场上的所有证券，其中对每一种证券的投资比例等于它的相对市场价值，一种证券的相对市场价值等于这种证券的总市值除以所有证券的总市值。反之，现有市场证券所占的比例就是单个投资者有效风险证券资产组合 M 的构成。资本资产定价模型对于企业微观主体进行投资、资产评估、资金成本预算以及资源配置等方面具有重要的意义。

2. 答：(1) 图 15-3 为曲线 C 与资本市场线在 M 点的关系，图 15-2 为证券市场线。证券市场线是 CAPM 表达式在 $E(R_i) - \beta_i$ 平面上表示的直线，通过对图 15-3 切点 M 处的两线关系推导得出。$E(R_i)$ 是风险资产 i 的预期收益率；$E(R_M)$ 和 σ_M 分别代表市场组合的预期收益率和标准差；σ_{iM} 为风险资产 i 和市场组合之间的协方差；R_f 表示无风险证券收益率。令 $\beta_i = \sigma_{iM}/\sigma_M^2$，表示市场组合中风险 i 的系统性风险，度量了风险资产 i 对市场组合方差的贡献度。均衡市场组合中风险资产定价模型可以表示为预期收益率与风险资产系统性风险 β 的关系式，即

$$E(R_i) = R_f + \beta_i[E(R_M) - R_f]$$

(2) 如果证券资产 A 位于证券市场线上方，则在风险相同的情况下，A 的预期收益率要更高，预期收益率与价格成反比关系，也就是说证券资产 A 的价格被低估；如果证券资产 A 位于证券市场线下方，在相同情况下，证券资产 A 的预期收益率低，由预期收益率与价格的反比关系可知，证券资产 A 的价格被高估；如果证券资产 A 位于证券市场线上，则证券资产 A 的价格准确反映了其真实价值。

(3) 在这三种不同的情况下，投资者做出的投资策略分别是：如果证券资产 A 位于证券市场线上方，则在相同风险的情况下，证券资产 A 的预期收益率要高，价格被低估，投资者应做出买入持有决策；如果证券资产 A 位于证券市场线下方，证券资产 A 的价格被高估，投资者应立刻抛售证券；如果证券资产 A 位于证券市场线上，则说明证券资产 A 的价格准确反映了其真实价值，投资者应保持不变。

3. 答：(1) 单因素模型。单因素模型是最简单的一种因素模型，即假定证券收益率只受一种因素的影响。对于任意的风险资产 i，其在 t 时期的单因素模型表达式为

$$R_{it} = a_i + b_iF_t + \varepsilon_{it}$$

式中，R_{it}表示证券i在t时期的收益率；F_t表示该因素在t时期的预测值；b_i表示证券i对该因素的敏感度；ε_{it}为证券i在t时期的随机变量，其均值为0，标准差为σ_{it}。a_i为常数，表示因素取值为0时证券i的预期收益率。单因素模型认为，随机变量ε与因素是不相关的，且两种证券的随机变量之间也不相关。

在单因素模型下，证券i的预期收益率$E(R_i)$为：$E(R_i) = a_i + b_i E(F)$，其中，$E(F)$表示该因素的期望值；证券i收益率的方差σ_i^2为：$\sigma_i^2 = b_i^2 \sigma_F^2 + \sigma_{\varepsilon i}^2$，其中，$\sigma_F^2$表示因素$F$的方差，$\sigma_{\varepsilon i}^2$表示随机变量$\varepsilon_i$的方差；证券$i$和证券$j$收益率的协方差$\sigma_{ij}$为：$\sigma_{ij} = b_i b_j \sigma_F^2$。

若证券投资组合P由n种证券构成，那么方差σ_P^2为：$\sigma_P^2 = b_P^2 \sigma_F^2 + \sigma_{\varepsilon P}^2$，其中，$b_P = \sum_{i=1}^{n} w_i b_i$，$\sigma_{\varepsilon P}^2 = \sum_{i=1}^{n} w_i^2 \sigma_{\varepsilon i}^2$。

(2) 两因素模型。在真实的市场中，单因素模型的假设过于简单。经济周期、利率波动、通货膨胀以及能源价格等因素很容易影响到证券的风险与预期收益率。因此，证券的预期收益率还有可能与其他风险因素有关。两因素模型假定风险资产的收益率取决于两种因素，其表达式为

$$R_{it} = a_i + b_{i1} F_{1t} + b_{i2} F_{2t} + \varepsilon_{it}$$

式中，F_{1t}和F_{2t}分别表示影响证券收益率的两个因素在t时期的预测值；b_{i1}和b_{i2}分别表示风险资产i对这两个因素的敏感度。

在两因素模型中，证券i的预期收益率为：$E(R_i) = a_i + b_{i1} E(F_1) + b_{i2} E(F_2)$。证券$i$收益率的方差为：$\sigma_i^2 = b_{i1}^2 \sigma_{F1}^2 + b_{i2}^2 \sigma_{F2}^2 + 2 b_{i1} b_{i2} \text{Cov}(F_1, F_2) + \sigma_{\varepsilon i}^2$，其中，$\text{Cov}(F_1, F_2)$表示两个因素$F_1$和$F_2$之间的协方差。证券$i$和证券$j$的协方差为：$\sigma_{ij} = b_{i1} b_{j1} \sigma_{F1}^2 + b_{i2} b_{j2} \sigma_{F2}^2 + (b_{i1} b_{j2} + b_{i2} b_{j1}) \text{Cov}(F_1, F_2)$。

(3) 多因素模型。如果有多种因素影响证券收益率的变动，单因素或两因素模型即可扩展为多因素模型。多因素模型假定风险证券i的收益率取决于k个因素，其表达式为

$$R_{it} = a_i + b_{i1} F_{1t} + b_{i2} F_{2t} + \cdots + b_{ik} F_{kt} + \varepsilon_{it}$$

特别需要注意的是，与资本资产定价模型不同，因素模型并没有刻画市场均衡状态下的证券或风险资产的收益率，而是描述了风险资产收益率的来源，即影响市场的共同因素和证券自身的特殊因素，以及收益率如何随因素的变化而变化。在实际运用中，人们通常通过理论分析确定影响证券收益率的各种因素，然后根据历史数据，运用时间序列法和因素分析法等实证方法估计出因素模型。

4. 答：(1) 资本资产定价模型的前提假设如下。

第一，市场上的所有投资者都是马科维茨型投资者，即具有不满足性和厌恶风险的特征，在相同风险水平下选择收益最高的资产，而在相同的收益水平下选择风险最低的资产，并且市场上所有风险资产的预期收益、方差和协方差全部已知，投资者仅依靠这些参数确定最优风险组合。需要注意的是，该条件并不意味着所有的投资者具有相同的风险偏好，也就是说投资者的无差异曲线存在不同。

第二，所有风险资产都能够在金融市场上交易，投资者可以买卖任何数量的风险资产，但不影响其价格。换言之，风险资产的交易市场是完全竞争市场，每位投资者都是价格的接受者，并且产品可以无限细分。

第三，市场上所有投资者对于全部风险资产的收益率均值、方差和协方差等参数具有共同预期，即同质预期。也就是说，所有投资者采用相同的分析方法，对证券资产未来现金流的概率分布形成了一致的判断。因此，给定一组证券的价格和无风险利率，所有投资者将得到相同的有效边界和唯一的最优风险资产组合。

第四，所有投资者都能够以相同的无风险利率进行借贷，并且没有数额限制。

第五，所有投资者的交易活动不需要支付任何交易费用（佣金和服务费用等）和所得税。真实的股票交易活动成本确实存在，而且佣金和服务费用依赖于交易规模和投资者的信誉状况。另外，投资者之间税级不同，适用的税率也不一样，这会影响资产的收益。

（2）套利定价模型的前提假设，具体如下。

首先，投资者在追求收益的同时，也厌恶风险。

其次，所有证券的收益都受到共同因素 F_i 的影响，并且证券的收益率可以用因素模型来表示：$R_i = a_i + b_i F_i + \varepsilon_i$。其中，$R_i$ 为证券 i 的实际收益率；b_i 为因素指标 F_i 的系数，反映证券 i 的收益率 R_i 对因素指标 F_i 变动的敏感性，也称"灵敏度系数"；F_i 为影响证券的共同因素 F 的指标值；ε_i 为证券 i 的收益率 R_i 的随机误差项。

最后，投资者能够发现市场上是否存在套利机会，并充分利用一切机会进行套利活动。

（3）套利定价理论的假设条件更加宽松。套利定价理论假定资产的投资收益率受某些共同因素的影响，但究竟是什么因素，以及有几个因素，理论本身没有加以硬性规定，从而使投资者有了一个根据客观情况进行具体分析的机会，进而在一定程度上使投资者的分析更加接近实际。另外，套利定价理论并没有约束投资者的风险偏好。而资本资产定价模型不仅事先假定投资资产收益率与市场组合的收益率有关，而且假定所有投资者都是以投资资产预期收益率与方差作为分析基础，并按照"均值－方差"准则选择最优风险资产组合。由于套利定价模型的假设条件更加宽松，对定价资产的要求较少，因此其适用范围更加广泛。

5. 答：（1）资本市场线。资本市场线描述了在市场均衡状态下，投资组合预期风险与收益之间的关系，如图 15-1 所示。所有投资者的有效边界由一条以无风险利率为起点，并穿过市场组合（风险资产的有效组合）的直线构成。这条直线解释了有效资产组合的预期收益率与风险之间的关系，被称为资本市场线。资本市场线在本质上是一条特殊的资本配置线。当市场中所有投资者对风险资产的预期以及无风险借贷利息相同时，所有投资者的资本配置线完全一致，也就是资本市场线。从本质上来讲，证券市场提供了时间和风险进行交易的场所，其价格则由供求双方的力量来决定。资本市场线也是一条定价线，数学表达式为

$$E(R_P) = R_f + \frac{E(R_M) - R_f}{\sigma_M} \sigma_P$$

式中，$E(R_P)$ 和 σ_P 分别代表有效组合的预期收益率和标准差；$E(R_M)$ 和 σ_M 分别代表市场组合的预期收益率和标准差；R_f 表示无风险证券收益率。

（2）证券市场线。证券市场线描述了市场组合中风险资产 i 的系统性风险与该资产预期收益率的关系，如图 15-2 所示。均衡市场组合中风险资产定价模型可以表示为预期收益率与风险资产系统性风险 β 的关系式，即 $E(R_i) = R_f + \beta_i [E(R_M) - R_f]$，证券市

线是其在 $E(R_i)-\beta_i$ 平面上表示的直线。证券市场线引入了 β 系数，表示市场组合中风险资产 i 的系统性风险，度量了风险资产 i 对市场组合方差的贡献度。证券市场线必然经过市场组合点 M，又因为无风险证券的 $\beta=0$，所以证券市场线也必定经过一个无风险资产点 $(0, R_f)$。

(3) 资本市场线和证券市场线的区别，具体如下。
1) 资本市场线的横轴是标准差（既包括系统风险，也包括非系统风险），而证券市场线的横轴是 β 系数（只包括系统风险）。
2) 资本市场线揭示的是在持有不同比例的无风险资产和市场组合的情况下风险和收益的权衡关系，而证券市场线揭示的是证券本身的风险和收益之间的对应关系。
3) 资本市场线和证券市场线的斜率都表示风险价格，但是含义不同，前者表示的是整体风险的风险价格，后者表示的是系统风险的风险价格。计算公式也不同：

资本市场线的斜率 =（风险组合的预期收益率 – 无风险收益率）/ 风险组合的标准差

证券市场线的斜率 =（市场组合要求的收益率 – 无风险收益率）

4) 资本市场线中横轴的 σ_P（有效组合的标准差）不是证券市场线中的 β 系数，资本市场线中的风险组合的预期收益率与证券市场线中的平均股票的要求收益率含义不同。
5) 资本市场线表示的是预期收益率，即预期可以获得的收益率，而证券市场线表示的是要求收益率，即要求得到的最低收益率。
6) 证券市场线的作用在于根据必要收益率，利用股票估价模型，计算股票的内在价值，而资本市场线的作用在于确定投资组合的比例。
7) 证券市场线比资本市场线的前提宽松，应用也更广泛。

6. 答：(1) 资本资产定价模型。资本资产定价模型是一种风险资产的均衡定价理论，最早是由夏普等人分别基于投资组合理论推演出的在市场均衡状态下预期收益与风险之间的关系。该模型认为，当市场处于均衡状态时，某种资产（或资产组合）的预期收益率是其 β 值的线性函数，即 $E(R_i) = R_f + \beta_i [E(R_M) - R_f]$。式中，$E(R_i)$ 是风险资产 i 的预期收益率；$E(R_M)$ 代表市场组合的预期收益率；R_f 表示无风险证券收益率；β_i 表示市场组合中风险资产 i 的系统性风险，它度量了风险资产 i 对市场组合方差的贡献度，反映了资产（或资产组合）系统风险的大小。资本资产定价模型揭示了均衡市场组合中各证券的预期收益率与风险之间的确切关系，为投资者衡量风险证券的合理价格提供了依据。

(2) 套利定价理论。套利定价理论描述的是当投资市场处于均衡状态时资产的预期收益率与风险之间的关系，即在均衡市场条件下投资者如何根据资产的风险来确定资产的价格。套利定价理论认为，证券收益与某些因素相关，而且，在均衡的市场条件下，理性投资者可以消除套利机会。只要风险资产的价格与套利定价理论确定的价格不符，就会产生强大的动力迫使价格恢复到均衡状态。如果资产组合中各个股票的定价是均衡的，那么投资者改变组合中各个股票的权重，不会获得额外收益，这就说明市场上这些证券之间不存在无风险套利。根据无风险套利的原理，可以推演出套利定价理论。

(3) 资本资产定价模型与套利定价理论的区别。与资本资产定价模型类似，套利定价理论描述的是当投资市场处于均衡状态时资产的预期收益率与风险之间的关系，即在市场均衡条件下投资者如何根据资产的风险来确定资产的价格。但是两者之间并不相同，套利定价理论比资本资产定价模型更有特点，且更接近实际。

第一，套利定价理论的假设条件更加宽松。套利定价理论假定资产的投资收益率受某些共同因素的影响，但究竟是什么因素，以及有几个因素，理论本身没有加以硬性规定，从而使得投资者有了一个根据客观情况进行具体分析的机会，进而在一定程度上使投资者的分析更加接近实际。另外，套利定价理论并没有约束投资者的风险偏好。而资本资产定价模型不仅事先假定投资资产收益率与市场组合的收益率有关，而且假定所有投资者都是以投资资产预期收益率与方差作为分析基础，并按照"均值－标准差"准则选择最优风险资产组合。

第二，套利定价理论允许资产的投资收益与多种因素有关。它比资本资产定价模型更清楚地指出了风险来源，而且可以指导投资者根据自己的风险偏好和风险承受能力，调整对不同风险因素的承受水平。比如，当只有通货膨胀和企业经营两种风险因素时，若总风险为30%，其中可以有10%来自通货膨胀风险，20%来自企业经营风险；也可以有25%来自通货膨胀风险，5%来自企业经营风险。这样，那些希望得到30%的风险收益而通货膨胀风险承受力差的投资者，有可能选择企业经营风险高但通货膨胀风险低的投资组合来达到自己的目的。而资本资产定价模型是单因素模型，只能告诉投资者其所承担的风险有多大，收益有多高，但不能告诉投资者风险来自哪些方面。

套利定价理论的基础是因素模型。金融投资者可以就每一种风险因素构造出一个只受该因素影响的投资组合（比如，只有敏感度 $\beta_{1i} \neq 0$，其余敏感度均为零）。这样，投资者将资金投资于该资产，就等于将资金投资于某一风险因素。这一结论的另一种含义就是金融投资者可以通过有选择地构造投资组合而使该投资组合对某一类或某几类风险因素的敏感度为零。这就意味着金融投资者可以根据自己的风险偏好选择那些对自己可能有利、自己愿意和能够承担的风险，并完全回避那些可能对自己不利、自己不愿意或不能够承担的风险。这对金融投资者科学、合理地选择适合自己的投资资产是一个很重要的启示。

第三，套利定价理论考察的是当市场达到均衡时，从无风险套利角度确定各种资产的价格。而资本资产定价模型假定所有投资者以不同比例持有无风险资产和相同的市场投资组合，当市场达到均衡时，再进一步确定市场组合中各资产的价格。因此，它们建立的理论出发点不一致。

第四，套利定价理论着重强调无风险套利，而且认为投资市场中有可能存在少数定价不合理的资产，但是市场中少数的理性投资者可以发现这一套利机会，然后迫使价格向均衡状态回归。也就是说，在满足套利定价理论假设的情况下，用该理论给投资资产或投资组合确定均衡价格，可能出现偏差。而资本资产定价模型是从它的假设条件经逻辑推理得到的，提供了所有关于投资资产及投资组合的预期收益率与投资风险关系的明确描述。只要条件满足，模型就可以确定任何投资资产或投资组合的均衡价格。

然而，套利定价理论在实际应用中也存在一些缺陷，其最大的问题就是它无法事先让我们知道影响投资资产收益率的因素有哪些，从而让我们在实际投资分析中感到束手无策。

五、计算题

1. 答：由题设条件已知，$E(R_A)=6\%$，$R_f=3\%$，$E(R_M)=5\%$。
   （1）根据证券市场线的公式 $E(R_i)=R_f+\beta_i[E(R_M)-R_f]$，可以求得 β 系数为
   $$\beta_A=(6\%-3\%)\div(5\%-3\%)=1.5$$
   （2）根据所学内容已知，市场组合的系统性风险为 $\beta=1$，与（1）中得到的系数 $\beta_A=1.5$ 相比较，证券 A 的系统性风险比市场组合要高。$\beta_A=1.5$ 表示市场组合中证券 A 的系统性风险，度量了证券 A 对市场组合方差的贡献度。

2. 答：根据题设条件已知，$R_f=4\%$，$E(R_M)=12\%$。
   （1）由于组合的收益率等于所有构成资产的加权收益率，$E(R_P)=\sum_{i=1}^{N}w_iE(R_i)$，根据公式可以求得投资组合 P 的预期收益率为
   $$E(R_P)=40\%\times 20\%+40\%\times 16\%+20\%\times 8\%=16\%$$
   将上述结果带入公式 $E(R_P)=R_f+\beta_P[E(R_M)-R_f]$，可以得到 $\beta_P=1.5$。
   （2）根据公式 $E(R_i)=R_f+\beta_i[E(R_M)-R_f]$，同样可以分别计算出证券 A、B、C 的系统性风险，分别得到 $\beta_A=2$、$\beta_B=1.5$、$\beta_C=0.5$。

   投资组合 P 的系统性风险与证券 A、B、C 各自的系统性风险之间的关系，经计算可知，$\beta_P=40\%\beta_A+40\%\beta_B+20\%\beta_C$，即 $1.5=40\%\times 2+40\%\times 1.5+20\%\times 0.5$ 成立。由此可见，投资组合 β_P 的值等于各个资产 β_i 的加权平均值，即 $\beta_P=\sum_{i=1}^{N}w_i\beta_i$。

   既然每一只证券都落在证券市场线上，那么由这些证券构成的组合也不例外。

3. 答：在两因素模型中，根据公式，证券 i 的预期收益率为
   $$E(R_i)=a_i+b_{i1}E(F_1)+b_{i2}E(F_2)$$
   证券 i 的收益率的方差为
   $$\sigma_i^2=b_{i1}^2\sigma_{F1}^2+b_{i2}^2\sigma_{F2}^2+2b_{i1}b_{i2}\mathrm{Cov}(F_1,F_2)+\sigma_{\varepsilon i}^2$$
   式中，$\mathrm{Cov}(F_1,F_2)$ 表示两个因素 F_1 和 F_2 之间的协方差。
   证券 i 和证券 j 的协方差为
   $$\sigma_{ij}=b_{i1}b_{j1}\sigma_{F1}^2+b_{i2}b_{j2}\sigma_{F2}^2+(b_{i1}b_{j2}+b_{i2}b_{j1})\mathrm{Cov}(F_1,F_2)$$
   因此，可求得股票 A 的风险 $=(1.5^2\times 0.8^2+2^2\times 0.6^2+0.5^2)^{0.5}=1.769$，股票 B 的风险 $=[2.2^2\times 0.8^2+(-0.2)^2\times 0.6^2+0.5^2]^{0.5}=1.834$。

   由上述计算结果可得，该投资组合的风险 $=1.769\times 50\%+1.834\times 50\%=1.8015$。

4. 答：（1）利用资本资产定价模型公式 $E(R_i)=R_f+\beta_i[E(R_M)-R_f]$，可分别得到 A 公司和 B 公司的预期收益率为
   $$E(R_A)=8\%+2\times(12\%-8\%)=16\%$$
   $$E(R_B)=8\%+1.5\times(12\%-8\%)=14\%$$
   此处，令预期收益率 $E(R_i)=r_i$，即各公司的预期收益率等于各公司股票的贴现率。

利用固定增长股票及非固定增长股票模型公式计算 A 公司股票及 B 公司股票的价值。此处 $g_A = 6\%$、$g_B = 4.5\%$，均大于 0，g 为股息的增长速度。

零增长股票定价模型为

$$P = \sum_{t=1}^{\infty} \frac{D_t}{(1+r)^t} = D \sum_{t=1}^{\infty} \frac{1}{(1+r)^t}$$

当 $r > 0$ 时，$\frac{1}{1+r} < 1$，故可将上式简化为 $P = \frac{D}{r}$。

固定增长股票定价模型为

$$P = \sum_{t=1}^{\infty} \frac{D_0(1+g)^t}{(1+r)^t}$$

从假设条件可知 g 为常数，并且 $r > g$，故上式可以简化为

$$P = \frac{D_0(1+g)}{r-g} = \frac{D_1}{r-g}$$

由以上两个公式我们可以得到，A 公司前 5 年符合零增长股票定价模型（利用等比数列求和公式），以后每年服从固定增长股票定价模型（此处 $g_A = 6\%$，$r_A = 16\%$）。A 公司股票价值为

$$P_A = \frac{5}{1+16\%} + \frac{5}{(1+16\%)^2} + \cdots + \frac{5}{(1+16\%)^5} + \frac{5 \times (1+6\%)}{(1+16\%)^6} + \cdots + \frac{5 \times (1+6\%)^n}{(1+16\%)^{n+5}}$$

$$= 5 \times \frac{1}{1+16\%} \times \frac{1 - (\frac{1}{1+16\%})^5}{1 - \frac{1}{1+16\%}} + \frac{\frac{5 \times (1+6\%)}{(1+16\%)^5}}{16\% - 6\%} = 41.61(元)$$

B 公司始终服从固定增长股票定价模型，其中 $D_0 = 2$，$g_B = 4.5\%$，$r_B = 14\%$，因此

$$P_B = \frac{2 \times (1 + 4.5\%)}{14\% - 4.5\%} = 22(元)$$

计算 A、B 公司股票目前的市值为

$$A\text{ 的股票盈余} = \frac{800}{100} = 8(元/股)$$

$$A\text{ 的股票市值} = 5 \times 8 = 40(元)$$

$$B\text{ 的股票盈余} = \frac{400}{100} = 4(元/股)$$

$$B\text{ 的股票市值} = 5 \times 4 = 20(元)$$

因为 A、B 公司股票价值均高于市价，所以应该购买。

（2）根据公式 $E(R_P) = \sum_{i=1}^{n} w_i E(R_i)$，可以求得预期收益率为

$$E(R_P) = \frac{100 \times 40}{100 \times 40 + 100 \times 20} \times 16\% + \frac{100 \times 20}{100 \times 40 + 100 \times 20} \times 14\% = 15.33\%$$

投资组合的 β 系数为

$$\beta = \frac{100 \times 40}{100 \times 40 + 100 \times 20} \times 2 + \frac{100 \times 20}{100 \times 40 + 100 \times 20} \times 1.5 = 1.83$$

5. 答：依题设已知，$r_f = 6\%$、$b_{i1} = 1$、$b_{i2} = 0.5$、$b_{i3} = -0.5$。

（1）多因素定价公式为：$E(r_i) = \lambda_0 + \lambda_1 b_{i1} + \lambda_2 b_{i2} + \cdots + \lambda_k b_{ik}$。

无风险资产的收益率等于无风险收益率，即 $E(r_i) = r_f$。由于多因素模型公式适用于所有证券（包括无风险证券），而无风险证券的因素敏感度 $b_i = 0$，因此根据公式 $E(r_i) = \lambda_0 + \lambda_1 b_i$ 可以得到 $E(r_i) = \lambda_0$。由此可见，$\lambda_0 = r_f$，因此多因素定价公式可以表示为：$E(r_i) = r_f + \lambda_1 b_{i1} + \lambda_2 b_{i2} + \cdots + \lambda_k b_{ik}$，$\lambda_0 = r_f = 6\%$。

如果用 δ_j 表示对第 j 种因素的敏感度为 1，而对其他因素的敏感度为 0 的证券组合预期收益率，可以得到套利定价理论的一般定价公式

$$E(r_i) = r_f + (\delta_1 - r_f)b_{i1} + (\delta_2 - r_f)b_{i2} + \cdots + (\delta_k - r_f)b_{ik}$$

即金融市场上单个风险资产的预期收益率等于无风险利率 r_f 加上该资产对 k 个风险影响因素的风险溢价 $\sum_{j=1}^{k}(\delta_j - r_f)b_{ij}$。

可知，证券 A 在无套利条件下的预期收益率为

$$6\% + 6\% \times 1 + 4\% \times 0.5 + 2\% \times (-0.5) = 13\%$$

（2）经计算可知，因为 13% > 10%，即预期收益率高于市场上证券的收益率，因此价格被低估了（价格与收益率成反比关系）。

第 16 章
CHAPTER 16

期权定价

习 题

一、单项选择题

1. 下列图形中关于股票期权价格与各影响因素的关系，错误的选项是（　　）

A.
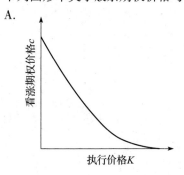

B.
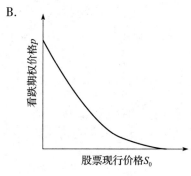

C.
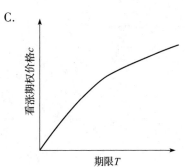

D.
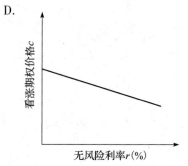

2. 看涨期权给予其持有者以某指定价格买入标的资产的权利，对欧式期权来说，看涨期权价格（c）与标的资产价格（S_0）的关系为（ ）
   A. $c > S_0$ B. $c \geq S_0$ C. $c > S_0$ D. $c \leq S_0$

3. 假设投资者 A 目前持有某公司股票 10 000 股，股票现价为 20 元/股，A 预期该公司股票的价格在近期可能会下跌但长期会上涨，所以决定以期权的方式卖出手中持有的所有股票，然后以更低的价格在市场中买回，那么 A 的正确决策为（ ）
   A. 买入看涨期权   B. 卖出看涨期权   C. 买入看跌期权   D. 卖出看跌期权

4. 一个美式看涨期权的执行价格为 25 元，期限为 6 个月，期权价格为 3 元。假定当前股票价格为 20 元，无风险利率为年利率 10%，根据看涨–看跌平价公式，与美式看涨期权具有相同执行价格及期限的美式看跌期权价格的上下限分别为（ ）
   A. 5 元，3.78 元   B. 8 元，6.78 元   C. 2 元，0.78 元   D. 5 元，6.78 元

5. 面包制造商 Bread 打算在芝加哥商品交易所购买小麦期权以避免原材料成本过度上涨。下列哪一项不是影响小麦期权价格的因素（ ）
   A. 小麦现价 S_0 B. 执行价格 K C. 无风险利率 r D. T 时期小麦价格

6. 假设股票价格是 31 美元，无风险利率为 10%，则 3 个月期的、执行价格为 30 美元的欧式看涨期权的价格的下限为（ ）
   A. 1.74   B. 8.46   C. 3.73   D. 8.93

7. 某股票的 6 个月欧式看涨期权合约的期权费用为 1 元/股，协议价格为 10 元/股，到期日该期权达到盈亏平衡，该股票的交易价格为（ ）
   A. 9 元/股   B. 11 元/股   C. 18 元/股   D. 13 元/股

8. 下列哪一项不属于布莱克–斯科尔斯模型的假设（ ）
   A. 股票价格应该服从随机游走过程，并且无趋势可言
   B. 没有交易费用或税金，并且所有证券高度可分
   C. 不存在无风险的套利机会
   D. 证券交易是非连续的，股票价格随机变动

9. 任何估值模型都需要一定的假设，下列属于二叉树期权定价模型假设的有（ ）
   ①市场投资没有交易成本；　　　　②看涨期权只能在到期日执行；
   ③投资者都是价格的接受者；　　　④允许完全使用卖空所得款项；
   ⑤证券交易是连续的，股票价格是连续平滑变动的；
   ⑥允许以无风险利率借入或贷出款项。
   A. ①②④⑥   B. ②④⑤⑥   C. ①③④⑥   D. ①③④⑤

10. 标的资产为不支付红利的股票，当前价格为每股 20 元，无风险年利率为 8%，已知 1 年后的价格为 25 元或 15 元，考虑连续复利，则对应的 1 年期且执行价格为 18 元的欧式看涨期权的价格是（ ）
    A. 2.6 元/股   B. 4.3 元/股   C. 5.1 元/股   D. 3.4 元/股

11. 期权价值是指期权的现值，不同于期权的到期日价值，下列影响期权价值的因素表述正确的是（ ）
    A. 无风险利率越高，期权价值越大
    B. 股票价格越高，期权价值越大
    C. 执行价格越高，期权价值越大
    D. 股价波动率越高，期权价值越大

二、判断题

1. 对于看跌期权来说，无论股票价格下降多少，期权的价格都不会高于执行价格。（　）
2. 股票现行价格 S_0 与看涨期权价格呈负相关关系，与看跌期权价格呈正相关关系。（　）
3. 看涨期权的买者收益是无限的，损失是有限的。看涨期权的卖者收益是有限的，损失是无限的。（　）
4. 预期标的价格会上涨，又不愿交纳保证金，此时投资者适宜选择买入看涨期权策略。（　）
5. 看跌期权空头有权按行权价买入标的资产。（　）
6. 看涨期权空头到期时的可能操作是卖出标的资产。（　）
7. 看跌期权多头一般认为标的资产价格不会下跌。（　）
8. 牛市价差期权只能利用看涨期权组合构成。（　）
9. 熊市价差期权限定了盈利的上限，同时也控制了损失。由看跌期权构造的熊市价差期权在最初会有一个正的现金流流出，这是因为支付的期权费小于收到的期权费。（　）
10. 蝶式价差期权策略由 3 种具有不同执行价格的期权构成，其构造方式为：买入一个具有较低执行价格 K_1 的看涨期权以及一个具有较高执行价格 K_3 的看涨期权，卖出两个执行价格为 K_2 的看跌期权，其中 K_2 为 K_1 与 K_3 中间的某个值。（　）

三、名词解释

1. 股票期权
2. 看涨 – 看跌平价公式
3. 蝶式价差期权
4. 二项式期权模型
5. 风险中性定价
6. 盒式价差期权
7. 牛市价差期权
8. 熊市价差期权

四、简答题

1. 简要说明牛市价差期权的两种构造方法。
2. 简要说明熊市价差期权的两种构造方法。
3. 什么是无套利原理？
4. 列举三种组合期权交易策略。
5. 期权价格的上限与下限是什么？
6. 哪些因素将会影响股票期权的价格？
7. 解释布莱克–斯科尔斯公式关于欧式期权定价公式的 8 个前提假设的含义。

五、计算题

1. 标的股票价格为 31 元，执行价格为 30 元，无风险年利率为 10%，3 个月期的欧式看涨期权价格为 3 元，欧式看跌期权为 2.25 元，如何套利？如果看跌期权价格为 1 元呢？
2. 假设 c_1、c_2 和 c_3 是三个到期时间相同，协议价格分别为 K_1、K_2 和 K_3 的欧式看涨期权价格，且满足 $K_3 > K_2 > K_1$ 和 $K_3 - K_2 = K_2 - K_1$，试证明：

$$c_2 \leqslant \frac{1}{2} \times (c_1 + c_3)$$

3. 假设 IBM 股票（不分红）的市场价格为 50 美元，无风险利率为 12%，股票的年波动率为 10%，求执行价格为 50 美元、期限为 1 年的欧式看涨期权和看跌期权的价格。其中，$N(1.20) = 0.8849$、$N(1.25) = 0.8944$、$N(1.10) = 0.8643$、$N(1.15) = 0.8749$。
4. 请用看涨期权、看跌期权平价公式证明用欧式看跌期权构造蝶式价差组合的成本等于用欧式看涨期权构造蝶式价差组合的成本。

习题参考答案及解析

一、单项选择题

题号	1	2	3	4	5	6	7	8	9	10	11
答案	D	D	C	B	D	A	B	D	C	B	D

1. **解析**：无风险利率不会单方面影响期权价格。当整个经济环境利率增加时，投资者所要求的股票预期收益也会增加。同时，期权持有者将来所收到的现金流的贴现值会有所降低。在这两种效应的共同作用下，看涨期权价格会增加，看跌期权价格会降低。看涨期权和看跌期权的价格与无风险利率的关系如图 16-1 所示。

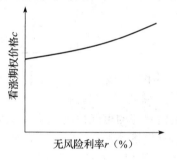 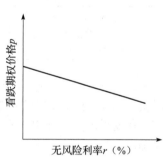

图 16-1　无风险利率对期权价格的影响

2. **解析**：看涨期权给予其持有者以某指定价格买入标的资产的权利，如果期权的价格超过标的资产本身的价格，那么将不会有人购买期权。因此，期权价格的上限是标的资产的价格。
3. **解析**：看跌期权是指期权的购买者拥有在期权合约有效期内按执行价格卖出一定数量标的物的权利。买入看跌期权即"买方"交纳期权费以后，获得卖出一定量的商品或金融工具的权利。投资者 A 预期持有股票的价格近期将下跌，决定以期权的方式卖出手中持有的股票，因此 A 的正确决策为买入看跌期权。
4. **解析**：当没有股息时，看涨–看跌平价公式为：$c + Ke^{-rT} = p + S_0$。此时，$S_0 - K \leqslant C - P \leqslant S_0 - Ke^{-rT}$。根据题目，$20 - 25 \leqslant 3 - P \leqslant 20 - 25e^{-0.1 \times 6/12}$，则 $8 \geqslant P \geqslant 6.78$。
5. **解析**：股票期权是指买方在交付了期权费后取得在合约规定的到期日或到期日以前按协议价买入或卖出一定数量相关股票的权利。股票期权价格受到 6 个基本因素的影响，即股票现行价格 S_0、执行价格 K、期权期限 T、股票价格的波动率 σ、无风险利率 r、期权期限内预期发放的股息。

6. **解析**：根据欧式看涨期权的价格下限公式 $c \geq \max(S_0 - Ke^{-rT}, 0)$，可得欧式看涨期权的下限为
$$\max(S_0 - Ke^{-rT}, 0) = \max(31 - 30e^{-0.1 \times 3/12}, 0) = 1.74(美元)$$

7. **解析**：当交易价格等于执行价格加期权费用时，行权达到盈亏平衡。

8. **解析**：布莱克-斯科尔斯模型假设证券交易是连续的，股票价格连续平滑变动。

9. **解析**：二叉树期权定价模型的假设为：市场投资没有交易成本；投资者都是价格的接受者；允许完全使用卖空所得款项；允许以无风险收益率借入或贷出款项；未来股票的价格将是两种可能值中的一个。②⑤为布莱克-斯科尔斯模型的假设条件。

10. **解析**：根据题目有 $S_0 = 20$ 元，$S_0u = 25$ 元，$S_0d = 15$ 元，$K = 18$ 元，$T = 1$ 年，进而有 $u = \dfrac{25}{20} = 1.25$，$d = \dfrac{15}{20} = 0.75$，$f_u = \max(0, S_0u - K) = 7$（元），$f_d = \max(0, S_0d - K) = 0$（元）。计算得到 $p = \dfrac{e^{rT} - d}{u - d} = \dfrac{e^{0.08 \times 1} - 0.75}{1.25 - 0.75} = 0.66658$，故期权价格为
$$f = e^{-rT}[pf_u + (1-p)f_d] = e^{-0.08 \times 1}[0.66658 \times 7 + 0] = 4.3073(元)$$

11. **解析**：A、B、C 三项都要区分是看涨期权还是看跌期权，不能一概而论。因此，D 为正确答案。

二、判断题

题号	1	2	3	4	5	6	7	8	9	10
答案	√	×	√	√	×	√	×	×	×	×

1. **解析**：对于看跌期权来说，无论股票价格下降多少，期权的价格都不会高于执行价格，否则套利者可以将卖出期权所得费用以无风险利率进行投资，将获得无风险收益。

2. **解析**：随着股票现行价格 S_0 上升，看涨期权处于实值状态的可能性越来越大。因此，看涨期权价格也将随之上升，即股票现行价格 S_0 与看涨期权价格呈正相关关系，而对看跌期权造成的影响正好相反，股票现行价格 S_0 与看跌期权价格呈负相关关系，当股票现行价格上升时，看跌期权价格下降。

3. **解析**：看涨期权卖者面临的收益是有限的，损失是无限的；看涨期权买方面临的收益是无限的，损失是有限的。

4. **解析**：无论是看涨期权还是看跌期权，期权的买方只需要交纳权利金，而不需要交纳期权费用（即保证金），只有期权的卖方需要交纳保证金。

5. **解析**：看跌期权空头只有以执行价买入标的资产的义务，没有权利。

6. **解析**：看涨期权多头到期时的操作是买入标的资产，看涨期权空头到期时的操作为卖出标的资产。

7. **解析**：看跌期权多头一般认为标的资产的价格会下跌，看跌期权空头一般认为标的资产价格不会下跌。

8. **解析**：牛市价差期权既可以利用看涨期权组合构成，也可以通过看跌期权组合构成。

9. **解析**：由看跌期权构造的熊市价差期权在最初会有一个正的现金流流出，这是因为支付的期权费大于收到的期权费。

10. 解析：蝶式价差期权策略由3种具有不同执行价格的期权构成，其构造方式为：买入一个具有较低执行价格 K_1 的看涨期权，买入一个具有较高执行价格 K_3 的看涨期权，以及卖出两个执行价格为 K_2 的看涨期权，其中 K_2 为 K_1 与 K_3 中间的某个值。

三、名词解释

1. 股票期权是指买方在交付了期权费后取得在合约规定的到期日或到期日以前按协议价买入或卖出一定数量相关股票的权利。股票期权价格受到6个基本因素的影响，即股票现行价格 S_0、执行价格 K、期权期限 T、股票价格的波动率 σ、无风险利率 r、期权期限内预期发放的股息。

2. 考虑以下两个组合。

    组合 A：一个欧式看涨期权加上数量为 Ke^{-rT} 的现金；组合 C：一个欧式看跌期权加上一只股票。这两个组合期权在到期时价值均为
    $$\max(S_T, K)$$

    由于组合 A 和组合 C 中的期权均为欧式期权，在到期日之前不能提前执行，因此它们在当前必须有相同的价值，这意味着 $c + Ke^{-rT} = p + S_0$。

    这一关系式就是看涨-看跌平价公式。此公式表明欧式看涨期权的价值可由一个具有相同执行价格和到期日的看跌期权价值推导出来，这一结论反之亦然。

3. 蝶式价差期权策略由3种具有不同执行价格的期权构成，其构造方式为：买入一个具有较低执行价格 K_1 的看涨期权，买入一个具有较高执行价格 K_3 的看涨期权，以及卖出两个执行价格为 K_2 的看涨期权，其中 K_2 为 K_1 与 K_3 中间的某个值。一般来讲，K_2 接近于当前的股票价格。这一交易策略的盈利如图16-2所示。蝶式期权也可以由看跌期权构成。投资者可以买入一个具有较低执行价格及一个具有较高执行价格的看跌期权，同时卖出两个具有中间执行价格的看跌期权。

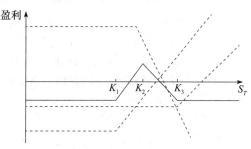

图 16-2 由看涨期权构造的蝶式价差期权的收益

4. 二项式期权模型也称二叉树模型或 CRR 模型，二叉树是模拟股票价格在期权期限内变动路径的图形。人们通常认为股票价格服从随机游走，这源于有效市场理论。无限期的二叉树模型将趋向随机游走，因此成为能够反映股票价格变动的有效模型。二叉树模型仅假设股票价格向上和向下两个方向变动，事实上股票价格也存在多方向变动，如三叉树、四叉树。假设一只股票的当前价格为10元，并且已知在3个月后股票的价格将会变为12元或8元。希望找出3个月后能够以11元买入股票的期权价格。这个期权在3个月后将具有以下两个价格中的一个：如果股票价格变为12元，期权价格为1元；如果股票价格为8元，则期权价格为0。

5. 风险中性定价又称风险中性理论，是指在市场不存在任何套利可能性的条件下，如果衍生证券的价格依然依赖可交易的基础证券，那么这个衍生证券的价格与投资者的风险态度无关。这个结论在数学上表现为衍生证券定价的微分方程中并不包含有受投资者风险态度影响的变量，尤其是预期收益率。

    风险中性定价原理是考克斯和罗斯在推导期权定价公式时提出的。由于这种定价原理与投

资者的风险态度无关，从而到对任何衍生证券都适用，所以，以后的衍生证券的定价推导都接受了这样的前提条件，即所有投资者都是风险中性的，或者是在一个风险中性的经济环境中决定价格，并且这个价格的决定适用于持任何一种风险态度的投资者。

6. 盒式价差期权是牛市价差和熊市价差的组合，两个价差都是由执行价格为 K_1 和 K_2 的看涨期权构成的。如表 16-1 所示，一个盒式价差的收益为 $K_2 - K_1$，因此盒式价差的贴现值为 $(K_2 - K_1)\mathrm{e}^{-rT}$。如果贴现值与这一数值有所不同，就会产生套利机会。如果盒式价差的市场价格过低，套利者可以通过买入盒式价差来盈利。这时套利策略为：买入一个执行价格为 K_1 的看涨期权，买入一个执行价格为 K_2 的看跌期权，卖出一个执行价格为 K_2 的看涨期权以及卖出一个执行价格为 K_1 的看跌期权。如果盒式价差的市场价格过高，套利者可以利用卖出盒式价差来盈利。套利策略为：买入一个执行价格为 K_2 的看涨期权，买入一个执行价格为 K_1 的看跌期权，卖出一个执行价格为 K_1 的看涨期权并卖出一个执行价格为 K_2 的看跌期权。

表 16-1　盒式价差期权的收益

股票价格范围	牛市价差收益	熊市价差收益	整体收益
$S_T \leq K_1$	0	$K_2 - K_1$	$K_2 - K_1$
$K_1 < S_T < K_2$	$S_T - K_1$	$K_2 - S_T$	$K_2 - K_1$
$S_T \geq K_2$	$K_2 - K_1$	0	$K_2 - K_1$

7. 牛市价差期权既可以由看涨期权组合构成，也可以由看跌期权组合构成。

如图 16-3 所示，此牛市价差期权是买入一个具有某一确定执行价格（K_1）的股票看涨期权的同时，卖出一个标的相同但具有较高执行价格（K_2）的股票看涨期权，两个看涨期权的期限相同。从图 16-3 中可以看到牛市价差期权在不同情况下可以实现的总收益。如果股票价格表现良好，即价格上涨高于 K_2，此时收益为两个执行价格的差 $(K_2 - K_1)$；如果在到期日股票价格介于 K_1 与 K_2 之间，则牛市价差的收益为 $S_T - K_1$；如果在到期日，股票价格低于 K_1，则牛市价差的收益为 0。

牛市价差期权还可以由看跌期权组合构成，其构成原理与看涨期权构成的牛市价差类似，即买入具有较低执行价格看跌期权的同时，卖出具有较高执行价格的看跌期权，如图 16-4 所示。与采用看涨期权构造牛市价差不同的是，用看跌期权构造的牛市价差会在最初给投资者带来一个正的现金流（忽略保证金的要求）。

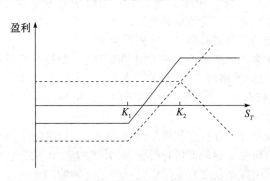

图 16-3　由看涨期权构造的牛市价差期权的盈利

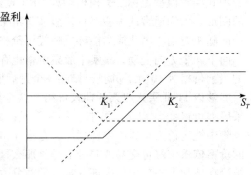

图 16-4　由看跌期权构造的牛市价差期权的盈利

8. 熊市价差期权既可以由看涨期权组合构成，也可以由看跌期权组合构成。熊市价差期权投资者希望股票价格下跌，因为只有当股票价格下跌时，他们才有利可获。

由看跌期权构成的熊市价差期权是，投资者在买入某一具有较高执行价格（K_2）的看跌期权的同时，卖出具有较低执行价格（K_1）的看跌期权，两个看跌期权的标的资产和期限相同。在图 16-5 中，盈利由实线表示。从图 16-5 中可以看出，当股票价格低于 K_1 时，此时价差收益为两个执行价格的差（$K_2 - K_1$）。如果在到期日股票价格介于 K_1 与 K_2 之间，熊市价差期权的收益为 $K_2 - S_T$。如果在到期日，股票价格高于 K_2，则熊市价差的收益为 0。

与牛市价差类似，熊市价差限定了盈利的上限，同时也控制了损失。由看跌期权构造的熊市价差期权在最初会有一个正的现金流流出，这是因为支付的期权费大于收到的期权费（卖出期权的执行价格小于买入期权的执行价格）。熊市价差不仅能由看跌期权组合而成，也可以由看涨期权组合而成，交易策略如图 16-6 所示。投资者可以通过买入具有较高执行价格的看涨期权，卖出具有较低执行价格的看涨期权的策略构造熊市价差期权。

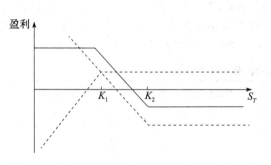 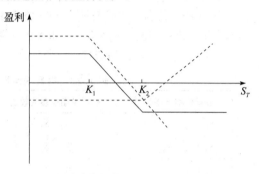

图 16-5　由看跌期权构造的熊市价差期权的盈利　　图 16-6　由看涨期权构造的熊市价差期权的盈利

四、简答题

1. 答：牛市价差期权既可以由看涨期权组合构成，也可以由看跌期权组合构成。

如图 16-3 所示，此牛市价差期权是买入一个具有某一确定执行价格（K_1）的股票看涨期权的同时，卖出一个标的相同但具有较高执行价格（K_2）的股票看涨期权，两个看涨期权的期限相同。从图 16-3 中可以看到牛市价差期权在不同情况下可以实现的总收益。如果股票价格表现良好，即价格上涨高于 K_2，此时收益为两个执行价格的差（$K_2 - K_1$）。如果在到期日股票价格介于 K_1 与 K_2 之间，牛市价差的收益为 $S_T - K_1$。如果在到期日，股票价格低于 K_1，牛市价差的收益为 0（见表 16-2）。

表 16-2　由看涨期权构成的牛市价差收益

股票价格范围	看涨期权多头收益	看涨期权空头收益	整体收益
$S_T \leq K_1$	0	0	0
$K_1 < S_T < K_2$	$S_T - K_1$	0	$S_T - K_1$
$S_T \geq K_2$	$S_T - K_1$	$K_2 - S_T$	$K_2 - K_1$

牛市价差期权限制了投资者收益的同时也控制了损失的风险。这一策略可以表达为：投资者拥有一个执行价格为 K_1 的期权，同时卖出执行价格为 K_2（$K_2 > K_1$）的期权，从而放弃

了股票上升的潜在收益。作为对放弃潜在收益的补偿，投资者获得了执行价格为 K_2 的期权费用。

牛市价差期权还可以由看跌期权组合构成，其构成原理与看涨期权构成的牛市价差类似，即买入具有较低执行价格看跌期权的同时，卖出具有较高执行价格的看跌期权，如图 16-4 所示。

与采用看涨期权构造牛市价差不同的是，用看跌期权构造的牛市价差会在最初给投资者带来一个正的现金流（忽略保证金的要求）。

2. 答：熊市价差期权既可以由看涨期权组合构成，也可以由看跌期权组合构成。熊市价差期权投资者希望股票价格下跌，因为只有当股票价格下跌时，他们才有利可获。

由看跌期权构成的熊市价差期权是，投资者在买入某一具有较高执行价格（K_2）的看跌期权的同时，卖出具有较低执行价格（K_1）的看跌期权，两个看跌期权的标的资产和期限相同。在图 16-5 中，盈利由实线表示。从图 16-5 中可以看出，当股票价格低于 K_1 时，此时价差收益为两个执行价格的差（$K_2 - K_1$）。如果在到期日股票价格介于 K_1 与 K_2 之间，熊市价差期权的收益为 $K_2 - S_T$。如果在到期日，股票价格高于 K_2，熊市价差的收益为 0（见表 16-3）。

表 16-3　由看跌期权构成的熊市价差期权的收益

股票价格范围	看跌期权多头收益	看跌期权空头收益	整体收益
$S_T \leq K_1$	$K_2 - S_T$	$S_T - K_1$	$K_2 - K_1$
$K_1 < S_T < K_2$	$K_2 - S_T$	0	$K_2 - S_T$
$S_T \geq K_2$	0	0	0

与牛市价差类似，熊市价差限定了盈利的上限，同时也控制了损失。由看跌期权构造的熊市价差期权在最初会有一个正的现金流流出，这是因为支付的期权费大于收到的期权费（卖出期权的执行价格小于买入期权的执行价格）。熊市价差不仅能由看跌期权组合而成，也可以由看涨期权组合而成，交易策略如图 16-6 所示。投资者可以通过买入具有较高执行价格的看涨期权，卖出具有较低执行价格的看涨期权的策略构造熊市价差期权。

3. 答：如果在进行交易的时间段内，投资者在决定投资组合 Φ 以后没有加入新资金，也没有资金被抽走或消耗，那么称整个交易过程为自融资，或者该投资组合 Φ 是自融资。如果在交易过程中，有资金被抽走或消耗，那么该市场存在摩擦，如交易要交纳交易费或佣金。

如果在时间 $(0, T]$ 内存在一个时间点 T^*，使得当 $V_0(\Phi) = 0$ 时，有 $V_{T^*}(\Phi) \geq 0$，且 $\text{Prob}\{V_{T^*}(\Phi) > 0\} > 0$，则称自融资组合 Φ 在 $[0, T]$ 内存在套利机会。

(1) 无套利原理 I。如果金融市场在 $[0, T]$ 期限内，对任意两个投资组合 Φ_1、Φ_2，都有

$$V_T(\Phi_1) \geq V_T(\Phi_2)$$

且 $\text{Prob}\{V_T(\Phi_1) > V_T(\Phi_2)\} > 0$，同时，对 $[0, T)$ 中的任意时间 t，都有

$$V_t(\Phi_1) > V_t(\Phi_2)$$

则称市场是无套利的。

(2) 无套利原理 II。如果金融市场在 $[0, T]$ 期限内，对任意两个投资组合 Φ_1、Φ_2，都有

$$V_T(\Phi_1) = V_T(\Phi_2)$$

同时，对 $[0, T]$ 中的任意时间 t，都有

$$V_t(\Phi_1) = V_t(\Phi_2)$$

则市场是无套利的。

4. 答：组合期权是针对同一标的看涨期权与看跌期权的交易策略。下面考虑的组合期权包括条式期权和带式期权、宽跨式期权。

(1) 条式期权和带式期权。条式期权是具有相同执行价格和相同期限的一个看涨期权和两个看跌期权的组合。带式期权是由具有相同执行价格和相同期限的两个看涨期权和一个看跌期权的组合。图16-7 显示了条式期权和带式期权的盈利形式。条式期权的投资者认为，股票价格会有较大的变动，同时价格下降的可能性要大于价格上升的可能性。而在带式期权组合中，投资者也认为股票价格有较大的变动，但价格上升的可能性大于价格下降的可能性。

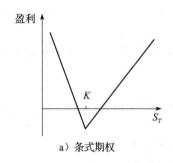
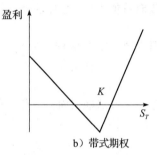

a) 条式期权　　　　　　b) 带式期权

图 16-7　条式期权及带式期权的收益

(2) 宽跨式期权。宽跨式期权是投资者买入具有相同期限但具有不同执行价格的看跌期权及看涨期权。图 16-8 显示了其盈利状况。宽跨式期权所取得的盈利与执行价格之间的差距有关。差距越大，潜在损失越小，但为了获取盈利，价格需要有一定的浮动。

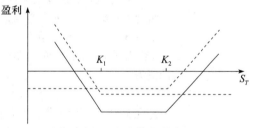

图 16-8　宽跨式期权的收益

5. 答：以无股息股票的期权为例讨论期权价格的上限与下限。

(1) 期权价格的上限。看涨期权给予其持有者以某指定价格买入标的资产的权利，如果期权的价格超过标的资产本身的价格，那么将不会有人购买期权。因此期权价格的上限是标的资产的价格，即

$$c \leq S_0 \quad 与 \quad C \leq S_0$$

如果看涨期权以上不等式不成立，那么一个套利者可以通过购买股票并同时出售期权来获取无风险盈利。

看跌期权的持有者有权以价格 K 卖出一只股票。无论股票价格下降多少，期权的价格都不会高于执行价格，即

$$p \leq K \quad 与 \quad P \leq K$$

在 T 时刻，欧式期权的价格不会超过 K。因此，当前期权的价格不会超过 K 的贴现

值，即

$$p \leq Ke^{-rT}$$

如果看跌期权以上不等式不成立，那么一个套利者可以卖出一个期权，同时将卖出期权所得费用以无风险利率进行投资，他将获得无风险收益。

(2) 期权价格的下限。以欧式看涨期权和欧式看跌期权为例展开讨论。

1) 欧式看涨期权的下限。考虑以下两个交易组合。

组合 A：一个欧式看涨期权加上数量为 Ke^{-rT} 的现金。

组合 B：一只股票。

在组合 A 中，如果将现金按无风险利率进行投资，在 T 时刻组合 A 的价值将变为 K。在时间 T，如果 $S_T > K$，投资者行使看涨期权，组合 A 的价值为 S_T。如果 $S_T < K$，期权到期时价值为 0，这时组合 A 的价值为 K。因此在 T 时刻，组合 A 的价值为

$$\max(S_T, K)$$

组合 B 在 T 时刻的价格为 S_T，因此在 T 时刻组合 A 的价值不会低于组合 B 的价值。因此，在无套利条件下，有

$$c + Ke^{-rT} \geq S_0$$

对于一个看涨期权而言，最差的情况是期权到期时价值为 0，期权价值不能为负值，即 $c \geq 0$。因此

$$c \geq \max(S_0 - Ke^{-rT}, 0)$$

2) 欧式看跌期权的下限。考虑以下两个交易组合。

组合 C：一个欧式看跌期权加上一只股票。

组合 D：金额为 Ke^{-rT} 的现金。

如果 $S_T < K$，投资者在到期时执行组合 C 中的欧式看跌期权，组合 C 的价值变为 K。如果 $S_T > K$，在到期时，期权价值为 0，组合 C 的价值为 S_T，因此在 T 时刻组合 C 的价值为

$$\max(S_T, K)$$

将现金以无风险利率投资，在 T 时刻组合 D 的价值为 K。因此在 T 时刻组合 C 的价值总是不低于组合 D 的价值。在无套利条件下，组合 C 的价值不会低于组合 D 在今天的价值，即

$$p + S_0 \geq Ke^{-rT}$$

对于一个看跌期权而言，最差的情况是期权到期时价值为 0，期权价值不能为负值，因此

$$p \geq \max(Ke^{-rT} - S_0, 0)$$

6. 答：股票期权是指买方在交付了期权费取得在合约规定的到期日或到期日以前按协议价买入或卖出一定数量相关股票的权利。股票期权价格受如下 6 个基本因素的影响，即股票现行价格 S_0、执行价格 K、期权期限 T、股票价格的波动率 σ、无风险利率 r、期权期限内预期发放的股息。

(1) 股票现行价格 S_0。随着股票现行价格 S_0 上升，看涨期权处于实值状态的可能性越来越大。因此，看涨期权价格也将随之上升，即股票现行价格 S_0 与看涨期权价格呈正相关关系。S_0 上升对看跌期权造成的影响正好相反，即当股票现行价格 S_0 与看跌期权价格呈负相关

关系，股票现行价格上升时，看跌期权价格下降，如图 16-9 所示。

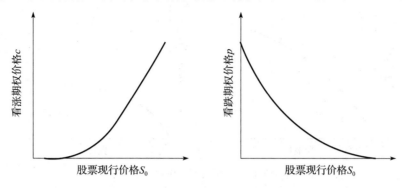

图 16-9　股票价格对期权价格的影响

（2）执行价格 K。如果看涨期权在将来某一时刻行权，期权收益等于股票价格与执行价格的差额，即 $S_T - K$。执行价格越高，期权收益越小，看涨期权的价格越低，也就是说，看涨期权价格将随着执行价格的上升而下降。对于看跌期权而言，执行价格上升产生的作用正好相反。看跌期权的价格将随着执行价格的上升而上升，如图 16-10 所示。

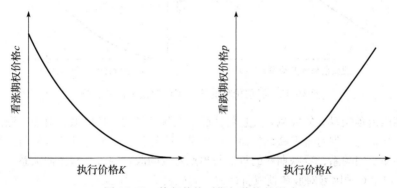

图 16-10　执行价格对期权价格的影响

（3）期权期限 T。一般而言，看涨期权和看跌期权都会从期权期限的增加中获益，因为在更长的时间周期内股价将会有更强的波动。但这一结论并非总是成立的。随着期权期限的增加，执行价格现值下降。这将增加看涨期权的价值，减少看跌期权的价值。此外，随着到期时间的延长，有更多的时间可能出现股票价格因发放现金股利而下降的情况。这减少了看涨期权的价值，增加了看跌期权的价值，如图 16-11 所示。

（4）股票价格的波动率 σ。随着标的资产价格波动率增加，看涨期权和看跌期权的价格都将增加，因为这表示标的资产的价格区间将扩大，使得期权可执行程度增加。期权买方将得到有利结果的全部收益，并且可以避免不利结果（期权虚值较小），如图 16-12 所示。

（5）无风险利率 r。无风险利率不会单方面影响期权价格。当整个经济环境利率增加时，投资者所要求的股票预期收益也会增加。同时，期权持有者将来所收到的现金流的贴现值会有所降低。在这两种效应的共同作用下，看涨期权价格会增加，看跌期权价格会降低，如图 16-1 所示。

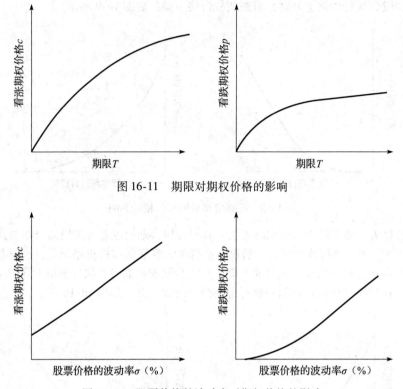

图 16-11　期限对期权价格的影响

图 16-12　股票价格的波动率对期权价格的影响

（6）期权期限内预期发放的股息。股息将使股票在除息日的价格降低。对于看涨期权而言，这是一个坏消息，但对于看跌期权而言，这是一个好消息。看涨期权价值与预期发放的股息的大小呈反向关系，看跌期权的价值与预期发放的股息的大小呈正向关系。

综上所述，以上 6 种因素对股票期权价格的影响如表 16-4 所示。

表 16-4　股票期权价格的影响因素

变量	欧式看涨期权	欧式看跌期权	美式看涨期权	美式看跌期权
现行价格	+	−	+	−
执行价格	−	+	−	+
期权期限	不确定	不确定	+	+
股票价格的波动率	+	+	+	+
无风险利率	+	−	+	−
预期发放的股息	−	+	−	+

7. **答**：布莱克－斯科尔斯期权定价模型为包括股票、债券、货币以及商品在内的新兴衍生金融市场中各种以市价格变动定价的衍生金融工具的合理定价奠定了基础。欧式期权定价公式以不支付股利或者其他分配的股票为标的。布莱克－斯科尔斯模型的主要假设如下：

a. 股价遵循预期收益率 μ 和标准差 σ 为常数的马尔科夫随机过程；
b. 允许使用全部所得卖空衍生证券；
c. 没有交易费用或税金，且所有证券高度可分；
d. 在衍生证券的有效期内不支付红利；
e. 不存在无风险套利机会；
f. 证券交易是连续的，股票价格连续平滑变动；
g. 无风险利率 r 为常数，能够用同一利率借入或贷出资金；
h. 只能在交割日执行期权。

假设 a 体现了有效市场理论对股票价格的论断，即股票价格应该服从随机游走过程，并且无趋势可言；假设 b 构建了一个可以使市场风险中性成立的条件，因为这里允许"卖空"行为的存在；假设 c 近似描绘了完美无摩擦市场，证券高度可分使得证券交易不受交易量的限制；假设 c、d、e、f、g、h 则进一步限定了市场环境。

(1) 布莱克-斯科尔斯期权定价模型。设定 ln 代表自然对数，S_0 为股票的现行价格，k 为执行价格，r 为无风险连续复利，T 为以年计量的期权期限，σ 为标的股票的波动率，$N(x)$ 为累计标准正态分布函数。那么，看涨期权价格 c 和看跌期权价格 p 可以由下式得到

$$c = S_0 N(d_1) - k e^{-rT} N(d_2)$$
$$p = k e^{-rT} N(-d_2) - S_0 N(-d_1)$$

其中

$$d_1 = \frac{\ln(S_0/k) + (r + 0.5\sigma^2)T}{\sigma\sqrt{T}}$$

$$d_2 = \frac{\ln(S_0/k) + (r - 0.5\sigma^2)T}{\sigma\sqrt{T}} = d_1 - \sigma\sqrt{T}$$

在布莱克-斯科尔斯定价公式中，股票价格的波动率并不能直接观察得到。通常在计算期权价格时，投资者使用股价历史数据估计得到波动率。观察股价的时间间隔通常是固定的（例如每天、每周或每月）。

(2) 布莱克-斯科尔斯微分方程

$$\frac{\partial f}{\partial t} + rS \frac{\partial f}{\partial S} + \frac{1}{2}\sigma^2 S^2 \frac{\partial^2 f}{\partial S^2} = rf$$

针对不同基础证券定义的不同衍生证券，上述方程有不同的解。解方程时得到的特定的衍生证券取决于其使用的边界条件。

对于欧式看涨期权，边界条件为

$$f = \max(S_T - X, 0)$$

对于欧式看跌期权，边界条件为

$$f = \max(X - S_T, 0)$$

期权微分方程推导过程并不涉及投资者对股票的预期收益 μ，也就是说，期权定价公式独立于投资者的风险偏好。因此投资者的风险选择并不影响布莱克-斯科尔斯方程的结果。这体现了基本的风险中性原理：在风险中性的世界里，所有投资的预期收益率均为无

风险收益率 r，并且任何未来现金流都可以通过无风险收益率贴现得到现值。

五、计算题

1. 答：（1）当 $p=2.25$ 时，$c+Ke^{-rT}=32.26$，$p+S_0=33.25$，因此正确的套利方法为买入看涨期权，卖空看跌期权和股票，将净现金收入 30.25 元进行 3 个月的无风险投资，到期将获得 31.02 元。如果到期时股票价格高于 30 元，将执行看涨期权，如果低于 30 元，将执行看跌期权，无论如何，投资者均将按照 30 元购买股票，正好用于平仓卖空的股票，因此将获得净收益 1.02 元。

（2）当 $p=1$ 时，$c+Ke^{-rT}=32.26$，$p+S_0=32$，因此正确的套利方法为卖出看涨期权，买入看跌期权和股票，需要的现金以无风险利率借入，到期时需偿付的现金流将为 29.73 元。如果到期时股票价格高于 30 元，将执行看涨期权，如果低于 30 元，投资者将执行看跌期权，无论如何，投资者均将按照 30 元出售已经持有的股票，因此将获得净收益 0.27 元。

2. 证明： 构造如下投资组合。

组合 A：两份欧式看涨期权多头，执行价格分别为 K_1 和 K_3。
组合 B：两份欧式看涨期权空头，执行价格均为 K_2。
当期权到期时：
① 如果 $S_T < K_1$，组合价值 $=0$；
② 如果 $K_1 \leq S_T < K_2$，组合价值 $= S_T - K_1 > 0$；
③ 如果 $K_2 \leq S_T < K_3$，组合价值 $= S_T - K_1 - 2(S_T - K_2) = (K_2 - K_1) - (S_T - K_2)$
$= (K_3 - K_2) - (S_T - K_2) = K_3 - S_T > 0$；
④ 如果 $S_T \geq K_3$，组合价值 $= S_T - K_1 - 2(S_T - K_2) + (S_T - K_3) = 2K_2 - K_1 - K_3 = 0$。
无论 S_T 取何值，该投资组合的价值均大于等于零，因此组合期初的价值也应大于等于零，即

$$0 \leq c_1 + c_3 - 2c_2$$

$$c_2 \leq \frac{1}{2} \times (c_1 + c_3)$$

3. 答： 已知 $S_0 = 50$ 美元，$K = 50$ 美元，$T = 1$ 年，$r = 0.12$，$\sigma = 0.1$，则

$$d_1 = \frac{\ln(50/50) + [0.12 + (0.01/2)] \times 1}{0.1 \times \sqrt{1}} = 1.25$$

$$d_2 = \frac{\ln(50/50) + [0.12 - (0.01/2)] \times 1}{0.1 \times \sqrt{1}} = 1.15$$

故有

$$N(d_1) = 0.8944 \quad N(-d_1) = 0.1056$$
$$N(d_2) = 0.8749 \quad N(-d_2) = 0.1251$$

因此，欧式看涨期权和看跌期权的价格分别为

$$c = 50 \times 0.8944 - 50 \times e^{-0.12 \times 1} \times 0.8749 = 5.92(\text{美元})$$

$$p = 50 \times e^{-0.12 \times 1} \times (1 - 0.8749)e^{-0.12 \times 1} - 50 \times (1 - 0.8944) = 0.27(\text{美元})$$

4. 答：用欧式看涨期权构造蝶式价差期权：买入一个执行价格为 K_1 的看涨期权和一个执行价格为 K_3 的看涨期权，卖出两个执行价格为 K_2 的看涨期权，且 $2K_2 = K_1 + K_3$。成本为 $c_1 + c_3 - 2c_2$。

用欧式看跌期权构造蝶式价差期权：买入一个执行价格为 K_1 的看跌期权和一个执行价格为 K_3 的看跌期权，卖出两个执行价格为 K_2 的看跌期权。成本为 $p_1 + p_3 - 2p_2$。根据看涨－看跌平价公式 $c = p + S_0 - Ke^{-rT}$，可以得到

$$c_1 + K_1 e^{-r(T-t)} = p_1 + S_0 \quad \text{①}$$
$$c_2 + K_2 e^{-r(T-t)} = p_2 + S_0 \quad \text{②}$$
$$c_3 + K_3 e^{-r(T-t)} = p_3 + S_0 \quad \text{③}$$

由①＋③－2×②得到 $c_1 + c_3 - 2c_2 = p_1 + p_3 - 2p_2$。

第 17 章
CHAPTER 17

资本结构

习 题

一、单项选择题

1. 下列哪项是企业运营最重要的目标（　　）
   A. 公司利润最大化　　　　　　　　B. 公司营业额最大化
   C. 净资产收益率最大化　　　　　　D. 公司价值最大化
2. 下列不属于传统资本结构理论的是（　　）
   A. 净收益理论　　B. 净营业收益理论　　C. 传统折中理论　　D. 啄序理论
3. 下列认为杠杆公司的权益资本成本与财务杠杆正相关的定理是（　　）
   A. 无税 MM 定理 1　　B. 无税 MM 定理 2　　C. 有税 MM 定理 1　　D. 有税 MM 定理 2
4. 根据啄序理论，公司在考虑筹资顺序时，应当优先考虑的筹资方式是（　　）
   A. 内部融资　　　B. 银行贷款　　　C. 增发股票　　　D. 发行普通债券
5. 下列有关 MM 定理的叙述不正确的是（　　）
   A. 在无税条件下，杠杆公司的价值与无杠杆公司的价值相等
   B. 在无税条件下，杠杆公司的权益资本成本与财务杠杆正相关
   C. 在有税条件下，杠杆公司价值等于无杠杆公司价值减去税盾值的现值
   D. 在有税条件下，杠杆公司的资本成本低于无杠杆公司的资本成本
6. A 公司某长期借款的筹资净额为 95 万元，筹资费率为筹资总额的 5%，年利率为 4%，所得税率为 25%，则该长期借款的筹资成本为（　　）
   A. 3.16%　　　　B. 3%　　　　C. 4%　　　　D. 4.21%
7. 下列各种关系中不属于委托代理问题范畴的是（　　）
   A. 股东与债权人之间　　　　　　B. 监事会与管理层之间

C. 大股东与小股东之间　　　　　　　D. 股东与管理者之间
8. 既具有税盾效应，又能带来杠杆利益的筹资方式是（　　）
   A. 发行债券　　　B. 发行优先股　　　C. 发行普通股　　　D. 使用内部留存收益
9. 以下各项资本结构理论中，认为负债比率越高，企业价值越大的是（　　）
   A. 啄序理论　　　B. 营业收益理论　　　C. 净收益理论　　　D. 权衡理论
10. 下列关于资本成本的说法中，不正确的是（　　）
    A. 资本成本的本质是企业为筹集和使用资本实际付出的代价
    B. 资本成本并不是企业在筹资决策过程中所要考虑的唯一因素
    C. 资本成本可以被视为投资项目回报的最低评价标准
    D. 资本成本的计算以相对比率为计量单位
11. 企业发行股票属于（　　）
    A. 债务融资　　　B. 外部融资　　　C. 内部融资　　　D. 间接融资

二、判断题

1. 最佳资本结构是使企业的市场价值最大，或者使资金成本最小的资本结构。（　　）
2. 筹资费用通常是企业资本成本的最主要内容。（　　）
3. 在可能的情况下，企业更加希望通过对外发行股票来筹集资金。（　　）
4. 在信息不对称条件下，股东与管理者之间存在冲突，但与债权人之间不存在冲突。（　　）
5. 控制理论的主要观点是，公司在股权和债券之间的筹措资本抉择，会决定控制权在股东和债权人之间的分配。（　　）
6. 净收益理论认为，企业最优的负债水平是100%。（　　）
7. 净营业收益理论认为，不存在使企业价值最大化的最优资本结构。（　　）
8. 无税MM定理1认为，不存在最好的资本结构，但存在显然坏的资本结构。（　　）
9. 股利政策"黏性"，是指企业的股利分配常常会被"烫平"的现象。（　　）
10. 按照无税MM定理，负债比例不影响权益资本成本和加权平均资本成本。（　　）
11. 公司资本结构决策取决于公司对债务的税收优惠和财务困境成本的权衡。（　　）

三、名词解释

1. 资本结构　　　　2. 资本成本　　　　3. 财务杠杆
4. 税盾效应　　　　5. 净收益理论　　　6. 财务困境成本
7. 银团贷款　　　　8. 股利政策"黏性"　9. 啄序理论
10. 调整净现值法　　11. 加权平均资本成本　12. 税后加权平均资本成本

四、简答题

1. 简述啄序理论。
2. 简述代理理论。
3. 根据融资特点，企业融资方式可以分成哪几类？分别是什么？简述中国企业融资的常用方式。
4. 简述企业如何进行资本结构选择。

5. 在真实的公司经营环境中，一家公司能够无限制地举债经营吗？请进行简要分析。

五、计算题

1. 某企业为扩大公司规模，拟追加筹资 8 000 万元。其中发行债券 2 000 万元，债券年利率为 6%，两年期，每年付息，到期还本；发行普通股 6 000 万元，已知公司股票的系统性风险为 1.5，股票市场的预期收益率为 8%，无风险利率为 4%。在不考虑公司税的情况下，该公司融资的加权平均资本成本为多少？
2. A 企业负债资金的市场价值为 4 000 万元，股东权益的市场价值为 6 000 万元。债务的税前资金成本为 15%，股票的 β 值为 1.41，企业所得税税率为 34%，市场风险溢价为 9.2%，国债的利率为 11%。请计算加权平均资本成本。

六、论述题

1. 什么是委托代理成本？说明市场中通常存在哪几种类型的委托代理成本？所有权与管理权分离究竟有哪些优点？
2. 请分别从有税收和无税收的角度论述 MM 定理。
3. 请综合所学资本结构理论，对企业最优资本结构进行论述。

习题参考答案及解析

一、单项选择题

题目	1	2	3	4	5	6	7	8	9	10	11
答案	D	D	B	A	C	A	B	A	C	D	B

1. **解析**：人们一般认为，企业运营目标主要有三种：公司利润最大化、股东财富最大化和公司价值最大化。在这三类企业目标中，公司价值最大化考虑了取得现金收益的时间因素，能够克服企业在追求利润时的短期行为，更科学地平衡了风险与收益之间的关系，被认为是企业运营过程中最重要的目标选择。
2. **解析**：对最优资本结构问题的系统研究可追溯到 20 世纪 50 年代，早期的资本结构观点分为三种：净收益理论、净营业收益理论和介于两者之间的传统折中理论。啄序理论并不属于传统资本结构理论。
3. **解析**：无税 MM 定理 1 表明，公司价值与其资本结构无关，杠杆公司的价值与无杠杆公司的价值相等。

   无税 MM 定理 2 探讨了杠杆公司的权益预期收益率，认为杠杆公司的权益资本成本与财务杠杆正相关。

   有税 MM 定理 1 认为，杠杆公司价值等于无杠杆公司价值加上税盾值的现值。

   有税 MM 定理 2 指出，当存在税收时，由于债务的税盾效应，杠杆公司的资本成本低于无杠杆公司的资本成本。

4. **解析**：啄序理论指出：①股利政策是"黏性"的；②相对于外部融资而言，公司偏好内部融资，但是如果存在净现值为正的投资项目，外部融资也会成为备选；③如果确实需要外部融资，公司会首先发行风险最低的债券，即按着啄食的次序进行，从低风险债券到高风险债券，还可能包括可转换债券或其他准权益债券，最后才是股票。

5. **解析**：无税 MM 定理 1 表明，公司价值与其资本结构无关，杠杆公司的价值与无杠杆公司的价值相等。

    无税 MM 定理 2 探讨了杠杆公司的权益预期收益率，认为杠杆公司的权益资本成本与财务杠杆正相关。

    有税 MM 定理 1 认为，杠杆公司价值等于无杠杆公司价值加上税盾值的现值。

    有税 MM 定理 2 指出，当存在税收时，由于债务的税盾效应，杠杆公司的资本成本低于无杠杆公司的资本成本。

6. **解析**：长期借款筹资总额＝长期借款筹资净额/（1－长期借款筹资费率），即 $P = 95 ÷ (1 - 5\%) = 100$（万元）；长期借款年利息＝长期借款筹资总额×年利率 $R = 100 × 4\% = 4$（万元），长期借款筹资成本 $C = 4 × (1 - 25\%) ÷ 95 × 100\% = 3.16\%$。

7. **解析**：企业的委托代理问题主要表现在三个方面：股东与管理者之间；股东与债权人之间；大股东与小股东之间。监事会与管理层之间的关系并不属于委托代理问题的范畴。

8. **解析**：税盾效应是指可以避免或减少企业税负的工具或方法。由于企业的债务利息在税前支付，利息部分不用缴纳税金，所以产生了税盾效应。同时，在公司负债经营的情况下，无论企业营业利润为多少，债务利息和优先股的股利都固定不变，当息税前利润增加时，单位盈余所负担的固定财务费用就会相对减少，这能给普通股股东带来更多的利润。

9. **解析**：净收益理论认为，由于负债的资金成本低于股权资本，股权融资的成本保持不变，随着资本结构中负债水平的上升，企业的加权平均资本成本在不断下降，因此最优负债水平是 100%。相对于 MM 定理而言，净收益理论放宽了对现实世界的考虑，没有衡量企业财务等相关风险带来的现实成本。

10. **解析**：本题考察的是资本成本的含义和作用。资本成本是企业筹集和使用资本而承付的代价。资本成本包括筹资费用和用资费用两个部分。企业在融资决策过程中，既要考虑各种融资选择的适用性（如财务风险、偿还期限、偿还方式）和负债比率等因素，还必须考虑融资的资本成本，并以此作为基本判别依据，选择资本成本最低的融资方案。同时，资本成本也是企业投资决策的依据。企业在进行投资决策时不仅要选择经济、有效的投资方案，还要合理地分配投资资金，并以资本成本作为投资项目回报的最低评价标准。资本成本有两种表示方法，既可以用绝对数表示，也可以用相对数表示。

11. **解析**：发行股票属于直接融资（不是间接融资）、外部融资（不是内部融资）和权益融资（不是债务融资）。

二、判断题

题目	1	2	3	4	5	6	7	8	9	10	11
答案	√	×	×	×	√	√	√	×	√	×	√

1. **解析**：最佳资本结构是使股东财富最大化或企业市场价值最大化的资本结构，即使公司资金成本最小的资本结构。合理的资本结构可以降低融资成本，发挥财务杠杆的调节作用，使企业获得更大的自有资金收益率。
2. **解析**：资本成本包括筹资费用和用资费用两个部分。筹资费用是企业在筹集资本活动中为获得资本而付出的费用，通常在筹资时一次性支付，主要指发行债券和股票的费用，以及向非银行金融机构借款的手续费用等。用资费用是企业在生产经营和对外投资活动中，因使用资本而承付的费用。用资费用是资本成本的主要内容，由货币时间价值构成，如股利和利息等。广义来讲，资本成本是指企业在筹集与使用短期和长期资金时应该付出的代价。
3. **解析**：啄序理论指出：①股利政策是"黏性"的；②相对于外部融资而言，公司偏好内部融资，但是如果存在净现值为正的投资项目，外部融资也会成为备选；③如果确实需要外部融资，公司会首先发行风险最低的债券，即按着啄食的次序进行，从低风险债券到高风险债券，还可能包括可转换债券或其他准权益债券，最后才是股票。因此，对外发行股票通常是企业最后的融资选择。
4. **解析**：代理成本的存在是因为企业未来现金流的概率分布与资本结构相关，企业的最优资本结构需要权衡债务融资的收益和代理成本。企业产生代理成本的冲突主要表现在三个方面：股东与管理者之间；股东与债权人之间；大股东与小股东之间。
5. **解析**：建立在公司控制权市场理论基础上的资本结构控制理论的主要观点是，公司在股权和债券之间的筹措资本抉择，会决定控制权在股东和债权人之间的分配。
6. **解析**：净收益理论认为，由于负债的资金成本低于股权资本，股权融资的成本保持不变，随着资本结构中负债水平的上升，企业的加权平均资本成本在不断下降，因此最优负债水平是100%。相对于MM定理而言，净收益理论放宽了对现实世界的考虑，没有衡量企业财务等相关风险带来的现实成本。
7. **解析**：净营业收益理论认为，随着负债的增加，企业风险在不断增加，由此导致股权融资的成本上升，上升的幅度正好将增加债权融资带来的加权平均资本成本的下降完全抵消。这样，不管企业的财务杠杆如何变化，企业加权平均资本成本保持不变。因此，不存在使企业价值最大化的最优资本结构。
8. **解析**：无税MM定理1认为，公司价值与其资本结构无关，杠杆公司的价值与无杠杆公司的价值相等。换言之，对于公司的股东而言，既没有任何较好也没有任何较坏的资本结构。
9. **解析**：股利政策"黏性"是指一般公司在决定股利政策时，大都十分谨慎。多数公司一般都有事先确定的目标分红率，即使当期盈利出人意料地大幅增长，公司也不会立即大幅增派股利，往往是逐步提高派现率，把股利支付慢慢调整到预定的目标分红率水平。之所以如此，是因为公司管理者相信市场对稳定的股利政策将给予较好的预期，他们担心股东会把突然增加的派现当成"永久性"的股利分配政策。这种均衡分配股利的策略使得股利分配显示出极强的黏性特征，即公司管理者通常愿意把股利分配"烫平"。
10. **解析**：按照无税MM定理1，公司价值与其资本结构无关，杠杆公司的价值与无杠杆公司的价值相等，由此可以得出一个推论，即杠杆公司和无杠杆公司具有相同的加权平均资本成本。无税MM定理2探讨了杠杆公司的权益预期收益率，认为杠杆公司的权益资本成本与财务杠杆正相关，即在不考虑所得税的情况下，负债比例提高，财务风险增加，股东要求的收益率提高，所以权益资本成本上升。

11. 解析：公司资本结构的决策取决于公司债务的税盾效应与财务困境成本之间的权衡。

三、名词解释

1. 资本结构又称企业融资结构，是指企业各种资本的价值构成及其比例，通常包括长期负债与权益（普通股、优先股和未分配利润）的分配选择。资本结构反映了企业债务与股权的比例关系，在很大程度上决定着企业的偿债和再融资能力，决定着企业未来的发展，是企业财务状况的一项重要指标。最佳资本结构便是使股东财富最大化或企业市场价值最大化的资本结构，即使公司资金成本最小的资本结构。合理的资本结构可以降低融资成本，发挥财务杠杆的调节作用，使企业获得更大的自有资金收益率。

2. 资本成本是企业筹集和使用资本而承付的代价。资本成本包括筹资费用和用资费用两个部分。筹资费用是企业在筹集资本活动中为获得资本而付出的费用，通常在筹资时一次性支付，主要指发行债券、股票的费用以及向非银行金融机构借款的手续费用等。用资费用是企业在生产经营和对外投资活动中，因使用资本而承付的费用。用资费用是资本成本的主要内容，由货币时间价值构成，如股利与利息等。广义来讲，资本成本是指企业筹集与使用短期和长期资金时应该付出的代价。狭义的资本成本仅指筹集和使用长期资金（包括自有资本和借入的长期资金）的成本。由于长期资金也被称为资本，所以长期资金的成本被称为资本成本。

3. 财务杠杆是指公司在进行负债经营的情况下，无论企业的营业利润是多少，债务利息和优先股的股利都固定不变，当息税前利润增大时，单位盈余所负担的固定财务费用就会相对减少，这能给普通股股东带来更多的利润。这种债务对投资者收益的影响，被称为财务杠杆。财务杠杆影响的是企业的税后利润而不是息税前利润。那么在总资本和经营状况相同的情况下，杠杆公司的每股净资产相对较高，因此具有更大的市场价值。另外，债务成本具有相对稳定性，使得财务杠杆对于每股收益具有放大作用。

4. 税盾效应是指可以避免或减少企业税负的工具或方法。由于企业的债务利息在税前支付，利息部分不用缴纳税金，所以产生了税盾效应。杠杆公司 B 缴纳的所得税少于无杠杆公司 A，其中少缴纳的数额为 $r_B B T_C$，即公司在面临缴纳所得税的状况时，通过降低应税收入带来的隐含收益，在会计账簿中并未体现，这一金额被称为税盾值。

    税盾效应依赖于公司的实际经营状况，即公司实际获得的税盾值依赖于其实际支付的利息额。因此，税盾值与公司的债务紧密联系。由此税盾值可以用利息率作为贴现率计算。考虑存在永续的利息支出，则税盾值的现值为

    $$\frac{r_B B T_C}{r_B} = B T_C$$

5. 净收益理论认为，由于负债的资金成本低于股权资本，股权融资的成本保持不变，随着资本结构中负债水平的上升，企业的加权平均资本成本在不断下降，因此最优负债水平是 100%。相对于 MM 定理而言，净收益理论放宽了对现实世界的考虑，没有衡量企业财务等相关风险带来的现实成本。

6. 财务困境的最坏结果是企业破产，即企业资产的所有权从股东手中转移给了债权人。破产的可能性会对企业价值产生负面影响，虽然不是破产本身的风险降低了企业价值，但与破产相关联的财务困境成本会降低企业价值。财务困境成本是破产成本和清偿成本等概念的延伸，即当企

业身陷财务困境时，企业为解决现金流问题所采取的行动产生的一系列现金支出和支付都称为财务困境成本。财务困境成本包括直接成本和间接成本两部分：财务困境成本的直接成本主要包括清算或重组的法律成本和管理成本；财务困境成本的间接成本主要包括影响公司正常经营的因素所产生的成本。

7. 银团贷款是指两家或两家以上银行基于相同的贷款条件，依据同一贷款协议，按约定的时间和比例，通过代理行向借款人提供的贷款或授信业务。商业银行会根据企业的资信状况、财务状况等基本要素，确定是否向目标企业放贷、贷款规模以及贷款利率等。有时，银行还会针对某些类别的公司设定苛刻的限制性条件。然而银行贷款并不一定是企业融资的最优选择。因为过多的银行贷款会加重企业的财务压力，增加其面临财务困境的可能性。因此企业应该选择多样化的融资方式，例如，发行股票、资产证券化、发行债券、发行商业本票和银团贷款等。

8. 一般公司在决定股利政策时，大都十分谨慎。多数公司一般都有事先确定的目标分红率，即使当期盈利出人意料地大幅增长，公司也不会立即大幅增派股利，往往是逐步提高派现率，把股利支付慢慢调整到预定的目标分红率水平。之所以如此，是因为公司管理者相信市场对稳定的股利政策将给予较好的预期，他们担心股东会把突然增加的派现当成"永久性"的股利分配政策。这种均衡分配股利的策略使得股利分配显示出极强的黏性特征，即公司管理者通常愿意把股利分配"烫平"。

9. 啄序理论的具体内涵包括：①股利政策是"黏性"的；②相对于外部融资而言，公司偏好内部融资，但是如果存在净现值为正的投资项目，外部融资也会成为备选；③如果确实需要外部融资，公司会首先发行风险最低的债券，即按着啄食的次序进行，从低风险债券到高风险债券，还可能包括可转换债券或其他准权益债券，最后才是股票。

10. 调整净现值法是指针对融资带来的成本和收益，直接调整现金流及其现值。在采用调整净现值法评估项目时，首先假定项目本身就是一家完全权益融资的小公司，然后计算出基准净现值（NPV），然后减去发行成本（C）后得到调整净现值，从而计算项目对公司价值的总体影响，其判断准则是当 ANPV>0 时接受项目，即

$$ANPV = NPV - C > 0$$

按照投资标准，净现值为正的项目都可以实施。项目的调整净现值就是基准净现值减去发行成本，当项目的调整净现值小于0时，公司应该拒绝该项目。

11. 加权平均资本成本衡量了企业在不同资产配置状况下的融资成本。在不考虑税金的资本市场中，资本成本与融资决策无关，即在不考虑债务杠杆的情况下，投资者所期望的负债与权益的加权平均资本成本等于资本的机会成本，即

$$WACC = r_D \frac{D}{V} + r_E \frac{E}{V} = r$$

式中，r 是资本机会成本，是与 D/V 无关的常数，即在公司完全没有负债时投资者所要求的预期收益率；r_D 是负债的预期收益率，即负债成本；r_E 是权益的预期收益率，即权益成本；权重 D/V 和 E/V 是基于市场价值计算的负债和权益的比重。

杠杆公司的加权平均资本成本可以表示为

$$r_L^{WACC} = \frac{B}{B+E} r_B + \frac{E}{B+E} r_L^E$$

式中，B 是债务的市值；E 是权益或股票的市值；r_B 是债务的利息率；r_L^E 是股票的预期收益

率，也是权益成本。杠杆公司和无杠杆公司具有相同的加权平均资本成本。
12. 加权平均资本成本忽略了一个重要的问题，即负债融资和权益融资之间的区别。债券融资可以用支付利息的方式抵扣税金，这样就可以得到另一个衡量融资的税后加权平均资本成本。下面给出了加权平均资本成本的税后形式

$$r_{WACC} = r_D(1-T_C)\frac{D}{V} + r_E\frac{E}{V}$$

式中，r_D 和 r_E 分别为投资者对公司要求的债权收益率和权益收益率；D 和 E 分别为负债和权益的当前市值；V 为公司当前的总价值；T_C 为边际税率。

但是，税后 WACC 的取值要比资本机会成本 r 小，因为"负债成本"变为了 $r_D(1-T_C)$，是税后取值。因此，负债融资的好处就是它有较低的贴现率。

四、简答题

1. **答**：信息不对称理论认为，企业融资决策以及资本结构状况是对公司价值信息的一种反映，任何融资变动以及资本结构变动都向市场传递着一种信息。而投资者由于缺乏内部信息，只能基于这种简单的信息传递来预测和估计企业未来的状况，进而做出必要的投资决策。

如果投资者对公司资产价值信息的了解不如公司内部人，那么公司的股票价格总会被市场低估。如果公司必须通过发行股票来为新项目融资，由于股票价格被严重低估，新股东获得的价值就会超过新项目的净现值，原有股东就会遭受损失。这样，即使是净现值大于零的项目，也会被拒绝。这种"投资不足"问题是可以避免的，具体做法是公司在融资方式上选择发行被市场低估不那么严重的证券，例如内部融资或者债务融资。这种融资理论被称为"啄序理论"，即资本结构是由公司在为新项目融资时选择的融资顺序决定的，公司的融资顺序为首先使用内部资金，当使用外部资金时，先选择债务融资，其次是可转换债券，最后才是股票融资。公司的负债水平反映了公司累积的对外部资金的需求。

啄序理论的具体内涵：①股利政策是"黏性"的，指一般公司在决定股利政策时，大都十分谨慎，公司管理者通常愿意把股利分配"烫平"；②相对于外部融资而言，公司更偏好内部融资，但是如果存在净现值为正的投资项目，外部融资也会成为备选；③如果确实需要外部融资，公司会首先发行风险最低的债券，即按着啄食的次序进行，从低风险债券到高风险债券，还可能包括可转换债券或其他准权益债券，最后才是股票。

2. **答**：代理理论最初是由詹森和梅克林提出的。这一理论后来发展成为契约成本理论。企业的委托－代理关系伴随着企业"所有权"与"控制权"的分离而存在。代理理论主要涉及企业资源的提供者与资源的使用者之间的契约关系。企业代理成本产生的根源就是所有权和控制权的分离。显然，如果企业的管理者是一个理性经济人，他的行为与自己拥有企业全部股权时将有显著的差别。这就产生了代理问题。

(1) 股东与管理者之间的冲突。股东与管理者之间的冲突源于控制权和所有权的分离。公司管理者没有百分之百地拥有企业股权，不能够从企业的盈利活动中获得所有利润。然而，他们却承担着从事经营活动的全部风险和成本。因此，管理者就可能谋求私利，工作怠惰，置债权人的利益于不顾。当公司面临的投资机会较少，却伴随着较多的自由现金流时，管理者通常会过度投资，甚至接受净现值为负的投资项目。这样做恰恰会损害公司股东的利益，产生代理成本。此时，公司负债的好处是能够提高管理者的经营效率和效益，对随心

所欲地使用自由现金流产生约束。管理者的效用依赖于企业的生存状况，所以对管理层而言，存在私人收益与企业破产导致其任职利益损失风险之间的权衡。

(2) 股东和债权人之间的冲突。该理论认为，债权人和股东的利益冲突源于债务契约给予股东一种次优激励。如果一项投资产生了远远高于负债面值的收益，股东可以分享大部分的收益，相反，若投资失败，股东承担有限责任，债权人却承担了投资失败的全部损失。所以，股东有较高的积极性去选择风险更大的项目进行投资，即使这些项目将导致债务价值的降低。如果债券发行人能够准确地预期到股东未来的经营投资行为，并在合约中加以限制，那么股东将替债权人承担这项成本。结果就是，股东从债券中获得的利润减少。这种效应被称为资产替代效应，它是债务融资的一项代理成本。

当公司近期可能破产时，股东会放弃投资净现金流量为正的项目。因为在公司濒临破产的情况下，当前的破产程序可能使该项目的全部成本由股东承担，而收益部分反而被债权人优先抢占。债务杠杆较高的公司，极容易产生投资不足的问题，即更轻易地放弃增加公司价值的项目，也就是所谓的过度负债效应。

(3) 大股东和小股东之间的冲突。大股东和小股东之间存在着严重的利益冲突，大股东可能以小股东的利益为代价来追求自身利益。代理成本起源于有控制权的大股东和小股东之间的利益冲突。与固定资产相比，流动资产更易被大股东所占用，以作为其侵害其他投资者的利益和谋取私利的工具。

3. 答：(1) 融资决策是指为企业运营筹集资金，确定最合适的融资契约或融资结构，制订最佳融资方案，使企业价值最大化的选择过程。融资决策是每个企业都会面临的问题，也是企业生存和发展的关键问题之一。

企业融资是企业运营的一个非常重要的环节，关系到创业和扩张能不能顺利开展以及企业能不能健康发展。所谓融资，就是指一家企业筹集资金的行为与过程，即公司根据自身的生产经营状况、拥有资金的状况，以及公司未来经营发展的需要，通过科学的预测和决策，采用一定的方式从一定的渠道向公司的投资者和债权人筹集资金，并运用资金以保证公司正常生产和经营管理活动需要的财务决策行为。融资方式是指企业筹集资金所采取的具体形式。企业融资的途径和方式是多种多样的，根据融资特点，企业融资可以分成三类。

1) 债务融资与权益融资。债务融资是一种包含利息支付的融资方式，通过增加企业的债务筹集资金，主要有借款、发行债券以及融资租赁等。其实，根据公式"资产＝负债＋所有者权益"就可知道，增加资产只有通过增加负债或权益，或二者同时增加才能够实现。权益融资是通过扩大企业的所有权益，如吸引新的投资者、发行新股以及追加投资等，而不是出让所有者权益或出卖股票。出让或出卖股份是转让行为，没有增加权益。权益融资的后果是稀释了原有投资者对企业的控制权。

2) 内部融资与外部融资。内部资金可以来自公司内的若干渠道，如利润留存、出售资产收入、减少流动资本量、延期付款以及应付账款等。外部资金来源包括自有资金、家庭成员和亲朋好友借款、商业银行贷款、小企业行政贷款、研究开发有限合伙企业、政府拨款和向私人募集等。

3) 风险资本融资。这种融资方式从更广泛的角度将风险投资视为由专家管理的权益资本蓄水池。风险投资是一种权益资本，而不是借贷资本。一般来说，风险投资要求向企业投入的权益资本占该企业资本总额的30%以上。对于高科技创新企业来说，风险投资是一种成本较高的资金来源，但是它也可能是唯一可行的资金来源。银行贷款虽然说成本较低，但是银行会更多地考虑贷款安全性问题，并且提供的融资规模有限。由于高科技创新企业很难做到百分百安全，因此事实上高科技创新企业很难从银行贷到款。

(2) 中国企业的融资方式通常有以下几种。

1) 吸收直接投资。这是指企业以协议等形式吸收国家、其他单位、民间和外商直接投入资金，由此形成企业的资本金，是非股份有限公司筹措自有资金的基本方式。
2) 发行股票。同吸收直接投资相比，公司可以将其所需筹集的自有资金划分为较小的计价单位，并且股票可以在证券市场上转让流通。这是股份有限公司筹措自有资金的基本方式。
3) 银行借款。这是指企业根据借款合同从银行借入资金。银行借款按不同标准分类可分为短期借款和长期借款、人民币借款和外币借款等。它是企业取得借入资金的主要方式。
4) 发行债券。这是企业取得资金的重要方式。按还本期限不同，债券可分为短期债券和长期债券两种。
5) 融资租赁。这是指租赁公司按照企业的融资要求购买设备，并在合同规定的较长期限内提供给企业使用的信用性业务。它是企业借入资金的又一种形式。
6) 商业信用。这是指企业在商品购销活动中因延期付款和预收货款所发生的借贷关系。
7) 企业内部形成的资金。这是指企业在生产经营活动中内部自动形成的资金，主要包括企业留存收益和暂时闲置资金。

4. **答**：资本结构又称企业融资结构，是指企业各种资本的价值构成及其比例，通常包括长期负债与权益的分配选择。资本结构反映了企业债务与股权的比例关系，在很大程度上决定着企业的偿债和再融资能力，决定着企业未来的发展，是企业财务状况的一项重要指标。最佳资本结构便是使股东财富最大化或企业市场价值最大化的资本结构，即使公司资金成本最小的资本结构。合理的资本结构可以降低融资成本，发挥财务杠杆的调节作用，使企业获得更大的自有资金收益率。

财务规划和预算编制是企业运营管理过程中的核心任务之一，其中的融资决策更多地服从于企业总体经营目标。财务管理目标是全部财务活动实现的最终目标，是企业开展一切活动的基础和归宿。一般认为，企业运营目标主要有三种类型：公司利润最大化、股东财富最大化和公司价值最大化。在这三类企业目标中，公司价值最大化考虑了取得现金收益的时间因素，能够调整企业在追求利润时的短期行为，更科学地平衡风险与收益之间的关系，被认为是企业运营过程中最重要的目标选择。因此，资本结构的选择主要应该是实现公司价值最大化。公司价值可以表示为公司债券的市场价值和公司股票的市场价值之和，即

$$V = D + E$$

式中，V 表示公司的价值；D 表示公司债券的市场价值；E 表示公司股票的市场价值。

企业的资本结构主要就是权益和负债在企业资产中的分配结构，即公司通过发行股票（股

权融资)还是发行债券(债券融资)来筹集资金。筹集的资金可以用来维持企业正常运营,或者投资扩张。公司的资本结构,决定了企业的资本成本。

如果公司没有发行证券融资这一途径,银行贷款则可能成为企业运营最主要的资金来源。商业银行会根据企业的资信状况和财务状况等基本要素,确定是否向目标企业放贷和确定贷款规模与贷款利率等。有时,银行还会针对某些类别的公司设定苛刻的限制性条件。然而银行贷款并不一定是企业融资的最优选择。因为过多的银行贷款会加重企业的财务压力,增加其面临财务困境的可能性。因此企业应该选择多样化的融资方式,例如,发行股票、资产证券化、发行债券、发行商业本票、银团贷款等。其中,银团贷款是指由两家或两家以上的银行基于相同的贷款条件,依据同一贷款协议,按约定的时间和比例,通过代理行向借款人提供的贷款或授信业务。这些融资渠道各有利弊。

(1) 债权融资的缺点是不管公司经营状况如何,公司都要定期付息;但它的好处就是这部分利息可以以税前利润支付。

(2) 股权融资的好处是它是长期资金,如果公司经营出现问题就可以先不支付红利,也不存在公司违约问题,但因为每家公司的股份有限,除非公司股份变得更多,否则每个股东持有的股份将会很少,就像一块蛋糕有许多人分享,除非蛋糕更大,否则每个人只能分到一小部分,还有就是股权融资可能会稀释大股东的持股比例,进而影响其对公司的控制权。

5. **答:** 一家公司不能够无限制地举债经营。

净收益理论认为,由于负债的资金成本低于股权资本,股权融资的成本保持不变,随着资本结构中负债水平的上升,企业的加权平均资本成本在不断下降,因此最优负债水平是100%,但是净收益理论没有衡量企业财务等相关风险带来的现实成本。

有税 MM 定理 1 认为,杠杆公司价值等于无杠杆公司价值的现值加上税盾值的现值,所以随着债务的增大,税盾值逐渐增大,杠杆公司价值也逐渐增大,公司通过使用债务代替权益提高了剩余收益和公司价值。根据 MM 定理,理性的企业管理者应该选择100%负债的资本结构,然而事实并不是这样。债务融资虽然为企业提供了优惠,同时也给企业带来了压力。因为债务的利息和本金的支付是企业的义务。企业未来现金流入的不确定性,增加了企业偿还债务的难度,增大了其面临财务风险的可能性。

当企业出现现金流入和现金流出脱节的时候,就有可能导致企业财务状况恶化,使企业陷入财务困境。财务困境的最坏结果是企业破产,即企业资产的所有权从股东手中转移给了债权人。破产的可能性会对企业价值产生负面影响,虽然不是破产本身的风险降低了企业价值,但与破产相关联的财务困境成本会降低企业价值。当公司由完全权益融资向部分债务融资转移时,公司的价值随之上升。此时,公司陷入财务困境的概率很小,然而随着公司债务的增加,财务困境成本增加,公司价值开始降低。在有税条件下,负债因存在"税盾效应"而使企业价值增值。当考虑到企业无限扩大负债比例可能带来的财务困境成本时,资本结构可能存在一个最优的比例,而不是所谓的100%负债结构。因此,公司资本结构决策取决于公司对债务的税收优惠和财务困境成本的权衡,而不是无限制地举债经营。

五、计算题

1. **解:** 由题可知:负债成本 $r_D = 6\%$,权益成本 $r_E = 8\%$,所以有

$$WACC = r_D \frac{D}{V} + r_E \frac{E}{V}$$
$$= 6\% \times \frac{2\,000}{(2\,000 + 6\,000)} + 8\% \times \frac{6\,000}{(2\,000 + 6\,000)} = 7.5\%$$

2. 解：股东权益资金成本为 $r_E = 11\% + 1.41 \times 9.2\% = 23.97\%$，负债的资金成本 $r_D = 15\%$，加权平均资金成本为

$$WACC = r_E \frac{E}{V} + r_D (1 - T_C) \frac{D}{V}$$
$$= 23.97\% \times \frac{6\,000}{(6\,000 + 4\,000)} + 15\% \times (1 - 34\%) \times \frac{4\,000}{(6\,000 + 4\,000)} = 18.35\%$$

六、论述题

1. 答：(1) 代理成本是指代理人和委托人的利益并不完全一致，在委托人处于信息劣势不能对代理人进行完全监督的情况下，代理人有动机为了自身利益做出有损于委托人利益的行为所带来的损失。

    (2) 常见的委托代理成本有三种。

    1) 股东与管理者之间的冲突。股东与管理者之间的冲突源于控制权和所有权的分离。公司管理者没有百分之百地拥有企业股权，不能够从企业的盈利活动中获得所有利润。然而，他们却承担着从事经营活动的全部风险和成本。因此，管理者就可能谋求私利，工作怠惰，置债权人的利益于不顾。当公司面临的投资机会较少却伴随着较多的自由现金流时，管理者通常会过度投资，甚至接受净现值为负的投资项目。这样做恰恰会损害公司股东的利益，产生代理成本。

    我们还可以将管理者与股东的利益冲突理解为经营决策的分歧，即管理者与股东在清算决策上的分歧导致的代理成本，那么最优的资本结构是改善清算决策的利益和调查成本的权衡。债权人在公司违约时具有强制公司破产的权利，从而可以缓解股东与管理者的利益冲突。增加负债可以减少投资的现金流量，也可以缓和代理矛盾。然而，债务融资成本容易导致"自由现金"不足，从而使企业丧失好的投资机会。为此，最优的资本结构的选择应该是对投资的收益与成本进行权衡后的结果。

    2) 股东和债权人之间的冲突。债权人和股东的利益冲突源于债务契约给予股东一种次优激励。如果一项投资产生了远远高于负债面值的回报，股东可以分享大部分的收益，相反，若投资失败，股东承担有限责任，而债权人却承担了投资失败的全部损失。所以，股东有较高的积极性去选择风险更大的项目进行投资，即使这些项目将导致债务价值的降低。如果债券发行人能够准确地预期到股东未来的经营投资行为，并在合约中加以限制，那么股东将代替债权人承担这项成本。结果就是，股东从债券中获得的利润减少。这种效应被称为资产替代效应，它是债务融资的一项代理成本。

    另一种代理成本问题是当公司近期可能破产时，股东会放弃投资净现金流量为正的项目。因为在公司濒临破产的情况下，当前的破产程序可能使该项目的全

部成本由股东承担,而收益部分却被债权人优先抢占。债务杠杆较高的公司极容易产生投资不足的问题,即更轻易地放弃增加公司价值的项目,也就是所谓的过度负债效应。出于对自身声誉的考虑,债务代理成本会有所缓和。

3) 大股东和小股东之间的冲突。大股东和小股东之间存在着严重的利益冲突,大股东可能以小股东的利益为代价来追求自身利益。如果公司中存在持股比例较高的大股东,就会产生控制权收益,而且这种收益只为大股东所享有,不能被其他股东分享。股权集中在少数控股大股东手中,导致控股大股东掏空小股东利益的问题出现,因为一旦控股大股东控制了公司,他们常常会利用公司的资源谋取私利,损害其他股东和利益相关者的利益。控股大股东常常将上市公司的资源从小股东手中转移到自己控制的企业中,为了攫取控制权收益,他们会竭力向外部人员隐瞒控制权收益。与固定资产相比,流动资产更易被大股东所占用,以作为其侵害其他投资者的利益和谋取私利的工具。

(3) 所有权与管理权分离的优点。企业的所有者之所以将公司交由他人进行管理,是因为这样做的好处十分明显。

第一,职业经理人运营企业的才能可能更胜一筹。相对于企业所有者,职业经理人通常拥有更好的技术和知识、更丰富的从业经验或者更适宜的人格魅力去运营企业。在所有者同时也是管理者的架构中,所有者必须拥有管理者的天赋以及实施管理所必需的资源;在所有者与管理者分离的架构中,则不需要这些。所有权与管理权分离制度设计能够保证企业所有者和管理者都有机会发挥各自的能力与优势,而不是要求企业所有者必须拥有所有运营企业的能力。同时,这种所有权与管理权分离的模式,使大型企业有机会拓展业务范围,进入企业家并不熟悉但有较好盈利机会的行业。

第二,为了达到企业运营的有效规模,企业可能不得不聚拢众多的金融资源。聘请职业经理人管理公司的方式,能够使资源的聚集更加容易。例如,一家汽车制造企业需要聚拢大量的资金来购买设备和生产线,单个投资者是不可能完成的,但并不是全部所有者都能够和愿意积极地参与企业的运营管理。这些投资者可能更愿意聘请职业经理人或者由某一个股东代为管理公司,他们放弃了作为所有者对公司的管理权,只是分享投资收益。

第三,在不确定的经济环境中,投资者希望利用众多的企业股权来分散风险。为了最优地进行分散化,投资者需要持有一个证券种类较多,但每一种证券的数量未必一定很多的资产组合。没有所有权与管理权的分离,这种有效分散化组合很难实现。如果投资者必须管理其所投资的企业,那么就不存在任何可以在众多企业之间分散风险的机会。公司制企业的组织形式尤其适合帮助投资者实施分散化投资,进而分散风险、提供便利,因为公司制企业允许投资者持有企业的份额相对较小。

第四,所有权与管理权的分离结构,考虑到了节省信息搜集成本。管理者可以搜集企业的生产技术、投入成本和产品需求的最精确的信息。而企业的所有者只需要相对较少地了解这些信息即可。

第五,企业所有权与管理权分离的组织结构设计,存在持续经营效应。假设所有者希望出售全部或部分股份,如果所有者同时必须是管理者,那么为了更有效地管理这家企业，新的所有者不得不从前任所有者那里了解它。如果所有者并不必须是管理者，那么在企业被出售后管理者还可以继续为新的所有者工作。当一家企业向公众发行股份的时候，即使原来既是所有者又是管理者的人所持有的企业股份被稀释了，他们也经常会继续管理这家企业。

因为公司制企业可以在不影响企业经营运作的条件下，通过股份转让使所有者发生相对频繁的变化，所以公司制企业尤其适合所有者与管理者分离的企业制度设计。在全世界范围内，很多公司的股份正在转售，极少存在因股份转移而对企业的管理和运营产生影响的现象。当然，所有权与管理权分离能够带来好处，同时也容易引起所有者与管理者之间潜在的利益冲突。因为公司的所有者仅拥有关于管理者是否有效地为其利益服务的不完全信息，所以管理者可能会忽视自己应该对股东承担的责任。在极端情形下，管理者甚至可能违背股东的利益行事。

2. 答：美国经济学家莫迪利亚尼和米勒讨论了在完美市场中，即在没有税收的情况下，资本结构对公司价值的影响，这就是著名的 MM 定理，又被称为资本结构无关论。随着时间的推移，两人又对初始的 MM 定理进行了修正，将税收等因素加入对资本结构的讨论中，从而使 MM 定理更符合现实状况。MM 定理分别对无税和有税两种情况进行了具体分析。

(1) 无税条件下的 MM 定理。它包括无税 MM 定理 1 和无税 MM 定理 2。

假设：①投资者具有相同的预期，即投资者对公司每年现金流的预期相同；②资本市场完全竞争，理性投资者具有相同的借贷途径，借贷成本相同，并具有对称信息，可基于信息获得相同的市场估计，另外市场无摩擦，即不存在交易成本；③没有税收。

1) 无税 MM 定理 1。在上述理想条件下，MM 定理 1 认为，公司的价值与其资本结构无关。换言之，公司的价值取决于公司的实体资产。对于公司的股东而言，既没有任何较好也没有任何较坏的资本结构。投资者虽然可能偏好无杠杆公司，但是他们可以通过自身借债创造杠杆，从而获取与投资杠杆公司一样的投资收益，进而使得其持有任何一家公司的股票都一样。

2) 无税 MM 定理 2。MM 定理 2 探讨了杠杆公司的权益预期收益率，认为杠杆公司的权益资本成本与财务杠杆正相关。因为杠杆公司权益投资者承担了较高的风险，作为补偿，杠杆公司的股票应该具有较高的预期收益率。据公式推导得出杠杆公司的权益预期收益率为

$$r_L^E = r_{WACC} + \frac{B}{E}(r_{WACC} - r_B)$$

这说明杠杆公司的权益预期收益率是公司负债-权益比的线性函数。当 r_{WACC} 超过负债的利息率 r_B 时，权益成本随负债权益比的增加而提高。一般而言，无杠杆公司的股票虽然有风险，但其预期收益率高于无风险借贷利率。

(2) 有税条件下的 MM 定理。它包括有税 MM 定理 1 和有税 MM 定理 2。

1) 有税 MM 定理 1。在没有税收的世界里，公司的价值与资本结构无关。考虑真实世界中公司需要缴纳所得税的状况，无税条件下的 MM 定理并不成立。因为债务的利息在税前支付，公司实际应税额变小，为公司带来了免税收益。这种可以避免或减少企业税负的工具或方法就被称为税盾效应。

有税 MM 定理 1 认为，杠杆公司价值等于无杠杆公司价值的现值加上税盾值的现

值。随着公司债务的增加，税盾值逐渐增大，杠杆公司价值也逐渐增大，公司通过使用债务代替权益提高了剩余收益和公司价值。

2）有税 MM 定理 2。有税 MM 定理 2 认为，杠杆公司的股票预期收益率与财务杠杆之间存在正相关关系，这主要是因为公司财务风险随着财务杠杆的升高而增加。这与无税条件下的 MM 定理 2 一致，但是杠杆公司股票的预期收益率因为利息的税盾效应而被抵消了一部分，具体表示为

$$r_L^{WACC} = \left(1 - \frac{BT_C}{B + E_L}\right) r_U^E$$

式中，r_L^{WACC} 是杠杆公司的加权平均资本成本；r_U^E 是无杠杆公司股票预期收益率；B 是负债总额；E_L 是权益总额；T_C 是税率。

在没有税收时，公司的财务杠杆并不影响公司总体的资本成本。但在存在税收的世界里，由于债务的税盾效应，杠杆公司的资本成本要低于无杠杆公司的资本成本。

3. **答**：资本结构又称企业融资结构，是指企业各种资本的价值构成及其比例，通常包括长期负债与权益的分配选择。最优资本结构便是使股东财富最大化或企业市场价值最大化的资本结构，即使公司资金成本最小的资本结构。合理的资本结构可以降低融资成本，发挥财务杠杆的调节作用，使企业获得更大的自有资金收益率。

（1）传统的资本结构观点分为三种：净收益理论、净营业收益理论和传统折中理论。

净收益理论认为，由于负债的资金成本低于股权资本，股权融资的成本保持不变，随着资本结构中负债水平的上升，企业的加权平均资本成本在不断下降，因此最优负债水平是 100%。

净营业收益理论认为，随着负债的增加，企业风险在不断增加，由此导致股权融资的成本上升，上升的幅度正好将增加债权融资带来的加权平均资本成本的下降完全抵消。这样，不管企业的财务杠杆如何变化，企业加权平均资本成本保持不变。因此，不存在使企业价值最大化的最优资本结构。

传统折中理论是介于上述两种极端理论之间的资本结构理论，该理论认为资本成本率既不是一个常数，也不会沿着同一个方向变化，企业存在最优资本结构。在企业债权融资比例从 0 到 100% 变化的过程中，在达到最优资本结构点之前，股权融资的成本虽然有所上升，但仍然小于负债融资带来的好处，因此加权平均资本成本在不断下降。超过该点之后，股权融资成本的上升幅度超过了负债融资带来的好处，加权平均资本成本不断提高。

（2）MM 定理。MM 定理可以分为无税和有税两种情况。

1）无税 MM 定理 1 认为，公司价值与其资本结构无关，杠杆公司的价值与无杠杆公司的价值相等。换言之，对于公司的股东而言，既没有任何较好也没有任何较坏的资本结构。

2）有税 MM 定理 1 认为，杠杆公司价值等于无杠杆公司价值的现值加上税盾值的现值。随着公司债务的增加，税盾值逐渐增大，杠杆公司价值也逐渐增大，公司通过使用债务代替权益提高了剩余收益和公司价值。所以公司应该尽可能地举债。

但 MM 理论并未预见到现实世界中的公司行为。实际上，破产成本和相关成本会降低杠杆公司的价值。综合考虑税务和财务困境成本，杠杆公司的价值应该等于

$$V_L = V_U + BT_C - 财务困境成本现值$$

图 17-1 显示了税盾效应和财务困境成本的共同作用。斜线表示无破产成本世界中杠杆公司的价值。倒 U 形曲线代表含有破产成本的公司价值，当公司由完全权益融资向部分债务融资转移时，公司的价值随之上升。此时，公司陷入财务困境的概率很小，然而随着公司债务的增加，财务困境成本增加。存在一个最优资本结构，即 B^*/E^* 点，使得公司价值最大化。在这点之后，财务困境成本增长加快，公司的价值开始降低。

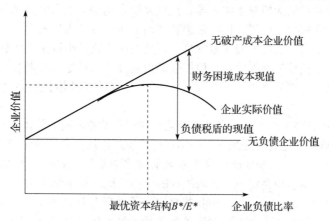

图 17-1　税收和财务困境成本对公司价值的影响

(3) 啄序理论。该理论认为，企业融资决策以及资本结构状况是对公司价值信息的一种反映，任何融资变动以及资本结构变动都向市场传递着一种信息。而投资者由于缺乏内部信息，只能基于这种简单的信息传递来预测和估计企业的未来状况，进而做出必要的投资决策。高价值的公司较多地运用债务融资传递信号，而低价值的公司更依赖股权融资。资本结构的设计是为了减少企业在投资决策中由于信息不对称带来的低效率。

企业偏好内部融资，但由于公司股利政策"黏性"以及公司的利润水平和投资机会波动的不可预测性，投资所需资金可能与内部产生的现金流量不匹配。在此情形下，公司会首先利用内部融资。然而，当内部融资不足以满足投资需要时，企业首选的外部融资形式是发行最安全的债券，即先使用负债，然后是可转换债券等混合性证券，最后才使用权益融资。

(4) 代理理论。代理成本的存在是因为企业未来现金流的概率分布与资本结构相关，企业的最优资本结构需要权衡债务融资的收益和代理成本。

1) 股东与管理者之间的冲突。最优的资本结构是改善清算决策的利益和调查成本的权衡。当公司面临的投资机会较少却伴随着较多的自由现金流时，管理者通常会过度投资，甚至接受净现值为负的投资项目。这样做恰恰会损害公司股东的利益，产生代理成本。此时，公司负债的好处是能够提高管理者的经营效率和效益，对随心所欲地使用自由现金流产生约束。然而，债务融资成本容易导致"自由现金"不足，从而使企业丧失好的投资机会。为此，最优的资本结构选择，应该是对投资的收益与成本进行权衡后的结果。

2) 股东和债权人之间的冲突。当公司近期可能破产时，股东会放弃投资净现金流量为正的项目。因为在公司濒临破产的情况下，当前的破产程序可能使该项目的全部成本由股东承担，而收益部分却被债权人优先抢占。债务杠杆较高的公司，极容易产生投资不足的问题。

3) 大股东和小股东之间的冲突。大股东和小股东之间存在着严重的利益冲突，大股东可能以小股东的利益为代价来追求自身利益。如果公司中存在持股比例较高的大股东，就会产生控制权收益，而且这种收益只为大股东所享有，不能被其他股东分享。股权集中在少数控股大股东手中，导致控股大股东掏空小股东利益的问题出现，因为一旦控股大股东控制了公司，他们常常会利用公司的资源谋取私利，损害其他股东和利益相关者的利益。控股大股东常常将上市公司的资源从小股东手中转移到自己控制的企业中，为了攫取控制权收益，他们会竭力向外部人员隐瞒控制权收益。与固定资产相比，流动资产更易被大股东所占用，以作为其侵害其他投资者的利益和谋取私利的工具。

(5) 控制理论。控制理论的主要观点是，公司在股权和债券之间的筹措资本抉择，会决定控制权在股东和债权人之间的分配。不同学派的控制理论均肯定了最优资本结构的存在。

1) Stulz 模型。第一，Stulz 模型高度强调管理者对表决权的控制在决定公司价值中的作用。企业资本结构会影响企业表决权的分布状况。资本结构的变动，通过其对 α 的作用影响企业的价值。第二，Stulz 模型突出了管理者对表决权的控制对收购方行为的影响。第三，Stulz 模型表明，当企业价值达到最大化时存在一个最优比例的 α。

2) Harris-Raviv 模型。首先，就表决权而言，由于公司普通股享有表决权，而债务不享有表决权，所以管理者对负债－权益比率的不同选择将会影响公司表决的结果，且部分决定了谁能掌握公司资源的控制权。其次，管理者对负债－权益比率的选择不能是随心所欲的。因此，管理者是否变动最优资本结构取决于对所有这些因素的权衡。

3) Israel 模型。资本结构应当是通过控制表决权证券和无表决权证券在现金流量上的分布来影响公司被收购的结果。换句话说，资本结构影响协同利益如何在收购方和目标公司之间进行分配。管理者正是在对负债产生的价值增加和价值减少效应的权衡中选择最优的资本结构。

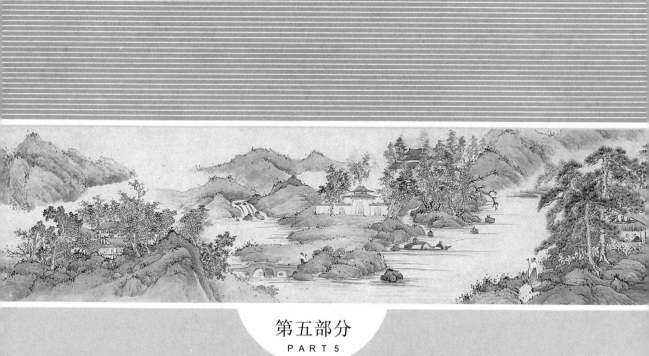

第五部分
PART 5

国际金融

第 18 章
CHAPTER 18

国际收支

习 题

一、单项选择题

1. 在国外购买证券所获得的股息，应列入国际收支平衡表中的（　　）
   A. 经常账户　　　B. 资本与金融账户　　　C. 官方储备账户　　　D. 错误与遗漏账户
2. 当一国国际收支出现持续、大量的逆差时，为了弥补国际收支逆差，需要利用资本项目大量引进外资。此时，金融管理当局可以（　　）
   A. 实行通货膨胀政策　　　　　　　　B. 提高利率
   C. 降低利率　　　　　　　　　　　　D. 实行宽松的货币政策
3. 在国际收支的衡量指标中，（　　）是国际收支中最重要的部分
   A. 贸易收支　　　B. 直接投资　　　C. 劳务输出　　　D. 政府借款
4. 当一个国家加入国际货币基金组织时，需要缴纳一笔钱，称之为份额。其中以本国货币缴纳的比例应为（　　）
   A. 25%　　　　　B. 50%　　　　　C. 75%　　　　　D. 100%
5. 在国际收支平衡表中，反映一国与他国之间真实资源转移情况的账户是（　　）
   A. 经常账户　　　B. 资本账户　　　C. 平衡账户　　　D. 错误与遗漏账户
6. 国际收支是指在一定时期内，一国居民与非本国居民在政治、经济、军事、文化及其他来账中所产生的全部交易记录。在这里，"居民"是指（　　）
   A. 在国内居住 1 年以上的自然人
   B. 正在国内居住的自然人和法人
   C. 拥有本国国籍的自然人
   D. 在国内居住 1 年以上的、拥有本国国籍的自然人

7. 一个国家的国际储备除了外汇储备外，还包括（　　）
   A. 特别提款权、黄金储备、外国国债
   B. 黄金储备、外国国债、国际货币基金组织的储备头寸
   C. 特别提款权、外国国债、国际货币基金组织的储备头寸
   D. 黄金储备、特别提款权、国际货币基金组织的储备头寸
8. （　　）是一国对外债权的总和，用于偿还外债和支付进口，是国际储备的一种
   A. 外汇储备　　　B. 国际储备　　　C. 黄金储备　　　D. 外币储备
9. 下列关于国际储备的作用的描述，不正确的是（　　）
   A. 平衡国际收支，维持对外支付能力
   B. 干预外汇市场，维持本币汇率稳定
   C. 收购海外优质资产，提升国家实力
   D. 维护和提升本国货币的信心，充当国家对外举债的保证
10. 关于特别提款权的表述，不正确的是（　　）
    A. 没有任何物质基础的记账单位
    B. 最初以黄金定价，也被称作"纸黄金"
    C. 由 IMF 按照份额比例无偿分配给成员方
    D. 目前，计价的篮子货币为美元、欧元、英镑和日元四种

二、判断题

1. 国际储备的管理指的就是对所持有的外汇储备进行数量和规模的管理。　　（　　）
2. 国际储备数量太少，容易引起国际支付危机，影响经济稳定。　　（　　）
3. 本国货币发行过多，市场利率下降，资本流出，导致资本与金融项目逆差。　　（　　）
4. 国际油价下跌导致俄罗斯外汇收入明显减少，这属于国际收支的收入性失衡。　　（　　）
5. 国际热钱短时间迅速涌入某一个国家导致的国际收支失衡属于货币性失衡。　　（　　）
6. 个人选择移民他国，并不会导致一个国家的国际收支平衡表发生变化。　　（　　）
7. 国际收支平衡表采用"有借必有贷，借贷必相等"的复式记账原理。　　（　　）
8. 战争赔款应该计入国际收支平衡表的资本与金融项目。　　（　　）
9. 国际清偿力是各国货币当局为应对国际收支逆差可能利用的一切资金来源。　　（　　）
10. 特别提款权可以直接用于贸易或非贸易支付。　　（　　）
11. 国际货币基金组织的储蓄头寸，也被称为普通提款权。　　（　　）
12. 一个国家的国际储备越多，越有利于本国的经济。　　（　　）

三、名词解释

1. 国际收支　　　　　　2. 经常账户　　　　　　3. 资本与金融账户
4. 特别提款权　　　　　5. 国际储备　　　　　　6. 国际储备数量管理
7. 错误与遗漏账户　　　8. 货币性失衡　　　　　9. 结构性失衡
10. 收入性失衡　　　　 11. 冲击性失衡　　　　 12. 基金组织的储备头寸

四、简答题

1. 什么是国际收支？国际收支的经常账户、资本与金融账户以及错误与遗漏账户，它们相互之间在数量上怎样构成一个平衡表的关系？
2. 什么是国际收支失衡？失衡是否一定是坏事？国际收支中有许多项目，每个项目都存在顺差还是逆差的问题，是否顺差就是好，逆差就是不好？
3. 外汇储备少了，一国缺乏调节国际收支的力量；外汇储备多了，则意味着自己的财富被别人占用。你认为能否找到一个理想的外汇储备的均衡点并有可能持续地保持？
4. 简述国际收支的自动调节机制。
5. 什么是国际储备结构管理？一国在选择外汇储备时，应该遵循什么原则？
6. 有人认为，中国一方面放着大量的外汇储备不用，却通过借外债和吸引外资的方式发展国内经济，这种行为是极不经济、极不明智的。这样的状况为什么改变不了？

习题参考答案及解析

一、单项选择题

题号	1	2	3	4	5	6	7	8	9	10
答案	B	B	A	C	A	A	D	A	C	D

1. **解析**：资本与金融账户是指对资产所有权在国际上的流动性行为进行记录的账户，包括资本账户和金融账户两个二级账户。金融账户记录居民和非居民之间投资与借贷的变化，按投资功能和类型可分为直接投资、证券投资、其他投资和储备资产四类。证券投资指本国居民对外国证券（债券、股票、大额存单、商业票据以及各种衍生工具等）和非居民对本国证券的买卖。

2. **解析**：以筹措资金的方式来填补国际收支失衡的缺口，包括两种方式：一种是外部融资，即通过从外国政府、国际金融机构或国际金融市场融通资金，以弥补国际收支逆差，外部融资会使本国背上还本付息的负担；另一种是内部融资，也称为外汇缓冲政策，即当一国持有充足的官方储备时，可直接动用官方储备，或动员和集中国内居民持有的外汇来满足对外支付的需要。利用外汇缓冲政策进行融资产生的影响仅限于外汇储备的增减，不会导致汇率的急剧变动，进而影响本国经济。但由于一国外汇储备是有限的，因此外汇缓冲政策不适于应对长期、巨额的国际收支赤字。上述介绍的国际收支政策调节方式，可以根据国际收支失衡的原因单独使用。例如，以融资政策来纠正暂时性的国际收支失衡，以紧缩性的货币政策来纠正货币性失衡。故应该提高利率。

3. **解析**：经常账户是指对实际资源在国际上的流动行为进行记录的账户。由于其反映的交易是一国经常性的经济活动，与该国国民收入账户有密切的联系，所以把它叫作经常账户。它在一国国际收支中占据最基本、最重要的地位。经常账户通常包括货物、服务、收入和经常转移四个项目。在经常账户中，贸易收支是国际收支中最为重要的部分。

4. **解析**：基金组织的储备头寸亦称普通提款权，是指成员方在国际货币基金组织的普通资金账户中可以自由提取和使用的资产。国际货币基金组织犹如一个股份制性质的储蓄互助会。当一个国家加入基金组织时，需要缴纳一笔钱，称之为份额。份额的认缴办法是：25%用可兑换货币缴纳，75%用本国货币缴纳。

5. **解析**：经常账户是指对实际资源在国际上的流动行为进行记录的账户。由于其反映的交易是一国经常性的经济活动，与该国国民收入账户具有密切的联系，所以把它叫作经常账户。它在一国国际收支中占据最基本、最重要的地位。经常账户通常包括货物、服务、收入和经常转移四个项目。

6. **解析**：在国际收支统计中，对"居民"与"非居民"的划分不是依据国籍。"居民"是指在一个国家的经济领土内具有经济利益的经济单位。依照这一标准，一国的大使馆等驻外机构是其所在国的非居民，国际组织是任何国家的非居民。所谓在一国经济领土内具有一定的经济利益，是指该经济体在某国的经济领土内已经有1年或1年以上的时间大规模从事生产、消费等经济活动，或计划如此行事。对于一个经济体来说，居民类型可分为四种。第一种是个人居民，凡在其所在国从事经济活动与交易超过1年的自然人为所在国居民。第二种是官方居民，一国境内的各级政府机构及驻外大使馆、军事机构是本国居民。第三种是企业居民，在本国从事生产、经营等营利性活动的企业是本国居民。第四种是民间团体，在本国从事非营利活动的民间组织是本国居民。

7. **解析**：各国的国际储备主要由以下四部分构成：黄金储备、外汇储备、基金组织的储备头寸和特别提款权，并不包括外国国债。

8. **解析**：外汇储备是一国货币当局持有的国际储备货币。充当国际储备资产的货币必须具备下列条件：能自由兑换成其他储备货币；在国际货币体系中占据重要的地位；购买力必须具有稳定性。外汇储备不需要支付保管费，而且以国外存款与国库券形式存在的外汇储备还可获得银行利息和债券收益。此外，储备外币资产便于政府随时动用，及时干预外汇市场。外汇储备是一国对外债权的总和，可以用于偿还外债和支付进口。

9. **解析**：国际储备的主要作用包括三个方面：一是平衡国际收支，维持对外支付能力；二是干预外汇市场，维持本币汇率稳定；三是维护和提升本国货币的信心，充当国家对外举债的保证。不包括收购海外资产的内容。

10. **解析**：从2015年起，人民币已经成为特别提款权的计价货币之一。因此，现在特别提款权计价的篮子货币为五种：美元、欧元、人民币、英镑和日元。

二、判断题

题号	1	2	3	4	5	6	7	8	9	10	11	12
答案	×	√	√	×	×	×	√	×	√	×	√	×

1. **解析**：国际储备的管理主要涉及两个方面：一是数量管理，二是结构管理。数量管理主要解决国际储备规模的选择和调整问题，确定和保持国际储备的适度规模，维持一国国际收支的正常进行和汇率稳定。结构管理解决在储备总额既定的条件下，如何实现储备资产结构的最优化以及提高一国国际储备的使用效率的问题。

2. **解析**：一国国际储备资产不足，往往会引起国际支付危机，影响经济增长，缺乏对突发事件的应变能力。
3. **解析**：如果一国货币发行量太多，该国的物价水平普遍上升，商品成本提高，出口商品的国际竞争力下降，出口减少，而进口商品的价格相对降低，刺激进口增加，这两方面原因将导致贸易收支和经常项目收支逆差。此外，由于货币发行过多，市场利率下降，资本流出增加、流入减少，从而导致资本与金融项目出现赤字。因此，货币性失衡不仅与经常项目有关，也与资本项目有关。
4. **解析**：收入性失衡是指一国国民收入相对快速增长而导致进口需求的增长超过出口增长所引发的国际收支失衡。收入性失衡强调的是本国收入增加导致进口猛增所引发的国际收支失衡。

    结构性失衡则是指一国经济和产业结构不能适应世界市场变化而导致的国际收支失衡。石油价格下跌导致的国际收支失衡属于结构性失衡。
5. **解析**：由于国际游资的流动所引起的国际收支失衡属于冲击性失衡。
6. **解析**：移居，即一个人从一个经济体搬迁到另一个经济体居住的行为，因其移居后的个人资产负债关系转移会导致两个经济体的对外资产和负债关系均发生变化，所以这一变化应记录在国际收支中。
7. **解析**：国际收支平衡表是按照"有借必有贷，借贷必相等"的复式记账原理编制的，每笔交易都由两笔价值相等、方向相反的项目表示。凡是有利于国际收支顺差增加或逆差减少的项目均记入贷方，凡是有利于国际收支逆差增加或顺差减少的项目均记入借方。因此，一切收入项目或负债增加、资产减少的项目都列为贷方，称为正号项目；一切支出项目或负债减少、资产增加的项目都列为借方，称为负号项目。
8. **解析**：经常账户的经常转移，亦称无偿转移或单方面转移，记录单方面的无对等性的收支，即那些无须等价交换或不要求偿还的经济交易。经常转移主要包括各级政府的无偿转移（战争赔款、政府间的经济援助、军事援助和捐赠、政府与国际组织之间的转移等）和私人的无偿转移（如给工人汇款）。经常转移交易的记录，是将其视作一项市场交易，按市场价格形成的交易金额将其记入相关项目。因此，战争赔款应该计入经常账户的经常转移项目。
9. **解析**：国际清偿力的含义比国际储备要广泛一些。国际货币基金组织对国际清偿力的定义是：国际清偿力是各国货币当局为应对国际收支逆差可能利用的一切资金来源。它既包括一国货币当局持有的国际储备，还包括该国从国际金融机构获取的国际信贷，以及该国商业银行和个人所持有的外汇及借款能力。
10. **解析**：特别提款权的使用受到一定的限制，只能在各成员方货币当局和国际货币基金组织与国际清算银行之间使用，主要用途有三点：一是向国际货币基金组织指定的其他成员方（国际收支和储备地位相对较强的成员）换取外汇，偿付国际收支赤字；二是成员方之间通过协议用特别提款权换回对方持有的本国（地区）货币；三是用以归还国际货币基金组织的贷款，支付应付给国际货币基金组织的利息。非官方金融机构、企业和个人不得持有与使用特别提款权，特别提款权也不能直接用于贸易或非贸易支付。由于特别提款权是几种主要货币的加权平均值，故其价值一般比较稳定。
11. **解析**：基金组织的储备头寸，亦称普通提款权，指成员方在国际货币基金组织的普通资金账户中可以自由提取和使用的资产。
12. **解析**：一国国际储备资产的存量不能不足，也不可过多。储备不足，往往会引起国际支付危机，影响一国经济增长，缺乏对突发事件的应变能力。储备过多，会增加本国货币的投放量，潜伏着通货膨胀的危险，而且，外汇储备积压过多，不能形成生产能力，会导致储备的机会成本上升，造成消耗和投资的牺牲。因此，一国国际储备应能满足经济增长和维持国际收支平衡的需要，达到合理利用国内外资源及保持一定增长率的目标。

三、名词解释

1. 国家作为一个经济体，需要对自身与别国经济活动的收支状况进行分析。简单地说，国际收支就是国家之间的收支，系统地记载了一定时期内经济主体与世界其他国家或地区经济活动的收入和支出状况。由于国际收支反映的对象是国际经济活动，因此在内容和形式上会随着世界经济的发展而不断变化。

   狭义的国际收支为外汇收支，核算范畴主要建立在货币支付的基础上。广义的国际收支概念强调的是交易基础，不仅包括涉及外汇收支的经济交易，还包括未发生货币支付的其他经济交易，能够更全面地反映一国对外的经济交往。从这一定义可以看出广义的国际收支具有三个基本特征：①国际收支是一个流量概念，记录的是一定时期内的经济交易，反映的是一国对外经济交往的变动值；②国际收支记载的是一国居民与非居民之间发生的经济交易；③国际收支反映的内容是经济交易，除了包括有支付行为的交易外，还将不付款的交易包含在内。

2. 经常账户是指对实际资源在国际上的流动行为进行记录的账户。由于其反映的交易是一国经常性的经济活动，与该国国民收入账户具有密切的联系，所以把它叫作经常账户。它在一国国际收支中占据最基本、最重要的地位。经常账户通常包括货物、服务、收入和经常转移四个项目。

   （1）货物记录一国的商品进口和出口，又可称为"有形贸易"。

   （2）服务记录一国对外提供服务或接受服务所产生的收支，由于服务不像货物那样看得见、摸得着，亦称"无形贸易"。

   （3）收入记录生产要素（包括劳动力与资本）在国家之间的流动所引起的报酬收支，主要包括居民与非居民之间进行的两大类交易：第一类是支付给非居民工人（例如季节性的短期工人）的职工报酬和投资收入项下有关对外金融资产与负债的收入和支出；第二类是有关直接投资、证券投资及其他投资的收入和支出以及储蓄资产的收入。

   （4）经常转移，亦称无偿转移或单方面转移，记录单方面的无对等性的收支，即那些无须等价交换或不要求偿还的经济交易。

3. 资本与金融账户是指对资产所有权在国际上的流动性行为进行记录的账户，包括资本账户和金融账户两个二级账户。

   （1）资本账户主要由资本转移和非生产、非金融资产的收买或放弃组成。

   资本转移包括涉及固定资产所有权的转移、与固定资产买卖相联系的或以其为条件的资金转移以及债权人不索取任何回报而取消的债务。

   非生产、非金融资产的收买或放弃指不是由生产所创造的有形资产（土地和地下资产）和无形资产（专利、版权、商标和经销权等）的收买与出售。

   （2）金融账户记录居民和非居民之间投资与借贷的变化，按投资功能和类型可分为直接投资、证券投资、其他投资和储备资产四类。

直接投资的主要特征是投资者对另一经济体企业的经营管理活动拥有永久利益，即投资者和企业之间存在长期关系，并且对企业经营管理拥有有效的发言权。

证券投资指本国居民对外国证券（债券、股票、大额存单、商业票据以及各种衍生工具等）和非居民对本国证券的买卖。

其他投资是一个剩余项目，指所有直接投资、证券投资和储备资产未包括的金融交易，包括贷款（贸易贷款和其他贷款）、预付款以及金融租赁项下的货物、货币和存款等。

储备资产指一国货币当局拥有的可以用来平衡国际收支或满足其他交易目的的各类资产。

4. 特别提款权是国际货币基金组织为解决成员方储备资产不足而分配给成员方的一种在国际货币基金组织的账面资产，是成员方在国际货币基金组织特别提款权账户中的贷方余额。成员方在发生国际收支逆差时，可以用它向基金组织指定的其他成员方换取外汇，用以干预市场汇率或弥补国际收支逆差，或直接用特别提款权偿付对国际货币基金组织或其他成员方的债务，因此它成了一种重要的国际储备资产。特别提款权由五种货币构成：美元、欧元、日元、英镑和人民币。

特别提款权具有以下特点：第一，特别提款权是一种没有任何物质基础的记账单位，创设时虽然规定了含金量，但它并不具有内在价值；第二，特别提款权是由国际货币基金组织按份额比例无偿分配给成员方的，而黄金、外汇、普通提款权是通过贸易、投资、借贷等活动取得的；第三，特别提款权的使用受到一定限制，只能在各成员方货币当局和国际货币基金组织与国际清算银行之间使用；第四，由于特别提款权是几种主要货币的加权平均值，故其价值一般比较稳定。

5. 国际储备是国际收支平衡表中的重要项目，是一国国际金融实力和国际经济地位的重要标志，在调节国际收支、保持内外均衡的过程中发挥着重要作用。国际储备是一国货币当局持有的能够随时用来支付国际收支差额和稳定本国汇率的被国际普遍接受的流动性资产。一种资产必须具备三个特征方能成为国际储备：一是可得性，即是否能随时、方便地被政府得到；二是流动性，即变现的能力；三是普遍接受性，即能否在外汇市场上或在政府间清算国际收支差额时被普遍接受。

6. 国际储备数量管理主要解决国际储备规模的选择和调整的问题，确定和保持国际储备的适度规模，维持一国国际收支的正常进行和汇率稳定。

国际储备数量管理的核心是适度国际储备量的确定。一国国际储备资产的存量不能不足，也不可过多。储备不足，往往会引起国际支付危机，影响一国经济增长，缺乏对突发事件的应变能力。储备过多，会增加本国货币的投放量，潜伏着通货膨胀的危险，而且，外汇储备积压过多，不能形成生产能力，会导致储备的机会成本上升，造成消费和投资的牺牲。因此，一国国际储备应能满足经济增长和维持国际收支平衡的需要，达到合理利用国内外资源及保持一定增长率的目标。要确定一国适度的国际储备水平，就应分析影响国际储备需求的因素和储备供应的条件，主要包括进口规模、进出口贸易（或国际收支）差额的波动幅度、汇率制度、国际收支自动调节机制和调节政策的效率、持有储备的机会成本、金融市场的发育程度、国际货币合作状况以及国际资金流动情况。

7. 由于国际收支平衡表是按照会计学的复式记账原理编制的，因此贷方总额和借方总额相抵之后总的净值应为零。但是，由于不同账户的统计资料来源不一、记录时间不同以及一些人为因素（如虚报出口）等，造成结账时出现净的借方或贷方余额，这时就需要人为地设立一个抵消账户，数目与上述余额相等但方向相反。错误和遗漏账户就是这样一种抵消账户，一切统计误差均归入错误和遗漏账户。

8. 货币性失衡是指在汇率一定的条件下，由于货币价值变化（通货膨胀或通货紧缩）引起的国际收支失衡。如果一国货币发行量太多，该国的物价水平普遍上升，商品成本提高，出口商品的国际竞争力下降，出口减少，而进口商品的价格相对降低，刺激进口增加，这两方面原因将导致贸易收支和经常项目收支逆差。此外，由于货币发行过多，市场利率下降，资本流出增加、流入减少，从而导致资本与金融项目出现赤字。因此，货币性失衡不仅与经常项目有关，也与资本项目有关。

9. 结构性失衡是指一国经济和产业结构不能适应世界市场变化而导致的国际收支失衡。结构性失衡可分为产品供求结构失衡和生产要素价格结构失衡两类。产品供求结构失衡是指当世界市场需求发生变化时，若该国的产业结构落后，生产条件和技术水平不能随世界市场需求的变化而调整，就会导致产品失去国际竞争力，并引发该国国际收支失衡。生产要素价格结构失衡是指由于劳动者工资增长率与生产增长率不同步，主要表现为工资增长率快于生产率的提高速度，这将导致该国生产成本提高，其在国际市场上的竞争力逐渐丧失，原有的比较优势将不复存在，可能导致该国出现国际收支逆差。结构性失衡与临时性失衡不同，它往往是由长期因素引起的，扭转失衡也需要一个比较长的过程。

10. 收入性失衡是指一国国民收入相对快速增长而导致进口需求的增长超过出口增长所引发的国际收支失衡。国家之间收入平均增长速度的差异是引起收入性失衡的因素，当其他条件不变时，一国收入平均增长速度越高，进口增长越快，越容易出现贸易收支逆差，而收入增长较慢的国家容易出现国际收支顺差。如果考虑到收入增长过程中其他因素的变化，例如一国收入增长伴随着规模经济效益和技术进步，则会引起生产成本下降，收入增长会同时带动进口和出口的增加。

11. 冲击性失衡是指由于国际游资的流动所引起的国际收支失衡。这是在 20 世纪 90 年代国际资本流动规模不断扩张后出现的国际收支失衡的新形式。目前，在国际资本市场上存在大规模追逐高收益的短期流动资本，它们在国际上的流动不仅是为了躲避风险，还会故意狙击其他国家和地区货币，造成这些地方金融秩序混乱以及国际收支严重失衡。

12. 基金组织的储备头寸亦称普通提款权，是指成员方在国际货币基金组织的普通资金账户中可以自由提取和使用的资产。国际货币基金组织犹如一个股份制性质的储蓄互助会。当一个国家加入基金组织时，需要缴纳一笔钱，称之为份额。份额的认缴办法是：25% 用可兑换货币缴纳，75% 用本国货币缴纳。当成员方遭受国际收支困难时，有权以本国货币为抵押向国际货币基金组织申请提用可兑换货币。提用的数额分为五档，每档占其认缴份额的 25%，一国从国际货币基金组织最多可融通的短期资金是其缴纳份额的 125%。五档提款额的提用条件逐渐严格，其中第一档就相当于该国认缴的可兑换货币额，因此条件最为宽松，在实践中只要申请便可提用。该档提款权为储备档提款权，其余四档叫作信用档提款权。一国在基金组织的储备头寸就是指该国在基金组织的储备档提款权余额，再加上向基金组织提供的可兑换货币贷款余额。具体来说，储备头寸包括：第一，储备档提款权余额，即成员方向国际货币基金组织认缴份额中的 25% 的可兑换货币余额；第二，国际货币基金组织为满足其他成员方的借款需要而使用的该国货币，这形成了该国对国际货币基金组织的债权；第三，国际货币基金组织向该国借款的净额，这也形成了该国对国际货币基金组织的债权。一国持有的储备头寸与其份额相关，发达国家的份额较大，因而其持有的储备头寸较多。发展中国家由于份额较少，其持有的储备头寸远低于发达国家。

四、简答题

1. 答：（1）国家作为一个经济体，需要对自身与别国经济活动的收支状况进行分析。简单地说，国际收支就是国家之间的收支，系统地记载了一定时期内经济主体与世界其他国家或地区经济活动的收入和支出状况。由于国际收支反映的对象是国际经济活动，因此在内容和形式上会随着世界经济的发展而不断变化。狭义的国际收支为外汇收支，核算范畴主要建立在货币支付的基础上。广义的国际收支概念强调的是交易基础，不仅包括涉及外汇收支的经济交易，还包括未发生货币支付的其他经济交易，能够更全面地反映一国对外的经济交往。从这一定义可以看出广义的国际收支具有三个基本特征：第一，国际收支是一个流量概念，记录的是一定时期内的经济交易，反映的是一国对外经济交往的变动值；第二，国际收支记载的是一国居民与非居民之间发生的经济交易；第三，国际收支反映的内容是经济交易，国际收支除了包括有支付行为的交易外，还将不付款的交易包含在内。

   （2）国际收支平衡表是分析一国国际收支状况的基本工具。政府在进行决策时，常常会参考本国及重要贸易伙伴国的国际收支平衡表。同样，对于那些直接或间接参与国际经济活动的银行、公司和个人而言，国际收支平衡表包含的信息也非常重要。国际收支平衡表包含的内容十分繁杂，各国的编制有所不同。国际收支账户可以分为三大类：经常账户、资本与金融账户、错误与遗漏账户。

   1）经常账户。经常账户是国际收支中最重要的项目，包括货物贸易、服务贸易、收益项目和经常转移。货物贸易主要指通过海关进出口的所有货物，服务贸易则包括各种形式的商业服务和一部分政府服务，这两个子项目的出口都可以从国外收取外汇。收益项目包括劳动报酬和投资收益（利息、股息、利润、红利等）两项。经常转移又称为单方转移，指的是不以获取收入或者支出为目的的单方面交易行为，包括侨汇、无偿援助和捐赠、国际组织收支等。

   2）资本与金融账户。资本与金融账户是指对资产所有权在国际上的流动性行为进行记录的账户，包括资本账户和金融账户两个二级账户。资本账户主要由资本转移和非生产、非金融资产的收买或放弃组成。金融账户记录居民和非居民之间投资与借贷的变化，按投资功能和类型可分为直接投资、证券投资、其他投资、储备资产四类。

   3）错误与遗漏账户。由于国际收支平衡表是按复式记账原理编制的，每一笔经济交易要同时记入有关项目的借方和贷方，数额相等。但是在实践中，国际收支平衡表是通过对各个子项目的统计编制的。由于统计数据来源不一、时间不同等，借方合计与贷方合计之间总是存在一定的差额。为此，就需要一个平衡项目——错误与遗漏项目。当贷方余额大于借方时，就将差额列入该项目的借方；当借方余额大于贷方时，就将差额列入该项目的贷方。换言之，正是由于错误与遗漏项目的存在，才使得国际收支平衡表总可以保持平衡。

2. 答：从编制方法来看，国际收支平衡表是一张名副其实的平衡表。但是事实上，一国的国际收支总是不平衡的，反映在账面上就是某个账户的交易会形成差额，或是几个项目的交易加总在一起形成局部差额。

(1) 在判断国际收支是否平衡时，国际上通行的方法是将国际收支平衡表上各个项目分为两类不同性质的交易：自主性交易和补偿性交易。自主性交易是指企业或个人基于自主性目的而独立发生的交易，如商品的进出口、对外直接投资等。自主性交易具有自发性和分散性的特点，因而交易的结果必然是不平衡的，若出现平衡一定是偶然现象。补偿性交易是指为弥补自主性交易不平衡而发生的被动交易，如为弥补国际收支逆差而向外国政府或国际金融机构借款以及动用官方储备等。补偿性交易具有集中性和被动性的特点，是为了弥补自主性交易的缺口而人为付出的努力，交易数量取决于自主性交易的结果。通常判断一国国际收支是否平衡，主要看其自主性交易是否平衡。如果自主性交易项目本身就是平衡的，那么货币当局或政府就没有必要进行补偿性交易。因此，衡量一国国际收支平衡与否的标准是看其自主性交易是否达到平衡。国际收支平衡就是自主性交易收支相抵的状态。国际收支失衡有两种情况：当自主性交易的收入大于支出时，被称为"国际收支顺差"；当收入小于支出时，被称为"国际收支逆差"。

(2) 一般而言，各国政府和国际经济组织都将国际收支平衡作为金融运行良好的指标，而把国际收支失衡作为政策调整的重要对象。然而，国际收支失衡不一定都是坏事，应该分析引起失衡的原因。比如一国处于经济发展阶段，常常需要进口大量技术、设备和重要的原材料，而该国受生产和技术能力的限制，出口一时难以相应地增长，从而出现贸易和国际收支差额。只要能确定合理的经济发展战略，适度引入外资，广泛引进先进技术，积极发展生产和出口，是可能逐步调整贸易和国际收支差额的。因此，在经济安排得当的条件下，这种国际收支失衡具有过渡的性质，并不是坏事。

(3) 一国出现国际收支失衡，若不及时调整，会直接影响其对外交往的能力和信誉，不利于国内经济的发展。国际收支顺差和逆差都是失衡的表现，如果认为只有出现逆差才是失衡，那这是片面的理解。

在现实经济生活中，一国的国际收支失衡是一种常态，不仅不可避免，而且在某种意义上，一定限度内的国际收支顺差或者逆差甚至是有益无害的。例如，一定的顺差会使一国的国际储备得到适度增长，增强该国对外支付和应对国际游资冲击的能力；一定的逆差可使一国适度地利用外国资源，加快国内经济的发展。但是，如果一国的国际收支出现了持续、大量的失衡，则会对本国经济发展产生不利影响。比如，持续的、大规模的国际收支逆差不仅会严重消耗一国的储备资产，带来本币贬值压力，而且会使该国的偿债能力降低。20世纪80年代爆发的国际债务危机在很大程度上就是因为债务国出现了长期国际收支逆差，不具备足够的偿债能力。持续性的长期顺差将迫使本币升值，使出口处于不利的国际竞争地位，并且引起国内货币供应增长，从而带来潜在的通货膨胀压力。此外，如果顺差来自借债（包括政府和商业贷款、借款等），这将使政府背上沉重的债务负担。由此可见，巨额的、持续的国际收支逆差或顺差都不利于经济稳定和发展，因此，政府有必要采取措施来降低失衡的程度和方向，从而产生了国际收支的调节问题。

(4) 国际收支平衡，需要从短期和长期两个角度把握。首先，保持年度收支平衡，对于保证一国当前的对外收支能力是必要的，如果对国际收支平衡进行长期考虑，则可以突破保持年度收支平衡的约束，做出战略性安排。其次，对于一个发展中国家而言，安排国际收支的出发点是最大限度地推进本国经济的发展和促进形成一个适合现代化要求的经济结构。为此，在一定时期内经常项目上有赤字是被允许的。

3. 答：(1) 外汇储备是一国货币当局持有的国际储备货币。国际储备是一国或地区官方拥有的可以随时使用的国际储备性资产。充当国际储备资产的货币必须具备下列条件：能自由兑换成其他储备货币；在国际货币体系中占据重要的地位；购买力必须具有稳定性。传统上认为，国际储备的作用主要是应对国际收支失衡、维护汇率稳定。当国际收支出现逆差时，可以动用本国的储备，平衡外汇收支；当汇率出现不正常的波动时，可以动用储备，影响外汇市场供求，使汇率变动保持在经济发展目标范围之内。在新兴市场国家，国际储备越来越被看作信心的标志。储备越多，表明一国的偿付能力越强，同时高外汇储备也可以对国际金融市场的投机者起到震慑作用。在一些转轨经济体中，国际储备还常被用作改革基金，以应对可能出现的支付困难。通常国际储备资产包括黄金储备、特别提款权、基金组织的储备头寸以及外汇储备四个部分。其中外汇储备为主要组成部分。

(2) 一国国际储备资产的存量不能不足，也不可过多。储备不足，往往会引起国际支付危机，影响一国经济增长，缺乏对突发事件的应变能力。储备过多，存在以下弊端：第一，会增加本国货币的投放量，潜伏着通货膨胀的危险；第二，外汇储备表现为持有一种以外币表示的金融债权，相应的资金存在国外，并未投入国内生产使用，外汇储备过多，等于相应的资金"溢出"，这对于资金短缺的国家来说是不合算的；第三，外汇储备还可能由于外币汇率贬值而在短期内遭受巨大的损失，外汇储备积压过多，不能形成生产能力，会导致储备的机会成本上升，造成消耗和投资的牺牲。因此，保持一定的外汇储备，是调节国际收支和市场总供求的重要手段，然而外汇储备并非越多越好。一国国际储备应能满足经济增长和维持国际收支平衡的需要，达到合理利用国内外资源及保持一定增长率的目标。

(3) 一个经济体需要适度的外汇储备水平。适度的外汇储备水平，需要综合考虑经济发展的规模和速度、对外开放的程度、对外信誉、在国际市场上筹措资金的能力、外债的还本付息以及国家通过调整国内外经济和外汇管理来影响国际收支的有效程度等因素。

一个常用指标是应该维持相当于一国 3~4 个月进口额的外汇储备，另一个是最后清偿率指标，是指外债余额与国际储备之比，国际公认的警戒线为130%。不过这类指标的参考价值有限。全面考察外汇储备是否适度，必须结合各自的国情特点。例如，我国正处于经济体制转轨过程中，存在较多的不确定因素，面对的国际政治、经济、金融形势又极为复杂，保有较大数量的外汇储备，是审慎决策所必需的。

对外汇储备的管理：①要考虑资金安全性；②要考虑保持流动性，即保证储备资产能够灵活兑现，以备随时运用；③在保证安全性和流动性的前提下，根据资产多样化的原则，将一部分资产投资于稳定成长的证券，以获取收益。

4. 答：国际收支的自动调节是指当出现国际收支失衡后，有时并不需要政府当局立即采取措施加以消除，经济体系中存在某些机制，往往能够使国际收支失衡在某种程度上得到缓和，乃至自动恢复平衡。具体来说，国际收支自动调节机制分为以下几种。

(1) 货币-价格机制。这一机制最初用以解释在金本位制度下，国际收支失衡通过影响价格水平而进行自动调节的过程。在当代纸币流通制度下，这一机制依然适用。当一个国家的国际收支发生逆差时，这意味着对外支付大于收入，货币外流。在其他条件既定的情况下，物价下降，本国出口商品价格也下降，出口增加，贸易收支因此得到改善（见图18-1）。

图 18-1　货币-价格机制的自动调节过程

(2) 收入机制。国际收支失衡通过影响国民收入水平也能够自动恢复平衡。当一国出现国际收支逆差时，对外支付增加，这意味着国民收入水平下降，将引起社会总需求下降，本国的进口需求、对外国的劳务需求以及对外国金融资产的需求都会下降，从而使贸易收支、经常账户及资本与金融账户都能得到改善（见图18-2）。

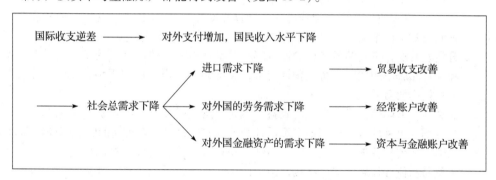

图 18-2　收入机制的自动调节过程

(3) 利率机制通过影响利率，进而对资本和金融项目进行调节，平衡国际收支。当出现国际收支逆差时，对外支付增加，本币供应量相对减少，本国利率水平上升，这就意味着本国金融资产的收益率提高，从而引起对本国金融资产需求的相对上升，对外国金融资产需求的相对下降。这时，本国资金流入增加，资金流出减少，国际收支得到改善（见图18-3）。

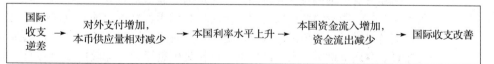

图 18-3　利率机制的自动调节过程

国际收支自动调节机制能够自发地促使国际收支趋向平衡，不需要政府付出调节代价，可以避免各种人为的价格扭曲。但是，自动调节机制发生作用的前提是完全市场经济，而这一条件在现实经济运行中很难达到。一旦存在市场失灵，国际收支自动调节机制的作用将被削弱或失效，这时就需要政府出面对市场进行干预，实现国际收支平衡。政府对国际收支进行调节的手段多种多样，基本上可以分为从需求角度进行的调节、从供给角度进行的调节、融资政策以及各种政策之间的搭配。

5. 答：从一国的角度来看，国际储备的管理主要涉及两个方面：一是数量管理，二是结构管理。数量管理主要解决国际储备规模的选择和调整问题，确定和保持国际储备的适度规模，维持一国国际收支的正常进行和汇率稳定。结构管理解决在储备总额既定的条件下，如何实现储备资产结构的最优化以及如何提高一国国际储备的使用效率的问题。

(1) 国际储备的结构管理是指一国如何最佳地配置国际储备资产，从而使黄金储备、外汇储备、基金组织的储备头寸和特别提款权四个部分的储备资产持有量之间，以及各部分储备的构成要素之间保持合适的数量比例。由于黄金产量有限，各国持有的黄金储备量都保持着比较稳定的水平，而基金组织的储备头寸和特别提款权又受国际货币基金组织的控制，不能随意变更，此外，这三部分储备资产的内部构成单一，不存在确定要素比例的问题。因此，在实际管理中，国际储备结构管理主要是指外汇储备的结构管理，其中对币种的管理极为重要。

(2) 一国在选择外汇储备币种时，应遵循以下原则。

1) 币值的稳定性。以什么储备货币来保有储备资产，首先要考虑币值的稳定性（或称保值性）。在这里，一国主要应考虑不同储备货币之间的汇率以及相对通货膨胀率。一种储备货币汇率的贬值（或预期贬值），必然有另外一种（或几种）储备货币汇率的升值。其次，不同储备货币的通货膨胀率也是不一样的。管理的任务就是要根据汇率和通货膨胀率的实际走势及预期走势，经常转换货币、搭配币种，以达到收益最大或损失最小的目的。

2) 盈利性。不同储备货币资产的收益率不同，同一币种的不同投资方式也会导致不同的收益率。盈利性要求适当地搭配币种和投资方式，以求得较高的收益率或较低的风险。

3) 国际经济贸易往来的方便性。方便性管理是指在储备货币币种的搭配上要考虑对外经济贸易和债务往来的地区结构及经常使用的清算货币的币种。如果一国在对外经济贸易往来中大量使用美元作为支付手段和清算手段，则该国需要经常性地保持适当数量的美元储备。如果该国在对外交往中大量使用日元，则它必须经常性地保持一定数量的日元储备。

6. 答：(1) 从世界范围来看，国际储备起着促进国际商品流动和世界经济发展的作用；从一国来看，各国持有一定数量的国际储备，主要是出于以下目的。

1) 平衡国际收支，维持对外支付能力。这是国际储备的首要用途。当一国发生国际收支逆差时，国际储备可以发挥一定的缓冲作用，这种缓冲性可使一国在发生国际收支逆差时暂时避免采取调节措施。即使一国国际收支情况长期恶化而不可避免地要采取调节措施，国际储备也可以作为辅助手段，为政府赢得时间，选择适当的时机有步骤地进行调节，从而避免因采取紧急措施而付出沉重的代价。当然，由于一国的国际储备总是有限的，所以它对国际收支逆差的调节作用也只是暂时的。

2) 干预外汇市场，维持本币汇率稳定。当本国货币汇率在外汇市场上发生波动时，尤其是由非稳定性投机因素引起本国货币汇率波动时，政府可动用储备来缓和汇率的波动。比如，当本国货币汇率过低，货币当局即可抛售外汇储备，用以收购本国货币，维持汇率稳定。但是，由于各国货币当局持有的国际储备总是有限的，因而干预外汇市场只能对汇率产生短期影响。

3）维护和提升对本国货币的信心，充当国家对外举债的保证。国际储备的多寡是反映一国对外金融实力、评价一国偿债能力和资信的重要标志。国际储备充足，说明一国的支付能力强，经济实力雄厚，可以加强一国的资信，吸引外资流入，促进经济发展。一国拥有的国际储备资产状况是国际金融机构和国际银团在提供贷款时评估其国际风险的指标之一，无论国际金融机构还是政府，对外贷款时首先考虑的都是借款国的偿债能力，而国际储备正是借款国偿债能力的物质基础与可靠保证。

(2) 中国需要大量外汇储备的原因，具体如下。

1）中国每年支付外债的还本付息数额很大。尽管外债的偿还主要不依靠外汇储备，但外汇储备是中国在国际市场低成本筹措资金的重要保障。

2）每年有大量的外商投资企业需要将利润汇出中国，在实行结售汇制的情况下，需要通过外汇储备达到这一目的，而且人民币面临升值的压力，人民币升值导致同样多的人民币能换成更多的外币，因此会有更多的外国资本撤出中国。

3）虽然中国对外宣称实行以市场供求为基础、有管理的浮动汇率制度，但实际上，在外汇市场上，美元兑换人民币多呈窄幅波动。汇改前实行了钉住美元的汇率制度，人民币与美元之间的兑换比价挂钩，允许汇率浮动的幅度极为有限。政府一直将维持汇率稳定作为宏观经济目标之一。因此，为了维持人民币币值稳定，中国人民银行成了外汇市场上最终的市场出清者。在美元供过于求的情况下，央行被迫吸收对外贸易和外国投资增长所带来的美元以保持外汇市场上的供求平衡，这导致外汇储备的被动增加。

4）受中国国际储备机会成本的影响。外汇储备不是现金，而是生息资产，尽管收益率不是很高，但如果投资策略合理，也可以实现保值和增值。外债的还本付息对借款企业有很强的约束力，企业无形中提高了自身的风险意识和管理水平。如果企业欠的外币债务的债权人是国家，那么情况就会完全不同。

5）中国与其他国家的政治制度不同，政治制度不同导致我国对待外汇储备的态度与其他资本主义国家存在差异。

综上所述，中国持有大量的外汇储备是必要的，也是必需的，它对于保持中国目前的经济增长形式，创造良好的国际环境起着举足轻重的作用。如果直接将外汇储备用于国内生产，那么在缺乏强有力的储备支持的情况下，一旦发生意外情况将会造成严重的后果，而且，中国在利用外商直接投资方面是比较成功的，外商直接投资以及随之而来的先进的管理经验、生产技术、市场经济理念等产生的经济效应有目共睹，同时也为中国树立了良好的国际形象。

第 19 章
CHAPTER 19

汇率机制

习 题

一、单项选择题

1. 以整数单位的外国货币为标准，折算为若干数额的本国货币的标价法是（　　）
   A. 直接标价法　　　　B. 间接标价法　　　　C. 美元标价法　　　　D. 应收标价法
2. 将货币相同、金额相同、方向相反、交割期限不同的两笔或两笔以上的外汇交易结合起来的交易方式被称为（　　）
   A. 远期交易　　　　B. 掉期交易　　　　C. 套利交易　　　　D. 外汇期货
3. 以下哪一选项不属于外汇范畴（　　）
   A. 外国货币　　　　B. 国外银行存款凭证　　　　C. 海外物业　　　　D. 国外公司股票
4. 假设 2018 年 1 月 1 日外汇市场汇率行情如下：伦敦市场 1 英镑 = 1.42 美元，纽约市场 1 美元 = 1.58 加元，多伦多市场 100 英镑 = 220 加元，如果一个投机者投入 100 万英镑套汇，那么（　　）
   A. 有套汇机会，获利 1.98 万英镑　　　　B. 有套汇机会，获利 1.98 万美元
   C. 有套汇机会，获利 1.98 万加元　　　　D. 无套利机会
5. 金本位制度下的汇率制度属于（　　）
   A. 浮动汇率制度　　　　　　　　　　　　B. 联合浮动汇率制度
   C. 固定汇率制度　　　　　　　　　　　　D. 可调整的固定汇率制度
6. 若 2018 年 2 月 1 日与 3 月 1 日中国人民银行公布的美元兑人民币汇率分别为 6.250 0 和 6.260 0，则称这段时间内人民币（　　）
   A. 升水　　　　B. 贴水　　　　C. 升值　　　　D. 贬值
7. 在直接标价法下，远期汇率低于即期汇率被称为（　　）
   A. 升水　　　　B. 贴水　　　　C. 升值　　　　D. 贬值

8. 已知巴黎外汇市场某日的牌价为 1 欧元 = 1.238 5 – 1.240 5 美元，则该市场上美元对欧元的汇率为（　　）
   A. 0.807 4 – 0.806 1　B. 0.806 1 – 0.807 4　　C. 0.806 1 – 0.808 4　　D. 0.808 4 – 0.806 1
9. 某出口商出口了一批货物价值 100 万美元，三个月后对方付款，为避免外汇风险，锁定汇率，他应该（　　）
   A. 出售三个月远期美元 100 万　　　　B. 购进三个月远期美元 100 万
   C. 出售一个月远期美元 300 万　　　　D. 购进一个月远期美元 300 万
10. 在下面各种外汇交易中，灵活性最强的交易是（　　）
    A. 套汇交易　　　B. 远期外汇交易　　　C. 掉期外汇交易　　　D. 外汇期权交易

二、判断题

1. 按照中国法律规定，外国公司的债券和股票都不属于外汇的范畴。　　　　　　　　（　　）
2. 当出现国际收支顺差时，外汇供给大于需求，使本币升值。　　　　　　　　　　　（　　）
3. 在所有的即期外汇业务中，汇率最高的是电汇汇率。　　　　　　　　　　　　　　（　　）
4. 买入价和卖出价是同一笔外汇交易中，买卖双方所使用的价格。　　　　　　　　　（　　）
5. 当一国利率水平高于他国时，外国资本会流出，导致本币贬值。　　　　　　　　　（　　）
6. 当一国发生严重的通货膨胀时，物价上涨，本币对内和对外都贬值。　　　　　　　（　　）
7. 政府财政赤字增加，将导致本币汇率下降。　　　　　　　　　　　　　　　　　　（　　）
8. 在外汇期权业务中，一般美式期权的保险费比欧式期权低。　　　　　　　　　　　（　　）
9. 甲币对乙币升值 10%，则乙币对甲币贬值 10%。　　　　　　　　　　　　　　　　（　　）
10. 本币贬值容易引发国内通货紧缩。　　　　　　　　　　　　　　　　　　　　　 （　　）
11. 20 世纪 70 年代以前，世界各国的汇率制度基本都属于固定汇率制度。　　　　　 （　　）
12. 香港联系汇率制度属于典型的货币局制度。　　　　　　　　　　　　　　　　　 （　　）

三、名词解释

1. 间接标价法　　　　　2. 一价定律　　　　　3. 固定汇率制度
4. 即期外汇交易　　　　5. 外汇期货　　　　　6. 第二代货币危机理论
7. J 曲线效应　　　　　8. 金本位制　　　　　9. 布雷顿森林体系
10. 牙买加体系　　　　 11. 货币局制度　　　　12. 远期外汇交易
13. 掉期外汇交易　　　 14. 第一代货币危机理论　　15. 华盛顿共识
16. 特里芬难题

四、简答题

1. 简述外汇期货与远期外汇业务的不同之处。
2. 什么是外汇市场？外汇市场有哪些参与者？他们分别在外汇市场中扮演怎样的角色？
3. 简述汇率变动如何影响经济的运行。
4. 简述中长期国际资本流动对流入国和流出国的积极意义。

五、计算题

1. 假设同一时间，香港的外汇市场报价为 1 美元 = 7.734 6 – 7.736 8 港元，纽约外汇市场的报价为 1 美元 = 7.752 8 – 7.757 8 港元，如果以 100 万美元进行套汇交易，可以获利多少？
2. 荷兰 A 公司从美国 B 公司进口一批商品，将在三个月后向美国公司支付 100 万美元货款，签约时阿姆斯特丹外汇市场上欧元对美元的即期汇率为 1 欧元 = 1.221 9 美元，三个月远期汇率为 1 欧元 = 1.281 9 美元，荷兰 A 公司拥有 100 万美元，但不必马上支付。如果荷兰 A 公司利用 100 万美元进行掉期交易，应该怎样操作？能获利多少？

六、论述题

1. 阐述固定汇率制度和浮动汇率制度的优缺点。
2. 阐述影响外汇供求的经济因素。
3. 阐述第一代、第二代、第三代和第四代货币危机理论的金融学原理。

习题参考答案及解析

一、单项选择题

题号	1	2	3	4	5	6	7	8	9	10
答案	A	B	C	A	C	D	B	B	A	D

1. **解析**：直接标价法是以一定单位的外国货币为标准，折合为若干单位本国货币的标价法。相当于购买一定单位的外币应付多少本币，所以又称为应付标价法。在直接标价法下，外国货币作为基准货币，本国货币作为标价货币，标价货币数额随着外国货币或本国货币币值的变化而变化。间接标价法是以一定单位的本国货币为标准，计算应收若干单位的外国货币，又称应收标价法。美元标价法是以一定单位的美元为标准来计算应兑换多少其他货币的汇率表示方法。
2. **解析**：掉期外汇交易是指交易者在外汇市场上买进（或卖出）某种外汇时，同时卖出（或买进）相等金额，但期限不同的同一种外国货币的外汇交易活动。可见，掉期外汇交易的特点是：买进和卖出的货币数量相同；买进和卖出的交易行为同时发生；交易方向相反、交割期限不同。
3. **解析**：《中华人民共和国外汇管理条例》规定的外汇具体包括：①外国货币，包括纸币和铸币；②外币支付凭证，包括票据、银行存款凭证和邮政储蓄凭证等；③外币有价证券，包括政府债券、公司债券和股票等；④特别提款权；⑤其他外汇资产。
4. **解析**：投机者用 100 万英镑可以在伦敦市场获得 100×1.42 = 142（万美元），然后进入纽约市场，142 万美元可兑换 142×1.58 = 224.36（万加元），最后进入多伦多市场，可兑换 224.36÷2.2 = 101.98（万英镑），因此可以获利 101.98 – 100 = 1.98 万英镑。
5. **解析**：金本位制度下的汇率制度属于自发的固定汇率制度。固定汇率制度即两国货币比价基本固定，并把两国货币比价的波动幅度控制在一定的范围内，是金本位制度时期流传下来的汇率制度。自19世纪中后期金本位制度在西方各国确定以来，直到1973年，世界各国的汇率制度基本上都属于固定汇率制度。

6. 解析：美元兑人民币汇率即用人民币表示一单位数量的美元，属于直接标价法。在直接标价法下，如果一定单位的外国货币折算的本币增多，即外币等值于更多的本币，则说明外国货币币值上升，外国货币汇率上涨；或者说本国货币币值下降，本国货币汇率下跌。反之，一定单位的外国货币折算的本币额越低，则表明外币汇率下降（外币贬值）、本币汇率上升（本币升值）。

7. 解析：远期外汇合同约定的汇率是远期汇率，它是双方在签订远期外汇买卖合同时所规定的。一般采用远期汇率与即期汇率之间存在的差价报出远期汇率。远期差价有升水和贴水两种：升水表示外汇在远期升值；贴水则表示外汇在远期贬值。在本题中，远期汇率低于即期汇率，即汇率在远期贬值，所以为贴水。

8. 解析：因为1欧元=1.2385－1.2405美元，所以将汇率进行转换，即1÷1.2385=0.8074，1÷1.2405=0.8061，所以转换后的汇率为0.8061－0.8074。

9. 解析：由题目可知，出口商在三个月后才收到100万美元的货款，出口商担心未来汇率可能会下降，为了降低汇率风险，锁定汇率，出口商可以出售三个月远期美元100万，以锁定当期的汇率。

10. 解析：对于外汇期权合同，无论汇率朝哪个方向变动，都给其持有者留有获利的机会。而且投资者拥有选择执行或者不执行的权利，因此外汇期权是最灵活的。

二、判断题

题号	1	2	3	4	5	6	7	8	9	10	11	12
答案	×	√	√	×	×	√	√	×	×	×	√	√

1. 解析：《中华人民共和国外汇管理条例》规定的外汇具体包括：①外国货币，包括纸币和铸币；②外币支付凭证，包括票据、银行存款凭证和邮政储蓄凭证等；③外币有价证券，包括政府债券、公司债券和股票等；④特别提款权；⑤其他外汇资产。因此，外国公司的债券和股票都属于外汇的范畴。

2. 解析：当一国的国际收入大于支出，即国际收支顺差时，外汇（币）的供应大于需求，使本国货币升值，外国货币汇率贬值。相反，当一国的国际收入小于支出，即国际收支逆差时，外汇的供应小于需求，使本国货币贬值，外国货币升值。

3. 解析：即期外汇交易分为电汇、信汇和票汇。其中，电汇汇率是以电报的方式买卖外汇时所使用的汇率。由于利用电汇方式汇款交付的时间较快，银行无法占用客户汇款资金，同时国际电报费用较高，所以电汇汇率比一般汇率高。

4. 解析：买入价是指报价行愿意以此价买入标的货币的汇价，而卖出价是报价行愿意以此价卖出标的货币的汇价。当客户向银行买入外汇时，以银行报出的外汇卖出价成交，反之，则以银行报出的买入价成交。

5. 解析：利率是资金的价格。当各国利率出现差异时，人们为追求最好的资金效益，会从低利率国家筹集资金，向高利率国家投放资金，这势必会影响外汇的供求进而影响汇率。一般来说，一国利率相对他国较高，会刺激国外资金流入增加、本国资金流出减少，造成本国货币供给减少、需求增加，本币升值。

6. **解析**：一般地，当一国发生通货膨胀时，该国货币所代表的价值量就会减少，物价相应上涨，即货币对内贬值。该国货币的购买力随物价上涨而下降，于是该国货币对一国货币的汇率就会趋于下跌，即货币对外贬值。

7. **解析**：财政赤字的增加或减少，会影响汇率的变动方向。财政赤字往往导致货币供应增加和需求增加，因此赤字的增加将导致本国货币贬值。

8. **解析**：由于美式期权比对应的欧式期权的选择余地大，因此通常美式期权的价值更高。在美国交易的期权大部分是美式期权，但外汇期权及一些股票指数期权显然是例外。美式期权比欧式期权更灵活，赋予买方更多的选择余地，而卖方则时刻面临着履约的风险，故美式期权的保险费相对较高。

9. **解析**：举例说明，甲币与乙币的市场价格均为 11 元，之后乙币下跌为 10 元，则甲币较乙币升值 (11 - 10) ÷ 10 = 10%，而乙币较甲币贬值 (11 - 10) ÷ 11 = 9.09%。

10. **解析**：汇率变动引起进出口产品相对价格的变化，从而改变国内的总需求与总供给，也因此改变国内商品的价格。当本币贬值时，以本币表示的进口商品价格提高，进而带动国内同类商品价格上升。如果进口商品是作为生产资料投入生产的某些资本品、中间品和紧缺原材料，则会导致商品成本上升，进而促使商品价格普遍上涨。若本币升值，则国内物价会降低。因此，本币贬值容易引发国内通货膨胀，而不是通货紧缩。

11. **解析**：自 19 世纪中后期金本位制度在西方各国确定以来，直到 1973 年，世界各国的汇率制度基本上都属于固定汇率制度。以牙买加体系为标志，浮动汇率制度是自 1973 年开始在西方国家普遍实行的一种汇率制度。

12. **解析**：香港联系汇率制度属于货币局制度，是为挽救港币危机、恢复港币信用而制定的汇率制度。该汇率制度要求发钞银行在增发港元纸币时，必须以 1 美元兑 7.8 港元的固定汇率水平向外汇基金缴纳等值美元，以换取港元的债务证明书，作为发钞的法定准备金。香港联系汇率制度的诞生，使港币的发行重新获得了百分之百的外汇准备金支持，对稳定香港经济起到了积极的作用。

三、名词解释

1. 间接标价法是用外国货币表示一单位数量的本币价值的标价方法，又称应收标价法。这种标价法以一定单位的本国货币为标准，其数额不变，标价货币（外国货币）的数额随本国货币或外国货币币值的变化而改变。在间接标价法下，外币数额越高，表示单位本币能兑换的外币越多，这说明本币币值越高、外币币值越低；外币数额越低，表明本币汇率贬值、外币汇率升值。能够采用间接标价法的国家，一般都要求该国曾经或者目前在国际经济政治舞台上占据着统治地位，其货币曾经是或当前是世界上最主要的货币之一。

2. 一价定律是指不同地区的同质可贸易商品的价格应该相同，否则地区间的差价就会引起商品套利行为，在低价地区买入这种商品，然后在高价地区卖出，赚取套利利润。在不考虑交易成本的情况下，这种持续不断的套利行为必将使两地的供需关系发生变化，最终使两地的商品价格趋于一致。

3. 固定汇率制度是指由政府规定该国货币与其他国家货币的比价，比价基本固定，两国货币比价的波动幅度被控制在一定的范围内，是金本位制度时期流传下来的汇率制度。在金本位制度下，两国货币兑换以各自货币的含金量为基础，铸币的平价是它们汇率的标准，此时汇率的波动受到黄金输送点的约束，这是典型的固定汇率制度。自19世纪中后期金本位制度在西方各国确定以来，直到1973年，世界各国的汇率制度基本上都属于固定汇率制度。

4. 即期外汇交易又称现汇买卖，是指交易双方以当时外汇市场的价格成交，并在成交后的两个营业日内办理有关货币收付交割的外汇交易。即期外汇交易是国际外汇市场上最普遍的一种交易形式，基本功能是完成货币的调换。其作用为：①满足临时性的付款需要，实现货币购买力的国际转移；②通过即期外汇交易调整多种外汇的头寸比例，保持外汇头寸平衡，以避免经济波动风险；③利用即期外汇交易与远期交易的配合，进行外汇投机，谋取投机利润。

5. 外汇期权也称货币期权，相对于股票期权和指数期权等其他种类的期权来说，外汇期权买卖的是外汇，是指合约购买方在向出售方支付一定期权费后所获得的在未来约定日期或一定时间内，按照规定汇率买进或者卖出一定数量外汇资产的选择权。

6. 第一代货币危机理论的缺陷在于其理论假定与实际偏离太大，在政府对内外均衡的取舍与政策制定问题论述上存在很大的不足。第二代货币危机理论认为，投机者之所以对货币发起攻击，并不是由于经济基础的恶化，而是由贬值预期的自我实现导致的。因此，这种货币危机又被称为"预期自我实现型货币危机"。

7. 货币贬值国在贬值初期的贸易额会恶化，但不久又趋于好转。这说明贬值对经济的影响存在"时滞"。货币贬值即使能够改善贸易收支，但在贸易收支改善之前，必有一段继续恶化的过程。因为本国货币贬值，所以进口商品的本币价格提高，但由于以前的合同规定或产业结构尚未及时做出调整，进口数量反映的仍是过去的购买决定，因此致使支出增加。随着时间的推移，进口数量得到调整和压缩，出口开始增长，最终贸易收支差额情况有所改善。这种变化过程用曲线图描述，会呈现出英文字母的J字形，因此被称为"J曲线效应"（见图19-1）。

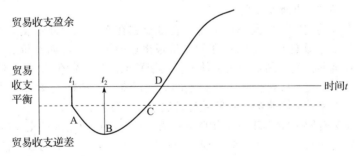

图19-1　J曲线效应

8. 金本位制度是以黄金作为本位货币的货币制度。从19世纪初到20世纪初，西方国家实行的货币制度均为金本位制度。从1816年英国政府颁布《金本位制度法案》发行金币开始，一直到第二次世界大战爆发前夕，金本位制度经历了金币本位制、金块本位制和金汇兑本位制三种形式，其中金币本位制是最典型的金本位制，后两种是削弱的变形的金本位制。

在金币本位制下，黄金可以自由流通、自由铸造和自由输出入，具有无限法偿能力，其汇率决定的基础是铸币平价（以两种金属铸币含金量之比表示的汇价），而且汇率波动的幅度相当有限，它被严格地控制在黄金输送点内。在金块本位制和金汇兑本位制下，黄金很少或不再具有流通手段的职能，并且输出和输入都受到了极大的限制。此时，两国货币汇率决定的基础不再是铸币平价，而是法定平价——货币具有法定而非真实的含金量。在这两种被削弱了的金本位制度下，汇率波动的幅度由政府规定和维护。

9. 布雷顿森林体系是一种以美元为中心的国际货币体系，是建立在黄金-美元基础之上的，美元既是一国货币，又是世界货币。布雷顿森林体系下的国际货币制度以黄金-美元为基础，实行黄金-美元本位制。这一制度的突出特点是"双挂钩"：一方面，美元与黄金挂钩，即按照35美元等于1盎司黄金的固定比价，各国政府可随时用美元向美国政府兑换黄金；另一方面，其他国家货币与美元挂钩，即各国货币与美元保持可调整的固定比价。事实上，布雷顿森林体系是一种以美元为中心的固定汇率体系。由于汇兑平价介于金本位制度的永久性固定汇率和完全自由的浮动汇率之间，因此这种汇率又被称为可调整的钉住汇率。

10. 牙买加体系最主要的特征是规定黄金不再是各国货币的平价基础，也不能用于官方之间的国际清算；同时，承认了浮动汇率的合法化，成员可以自行选择汇率制度。牙买加体系时期实行的是多元汇率制，按照汇率由完全固定到完全浮动的顺序，汇率制度安排分为4类10种：①硬钉住，包括放弃独立法定货币的汇率制度和货币局制度；②软钉住，包括传统固定钉住制度、稳定化安排、爬行钉住制度、类似爬行制度和水平带内的钉住制度；③浮动安排，包括浮动汇率制度和自由浮动汇率制度；④剩余类别，如其他有管理的安排。

11. 货币局制度是指法律明确规定本国货币与某一外国可兑换货币保持固定的兑换比率，且本国货币的发行受制于该国外汇储备的一种汇率制度。由于这一制度中的货币当局被称作货币局，而不是中央银行，所以这一汇率制度就相应地被称为货币局制度。最早的货币局是1849年在毛里求斯设立的，后来有多个国家和地区相继采取了类似的制度。

12. 远期外汇交易又称期汇交易，是一种预约买卖外汇的交易，即外汇买卖双方先签订远期交易合同，约定买卖外汇的币种、数量、汇率和将来交割的时间，到规定的交割时间，买卖双方再按合同规定的条件，办理交割的外汇交易。

　　远期外汇合同约定的汇率是远期汇率，它是双方在签订远期外汇交易合同时所规定的。一般采用远期汇率与即期汇率之间存在的差价报出远期汇率。远期差价有升水和贴水两种：升水表示外汇在远期升值；贴水则表示外汇在远期贬值。汇率标价方法的不同会导致计算远期汇率方法的不同。在直接标价法下，升水的远期汇率等于即期汇率加上升水额，贴水的远期汇率等于即期汇率减去贴水额。在间接标价法下，计算方法相反。

　　远期外汇交易合同一经签订，双方必须履约，到交割日即按远期汇率办理交割。在交割日的即期汇率很可能高于或低于合同所规定的远期汇率，由此产生的收益或损失，由交易人自行享受或负担。

13. 掉期外汇交易是指外汇交易者在外汇市场上买进（或卖出）某种外汇时，同时卖出（或买进）金额相等，但期限不同的同一种外国货币的外汇交易活动。掉期交易的特点是：买进和卖出的货币数量相同；买进和卖出的交易行为同时发生；交易方向相反、交割期限不同。进口商、投资者、借贷者及投机者都可以通过掉期外汇交易达到套期保值或赚取投机利润的目的。

14. 第一代货币危机理论又称克鲁格曼危机理论。克鲁格曼认为，货币危机产生的根源在于政府的宏观经济政策（主要是过度扩张的货币政策与财政赤字货币化）与稳定汇率政策（如固定汇率）之间的不协调，即财政赤字的货币化政策导致本币供应量增加，本币贬值，因此在这种情况下投资者合理的选择是持有外币,使用本币购买外币。而固定汇率制要求中央银行按固定汇率卖出外币以保持汇率稳定。因此,随着赤字的货币化,中央银行的外汇储备将不断减少,当外汇储备耗尽时,固定汇率机制自然崩溃,货币危机随之发生。然而当存在货币投机者时,汇率崩溃不会等到中央银行的外汇储备耗尽才发生。如果本币贬值或者中央银行的外汇储备耗尽,持有本币的投机者就不得不承受巨大的损失。正是考虑到这种情况,精明的投机者预测到中央银行的外汇储备将不断减少,为了避免资本损失或者从中牟利,他们会在中央银行的外汇储备耗尽前提前抛售本币购入外币。只要市场存在这种贬值的预期,投机者的冲击就在某种程度上使危机爆发的时间提前了。结果,当外汇储备下降到一定的关键规模时,大规模的投机将会在很短的时间内耗尽中央银行的所有外汇储备。当中央银行意识到一味地捍卫固定汇率制度将无济于事时,它就可能会被迫放弃固定汇率制度。

15. 华盛顿共识是以华盛顿为总部所在地的国际货币基金组织和世界银行等国际金融组织向广大发展中国家及经济转轨国家硬性推出的一套经济改革政策,包括财政紧缩、私有化、固定汇率、自由市场和自由贸易等内容。这种政策建议得到了美国财政部和华尔街的大力支持,并于 20 世纪 80 年代末首先在拉丁美洲推广。

16. 布雷顿森林体系是建立在黄金－美元基础之上的,美元既是一国货币,又是世界货币。作为一国货币,美元的发行必须受制于美国的货币政策和黄金储备;作为世界货币,美元的供应又必须适应世界经济发展和国际贸易增长的需要。由于规定了"双挂钩"制度,那么当黄金的产量和美国黄金储备的增长跟不上世界经济和国际贸易发展的时候,美元便面临着一种进退两难的状况:为满足世界经济发展和国际贸易增长的需要,美元的供给必须不断增长;美元供给的不断增长,使美元同黄金的兑换性日益难以维持。美元的这种两难境地,被称为特里芬难题。特里芬难题指出了布雷顿森林体系的内在不稳定性及危机发生的必然性,在经历了一系列的美元危机后,1973 年 2 月布雷顿森林体系彻底崩溃。

四、简答题

1. 答:外汇期货与远期外汇的不同之处体现在以下几个方面。
   (1) 合同的标准。外汇期货是标准合同,在交易数额上用合同的数量来表示,最小的买卖单位是一个合同;而远期外汇的合同,金额大小不固定,交易数量可由客户与银行商定。
   (2) 交割方式。外汇期货交易的交割方式有两种:①到期日交割;②随时做一笔反向的、合同数量和交割日相同的期货交易,绝大部分期货交易都是如此。而远期外汇的大部分合同会等到到期日再进行交割。
   (3) 交易资格。外汇期货有固定的交易场所,只有交易所的会员才有资格进场交易,非会员客户要请经纪商代理;而远期外汇没有固定场所,也无交易资格限制。
   (4) 价格波动对账户损益的影响。外汇期货根据每天价格的变动对客户的账户按结算价格计算盈亏;而远期外汇的损益发生在到期日,在到期日之前,无论外汇市场价格如何变化,损益都是潜在的。
   (5) 保证金和佣金。买卖外汇期货需要支付保证金,对于请经纪商做代理的客户来说,还要付给经纪人一笔佣金;而远期外汇不需要这两项费用,但银行还是要根据客户的资信状况来确定价格。

2. 答：外汇市场是指由各国中央银行、外汇银行、外汇经纪人和客户组成的买卖外汇的交易系统，是在国际上从事外汇买卖、调剂外汇供求的交易场所。它的职能是经营货币商品，即不同国家的货币。外汇市场的主要参与者大体有以下几类：中央银行、外汇银行、外汇经纪商和客户。它们扮演的角色如下。

(1) 中央银行及其他官方机构。各国中央银行都持有相当数量的外汇余额作为国际储备的重要构成部分，并承担维持本国货币金融稳定的职责，所以中央银行经常通过购入或抛出某种国际性货币的方式来干预外汇市场，以便将本国货币的汇率稳定在其所希望的水平或幅度之内，从而实行本国货币金融政策。

(2) 外汇银行。外汇银行是外汇市场上最重要的参与者，是外汇买卖和资金融通的媒介，可以通过其与中央银行以及其他外汇银行之间的外汇交易，调整其在外汇市场中的供求状况。外汇银行在外汇市场上从事外汇零售业务和批发业务活动，为客户提供外汇买卖服务。

(3) 外汇经纪人。外汇经纪人是指介于外汇银行之间以及外汇银行和其他外汇市场参加者之间，为买卖双方接洽外汇交易从而赚取佣金的中间商。外汇经纪人在外汇市场上的作用主要在于提高外汇交易的效率，主要体现在成交的速度与价格上。

(4) 客户。在外汇市场中，凡是与外汇银行有外汇交易关系的公司或个人，都是外汇银行的客户，是外汇市场上的主要供求者。外汇市场的客户包括跨国公司、外汇投机者、零星的外汇供求者。

3. 答：汇率变动对于经济运行的影响分为四个方面。

(1) 汇率变动对进出口贸易的影响。汇率变动直接影响一国的对外贸易状况。这种影响主要是通过汇率变动引起价格的相对变动实现的。本币贬值以后，如果出口商品的本币价格不变，则外币价格下降，这提高了出口商品在国际市场上的竞争力，会使出口增加。同时，若进口商品的外币价格保持不变，则本币价格上升，这会削弱进口商品在国内市场上的竞争力，使进口减少。因此，一般而言，一国货币贬值有利于该国扩大出口、抑制进口，从而改善该国的贸易收支。

(2) 汇率变动对国际资本流动的影响。一般来说，一国货币贬值将对本国资本与金融账户收支产生不利影响。这是因为一国货币贬值后，本国资本为了防止货币贬值的损失，会大量抛出该国货币，购进其他币种，从而使资金从国内流向国外。

(3) 汇率变动对国内物价水平的影响。汇率变动引起进出口产品相对价格发生变化，从而改变国内的总需求与总供给，也因此改变国内商品的价格。当本币贬值时，以本币表示的进口商品价格提高，进而带动国内同类商品价格的上升。如果进口商品是作为生产资料投入生产的某些资本品、中间品和紧缺原材料，则会导致商品成本上升，进而促使商品价格普遍上涨。若本币升值，则国内物价会降低。

(4) 汇率变动对生产结构和资源配置的影响。一方面，本币贬值以后，出口商品的国际竞争力增强，出口扩大，出口产品的生产企业和贸易部门的收入会增加，这将促使其他产品部门转向从事出口产品的生产，由此引起资金和劳动力从其他行业流向出口产品制造和贸易部门。另一方面，本币贬值以后，进口商品成本增加，价格上升，会使原来对进口商品的一部分需求转向国产的替代品，于是国内进口替代品行业会繁荣起来。也就是说，在一定程度上，本币贬值具有保护民族产业的作用。但货币过度贬值，会使生产出口产品和进口替代品的高成本、低效益企业也得到鼓励，因此它具有保护落后的作用，不利于企业竞争力的提高，同时也无法优化社会资源的配置，而且，货币过度贬值，将使本该进口的商品，尤其是高科技产品，或因国内价格变得过高而进不来，或是虽然进来了，但需要支付高昂的进口成本，不利于通过技术引进实现经济结构的调整和劳动生产率的提高。

4. 答：对于资本流入国而言，中长期资本流入有利于欠发达国家的资本形成，促进经济长期发展。自身资本形成不足是阻碍欠发达国家经济发展的主要问题，于是引进外资便成为促进欠发达国家资本形成的有效途径。一方面，外资注入可以补充欠发达国家的资本供给，为其发展本国经济、增加出口贸易和提高国民收入创造有利条件。另一方面，有效利用引进的外资，可以拉动对本国人力资源与自然资源的需求，在提升资源利用效率的基础上提高生产能力，从而实现国民收入增长，逐渐摆脱贫困约束。中长期资本流入还有助于平抑国内经济周期的波动，国内企业和消费者可以在本国经济衰退时借助资本输入继续从事投资和消费活动，在经济增长时再对外进行清偿。通过这种方式，国际资本流入就在很大程度上发挥了平抑流入国经济周期波动的作用，从而为本国经济体系提供了更大的稳定性。与此同时，国内投资者也在一定程度上享受到了在国际范围内进行多样化投资的好处，降低了由于国内经济波动而不得不面对的风险。而相对提高的收益水平，很可能刺激国内储蓄和投资活动的高涨，使资本流入国的产出效应进一步放大。

对于资本输出国而言，资本流出有利于提高本国资源的利用效率，甚至有可能带动本国出口，从而推动国民收入增长。在多数富裕的发达国家，市场成熟度越高，利润平均化作用越明显，寻找高收益投资项目的难度也就越大。国际资本流动为流出国原本闲置的资金开辟了更广阔的用武之地，并以此完成了从低效益资金向高效益资金的转变，既满足了资本自身追逐利润的天性，也符合资本输出国经济扩张的国家利益。另外，流入国国民收入的提高必然带动进口增加。如果新增进口的大部分订单落入资本流出国的手上，则意味着流出国的出口将会扩大。由此可见，虽然当期的资本外流对国内投资水平具有一定的挤出效应，但是从长远来看，未必会导致国内消费与投资的减少。

五、计算题

1. **解**：同一时间，香港的外汇市场报价为 1 美元 = 7.734 6 – 7.736 8 港元，纽约外汇市场的报价为 1 美元 = 7.752 8 – 7.757 8 港元，由汇率可以看出纽约外汇市场上的美元价格高于香港外汇市场上的美元价格。按这样的汇率，可以在两个市场高卖低买进行套汇。套汇步骤如下。
   (1) 套汇者在纽约外汇市场上卖出 100 万美元（间接标价法中的汇率报价为前卖后买，客户买入港元外汇，银行用卖出价计算，1 美元 = 7.752 8 港元），能买到 775.28 万港元。
   (2) 套汇者再在香港外汇市场上卖出 773.68 万港元（直接标价法中的汇率报价为前买后卖，客户买入美元外汇，银行用卖出价计算，1 美元 = 7.736 8 港元），可买回 100 万美元。
   (3) 若不考虑套汇的费用，套汇者能赚取的利润为 775.28 – 773.68 = 1.6（万港元）。

2. **解**：(1) 一个是即期交易合约，以 1 欧元 = 1.221 9 美元的价格卖出 100 万美元，获得 818 398 欧元。
   (2) 一个是远期交易合约，以 1 欧元 = 1.281 9 美元的价格在三个月后买回 100 万美元，需向银行支付 780 092 欧元。

(3) 三个月后，公司除了保证持有支付货款的 100 万美元，还将获利 818 398 − 780 092 = 38 306（欧元）。

六、论述题

1. 答：我们一般认为，固定汇率的最大优点就是消除了个人和厂商在从事对外经济交往时可能面对的汇率风险。而且由于不必投入大量资金进行套期保值活动，自然为微观主体带来了数目可观的资金节约，以及提供了更多的收益机会。在这层意义上，固定汇率显然有利于提升经济效率，对国际贸易和国际投资的发展都有促进作用。固定汇率制度的另一个明显优点就是，以汇率固定承诺作为政府政策行为的一种外部约束机制，从而可以有效地防止各国通过汇率战或货币战等恶性竞争破坏正常的国际经济秩序。

然而，在固定汇率制的批评者看来，正是上述这些优点造成了固定汇率制无法回避的缺陷。固定汇率制虽然可以降低微观主体的外汇风险，却可能损害国家的金融安全。新兴市场国家为了控制国内通货膨胀，或者希望以稳定的汇率促进国际贸易和国际资本流入而采用固定汇率制度。这种汇率制度曾经的确起到了积极作用，但是在动荡的国际金融环境中，未能及时调整的、僵化的固定汇率一旦背离了国内外实际经济状况，就会成为投机资本攻击的对象。1994 年墨西哥金融危机、1997 年亚洲金融危机和 2001 年阿根廷金融危机都显示出固定汇率制与资本高度流动似乎是一种极不稳定的政策组合。固定汇率制度的缺陷还表现在，当汇率目标代替货币目标之后，一国不仅丧失了本国货币政策的独立性，而且不可避免地会自动输入国外的通货膨胀，甚至可能出现内外均衡冲突。

浮动汇率制度与固定汇率制度的最大区别在于，当国际收支出现不平衡后内外均衡的恢复具有自动调节机制，即通过外汇市场上汇率的自发性变动，实现对宏观经济失衡的微调。相对于固定汇率制度下实施政策组合可能存在的时滞和汇率调整机制僵化等不足，浮动汇率制度的支持者认为，依靠汇率自发性的持续微调有利于提升经济效率。支持浮动汇率制度的另一个重要理由是，由于自由浮动汇率可以确保国际收支平衡，政府当局就可以将所有的政策工具都用于实现内部平衡，从而提高了经济政策的独立性。此外，浮动汇率还可以减少对短期资金流动的刺激，防止国际游资的冲击，并使经济周期和通货膨胀的国际传递减少到最低限度。

不过，浮动汇率制度也同样存在明显的问题和缺陷。在经济全球化和金融自由化的发展趋势下，国际资本流动的规模越来越大，速度也越来越快，导致外汇市场上的汇率波动越来越频繁和剧烈。如此严重的相对价格不确定性，可能给国际贸易和国际投资带来极大的危害。浮动汇率制度在宏观经济政策方面也受到了很多批评。由于采取浮动汇率制度的国家可以更加自主地推行扩张性货币政策，不必担心外汇储备外流，所以会间接造成本币贬值。扩张性货币政策对外国经济具有以邻为壑效应，从而成为整个国际金融体系的不稳定因素。

2. 答：影响外汇供求的经济因素可以分为 7 个。
（1）国际收支。一国国际收支通过直接决定外汇的供求状况而影响汇率水平。在外汇市场上，当一国的国际收入大于支出，即国际收支顺差时，外汇（币）的供应大于需求，使本国货币升值，外国货币贬值。相反，当一国的国际收入小于支出，即国际收支逆差时，外汇的供应小于需求，因而本国货币贬值，外币升值。
（2）相对通货膨胀率。在纸币流通条件下，两国货币的汇率从根本上说是由其所代表的价值量的对比关系决定的。一般地，当一国发生通货膨胀时，该国货币所代表的价值量就会减少，物价相应上涨，即货币对内贬值。该国货币的购买力随物价上涨而下降，于是该国货币的汇率就会趋于下跌，即货币对外贬值。但是，如果贸易伙伴国也发生通货膨胀，并且两国的通货膨胀率相同，那么两国货币的名义汇率和实际汇率就不受影响。因此，在考虑通货膨胀对汇率的影响时，应考虑两国通货膨胀的对比关系，也就是说，通货膨胀对汇率的影响实际上表现为两国之间通货膨胀的相对水平对汇率的影响。

(3) 相对利率。利率是资金的价格。当各国利率出现差异时，人们为追求最高的资金效益，会从低利率国家筹集资金，向高利率国家投放资金，这势必会影响外汇的供求进而影响汇率。一般来说，一国利率相对他国提高会刺激国外资金流入增加、本国资金流出减少，造成本国货币供给减少、需求增加，本币升值。需要注意的是，由利率差异引起的资本流动必须考虑未来汇率的变动。资金流向高利率国家会导致高利率国家货币升值，这将使得流入高利率国家的资金在将未来所取得的本利兑换为本币时遭受汇率损失。因此，只有当利率的变动抵消了汇率在未来的不利变动，金融资产的所有者仍有利可图时，资本的国际流动才会发生。

(4) 总需求与总供给。一国总需求与总供给增长中出现的结构不一致和数量不一致也会影响汇率。一般来说，当总需求增长快于总供给时，本国货币呈贬值趋势。这一影响主要来自三个方面：如果总需求中对进口的需求增长快于总供给中出口供给的增长，就会导致外汇需求大于外汇供给，则外国货币升值，本国货币贬值；如果总需求的增长快于总供给的增长，满足不了的那部分总需求将转向国外，引起进口增加，从而导致本国货币贬值；如果总需求的增长从整体上快于总供给的增长，还会导致货币的超额发行和赤字的增加，从而间接导致本国货币贬值。

(5) 心理预期。外汇市场的参与者往往根据对汇率走势的预期而决定持有何种货币。当交易者预期某种货币贬值时，为了保值或获得投机利益，他们会大量抛售该种货币；预期某种货币升值，则会大量买入该种货币。这种预期影响了外汇市场的供求变化，使汇率发生波动。心理预期具有很大的脆弱性和易变性，会因各种突发事件而随时发生变化。

(6) 财政赤字。财政赤字的增加或减少，也会影响汇率的变动方向。财政赤字往往导致货币供给增加和需求增加，因此赤字的增加将导致本国货币贬值。但和国际收支等其他因素一样，赤字增加对货币汇率的影响也并非是绝对的。如果赤字增加的同时伴有利率上升，则其对货币汇率的影响就难以界定了。

(7) 国际储备。较多的国际储备表明政府干预外汇市场和稳定货币汇率的能力较强，因此储备增加能加强外汇市场对本国货币的信心，有助于本国货币升值。反之，储备下降则会导致本国货币贬值。

上述七大因素对汇率的影响不是绝对和孤立的，它们本身可能反方向地交叉起来对汇率产生影响，加上汇率变动还受其他许多因素（包括政治因素和社会因素）的影响，需要从综合的角度来看待影响因素。

3. 答：(1) 第一代货币危机理论——克鲁格曼危机理论。该研究始于20世纪70年代后期的拉美货币危机时期，克鲁格曼于1979年提出了关于货币危机的第一个比较成熟的理论。克鲁格曼认为，货币危机产生的根源在于政府的宏观经济政策（主要是过度扩张的货币政策与财政赤字货币化）与稳定汇率政策（如固定汇率）之间的不协调，即财政赤字的货币化政策导致本币供应量增加，本币贬值，因此在这种情况下投资者合理的选择是持有外币，使用本币购买外币。而固定汇率制度要求中央银行按固定汇率卖出外币以保持汇率稳定。因此，随着赤字的货币化，中央银行的外汇储备将不断减少，当外汇储备耗尽时，固定汇率机制自然崩溃，货币危机随之发生。然而当存在货币投机者时，汇率崩溃不会等到中央银行的外汇储备耗尽时才发生。如果本币贬值或者中央银行的外汇储备耗尽，持有本币的投机者就不得不承受巨大的损失。正是由于考虑到了这种情况，精明的投机者预测到中央银行的外汇储备将不断减少，为了避免资本损失或者从中牟利，他们会在中央银行的外汇储备耗尽前提前抛售本币购入外币。只要市场存在这种贬值的预期，投机者的冲击就在某种程度上使危机爆发的时间提前了。结果，当外汇储备下降到一定的关键规模时，大规模的投机将会在很短的时间内耗尽中央银行的所有外汇储备。当中央银行意识到一味地捍卫固定汇率制度将无济于事时，它就可能会被迫放弃固定汇率制度。在相当长的时期内，国际上发生的货币危机大都属于这一类型。第二次世界大战之后，比较有影响的货币危机有20世纪70年代以来墨西哥的三次货币危机及1982年的智利货币危机等。

(2) 第二代货币危机理论——预期自我实现型危机。第一代货币危机理论提出了这样的假定：只有在基本面出现问题时，投机者才会对一国的货币发起攻击。第二代货币危机理论则提出了新的思路：投机者之所以对货币发起攻击，并不是由于经济基础恶化，而是由贬值预期的自我实现导致的。因此，这种货币危机又被称为"预期自我实现型货币危机"。该理论强调了危机的自促成性质，即投机者的信念和预期最终可能导致政府捍卫或放弃固定汇率。该理论更注重行为主体的主观心理，强调经济主体的预期和心理对危机发生的关键作用。然而，市场预期和人们的心理变化不可能完全是空穴来风，货币危机与基本经济面和政府的宏观经济政策之间确实存在一定的联系，在经济的基本因素和经济政策那里仍可以找到危机的根源。第二代货币危机理论较好地解释了1992~1993年欧洲货币危机和1994年墨西哥比索危机。

(3) 第三代货币危机理论。第一代和第二代货币危机理论解释了以前的一些货币危机现象，但它们未能更好地解释自1997年东南亚金融危机以来的危机事件。近年来，许多经济学家研究发现，当金融危机发生时，与其相伴随的现象是金融自由化、大规模的外资流入与波动、资产泡沫化以及金融中介资本充足率低、缺乏谨慎监管、信用过度扩张与过度风险投资等，这一切表明金融中介特别是银行业在导致金融危机中起了重要作用。面对不同的危机背景、危机表现形式及特征，一些经济学家打破传统的分析框架与思路，不再局限于汇率机制和宏观经济政策等宏观经济分析范围，而是从企业、银行和外国债权人等微观主体的行为分析危机产生的根本原因及其演绎机理与路径，初步建立了第三代金融危机理论与模型。这些模型从不同侧面分析了资本充足率低、缺乏谨慎监管的银行业及其信用的过度扩张，以及由此产生的过度风险投资和资产（特别是股票和房地产）泡沫化，最终导致银行业危机并诱发货币危机，而这两种危机的自我强化作用将进一步导致严重的金融危机爆发。第三代金融危机理论与模型的建立尚有许多争议，目前主要形成了以下几种不同的分析思路。

1) 过度借款综合征。新兴市场国家普遍存在政府担保或隐含担保借款活动的现象，而且政府官员与各种金融活动之间往往保持千丝万缕的裙带关系。因此，银行体系表现出严重的道德风险问题：一方面不断扩大外债规模；另一方面无所顾忌地大量投资高风险（也可能是高回报）的非生产部门。过度的风险贷款导致了资产价格膨胀，进而粉饰了银行的资产负债表。经济泡沫由此产生，并且日益严重。

2）宏观经济稳健运行假象说。通过政府隐含担保和政治家裙带关系产生的过度借款与过度投资，往往具有隐蔽性。这意味着尽管导致危机的因素早就产生并且已经逐步积累，但是宏观经济运行仍有可能表现得相当稳健。在经济分析中，隐含的政府担保作为一种或有债务，其实是隐蔽的财政预算赤字。所以，银行负债（或者银行的不良债权）实际上代表了政府债务。事实上，政府正在从事风险极高且不可持续的赤字支出，发生货币危机的可能性非常大。

3）金融脆弱性的危机强化效应。金融机构或者整个金融体系充满了内在脆弱性，即在信息不完全且不对称的情况下，任何不利传言都可能引发恐慌，存款人的挤提行为将迫使金融机构提前清算未到期的长期资产，从而蒙受资产损失。而任何损失都将加剧银行债权人的担心，制造出更大的恐慌。中央银行的外汇储备有限，要为大量举借外债的银行提供流动性，就可能与固定汇率的目标产生矛盾。这样，很可能既爆发银行危机，又导致货币危机。所以在宏观经济存在隐患且资产价格极度膨胀的情形下，金融体系的内在脆弱性只能使危机发生得更快、影响范围更广，造成的危害更大。

（4）第四代货币危机理论。在危机理论发展方面，克鲁格曼等人在第三代金融危机理论与模型的基础上提出了"资产负债表效应假说"，从企业和金融机构资产负债表的期限不匹配及币种不匹配等问题入手，强调在开放经济条件下，银行或企业的流动性危机很容易转化为货币危机。也有人基于对信息不对称的分析，强调银行体系的脆弱性最终将导致银行和货币双重危机。尽管第四代货币危机理论模型还未被正式提出，但是学术界已经达成了这样的共识：如果一国宏观经济已经出现了某种程度的内外不均衡，那么国际短期资本流动所形成的巨大冲击很容易成为最终引起银行危机、货币危机和金融危机全面爆发的导火索。这也是金融全球化背景下新兴市场国家发生金融危机的一个共性特征。正因为如此，我们对于国际资本流动的认识必须是全面且深刻的。

推荐阅读

书名	作者	中文书号	定价
货币金融学（第2版）	蒋先玲（对外经济贸易大学）	978-7-111-57370-8	49.00
货币金融学习题集（第2版）	蒋先玲（对外经济贸易大学）	978-7-111-59443-7	39.00
货币银行学（第2版）	钱水土（浙江工商大学）	978-7-111-41391-2	39.00
投资学原理及应用（第3版）	贺显南（广东外语外贸大学）	978-7-111-56381-5	40.00
《投资学原理及应用》习题集	贺显南（广东外语外贸大学）	978-7-111-58874-0	30.00
证券投资学（第2版）	葛红玲（北京工商大学）	978-7-111-42938-8	39.00
证券投资学	朱晋（浙江工商大学）	978-7-111-51525-8	40.00
风险管理（第2版）	王周伟（上海师范大学）	978-7-111-55769-2	55.00
风险管理学习指导及习题解析	王周伟（上海师范大学）	978-7-111-55631-2	35.00
风险管理计算与分析：软件实现	王周伟（上海师范大学）	978-7-111-53280-4	39.00
金融风险管理	王勇（光大证券）	978-7-111-45078-8	59.00
衍生金融工具基础	任翠玉（东北财经大学）	978-7-111-60763-2	40.00
固定收益证券	李磊宁（中央财经大学）	978-7-111-45456-4	39.00
行为金融学（第2版）	饶育蕾（中南大学）	978-7-111-60851-6	49.00
中央银行的逻辑	汪洋（江西财经大学）	978-7-111-49870-4	45.00
商业银行管理	陈颖（中央财经大学）	即将出版	
投资银行学:理论与案例（第2版）	马晓军（南开大学）	978-7-111-47822-5	40.00
金融服务营销	周晓明（西南财经大学）	978-7-111-30999-4	30.00
投资类业务综合实验教程	甘海源等（广西财经大学）	978-7-111-49043-2	30.00
公司理财：Excel建模指南	张周（上海金融学院）	978-7-111-48648-0	35.00
保险理论与实务精讲精练	胡少勇（江西财经大学）	978-7-111-55309-0	39.00
外汇交易进阶	张慧毅（天津工业大学）	978-7-111-60156-2	45.00